일본에서 신이 된 고대한국인

일본에서 신이 된 고대한국인

| 초 판 인 쇄 | 2021년 05월 10일 |
| --- | --- |
| 초 판 발 행 | 2021년 05월 17일 |

| 저      자 | 노성환 |
| --- | --- |
| 발  행  인 | 윤석현 |
| 발  행  처 | 박문사 |
| 책 임 편 집 | 최인노 |
| 등 록 번 호 | 제2009-11호 |

| 우 편 주 소 | 서울시 도봉구 우이천로 353 성주빌딩 |
| --- | --- |
| 대 표 전 화 | 02) 992 / 3253 |
| 전      송 | 02) 991 / 1285 |
| 홈 페 이 지 | http://jncbms.co.kr |
| 전 자 우 편 | bakmunsa@hanmail.net |

ⓒ 노성환 2021 Printed in KOREA.

ISBN 979-11-89292-80-5    93380          정가 33,000원

 * 이 책의 내용을 사전 허가 없이 전재하거나 복제할 경우 법적인 제재를
   받게 됨을 알려드립니다.
** 잘못된 책은 구입하신 서점이나 본사에서 교환해 드립니다.

# 일본에서 신이 된
# 고대한국인

노성환 저

박문사

나는 대학에서 주로 일본의 역사와 민속을 가르치고 있다. 그 중 한 과목이 「일본 속의 한국」이라는 것이다. 이 과목은 역사 이래 한국과 일본이 얼마나 밀접한 관련성을 가지고 오늘에 이르고 있는지를 알기 위한 것이기도 하다. 이러한 특성을 지닌 과목을 맡고 있는 한 그 테마는 줄곧 나의 연구 분야 중 하나가 되었다.

　한반도인들이 고대로부터 지금에 이르기 까지 끊임없이 일본 열도로 건너간 것은 누구도 부인할 수 없다. 일본에서는 이들을 처음에는 귀화인이라 했다가 지금은 도래인(渡來人)이라 부른다. 그러한 변화에는 올바른 역사관을 가진 사학자와 재일교포 지식인들의 피나는 노력이 있었다. 그렇다고 도래인이라는 말이 합당하지 않다고 보지 않는다. 왜냐하면 그것은 바다를 건너 온 사람들이라는 뜻이므로 어디까지나 일본을 주체로 하는 용어이기 때문이다. 그러므로 우리를 주체로 삼는다면 그들은 한반도에서 건너간 이주인 또는 이주민이라고 표현하는 것이 정확하다.

　우리에게도 비교적 잘 알려져 있는 일본의 저명한 고대사학자 우에다 마사아키(上田正昭: 1927-2016)는 한반도의 사람들이 일본열도로 대거 건너가는 데는 대략 네 번의 파도가 있었다고 했다. 첫째는 야요이시대(彌生時代)이고, 둘째는 5세기 전후 시기이며, 셋째는 5세기 후반부터 6세기 초이며, 넷째는 7세기 후반이라고 했다. 특히 이 중에서 4번째 파도는 신라가 3국을 통일함으로써 고구려 및 백제의 유민들이 대거 일본으로 이주하였음이 강조되어있다.

　그 이후에도 이민의 파도는 계속 이어졌다. 그들의 일본행은 한반도가 역사적 소용돌이에 들어가게 되면 더욱더 심하게 일어났다. 그러므로 어떤 의미에서 그들은 생존을 위한 이주이었다. 그러한 면에서 그들의 일본 이주는 마치 새로운 꿈을 안고 신대륙으로 건너가는 유럽인과도 같다고 할 수 있다. 당시 그들은 일본 토착민들보다 선진된 대륙문화를 가진 자들이기 때문에 그들이 일본사회에 역사, 문화적으로 이바지한 것은 너무나 크다. 그들이 열도의 토착민과 합심하여 이룩한 사회가 일본이었다고 해도 과언이 아니다. 그러한 것이 일본사학계로 하여금 그들을 귀화인이라는 용어를 포기하게 하고 도래인이라는 새로운 용어를 선택하게 되었을 것으로 생각된다.

　한반도인들의 일본행은 그 이후에도 일어났다. 도요토미 히데요시(豊臣秀吉: 1537-1598)가 일으킨 임진과 정유의 왜란 때 수많은 사람들이 피랍되어 바다를 건넜다. 그리고 근대에 접어들어서는 식민지를 통해 또한 많은 한국인들이 일본으로 건너갔다. 그 결과 일본 어느 곳을 가더라도 한국과 관련이 없는 곳이 없다. 그만큼 「일본 속의 한국」을 찾는 작업은 한국의 이민사를 재구성하는데도 중요한 테마임에 틀림없다.

　그런 만큼 일찍이 여기에 관심을 가지는 자들이 많았다. 조금만 관심을 가지고 찾아보면 의외로 그것들과 관련된 저서들이 많이 나와 있음을 알 수 있다. 그 중에는 재일교포의 차별과 결부된 독특한 역사적 관점에서 나온 것이 있는가 하면, 「일본문화의 원류는 한국」
이라는 민족우월의식에 입각한 극단적인 선입견으로 가득 찬 것들
도 있다. 또 일본고대문화의 중심지인 나라와 교토, 오사카를 중심
으로 하는 관서지역을 중심으로 다룬 것들도 많다.

　누가 뭐라 해도 이 분야를 개척한 사람은 재일교포 작가 김달수(金
達寿: 1919-1997)이다. 그는 1970년대에 접어들어 한일고대사에 관심을
가지고 일본고대사에서 한반도를 빼놓고는 성립할 수 없다는 관점
에서 일본 전역을 답사하여 『삼천리(三千里)』라는 잡지에 「일본 속의
조선(한국)문화(日本の中の朝鮮文化)」라는 제목으로 연재를 했다. 그 후
같은 제목으로 고단샤(講談社)라는 출판사에서 12권의 시리즈로 펴냈
다. 이로 인해 일본 국내에 큰 반향을 불러일으켰다. 이러한 그의 작
업은 만년에도 이어져 1994년 『다시 보는 고대 일본과 한국(見直される
古代の日本と朝鮮)』(大和書房)이라는 저서를 출판하고, 그로부터 3년 뒤인
1997년에 생애를 마감했다.

　이러한 그의 생애 작업은 일본은 물론 국내외에 끼친 영향은 너무
나 크다. 그의 작업 특징은 어디까지나 현장에 있었다. 그는 현장을
답사하고, 현장의 목소리를 담는 그야말로 철저한 현장주의자였다.
유감스럽게도 그의 사후 오늘날에 이르기까지 그의 작업을 제대로
잇는 자가 좀처럼 나오지 않고 있다. 이 점은 일본의 역사와 민속을
연구하는 나로서는 너무나 안타깝게 생각한다. 그리하여 그의 작업
을 잇는 마음으로 기회가 있을 때 마다 현장 답사를 통해 얻어진 결
과물을 학회를 통하여 발표하게 되었고, 또 그것들을 모아 몇 권의
결과물을 내놓을 수가 있었다. 본서도 그러한 연구 선상에서 나온 것
이다.

일본에서 고대 한반도인들의 흔적을 찾는 일은 그다지 용이한 일이 아니다. 특히 중앙이 아닌 지방으로 가면 그것과 관련된 문헌사료는 희박하여 더욱더 어렵다. 그러한 가운데 지역의 신사는 우리에게 중요한 점을 시사하는 경우가 많다. 왜냐하면 신사명이나 그곳에 모셔지는 신명(神名)에 그들의 성격이 고스란히 담겨져 있을 때가 많기 때문이다. 그 뿐만 아니다. 그 신을 모시는 신관(神官)도 놓쳐서는 안된다. 그들의 대부분은 세습제이므로 그들의 가계를 따져 올라가면 그들의 원향을 알 수 있는 경우도 얼마든지 있기 때문이다. 그리고 그것과 관련된 신화전승도 매우 중요하다. 이를 역사학에서는 신빙성이 없는 것이라고 버릴 지도 모른다. 그러나 민속학은 그것을 다시 학술 주머니에 주워 담는 학문이다. 이 부분도 고려해야함은 두말할 나위가 없다.

고대 한반도인들이 일본열도로 건너가 집단을 이루고 살았다면 그곳에 그들도 그들의 수호신을 모시는 사당을 짓고 신앙하였을 것이다. 그리고 그 사당에 자신들의 선조 또는 그들의 신을 모셨을 것이고, 신관(제사장) 또한 그들의 정신적 지도자가 맡았을 것이다. 이러한 가정 하에 지금까지 잘 알려져 있지 않거나, 잘 알려져 있다하더라도 재검토되어야 할 곳들을 찾아다니며, 선학들이 남긴 업적 및 지역 자료들을 수집하고 정리한 것이 본서의 내용이다. 물론 이 책이 일본 전역의 한국관련 신사를 모두 정리한 것은 아니다. 아직도 직접 눈으로 확인하지 못한 곳이 너무나 많이 남아있다. 그러한 것들은 앞으로 내가 해야 할 연구 과제임에 틀림없다.

이 책 내용은 수년간의 작업을 정리한 것이기 때문에 시기에 따라 감정에 휘둘리고 학문적 분석력이 부족하여 미흡한 부분이 있을지도 모른다. 그리고 또 지역은 달라도 신사에 모셔지는 신들이 중첩되는 경우도 허다하여 내용 또한 다소 중복되는 것도 있을 수도 있다. 만약 이러한 점들이 있다면 여러분들로부터 너그러운 양해가 있기를 바라마지 않는다.

이 책이 나오기까지 많은 사람들로부터 은혜를 입었다. 먼저 국내에는 통도사 방장 성파 큰스님의 은혜를 잊을 수 없다. 스님은 평소 일본에 끼친 고대한국문화에 대해 깊은 관심을 가지시고 일본에서 그것에 관해 직접 들은 지식들을 기회가 있을 때마다 들려 주셨고, 많은 격려와 위로의 말씀을 해주셨다. 그리고 최근에는 나의 끊임없는 연구매진을 위해 통도사 서운암에 새로운 연구 둥지를 마련해주셨다. 큰스님의 깊고 넓은 배려심에 대해 그저 고개가 숙여질 뿐이다.

일본 측 인사로부터도 많은 도움을 받았다. 국제일본문화연구센터의 고마쓰 가즈히코(小松和彦) 교수, 오사카관광대학의 다치바나 히로부미(橘弘文) 교수, 미야자키현립대학의 나가마쓰 아쓰시(永松敦) 교수, 시마네현립대학의 이노우에 아쓰시(井上厚史) 교수, 하기시 거주 오카 히로시(岡弘)씨 등으로부터 적극적인 협력은 물론 유익한 학술 정보를 제공을 받았다. 이 자리를 빌어 다시 한 번 깊은 감사의 인사를 드린다.

2021년 3월 25일
영축산 기슭 연구실에서
노성환

# 차
# 례

일본에서 신이 된 고대한국인

## 제1장

# 일본의 신이 된 조선의 단군

## 1. 머리말

일본 규슈의 남쪽 가고시마현(鹿児島) 히오키시(日置市) 히가시이치키초(東市来町)에 미야마(美山)라는 마을이 있다. 과거 이곳은 나에시로가와(苗代川)로 불렸는데, 일본의 보통마을과는 달리 매우 독특한 특징들을 가지고 있어서 국내외의 많은 사람들로부터 주목을 받고 있다. 그 특징들을 간략히 정리하면 다음과 같았다. 첫째는 임란 때 왜군에게 잡혀 일본으로 건너간 조선인들이 정착한 마을이라는 것이고, 둘째는 이들의 주된 경제활동이 도자기 산업이라는 점이며, 셋째는 근래에 이르기까지 조선식 전통이 그대로 유지되었다는 점이다.

이곳은 우리들에게 잘 알려진 일본 외상을 역임한 바가 있는 도고시게노리(東鄉茂德: 1882-1950, 본명 박무덕)[1] 그리고 일본을 대표하는 도예

---

1 일본의 외교관, 정치가. 태평양전쟁 개전과 종전 시 일본의 외무대신. 조선도공의 자손. 본명은 박무덕(朴茂德). 구아국장(欧亜局長)과 주 독일대사 및 소련대사를 역임. 도쿄내각(東條內閣) 때 외무대신겸 탁무대신(拓務大臣)으로 입각하여 미일교섭을 담당하였으나 전쟁을 막지 못했다. 스즈키 칸타로(鈴木貫太郎) 내각에서는 외무대신 겸 대동아대신으로 입각하여 종전의 업무에 진력을 다하였다. 종전 후 개선시의 외상이었기 때문에 전쟁책임을 물어 A급전범으로 분류되어 극동국제

15

가 심수관(沈壽官)이 태어나고 활약하고 있는 곳이기도 하다. 이들은 모두 조선도공의 후예들이다. 명치시대(明治時代: 1868-1912)이전까지만 하더라도 사쓰마번(薩摩藩)은 이곳 지역민들에게 강제로 조선의 언어, 생활 및 풍습, 이름 등을 그대로 사용케 했고, 심지어 일본인과의 혼인마저 금지시켰다. 그러므로 이 마을의 모든 생활이 조선식 그대로였다고 해도 과언이 아니었다. 이른바 이곳은 「일본 속의 조선인 마을」이었다.

이 마을이 한일양국에 있어서 크게 관심을 모았던 것은 일본의 저명한 역사 소설가인 시바 료타료(司馬遼太郎: 1923-1996)[2]가 이곳에 사는 심수관씨를 주인공으로 하는 작품 「고향을 잊지 못하겠소이다(故郷忘じがたく候)」[3]를 발표하자 독자들로부터 대반향을 불러 일으켰기 때문이었다. 임란 때 끌려간 조선도공의 후예가 두 개의 조국인 일본과 한국이라는 경계 속에서 빚어지는 여러 가지 민족 차별과 문화적 충돌을 잘 묘사한 것으로 높게 평가를 받았던 작품이었다. 특히 아무리 오랜 세월이 흐른다 해도 선조들의 고국(고향)을 잊지 못하겠다는 말은 우리의 심금을 울리고도 남음이 있다.

그러나 지역민들이 아무리 조선적인 요소를 유지한다고 하더라

---

군사재판에서 금고 20년의 판결을 받고 스가모(巣鴨) 구치소에서 복역하던 중 병사했다. 여기에 관한 것은 한국에서는 정수웅이 펴낸 『일본 역사를 바꾼 조선인』(동아시아, 1999년)이 있다.

2 일본의 소설가, 논픽션 작가, 평론가. 본명 후쿠다 테이이치(福田定一). 오사카출신, 필명의 유래는 「중국 사마천(司馬遷)에 훨씬 미치지 못하는 일본의 남자」라는 뜻에서 사용한 것이라고 전해지고 있다. 산케이신문기자 시절『올빼미의 성(梟の城)』으로 나오키상(直木賞)을 수상, 역사소설에 새로운 바람을 불러일으켰다. 대표작으로는『竜馬がゆく』『燃えよ剣』『国盗り物語』『坂の上の雲』등 다수가 있으며, 주로 전국, 막말, 명치의 시기를 다룬 것이 많다. 그는 또『街道をゆく』를 비롯한 다수의 여행수필을 통하여 활발한 문명비평을 하기도 했다.

3 司馬遼太郎(1976)『故郷忘じがたく候』文藝春秋, pp54-55.

도 주변의 일본 사회를 의식하지 않을 수는 없었다. 그 중 가장 대표적인 예로 신사를 들 수가 있을 것이다. 일본의 전통마을에는 어느 곳이나 신사가 있다. 없는 것이 오히려 이상하다. 신사에는 마을의 수호신이 모셔져 있고, 정기적으로 제의가 개최되고 지역민들이 적극적으로 참여하기 때문에 신사는 일본인들에게 있어서 정신적 지주이자 고향의 상징이기도 하다.

이러한 주변 환경을 의식하여 만일 조선도공의 마을에 신사를 세운다면 어떤 신사를 세우게 되며, 또 그곳에는 어떤 신이 모셔지는 것일까? 이러한 문제들은 지역민들의 정신적 구심점이자 정체성과도 직접적으로 관계가 되는 일이기 때문에 매우 중요한 문제가 아닐 수 없다. 이에 본 장에서는 여기에 주안점을 두고 검토를 해보고자 하는데 목적을 두었다.

## 2. 옥산신사의 제신이 단군이라는 언설

현재 미야마에는 옥산신사(玉山神社)라는 이름의 신사가 있다. 이 신사는 외양으로 보아 여느 일본신사와 다를 바가 없었다. 입구에는 신사의 상징물인 도리이(鳥居)가 서 있었고, 건물은 신사의 양식에 따라 배전(拜殿)과 본전(本殿)으로 구분되어 세워져 있었다. 이것은 지역민들이 아무리 조선적인 것을 강조하며 살아간다고 하더라도 주변을 둘러싸고 있는 일본사회를 의식하지 않을 수 없었음을 보여준다. 옥산신사는 이러한 문화적 배경에서 탄생하게 된 것이다.

지금까지 이 신사에 모셔지는 신에 대한 연구는 의외로 많다. 한

▌옥산신사의 입구에 세워진 도리이

국에서는 역사민속학적인 견지에서 접근한 이두현,[4] 임동권,[5] 노성
환[6] 등의 연구가 있고, 언어학적인 입장에서는 정광,[7] 차덕호[8] 등의
연구가 있으며, 전통음악적인 견지에서는 이원규,[9] 장사훈[10] 등의 연
구가 있다. 그리고 일본 측에서는 역사학의 가토 칸가쿠(加藤灌覺),[11]

---

4  李杜鉉(1973)「玉山宮廟祭」『南日本文化(6)』鹿児島短期大学, pp.187-201.

5  임동권「옥산궁에 대하여」『한국민속학(1)』한국민속학회, 1974, pp.25-37.

6  노성환「옥산신사의 제의와 조선가요에 대한 일고찰」『일본언어문화(11)』한국일
본언어문화학회, 2007, pp.205-224.

7  鄭光(1988)「薩摩苗代川伝来の朝鮮歌謠について」『国語国文(57-6)』京都大学 文学部
国文科研究室, pp.1-28.

8  차덕호(2001)「薩摩苗代川伝承 朝鮮歌謠의 음운고찰」『국어문학(36)』국어문학회,
pp.219-234.

9  李源圭(1928)「조선가요의 사적고찰」『조선문 조선(134)』조선총독부, pp.37-54.

10  장사훈(1991)『한국음악사』세광음악출판사, pp.390-392.

11  加藤灌覺(1921)「薩摩の苗代川村(上)(中)(下)」『朝鮮』朝鮮總督府, pp.62-70(上), pp.114-

가토 겐치(加藤玄智),[12] 요시다 나오구라(吉田猶藏),[13] 나이토 슌포(內藤雋輔)[14] 등의 연구가 있고, 언어학으로는 후지이 시게토시(藤井茂利)의 연구[15] 등이 눈에 띈다.

이처럼 많은 사람들에 의해 다양한 관점에 의해서 연구가 이루어지고 있는 만큼 제신에 관해서도 다양한 해석이 나올 가능성이 많다. 그럼에도 불구하고 신기하게도 제신에 관한한 이들의 의견은 창건 당시부터 국조의 단군이 모셔졌다는 것으로 통일되어 있었다. 이것이 일반인들에게도 널리 알려졌고, 그로 인해 이곳을 다녀온 사람들이 다양한 잡지에 자신의 글을 소개하는 경우도 많아져 이제는 일반인들에게 있어서도 옥산신사의 제신이 단군이라는 것이 상식처럼 통용되었다.

가령 국문학자 박용식은 "그리운 고국을 잊지 못하여 양지바른 언덕에 민족의 시조인 단군을 섬기기 위하여 옥산신사(檀君宮)라는 제단을 쌓고, 하나같이 결속하여 한민족이라는 민족의식을 굳건히 하였다"고 했고,[16] 또 극작가 신봉승은 "당시 단군의 위패(혹은 영혼)를 모시고 망향제를 지내자는 발의를 할 수 있었다면, 잡혀 온 사람 중에 상당한 지식인이 있었다는 뜻도 된다"고 하면서 "만리 이역에 잡혀온 조선인 포로들이 자신들의 앞 치레도 하기 어려운 마당일 것인

---

125(中), pp.135-145(下).

12 加藤玄智(1928) 「日本で朝鮮の国祖と云はるる檀君を祀った神社」『宗教研究(514)』, p.99.

13 吉田猶藏(1927) 「苗代川を訪ふ」『朝鮮』, 朝鮮總督府, pp.101-107.

14 內藤雋輔(1976) 『文祿, 慶長役に於ける被虜人の研究』東京大出版会, pp.237-244.

15 藤井茂利(1988) 「薩摩玉山宮に残る『鶴亀ノ舞歌』の表記」『国語国文薩摩路(30)』, pp.71-82; 藤井茂利(1989) 「薩摩玉山宮に残る〈鶴亀ノ舞歌〉再考」『国語国文薩摩路(32)』, pp.40-54.

16 박용식(2002) 「단군신사와 심수관」『한글한자문화(38)』 전국한자교육추진총연합회, pp.52-53.

데도 조상을 섬기고 크게는 나라를 사랑했다는 사실이 나에게 크게 감동으로 다가왔다"고 술회하기도 했다.[17]

이처럼 이 신사는 강제 연행된 조선인들이 마을을 이루고 살면서 고국에 대한 그리움, 민족의 정체성 확립을 위해 세워졌기 때문에 단군이 모셔지는 것으로 알려지고 있는 것이다. 과연 그러할까? 역사학자 서영대에 의하면 조선에서는 16세기에 존화사대주의사상이 강한 사림세력이 등장하면서 단군의 의미가 크게 약화되었다고 한다.[18] 그것이 사실이라면 임란 때 포로로 잡혀간 조선인 마을에서 단군신앙이 나온다는 것은 기대하기 어렵다. 그럼에도 불구하고 지금까지 여기에 대한 일말의 의구심조차 가지지 않고 미야마의 조선인들은 단군을 모시는 신사를 세웠다고 믿고 있는 것이다.

옥산신사에 단군이 모셔지고 있다는 최초의 견해는 우리가 아니라 1920년대 일본인의 연구자들로부터 나왔다. 그 대표적인 예가 가토 칸가쿠, 가토 겐지, 요시다 나오구라 등의 글들에서 확인할 수 있다. 즉, 칸가쿠는 "조선의 신인 단군을 봉사한다는 이야기를 들었다."[19]고 하며 확실한 단정이 아닌 들었다고 표현했다. 그에 비해 겐지는 자신의 글 제목을 「일본에서 조선의 국조 단군을 모신 신사」라고 정하고 "이 부락은 조선의 단군을 우지가미(氏神)로서 섬기며, 자자손손 전해왔다"[20]며 자신의 생각을 당연한 것처럼 서술하고 있는 것이다. 그리고 요시다는 "단군을 모신 신사가 있고, 음력 9월 15일[21]

---

17  신봉승(1966) 『신봉승의 조선사 나들이』 도서출판 답계, pp185–186.
18  서영대(1999) 「전통시대의 단군인식」 『고조선 단군학(1)』 단군학회, pp.69–70.
19  加藤灌覺(1921), 앞의 글(下), p.139.
20  加藤玄智(1928), 앞의 글.
21  음력 8월 15일 추석이 옥산신사의 제일이다. 아마도 착오가 있은 듯하다.

이 제일(祭日)"이라고 했다.

이러한 견해는 70년에 접어들어서도 그대로 계승되었다. 그 대표적인 예가 나이토 슌포의 연구이다. 그는 옥산신사의 제관이었던 마쓰다 미치야스(松田道康)가 작성한 「옥산신사명세장(玉山神社明細帳)」의 내용을 인용하여 "신체는 큰 바위이나 그것은 조선의 개조 단군의 수적(垂迹)이라고 믿어졌다."고 하였던 것이다.[22] 그리고 재일작가 김달수도 기본적으로 여기에 동의하여 옥산신사를 조선의 국조를 모신 신사라 했고,[23] 또 최근 역사학자 기타지마 만지(北島万次)는 여기서 한 걸음 더 나아가 단군을 모신 옥산신사의 건립은 박평의를 비롯한 초창기 조선인들의 민족의식을 반영한 것이라고 간주하기도 했다.[24]

이러한 일본 연구자들 보다 늦게 출발한 한국의 연구자들도 제신이 단군이라는 점에 대해서는 차이를 보이지 않았다. 그 예로 민속학자 임동권은 "이국땅에 살면서도 고향에서 모시던 단군을 그대로 신으로 모시고 제사하기 위해서 옥산궁(신사)을 세웠다."[25]고 하면서, 이는 "그(나에시로의 조선인들) 중에 유식한 유생이 섞여있었던 것으로 믿어진다"[26]고 추정했다. 그리고 역사학의 김의환은 옥산궁의 건립 이유를 "내부구성원의 신분, 출신지, 직업관의 차이와 원주민과의 갈등을 극복하기 위해서 민족의 구심체인 단군을 모시지 않으면 안되었다"고 해석했다.[27] 이처럼 오늘날 옥산신사의 제신은 누가 보더

22  內藤雋輔(1976), 앞의 책, p.238.
23  金達壽(1989)『日本のなかの朝鮮文化(11)』講談社, p.264.
24  北島万次(1995)『豊臣秀吉の朝鮮侵略』吉川弘文館, p.269.
25  임동권, 앞의 논문, 1980, p.62.
26  임동권, 앞의 논문, 1974, p.29.
27  金義煥(1992)「일본 鹿兒島縣 苗代川, 笠野原의 玉山宮(檀君祠堂)과 그곳에 傳해오는 우리말의 舞歌, 祝詞에 대하여」『한국사학논총(상)』水邨 박영석교수화갑기념논총간행위원회, pp.1184-1185.

21

▌옥산신사의 본전

라도 단군이라는 것이 정설화 되었다고 해도 과언이 아니다.

그러나 단군이 처음부터 옥산신사에 모셔졌다는 것에 대해서는 의문이 앞선다. 앞서 서영대의 지적에서 보듯이 16세기 당시 조선에서는 단군의 의미가 크게 퇴색되어져 있었기 때문이다. 그러므로 조선의 기층사회에서 단군신앙이 그대로 유지되었다고 보기는 어렵다. 그럼에도 불구하고 일본의 조선인 마을에서 단군이 출현한다는 것은 매우 기이한 현상이라 하지 않을 수 없다.

최근 여기에 의문을 품은 한 일본인 연구자가 최초의 제신이 단군이 아니라는 주장을 새롭게 제기하여 주목을 끈 적이 있다. 그 주인공은 하라다 가즈요시(原田一良)이다. 그는 신사의 이름이 옥산, 그리고 신의 이름이 통칭 고려라는 점에 주목하고, 옥산이라는 지명이 경

남 합천에 있고, 또 그곳이 고려 현종의 거주지였다는 역사와 전승이
있다는 점을 고려하여 건립당시 최초로 모셔진 신은 단군이 아니라
고려의 현종이라고 주장하였던 것이다.[28] 만일 그렇다면 놀라운 사
실이 아닐 수 없다.

　그러나 이 주장을 그대로 받아들이기는 어렵다. 왜냐하면 첫째로
신의 이름으로 사용한 고려는 조선의 앞 왕조인 고려를 의미하는 것
이 아니기 때문이다. 즉, 당시 일본에서는 조선인을 고려인이라고
부르는 경우가 많았다. 그리하여 그들이 집단을 이루며 사는 곳을 가
고시마시(鹿兒島市), 미야자키시(宮崎市) 등지에서는 고레마치(高麗町)라
했다. 그리고 구마모토(熊本) 본묘사(本妙寺)의 주지를 역임했던 조선
인 여대남을 고려상인(高麗上人)이라 하였으며, 또 조선인들이 만들어
먹었던 떡을 고려떡(高麗餠)이라 하였다. 다시 말해 여기서 말하는 고
려는 당시 조선의 전반을 뜻하는 것이지 결코 고려왕조를 지칭하는
말이 아니다. 둘째는 이 지역의 조선인들 중에는 합천출신이 거의 보
이지 않는다는 점이다. 「鹿兒島縣日置郡伊集院苗代川ノ沿革概要」에
의하면 이곳에 도착한 피로인들은 남원, 가덕도, 웅천, 김해 등지에
잡힌 도공들로 모두 22성 60여명으로 기록하고 있다.[29] 여기서 보듯
이 합천은 보이지 않는다. 그럼에도 불구하고 합천이 고려 현종의
거주지라는 이유만으로 현종을 마을의 정신적 지주가 되는 수호신
으로 모셨다는 것은 거의 불가능에 가깝다고 할 수 있기 때문이다.

---

28  原田一良(2005)「薩摩苗代川玉山宮における檀君祭祀の再檢討」『한국신을 모시는
　　일본의 신사』, 한국학중앙연구원, p.204.
29  김정호(2011)「사료를 통해서 본 조선피로인의 일본 나에시로가와 정착과정연구」
　　『한국정치외교사논총(33-1)』한국정치외교사학회, p.13.

## ③ 고려신에서 단군으로

그렇다면 이 신사에서 건립 당시 모셔졌던 최초의 신은 어떤 신이었을까? 여기에 대해 심수관은 국내 인사와의 한 인터뷰에서 그것에 대하여 자신의 견해를 다음과 같이 밝힌 적이 있다.

> 우리 선조들이 이곳에 정착한 지도 그럭저럭 80여년이 지났을 때였습니다. 고생은 끝나고 도업(陶業)으로 먹고 살게 되자 마음이 해이해져서 그 동안 단합되었던 마을에 싸움이 자주 일어났습니다. 이것을 단군께서 보셨는지, 1673년 정월 어느 날 밤이었지요. 갑자기 저 멀리 북녘 고국의 하늘에서 큰 불덩어리가 날아와 옥산의 꼭대기에 떨어졌습니다. 놀란 마을 사람들이 달려가 봤더니 사람 키보다 훨씬 큰 4미터가 넘는 바위가 떨어져 있었습니다. 마을의 점쟁이에게 물어보니 "이 바위는 멀리 고국에서 날아온 단군바위, 즉, 신암(神岩)입니다"라고 설명했고, 마을 사람들은 이 변고의 의미를 '고국을 잊지 말고 화합하라'는 경고로 받아들였습니다. 그래서 이 단군바위에 신전을 짓고 해마다 제사를 지내게 된 것입니다. 제삿날은 신사의 완공일인 8월 15일이었습니다.[30]

이상의 이야기가 사실이라면 옥산신사는 1673년에 건립되었으며, 그 유래는 마을 사람들의 내부간의 갈등이 심화되어갈 때 유성처럼 하늘에서 불덩어리 바위가 떨어졌는데, 그것이 단군바위(神岩)였다는 것이다. 신에 관련된 부분은 신화적으로 윤색되어있지만, 전체의

---

30  김충식(2006) 『슬픈 열도』 효형출판, pp212-213.

내용은 어느 정도 설득력을 지닌 것으로 보여 진다. 그 이유는 이곳에 사는 초기의 조선인들은 1597년 정유재란 때 주로 남원지역에서 왜군들에게 포로가 된 사람들이다. 그리고 이들은 처음에는 히오키군(日置郡)에 머물렀으나, 1603년(慶長8)에는 사쓰마 당국에 의해 이곳으로 강제로 이주되었다. 또 타 지역에 도착한 조선인들도 이곳에 옮겨 생활했다. 이들의 주된 경제적 생산 활동은 앞에서도 언급하였듯이 그릇을 만드는 도기업이었다. 그러므로 정착 초기에는 가마를 설치하고 그에 필요한 흙과 땔감도 마련해야 했을 것이다. 이러한 조건들이 모두 갖추어지고 본격적인 그릇을 생산하면서 생활이 어느 정도 안정된 연후에 신사를 세웠을 것이기 때문이다. 그러므로 이 신사의 건립은 아무리 빨라도 17세기의 중엽 이전까지는 올라갈 수가 없다.

심수관의 설명 가운데 또 한 가지 주목할 만한 사실은 옥산신사의 창건 당시부터 제신으로 단군이 모셔졌다는 것이다. 그것을 모시게 된 것은 단군바위라고 판정한 점쟁이 말이 있었기 때문이라고 해석했다. 그는 또 다른 사람과의 인터뷰에서는 단군이 이곳으로 불덩이의 모습으로 날아온 것은 조선인을 보호하기 위해서라고 했다. 그래서 미야마 사람들은 사쓰마 번주에게 찾아가 최고의 도자기를 구울 테니, 우리의 신을 섬기게 해달라고 간청했고, 이를 승낙 받아냄으로써 일본 역사상 초유의 외국 신을 섬기는 신사가 탄생하게 된 것이라고 했다.[31]

이 같은 발언에 문제가 없는 것은 아니다. 즉, 조선도공은 이곳뿐만 아니라 여러 곳에 있었음에 불구하고 단군이 어찌하여 이곳사람

---

31 정수웅(1999)『일본 역사를 바꾼 조선인』동아시아, p.52.

들만을 지키기 위하여 고국에서 날아온 이유도 명확하지 않고, 또 일본에서 외국신을 모신 신사가 그 이전의 시대부터 얼마든지 있기 때문이다. 그러나 이러한 문제들은 본 장의 목적이 아니기 때문에 일단 다음기회로 미루기로 하고, 여기서는 심수관이 옥산신사가 단군을 모시기 위해 세워진 것이라 단언을 내리고 있다는 점에 주목을 하기로 하자.

이 같은 지식을 그는 어디에서 얻은 것일까? 여기에 대해 비교적 상세히 기록한 문헌자료가 있는데, 그것은 심수관의 개인소장인 『옥산궁유래기(玉山宮由來記)』이다. 아마도 심수관이 여기에 기록된 내용을 파악하고, 그것을 다시 자기류로 바꾸어 한국인들에게 들려주었을 것으로 보인다. 그만큼 두 내용은 매우 흡사하다. 이 문헌이 작성된 것은 1867년이므로 창건 당시 상황을 그대로 기록했다고 보기는 힘들지만, 일단 제신과 관련된 부분만을 골라 소개하면 다음과 같다.

옥산궁은 아마도 조선 개조 단군의 묘(廟)일 것이다. 평양의 옥산에 신주를 만들어 묘궁(廟宮)을 설치하고, 큰 집에 아름답고 좋은 것들로 정성을 다하여 황도(皇都)에 근축(謹築)하니 더욱 더 존신(尊信)의 신령(神靈)이다. …〈생략〉… 연보연간(延保年間: 1673-1680) 초에 매일 밤마다 산 위에서 불기(炎氣)를 뿜어대며 기이한 현상이 많았다. 사람들은 이를 이상히 여기고 점술가에게 묻자, 이에 답하기를 조선의 존숭(尊崇)의 신이 수적(垂迹)한 변(變)이라고 대답했다. 사람들의 마음이 안정되었다. 그리하여 일진을 보고 길일을 택하여 불기가 나오는 곳에 있는 큰 바위에 예배하고 신사를 조영하여 8월 14일에 완성했다. 모두가 사람들의 힘이다(지역민의 힘에 의해 이루어졌다). 그러자 기이한 현상을 멈추었다.

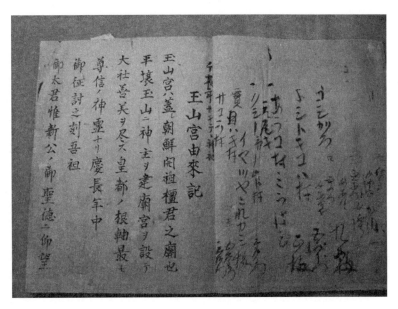

▌옥산궁유래기

따라서 옛 것에 따라 오늘과 같이 옥산궁이라 했다. 경응 정묘(1867) 가
을 7월 새롭게 조영했다. …〈생략〉… 사람들은 기뻐하며 노소를 가리지
않고 모두 모여 배례하려고 머리를 들고 자리를 다투었다. 마치 고국의
옥산에 참배하고 있는 것 같았다."[32]

이상에서 보듯이 『옥산궁유래기』는 심수관의 설명과 같이 옥산신
사에 모셔지는 신이 불기를 뿜어대는 등 신이한 현상을 일으키는 조
선의 존숭의 신이며, 그 정체가 단군일 것으로 추정하고 있는 것이
다. 그리고 신사의 이름을 옥산이라 하는 것은 단군을 모신 사당이
평양의 옥산에 있었기 때문이라고도 했다. 즉, 이 신사는 평양의 옥

---

32 加藤玄智, 앞의 글에서 재인용.

산궁을 그대로 모방하여 옮겨놓았다고 설명하고 있는 것이다.

이러한 설명만을 보면 마치 이 신사의 제신은 창건부터 단군을 모신 것으로 이해될 수 있다. 그러나 처음부터 단군을 모셨다는 견해에는 전적으로 동의할 수 없다. 위의 문장을 그대로 신뢰한다 하더라도 그것에 의하면 옥산신사의 제신은 연보연간(延保年間: 1673-1680)에 불기를 뿜으며 기이한 현상을 일으켰고, 이를 본 지역민들이 신으로 모신 것이 단군이라면, 이 마을에서 단군의 등장은 임란과 정유의 왜란이 끝난 지 한참 이후인 17세기의 일이 된다. 그 때 단군을 모신 것이 되는 것이다. 그러나 그 신이 단군이라는 점에 대해서는 다음과 같이 몇 가지 의문점이 생긴다.

그 첫째는『옥산궁유래기』자체가 단군이라고 확정짓고 있지 않고 있다는 점이다. 많은 사람들이 문헌의 첫머리에「옥산궁은 조선 개조 단군의 묘」라는 부분만을 취하여 이 신사의 제신이 단군이라고 주장하고 있지만, 사실 그렇지 않다. '옥산궁'이라는 말과 '조선개조 단군'이라는 말 사이에 '아마도' '어쩌면'이라는 추측의 의미를 지닌 '蓋し'라는 말이 붙어있다. 그러므로 그 문장을 정확히 해석하자면 제신이 아마도 단군일 것이라고 추정하고 있는 것이지 단정을 짓고 있는 것으로 볼 수 없다.

둘째는 조선시대의 지리서에서 평양에 옥산이라는 지명이 보이지 않는다는 점이다.『신증동국여지승람(新增東國輿地勝覽)』에 의하면 옥산은 지방행정단위의 지명으로는 경상도의 경산, 인동, 안음, 전라도의 옥구에 보이며, 역원명의 옥산원은 경상도의 흥해, 고령, 전라도의 낙안에 보인다. 그리고 산의 이름으로는 경상도의 인동, 선산, 고령, 진주, 합천, 사천 그리고 전라도의 낙안에서 보인다.[33]

이처럼 옥산이란 지명은 평양을 중심으로 한 북부지역이 아닌 경
상도와 전라도에 집중되어 나타나는 지명이었다. 더군다나 나에시
로가와의 조선인들은 남원을 위시한 남쪽 지역 출신이 대부분이다.
이러한 사람들이 어찌하여 자신들의 고향도 아닌 평양의 옥산궁을
모방하여 신사를 건립하여야 했는지는 납득하기 어렵다.

셋째는 신화의 내용이 우리가 알고 있는 단군신화의 그것과 판이
하게 다르다는 점이다. 심수관은 "북녘의 하늘에서 큰 불덩어리가
날아와 옥산 꼭대기에 떨어졌다"고 했다. 이처럼 신체가 바다 또는 하
늘에서 날아온(또는 떨어진) 불덩어리로 되어있으며, 『옥산궁유래기』
에 의하면 그 불덩어리는 꺼지지 않고 매일 밤마다 불기를 뿜었고,
그것이 있는 바위는 소리를 내며 움직이는 기이한 현상들이 일어났
다. 그리고 1902년(明治35)에 성립된 「명세장(明細帳)」에서도 "그 신은
발광을 하였을 뿐만 아니라 진동까지 했다"고 기록되어있다. 즉, 그
것은 우리가 알고 있는 비, 바람, 구름을 거느리고 신단수 아래로 강
림하여 웅녀와 결혼하는 단군신화에서는 보이지 않는 요소이다. 불
덩어리, 발광, 며칠 동안 꺼지지 않았다는 것 등의 표현에서 보듯이
이 신은 불신(火神)이다. 이는 자신들이 손수 제작한 그릇이 완전한
상품이 되기 위해서는 반드시 거쳐야 하는 마지막 공정인 가마(窯)
안에서 활활 타오르는 불을 연상시키고도 남음이 있다. 가마 안의 불
조절이야말로 상품의 격을 결정하는 중요한 요소이다. 따라서 이들
이 모셨던 신은 단군이라기보다는 그들의 직업과 관련이 있는 불신
임을 암시하는 것으로 볼 수 있기 때문이다.

넷째는 일본의 곳곳에 분포되어있는 조선인 도공 마을 가운데 단

---

33  原田一良(2005), 앞의 논문, pp.201-202.

군을 모시는 곳은 단 한 곳도 없다는 사실이다. 다시 말해 이곳의 단군숭배는 조선인 마을에서도 매우 이례적인 예라 하지 않을 수 없다. 이러한 상황들을 고려한다면 단군은 훗날 윤색되었을 것이며, 원래는 매우 소박한 형태의 민간신앙을 기반으로 하고 있었을 가능성이 아주 높다.

다섯째는 이 신의 성격이 한국의 당신(堂神)과 같은 성격의 조령일 가능성도 높다는 사실이다. 이러한 사실을 잘 반영하고 있는 것이 이 신사에서 제의를 행할 때 낭독되는 제문이다. 심수관은 그 내용은 대략 다음과 같다고 했다.

> 조선의 혼이여. 밝혀보소서. 무엇 때문에 우리가 떠돌이 원객이 되었나이까? 일하며 살아가는 우리를 사랑하고 도와주시옵소서. 무궁한 행복을 비나이다. 슬픔을 잊고 다 같이 힘을 모아 땅을 개간하고 농사를 지으며 누에를 치고 고기를 잡게 길이길이 우리 모두를 지켜주시옵소서. 우는 새도 즐겁고 산에는 샘물이 솟고 꽃이 피도록 우리 모두를 보살펴주소서[34]

여기에 보듯이 제문에서도 단군은 일체 등장하지 않는다. 그리고 제사의 대상 또한 단군이 아니라 조선의 혼이다. 여기서 말하는 조선의 혼이란 단군이라기보다는 흔히 한국의 마을에서 보이는 당신(堂神)과 같은 존재였을 것으로 보인다. 당신은 그 신체나 이름이 일본과 같이 명확하지 않다. 모든 것들을 아우를 수 있는 자연신과도 같은 존재이다. 그러므로 구체적인 이름을 가지지 않는 것이 보통이다.

34 박성수(2000) 「묘대천의 심수관」 『단군문화기행』 서원, p.381.

더군다나 이 신사가 산에 위치해 있고, 그 신체가 바위라는 것에서 보아 처음에는 산신적인 성격을 띠었으나, 이들의 생업이 주로 그릇을 굽는 사기장이라는 특성에 맞추어 도자기 생산에 빼놓을 수 없는 불을 조절하는 신으로 변형시켰으며, 이것이 다시 마을 구성원들의 생업이 도기제작뿐만 아니라 항해, 어업 등 다양해짐에 따라, 그 범위가 확대되어 신앙되었을 것으로 추정되는 것이다.

그렇다면 이 신사에서 모셔졌던 최초의 신이 단군이 아니라면 어떤 신이었을까? 여기에 대한 단서는 타 지역의 조선도공 마을에 있다. 사실 일본 속의 조선인 도공 마을에서 모시는 대부분의 신들은 산신이 주류를 이룬다. 그리고 그 신과 신사를 '고려'라는 이름을 붙여서 부르는 경우가 일반적이다. 단군은 일체 나타나지 않는다. 가령 사가현(佐賀県) 가라쓰(唐津)의 대표적인 조선도공마을인 시이노미네(椎嶺)의 신사는 고려사(高麗祠)이며, 또 야마구치(山口県) 나가토(長門)의 조선도공마을에는 고려산(高麗山)의 산신이 모셔지고 있다.

사가의 아리타(有田)도 조선도공마을로 유명하다. 이곳에는 초기의 조선도공들이 모셨던 신이 세이로쿠(淸六)와 이시바신사(石場神社)의 옆 등 두 곳이 있는데, 이곳 모두 고려신이었다. 그러므로 나에시로가와의 옥산신사의 제신도 원래는 구체화되지 않고 조선을 가리키는 의미의 고려신일 가능성이 높다.

이를 뒷받침해 줄 증거가 몇 가지 더 있다. 하나는 미야마 지역민들은 1921년경만 하더라도 이 신사를 옥산신사보다는 '고레간(高麗神)' 혹은 '고레간사'라는 명칭이 더 친숙하게 불려졌다.[35] 당시 지역

---

35  松田道康(1970)「玉山神社 高麗神舞の原流を探して」『民俗研究(5)』鹿兒島民俗学会, p.35.

민들에게는 옥산신사라는 명칭은 이들에게 생소했던 것이다. 여기서 '고레간사'란 고려의 신이라는 말인 '고레가미사마(高麗神樣)'의 줄임말이다.[36] 1927년에 이곳을 방문한 요시다 나오구라도 이 신사의 명칭을 고려신사(高麗神社)로 표기했다.[37] 이곳의 주민이자 도공인 사메시마 사타로(鮫島佐太郎)씨도 고려신사가 존칭으로도 사용되며, 또 그것이 더 친숙하다고 말했다.[38] 심지어 신사의 제의를 관장하는 신관을 고라이하후리(高麗祝子), 제물로 사용되는 떡을 고려떡(高麗餅)이라고 할 만큼 이 신사와 관련된 중요한 용어는 모두 고려였다. 그 뿐만 아니라 에도시대(江戶時代) 후기에 사쓰마번(薩摩藩)이 편찬한『삼국명승도회(三国名勝図会)』에서도 옥산신사의 제신을 세상 사람들은 고려신(高麗神)이라 했다는 기록이 있다. 이처럼 이 지역도 다른 조선도공마을의 경우와 마찬가지로 고려신이라고 했음은 틀림없는 사실이다.

둘은 가노야(鹿屋)의 가사노하라(笠野原)에 위치한 옥산신사를 들 수가 있다. 이곳은 나에시로가와의 조선인 인구가 증가하여 그 일부를 1704년에서 1706년에 걸쳐 34가구, 남녀 160여명을 이주시킴으로서 생겨난 마을이다. 이곳 주민들은 나에시로가와를 떠나면서 지역신도 분사(分祠)하여 가져갔다. 그러므로 이곳의 신사의 이름은 나에시로와 같은 것은 당연하며, 모셔지는 신의 이름도 마땅히 미야마의 옥산신사와 같아야 한다.『삼국명승도회』에 의하면 이곳의 신은 '고려국의 영신(靈神)'으로 되어있으며,[39] 나이토 슌포는 지역민들은 단군

36 加藤灌覺(1921), 앞의 논문, p.139.
37 吉田猶藏(1927), 앞의 논문, p.104.
38 鮫島佐太郎(1987)『苗代川のくらし』南日本新聞開發センター, p77.
39 五代秀堯, 橋口兼柄(1982)『三国名勝図会(4)』青潮社, p.53.

이 아닌 고레가미(高麗神)라고 부르고 있었다 한다.[40] 여기서도 제신
은 고려신이다.

셋으로는 미야마에서 얼마 떨어져 있지 않은 아이라시(始良市) 가
지키초(加治木町) 오야마다(小山田)에는 또 하나의 조선도공 마을이 있
다. 이곳에서 생산되는 그릇을 류몬지야키(龍門司燒)라 불리우는데,
이들의 선조는 미야마의 경우와 같이 1598년경 정유재란 때 가고시
마의 군대에 붙잡혀 일본으로 간 조선도공들이다. 이곳의 조선인들
도 수호신을 모셨는데, 그 이름이 고려신이었다.

넷은 신상(神像)의 정체이다. 이를 직접 본 사람의 증언에 의하면
이 신사의 신상은 보통 사람의 키 높이 정도 되는 우뚝 서있는 자연
석이라 한다.[41] 이 점은 아리타와 오야마다의 것과도 같다. 즉, 아리
타의 세이로쿠와 이시바신사(石場神社) 옆에 모셔지는 고려신의 신
상 그리고 오야마다의 고려신도 역시 보통 사람 키 높이의 자연석
이며, 또한 우뚝 서있는 것이 옥산신사의 그것과 다를 바가 없는 것
이다.

이와 같이 여러 가지 정황을 종합하여 보았을 때 옥산신사에 모셔
졌던 최초의 신은 단군이 아닌 고려신이었을 가능성이 높다. 즉, 처
음에는 조선의 전체를 나타내는 '고려의 신'이라는 의미인 '고레간
사'로 불리던 것이 훗날 신의 이름을 구체화할 필요성에 의해 단군
이라는 이름으로 변화된 것으로 추정되는 것이다.

40  內藤寯輔(1976), 앞의 책, p.297.
41  加藤灌覺(1921)「薩摩の苗代川村(下)」『朝鮮』朝鮮總督府, p.139.

# 4. 단군에서 일본의 신으로

옥산신사에 단군이 언제부터 모셔졌는지 명확하지 않다. 그러나 기록상 처음으로 등장시킨 것은 1843년경에 성립된 『삼국명승도회』이다. 제신에 관한 것은 「옥산묘(玉山廟)」라는 항목에 기술되어있는데, 관련된 부분을 골라 그 내용을 간략히 소개하면 다음과 같다.

> 옥산묘(玉山廟): 데라와키마을(寺脇村), 나에시로가와에 있다. 세상에 고려신(高麗神)이라고도 한다(神體는 天照石). 경장연간(慶長年間)에 귀화한 조선인들은 처음에 구시노키에 있었다. 경장 8년(1603)에 나에시로가와로 이주하였고, 10년경에 조선국 종묘(宗廟)의 신을 권청했다고 전해진다(과거에 雷火에 의해 권청연대가 정확하지 않다). 아마도 단군을 모신 것이라 생각한다. 생각컨데 『동국통감(東國通鑑)』에 "조선국에는 태초에는 군장이 없었다. 신인(神人)이 단목(檀木) 아래에 내려왔기 때문에 사람들은 그를 임금으로 모셨다. 이것이 단군이 되어 국호를 조선으로 했다. 당요(唐堯)의 시대이다. 처음에는 평양을 도읍으로 삼았고, 훗날에는 백악으로 옮겼다. 상(商)의 무정(武丁) 8년이 되자 아사달산에 들어가 신이 되었다. 주(周)의 무왕이 기자(箕子)를 조선에 봉하여 평양을 도읍으로 삼고, 백성들에게 예의, 농경과 누에치기, 베짜기 기술을 가르쳤다. 마한, 진한, 변한을 삼한이라 하는데, 이것이 곧 백제, 고구려, 신라가 되었고, 고려 왕건이 삼한을 통일하고, 후에 이성계가 다시 조선국으로 개명했다. 그 기자의 영(靈)은 별도로 당소(當所)의 유키노야마(雪山)와 구미산(九尾山)에서 봄과 가을에 제사를 지낸다. 그 때문에 당

묘(玉山廟)는 필히 단군을 모시고 있는 것이다.[42]

이상의 기록에서 특히 눈에 띄는 것은 여기서도 옥산신사의 제신을 단군이라고 단정 짓고 있지 않다는 점이다. 이를 '고려신', '조선국 종묘의 신'이라고 하면서 그 신의 정체는 "아마도 단군일 것"이라고 추정하고 있는 것이다. 그 이론적 근거로는 조선인 마을 미야마의 인근에 있는 유키노야마와 구미산에 기자를 모시는 곳이 있으며, 그에 대해 봄 가을 제사를 올리는 것을 들고 있다. 이처럼 단군이라는 확정적인 증거가 없었으며, 앞에서 말한 바와 같이 그 신은 고려신으로 일반적인 통칭으로 불리고 있었던 것이다.

그러나 옥산신사에 모셔진 고려신을 구체적으로 단군이라고 주목한 것은『삼국명승도회』가 처음이다. 더군다나 그것은 단군뿐만 아니라 기자(箕子)까지 거론하고 있다. 그러나 내용을 면밀히 들여다보면 기자와 단군이 모셔지는 장소가 다르다. 기자는 산 정상에, 단군은 신사에 각각 별도의 장소에 모셔져 있는 것으로 보았다.

『삼국명승도회』가 이러한 추정을 가능케 했던 것에는 두 가지 이유가 있다. 하나는 그것보다 5년 정도 빠른 1838년에 편찬된『이집원유서기(伊集院由緖記)』에 기자에 대한 정보가 기술되어있다는 점이다. 이 문헌의「산무악강(山舞樂岡)」조에는 다음과 같은 기록이 있다.

나에시로가와의 유키노야마(雪山) 및 구미(九尾)에 산무악강(山舞樂岡)이 2개소 있다. 조선인들은 본국에 있어서 조선국왕 기자를 모시는 묘를 세웠다. 사쓰마(薩摩)에 건너온 조선인들은 높은 산에 올라 기자에

---

42  五代秀堯, 橋口兼柄(1982), 앞의 책, pp.507-507

제사를 올리고 또 선조들에게 제사를 올려왔다. 지금은 봄 가을 두 번 이 산에 올라 제사를 지낸다. 그리고 이 산을 「산무악」이라 한다.[43]

여기에서 보듯이 『이집원유서기』에서 조선인들이 산에 기자묘를 세우고 봄 가을에 올라가 제사를 올린다고 기록하고 있다. 특히 여기서는 기자를 조선국왕이라 했다. 이러한 상황을 『삼국명승도회』의 편찬자가 몰랐을 리가 없다. 이 같은 기자의 설을 그대로 수용하여 단군의 제신론을 조심스럽게 추정하였던 것이다.

또 다른 하나는 『동국통감』을 통해 단군에 관한 지식을 확보했다는 점이다. 『삼국명승도회』는 단군신화를 정확히 이해하고 있었고, 그것을 근거로 나에시로가와의 조선인들이 모시는 신이 기자와 단군이라고 추측하고 있다. 이처럼 옥산신사에 모셔진 고려신이 단군이 되는 데는 『이집원유서기』, 『삼국명승도회』 등과 같은 지역의 역사와 문화를 기록하는 향토지의 편찬을 활발히 진행한 시대적 상황이 있었고, 그에 따라 고려신과 같은 정체불명의 신에 대한 정체를 밝히려는 움직임이 있었으며, 또 그것을 이론적으로 뒷받침해주는 조선에 관한 지식이 『동국통감』을 통해서 얻어졌을 뿐만 아니라, 이러한 해석을 나에시로가와의 조선인들이 무비판적으로 적극 수용하였기 때문이다. 즉, 옥산신사의 고려신을 단군으로 만드는데 『동국통감』이 절대적인 영향을 끼쳤던 것이다.

일본에서 『동국통감』이 유통되는 것은 17세기말이다. 즉, 원록연간(元祿年間: 1688-1703)에 도쿠가와 미쓰구니(德川光圀: 1628-1701)[44]에 의

---

43  『伊集院由緒記』의 「山舞樂岡」條.
44  히타치(常陸) 미토번(水戶藩)의 제2대 번주(藩主). 우리나라 암행어사와 같은 역할

해 교정과 해제의 명이 내려져 1795년(寬政7) 교토에서 번각본이 출간 되어 널리 유포되었던 것이다.[45] 아마도 미야마가 있는 사쓰마 지역 에서도 18세기 후반에서 19세기 초반에는『동국통감』이 수입되었을 것으로 보여진다. 미야마의 조선인들이 모시는 신이 단군과 기자라 는 견해를 담은『이집원유서기』,『삼국명승도회』,『옥산궁유래기』 가 편찬되는 것도 바로 이 시기이다.

이 지역에 조선의『동국통감』이 수입되어 그에 대한 지식이 보급 됨으로써『이집원유서기』에서 나에시로가와의 조선인들이 모시는 신이 기자라는 견해가 나왔고, 그것이 기반이 되어『삼국명승도회』 에서는 조선인들에 의해 세워진 옥산신사의 제신이 단군일 것이라 고 추정되었으며, 그에 이어『옥산궁유래기』가 평양의 옥산궁과 결 부지어 단군으로 거의 구체화시켰던 것이다. 그러므로 이 신사의 제

___

을 했던「미토코몬(水戸黄門)」으로 알려져 있다. 시호는「의공(義公)」, 자는「자룡 (子龍)」, 호는「매리(梅里)」. 그리고 신호(神号)는 다카유즈루우마시미치네(高讓味 道根之命). 도쿠가와 요리후사(徳川頼房)의 3남, 모친은 측실 타니씨(谷氏). 도쿠가 와 이에야스(徳川家康)의 손자에 해당되는 인물. 번주로 있을 때 사사개혁(寺社改 革)과 순사의 금지, 快風丸建造에 의한 蝦夷地(後の石狩国)의 탐험 등을 행하는 이 외에 훗날『대일본사(大日本史)』라고 불리우는 편찬작업에 착수하여 고전연구와 문화재 보호활동 등 수많은 문화사업을 행하였다.(万葉代匠記, 礼儀類典 등)또 도 쿠가와 집안의 장로로서 쇼군 쓰나요시 때에는 정치에도 영향력을 가졌다. 동시 대부터 언행록과 전기(伝記)를 통하여 명군전설(名君伝説)이 확립되지만, 에도시 대의 후기부터는 근대에는 백발과 두건의 모습으로 여러 지역을 행각하여 지배자 의 폭정에서 서민을 구해내는 픽션으로서 코몬만유담(黄門漫遊譚)이 확립한다. 미토코몬은 강담(講談)이나 가부키(歌舞伎)의 제재로서 대중적 인기를 획득하여 소화시대(昭和時代)에는 영화나 텔레비 드라마 등의 인기 있는 제재로서도 활용 되었다.『대일본사』의 편찬에 필요한 자료수집을 위해 가신을 여러 곳에 파견한 것과 은퇴 이후 미도번 영내를 순시한 이야기가 여러 지역의 순회라는 이미지로 된 것으로 추정된다. 실제로 미츠구니는 닛코(日光), 가마쿠라(鎌倉), 가나자와8경 (金沢八景), 보소(房総) 지역밖에 방문한 적이 없으며, 관동(関東)에 인접한 나코소 (勿来)와 아타미(熱海)를 제외하면 현재의 관동지방에서 벗어나 여행을 하였다는 기록은 없다.

45 原田一良, 앞의 논문, p.198.

신이 단군으로 완전히 굳혀진 것은『옥산궁유래기』의 이후인 19세기 중엽일 것으로 보인다.

이들이 단군을 제신으로 등장시킨 것은 한반도 역사상 처음으로 세워진 나라가 단군이 세운 조선이며, 그것을 이성계가 다시 계승하여 새로이 나라를 세웠는데, 그 나라가 그들의 고국이었기 때문이었다. 이같이 본다면 옥산신사의 단군은 처음부터 있었던 것이 아니라 훗날 고국으로부터 새롭게 전달된 지식에 의해 등장한 신이다.

단군을 일본에서 모신다는 것은 평화의 시대에는 아무런 문제가 발생하지 않았다. 막부가 멸망하고 새로운 명치정부가 들어서고 전국의 신사를 국가신도의 체제로 정비하게 될 때 이곳의 단군이 문제가 되었다. 즉, 1902, 3년(明治 35, 36)경에 일본정부로부터 일본의 고전에 이름이 나오지 않는 신사는 음사이기 때문에 폐사해야한다는 통보가 이곳에 전해졌다. 1904년(明治37) 러일전쟁을 바로 눈앞에 둔 시점이었다. 아마도 일본정부가 신사통폐합을 통하여 사상적 통일을 꾀하였기 때문이다.

여기에 미야마의 조선인 후예들은 지혜를 모았다. 그들은 교토제국대학 출신인 엘리트 12대 심수관을 도쿄로 보내어 정부고관들과 교섭을 벌이게 했고, 또 옥산신사에다 기존의 일본마을의 신사를 합사시키는 방법을 택하였다. 그리하여 그들은 1902년(明治35)에 무격(無格)이었던 검신사(劍神社)와 진수신사(鎭守神社)를 옥산신사에 편입해 달라는 청을 가고시마현 지사의 앞으로 제출하게 된다. 그러나 지사는 그해 7월 12일부로 검신사만을 편입하는 것을 허용하지만 진수신사를 합사하는 것은 허락하지 않았다. 그리고 심수관의 외교덕분인지 신사가 폐지되는 일은 모면했다.

그리고 옥산신사는 검신사를 흡수의 형태로 합사했다. 검신사의 신은 신라에서 건너갔다고 전해지는 스사노오이다. 아마도 이것을 노린 것인지도 모르겠다. 그리하여 이때부터 이 신사는 단군과 함께 스사노오가 합사되어 마을사람들도 단군과 스사노오가 동일한 것으로 착각하는 사람들이 늘었다고 한다. 그리고 언제부터인가 스사노오의 아들 이소타케루도 모셔졌고, 또 1908년(명치41)에는 진수신사마저 합사하여 그 신사의 제신까지 모시게 되었다. 그 결과 오늘날과 같이 외면상으로는 일본의 9명의 신을 모시게 되었던 것이다.

이러한 변화는 제의에서도 보인다. 즉, 일본적 요소를 대폭 수용했던 것이다. 종전에는 제신을 단군으로 했고, 제의도 조선어로 축문을 읽었으며, 악기도 한국의 것을 사용하였지만, 어느덧 주신을 천황의 선조신인 니니기(瓊瓊杵)로 바꾸었고, 제의형식도 일본식으로 바꾸었던 것이다.[46] 심수관가에 의하면 이러한 상황에 대해 저항이 있었을 때는 낮에는 형식적으로 니니기에게 제사를 올리고, 밤에는 본격적으로 단군의 제사를 지냈다고 했다.[47]

러일전쟁이 일본 측의 승리로 끝나자 신사의 합병책도 약화되었다. 그러자 지역민들에 의해 1911년경에는 다시 원래의 모습으로 복원되었다.[48] 그리하여 1920년대에 이곳을 방문한 종교학자 가토 겐치(加藤玄智)는 당시의 신관(神主)도 일본인이 아닌 "해군의 주계(主計) 출신인 박방석(朴芳碩)씨이다."고 했다.[49] 즉, 조선인이 맡아서 했던 것이다.

---

46  椋鳩十(1979)「12代沈壽官」『日向薩摩路』保育社, p.106.
47  임동권(1974), 앞의 논문, p.28.
48  椋鳩十(1979), 앞의 글, pp.104-106.
49  加藤玄智(1928), 앞의 글.

이처럼 단군에서 니니기로 바뀌었던 것이 다시 단군으로 돌아왔다. 그리고 신사의 사제자인 신관도 조선인 후예가 맡았다. 1903년경까지는 신관이 한국식의 제복(祭服)을 입고 제사를 지냈다고 한다.[50] 그 뿐만 아니다. 일단 국가 유사시에는 나에시로가와의 지역민들이 단군에 기원하여 일본의 전승을 빌었다고 했다.[51] 이에 대해 가토 겐지는 "단군은 다케미나가타(健御名方神)와 함께 실로 일본국을 수호하는 군신이 되어있다"[52]고 강조했다. 이처럼 한국의 국조인 단군은 미야마의 조선인 후예들에 의해 일본을 지키는 신이 되어야 했다.

그러나 오늘날 이 신사는 또다시 격변기를 맞고 있다. 조선인의 후예들이 맡아서 하는 신관이 없으며, 또 조선식으로 하던 제의와 가요도 사라졌다. 다만 기록 자료로만 존재할 뿐이다. 더군다나 가고시마신사청(鹿児島県神社庁: 이하 줄여서 신사청이라 함)은 이 신사를 다음과 같이 설명하고 있다.

신사명은 다마야마신사(玉山神社), 통칭은 옥산궁(玉山宮), 사격(社格)은 촌사(村社), 제일(祭日)은 음력 9월 14일과 15일. 제신은 니니기(瓊瓊杵尊), 스사노오(素盞雄尊), 야사카히메(八坂比売命), 스와대명신(諏訪大明神), 다케노미나카타(建御名方命), 쓰루기대명신(剣大明神), 아오쓰루기대명신(青剣大明神), 우케모치(保食神), 진수대명신(鎮守大明神)이다. 유서(由緒)로는 히데요시의 조선출병(임란) 때 이곳으로 연행되어 온 사람들이 매년 봄 가을 주위에서 가장 높은 산(舞楽岡)에 올라 먼 바다에 떠 있는 고

---

50 임동권(1974), 앞의 논문, p.30.
51 加藤玄智(1928), 앞의 글.
52 加藤玄智(1928), 앞의 글.

시키시마(甑島)를 바라다보면서 고향을 그리워하며 망향의 설움을 달
랬다. 그러던 어느 날 바다 저편에서 커다란 불덩어리가 날아와 하치스
가타니(蜂巢ヶ谷)라는 계곡의 큰 바위 위에 떨어졌다. 그러자 큰 바위는
소리를 내며 움직였고, 매일 밤 발광을 하며 하늘을 비추었다. 이를 본
마을 사람들은 두려움에 떨며 점쟁이에게 물었더니 조선종묘(朝鮮宗廟)
의 신「단군(檀君)」이 마을 사람들을 보호하기 위하여 이곳으로 왔다는
점괘가 나왔다. 그리하여 이 자연석을 신체(神体)로 삼고, 단군을 모시
는 신사를 창건하고, 이름을 옥산궁 또는 고려신이라고 칭하였다. 1766년
(明和3) 2월 시마즈가(島津家)에서는 이 옥산궁을 도기신(陶器神)으로서
섬겼으며, 사전(社殿)을 조영(造営)했다. 그 후 수리 일체를 당국에서 행
하였다. 그 이전에는 묘양식(廟様式)의 사전이었다고 한다. 1902- 3년(明
治35,36)경 니니기를 모시고, 1909년(明治42)에는 스사노오, 타케미나카
타, 우케모치, 야사카히메 4명의 신을 모셨고, 다음해는 검신사(剣神社),
진수신사(鎮守神社)와 합사했다. 현재의 사전은 1917년(大正6)에 개축한
것이다. 미야마 지구의 신앙 중심이며, 이전에는 항해, 어업의 수호신
이었고, 오늘날에는 도기(陶器)의 수호신으로서 신앙되고 있다.[53]

이상에서 보듯이 옥산신사는 도기의 수호신으로서 고려신 단군
을 모시는 것에서 시작되었다고 서술하고 있다. 그러나 제신의 명단
에는 니니기를 포함한 9명의 일본의 신만 보이고 단군이 일체 보이
지 않는다. 다시 단군이 사라지고 있는 것이다.

이러한 상황은 가노야의 옥산신사도 마찬가지이다. 신사청에서
는 이 신사의 제신은 스사노오(素盞嗚尊)라고 소개하면서 그 이유에 대

---

53  鹿児島県神社庁의 홈페이지(2014년 2월 13일 열람).

해 "시마즈 이에히사(島津家久: 1547-1587)가 히오키군(日置郡) 나에시로
가와(苗代川=미야마)에서 귀화 고려인들이 가노야로 거주지를 옮길 때
이들이 신앙하는 우지가미(氏神)에 대해서 묻자, 이들은 조선국조 단
군을 모시고 있다고 대답하였고, 이에 이에히사는 아마테라스(天照大
神) 및 스사노오(素盞鳴尊)를 모시라고 명하였다. 그리하여 이 두신을
모시는 옥산궁을 창건하였고, 이 신들은 식산흥업(殖産興業)의 조신(祖
神)이자 무신(武神)으로 섬겨졌다"[54]고 설명하고 있다. 물론 이것은 사
실이 아니다. 앞에서도 언급하였듯이 초창기에는 고려신을 모시고
있었던 것이 확실하기 때문에 아마도 이 내용은 훗날 새롭게 만들어
진 역사임에 틀림없다. 이처럼 고려신에서 단군으로 바꾸며 신앙하
였던 미야마와 가노야의 옥산신사가 오늘날 일본신으로 탈바꿈하
려고 하고 있는 것이다.

## 5. 마무리

가고시마현 히오키시의 미야마에 있는 옥산신사는 임란 때 끌려
간 조선인들에 의해 세워진 일본식 신사이다. 그곳이 우리들에게 유
명해진 것은 제신이 단군이라는 사실 때문이었다. 많은 사람들이 학
문적 검증 없이 오늘날의 현상만 보고 단군은 신사의 건립 때부터 모
셔졌던 것으로 오해했다. 그러나 그와 관련된 문헌 그리고 타 지역의
조선 도공마을에서 모셔지는 신앙과의 비교를 통해 종합적으로 검
토해본 결과 최초로 모셔진 신은 단군이 아니라 고려라는 이름을 가

---

54 鹿児島県神社庁의 홈페이지(2014년 2월 13일 열람).

진 신이었다. 그 때문에 옥산신사는 고려신사라고 불리기도 했다. 이 점은 타 지역의 조선도공마을과 크게 다를 바가 없었다.

그러나 19세기 중엽이 되면서 많은 변화가 일어났다. 타 지역과는 달리 신사의 제신이 고려신에서 단군으로 바뀌었다. 이러한 변화의 배경에는 이 지역의 지식인들이 조선에서 수입된 『동국통감』에 기록된 단군신화에 대한 지식을 수용하게 됨에 따라서 미야마의 조선인들이 모시는 신이 기자라는 견해가 나왔고, 그것이 기반이 되어 옥산신사의 제신은 단군일 것이라는 추정이 나왔다. 옥산신사의 「유래기」에서 보듯이 그것을 다시 조선인 마을사람들이 적극 수용함으로써 단군으로 구체화시켰기 때문이었다. 이처럼 단군이 옥산신사의 제신이 되기까지는 많은 시간과 과정이 있었던 것이다. 그럼에도 불구하고 오늘날에는 단군을 지우고 일본의 신으로 탈바꿈하려는 움직임이 일고 있다.

현재 미야마의 옥산신사가 일본에 있어서 대표적인 단군신앙지로 손꼽히는 것은 사실이다. 일부 연구자들은 일본에 있어서 단군신앙은 이곳만 있는 것이 아니라 타 지역에서 엿보인다고 한다. 그들은 일본에 있어서 백산신앙의 뿌리는 한국의 태백산에 있다고도 하고, 또 규슈 히코잔(英彦山) 수험도(修驗道)의 시조인 후지와라 칸유(藤原桓雄)를 단군의 부친이자 환인의 아들인 환웅이라고 주장하기도 한다. 그러나 이러한 견해들이 학문적으로 입증된 것은 아니다. 앞으로 여기에 대해서도 객관성이 보장된 학문적 검토가 지속적으로 진행되어야 할 것이다.

일본에서 신이 된 고대한국인

## 제2장

# 교토 야사카에 모셔진 고구려의 용신

## 1. 머리말

교토(京都)에서 자랑하는 야사카 신사(八坂神社)는 우리에게도 비교적 잘 알려져 있는 신사이다. 그 이유는 대략 다음과 같은 두 가지 이유 때문이다. 즉, 하나는 이 신사를 중심으로 매년 7월에 개최되는 제의인 '기온 마쓰리(祇園祭)'가 일본 3대 마쓰리 중의 하나로 꼽히기 때문이며, 또 하나는 이곳에 모셔지고 있는 신이 고대한국과 관련이 있기 때문이다.

최근 우리나라에서 이곳의 제신에 관한 담론이 형성되고 있다. 그 담론은 대략 다음과 같이 두 가지로 요약할 수 있다. 첫째는 이 신사의 제신이 한국에서 유래되었다는 점이고, 둘째는 이 신사의 제신에 관한 기원신화가 우리의 무속신화와 매우 유사하다는 것이다. 전자에는 한국에는 김후련, 홍윤기, 윤광봉 등의 연구가 있고, 후자에는 한국에는 김찬회와 최원오, 최진갑 등의 연구를 들 수가 있을 것이다.

그 연구 상황을 좀 더 구체적으로 살펴보면 김후련은 기온마쓰리

의 성격을 분석하면서, 이 신사의 제신은 한반도 출자의 신으로서 도
래인(이주인)에 의해 모셔졌던 것으로 추정하면서, 7세기경부터 스사
노오(素盞鳴尊)와 동일신으로 간주되어왔다고 해석했다.[1] 이에 비해
홍윤기는 보다 적극적인 자세로 이곳의 제신은 고구려 사신 이리시
가 신라의 우두산신 스사노오를 모신 것에서 시작되었으므로 야사
카 신사는 신라신의 제사터라고 해석했다.[2] 민속학자인 윤광봉도 이
신사의 제신인 우두천왕은 고구려의 사신 이리시가 가지고 간 신라
의 신이며, 또 현재의 제신인 스사노오는 춘천에 고향을 둔 한국의
신이라고 해석했다.[3]

이에 비해 김찬회[4]와 최원오[5]는 한국의 무속에서 보이는 손님신
화, 그리고 최진갑[6]은 처용설화와 유사한 구조를 가지고 있는 것을
지적함으로써 한일양국의 공통된 특징을 강조하고 있다.

이러한 일련의 연구를 통해서 우리는 야사카 신사의 출발이 고대
한국과 얼마나 밀접하였던가를 이해할 수 있는 계기가 되었다고 생
각된다. 그럼에도 불구하고 필자가 이것에 대해 다시 한 번 주목하고
자 하는 것은 이상의 연구에서 제시된 야사카의 신이 신라에서 건너
간 신이라는 점에 대해 납득이 가지 않기 때문이다. 그것에 대해 몇

---

1  김후련(2001)「야사카신사의 기온마츠리」『일본연구(17)』韓國外大 外國學綜合硏
   究센터 日本硏究所, p.117.
2  홍윤기(2002)『일본 속의 한국문화유적을 찾아서』서문당, pp.136-138.
3  윤광봉(2009)『일본신도와 가구라』태학사, pp.82-83.
4  金贊會(1994)「本解〈ソンニムクツ〉と〈牛頭天王縁起〉」『伝承文学研究(42)』伝承文学會.
5  최원오(2005)『한국신화(2)』여름언덕, pp.267-268.
6  최진갑(2006)「처용문화제와 소민사이의 역신에 대한 비교고찰」『일본문화연구
   (18)』동아시아일본학회, pp.287-288, 일본에서는 川村湊(2007)『牛頭天王と蘇民
   将来傳說 -消された異神たち-』作品社, p.62; 岸正尚(2002)「〈処容郎譚〉と〈蘇民将来
   譚〉〈筑波岳譚〉小考-日韓比較文化の試み序説-」『生活文化研究(9)』関東学院女子短期
   大学生活文化研究所, pp.31-36 등의 연구가 있다.

가지 지적하면 다음과 같다.

하나는 왜 고구려인들이 자신들의 신이 아닌 신라의 신을 모시고 갔느냐 하는 점이고, 둘은 고구려인 이리시가 일본의 고대문헌인 『일본서기(日本書紀)』와 『신찬성씨록(新撰姓氏錄)』에 등장하는 것은 사실이지만, 신라의 신을 모시고 갔다는 기록은 일체 보이지 않는다는 점이며, 셋은 특히 홍윤기가 중요한 근거로 들고 있는 『유서기략(由緒記略)』과 『팔판향진좌대신기(八坂鄕鎭座大神記)』는 근대에 접어들어 19세기 문헌일 뿐 아니라, 야사카 신사 측에서 의도적으로 만들어진 것이기 때문에 사료의 신빙성에 대한 검증 없이 그 내용을 그대로 받아들이기 어렵다는 점이다. 그리고 넷은 야사카에 최초로 모셔진 신이 누구냐 하는 것이다. 즉, 홍윤기는 스사노오라 하고, 윤광봉은 우두천왕이라고 하고 있는 것에서 보듯이 이것마저 의견이 일치되지 않고 있다. 그럼에도 불구하고 그 신을 신라신으로 단정내린다는 것은 역시 무리가 따른다고 하지 않을 수 없다.

이러한 문제점들을 해결하기 위해서 고대에 국한하여 야사카 신사에 관련된 기록을 면밀히 검토하여 그곳에 최초로 모셔진 신이 어떤 신인지, 그리고 그 신의 성격은 어떤 것이며, 또 어디에서 유래되어 어떻게 교토의 야사카까지 들어가 정착하게 되었는지에 대해 살펴보고자 한다. 그렇게 함으로써 기존 연구에서 주장하고 있는 야사카 신사의 제신이 한국에서 건너간 스사노오 혹은 우두천왕인지를 재조명해 보고자 하는 것이다.

## 2. 야사카와 고구려의 용신

야사카 신사는 야사카란 지명에서 유래된 것이다. 그것이 어떻게 생겨났는지 정확히 알려진 바가 없다. 그러나 일설에 의하면 이곳이 언덕이 많아서 그러한 이름이 생겨났다고 한다. 실제로 그 부근에는 祇園坂, 長楽寺坂, 下河原坂, 法観寺坂, 山井坂, 清水坂, 産寧坂(三年坂), 二年坂라는 8개의 언덕길이 있다. 만일 그 설이 사실이라고 한다면 야사카의 '야(8)'는 많다는 것을 의미하고, 사카는 언덕을 의미하는 것인지도 모른다.

이러한 곳에 일찍이 터전을 이루고 살았던 고대호족이 있었다. 그들은 천황으로부터 성씨를 하사받아 야사카노미야쓰코(八坂造)라고 칭하였다. 여기서 보듯이 이들은 이곳을 본거지로 삼고 있었다. 그런데 이들의 시조에 대해 고대문헌인『신찬성씨록(新撰姓氏錄)』에 "出自狛国人之留川麻乃意利佐也"라고 서술되어있다.[7] 즉, 그들의 시조는 맥국인 루쓰마(留川麻)의 이리사(意利佐)라는 것이다. 여기서 맥국이란 우리의 예맥의 맥을 지칭하는 것일 수도 있고, 또 일본인들이 그것을 고구려를 지칭하는「고마」로 읽는 것으로 보아 고구려로도 볼 수 있다.

그러나『신찬성씨록』이 그들을 "山城国 諸蕃 高麗 八坂造"라는 제목을 달아놓았기 때문에 당시 일본인들은 이들을 고구려인들의 후손으로 보았을 가능성은 매우 높다. 하지만 이들이 역사적으로 활약한 기록은 잘 보이지 않는다. 다만 8세기경 문헌인『산배국애탕군계장(山背国愛宕郡計帳)』에 그들의 동족으로 보이는 야사카노우마카이노미야쓰코(八坂馬養造=鯖売)가 말의 사육기술이 탁월하여 일본 조정의

---

7 佐伯有清(1962)『新撰姓氏錄〈本文編〉』吉川弘文館, p.310.

야사카신사

관리로 근무하고 있었다는 것이 확인이 될 뿐이다.[8]

　이들이 자신들의 시조로 내세우고 있는 이리시는 어떤 인물일까. 이러한 인물이 기록상으로 처음 볼 수 있는 것은 『일본서기(日本書紀)』이다. 그것에 의하면 656년(齊明2)에 "가을 8월 8일 고려는 달사(達沙) 등을 보내어 조공을 바쳤다. - 대사는 달사, 부사는 이리시(伊利之)이었으며, 총인원 81명이었다."라고 되어있다.[9] 많은 사람들은 여기에 나오는 이리시가 『신찬성씨록』의 이리사와 동일인물로 보고 있다.

　필자도 여기에 대해서는 큰 이견이 없다. 왜냐하면 『신찬성씨록』에 고구려인의 후예라고 지칭하는 많은 씨족들 가운데 이들의 동족

8　『山背国愛宕郡計帳』聖武天皇 5년(733) 条.
9　宇治谷孟 譯(1988)『日本書紀(下)』講談社, p.198.

으로 보이는 씨족들이 자신들의 조상을 이리수(伊利須), 이리사(伊利斯)
이리와수(伊理和須)[10] 등으로 표기하고 있어서, 이들 모두 동일인을 각
기 조금씩 다르게 표현하고 있는 것으로 보이기 때문이다.

『일본서기』에 의하면 이들의 조상인 이리시는 고구려의 사신으로
일본에 간 사람이다. 무엇 때문에 고국 고구려로 돌아가지 않고 일본
에 남았는지 알 수 없다. 그가 돌아가지 않았기 때문에 일본에서 그
를 시조로 하는 성씨들이 생겨났음은 확실하다. 나카오 히로시(仲尾
宏)에 의하면 그가 이곳에 자리를 잡은 것은 그 이전부터 야사카 일대
에 고려계통의 주민들이 많이 살았기 때문이라고 했다.[11] 이것이 사
실이라면 이를 인연으로 삼아 이리시의 일파가 야사카를 본거지로
삼았다고 볼 수 있다. 그렇다면 이들은 여기서 어떤 종교적인 시설을
만들었을까?

고고학적 성과를 빌리면 이곳에서 아스카 시대(飛鳥時代: 592-710) 후
기의 기와가 출토되는 것으로 보아 천무조(天武朝: 673-686) 때 창건된
절이 있었을 것으로 추정된다. 이리사의 도일이 656년에 이루어진
것을 감안하다면, 그 절은 그의 일족인 야사카노미야쓰코들에 의해
세워졌을 가능성이 매우 높다. 그리고 당시 상황으로 보면 이들은 불
교사원 뿐만 아니라 신도의 신사도 세웠을 것이다. 왜냐하면 당시 호
족들은 자신들을 보호해 줄 불교 사원과 신도 신사를 동시에 가지는
것이 관례로 되어있었기 때문이다.

---

10 『신찬성씨록』에 의하면 左京과 右京의 諸蕃 高麗 日置造, 大和国 諸蕃 高麗의 日置造,
栄井宿祢吉井宿祢, 和造造, 日置倉人, 그리고 摂津国 諸蕃 高麗 日置造의 시조는 伊利
須(一名伊和須)로 표기되어있고, 河内国 諸蕃 高麗 大狛連는 伊利斯沙礼斯, 河内国 諸
蕃 高麗의 島本의 시조는 伊理和須로 표기되어있다.
11 仲尾宏(1990)「祇園祭 -インターナショナルな祝祭 -」『京都の朝鮮文化』淡交社, p.31.

그렇다면 이들은 어떤 신을 모시는 신사를 세웠을까? 앞의 홍윤기와 윤광봉은 신라의 신이라고 하였지만, 그것을 증명해 줄 만한 자료는 어디에도 없다. 더욱이 자료가 없기 때문에 그 신에 대해서 알수 없으나 한 가지 실마리를 제공해 주는 것이 신화학자 히고 카즈오(肥後和男)의 해석이다. 그는 야사카의 기원을 앞에서 본 많은 언덕에서 유래되었다는 속설을 부정했다. 그는 야사카를 길고 긴 길이를 나타내는 야사카(八尺)를 의미하는 것으로, 곧 긴 뱀(용신)을 의미한다고 보았다.[12]

이러한 해석에는 상당히 일리가 있다. 왜냐하면 실제로 용신을 모시고 있는 신슈(信州)의 스와신사(諏訪神社)는 상사(上社)와 하사(下社)가 있는데, 하사의 신을 야사카도메(八坂刀賣)라 했다. 즉, 용신이 있는 곳을 야사카라 하였던 것이다.[13] 그 뿐만 아니다. 실제로 야사카의 신이 용신이라는 것을 여러 문헌을 통해서도 확인이 된다. 가령 가마쿠라 시대(鎌倉時代: 1185-1333) 문헌인 『석일본기(釋日本紀)』에 야사카 신사의 본전건물 밑에는 용궁으로 통하는 굴이 있다는 설이 고대로부터 전해지며, 그 굴은 북해신이 남해신의 딸에게 장가들기 위해 가는 통로라고 기술하고 있다.[14] 그리고 같은 시기에 성립되었을 것으로 보이는 『속고사담(續古事談)』에도 "기원사(祇園社)의 보전(寶殿)의 밑에는 용혈(龍穴)이 있다. 1040년 소실하였을 때 히에잔(比叡山)의 승려 명쾌(明快: 987-1070)[15]가 용혈의 깊이를 조사하려다가 50장(약160미터)이나 되

---

12 肥後和男(1938)「朝鮮との關係 附牛頭天王」『古代傳承硏究』河出書房, p.99.

13 松前健(1992)『日本の神話と古代信仰』大和書房, p.150.

14 山口敦史(2008)「蘇民將來論 –經典と注釋–」『古代文學(48)』古代文學會, p.20.

15 헤이안시대(平安時代) 중기 천태종의 승려. 통칭은 나시모토 승정(梨本僧正). 천태좌주(天台座主), 大僧正 역임. 어려서 연력사(延曆寺_에 출가하여 명호(明豪), 황경(皇慶), 경명(慶命) 등에게 현교(顯教)와 밀교(密教)를 배우다. 훗날 동탑(東塔)의 円

어 그만 두었다."[16]는 기록을 볼 수 있을 뿐만 아니라, 1123년(保安4)에
는 난동을 부린 히에잔의 승려를 조정에서 체포하려고 하자 그는 본
전 안으로 들어가 숨다가 그 밑에 있는 깊은 동굴 속에 빠져 목숨을
잃었다는 이야기[17]도 전해지기 때문이다. 이처럼 이곳 밑에 굴이 있
고, 그것을 용이 다니는 길이라 하고, 그 위에 세워진 건물이 야사카
신사의 본전이라는 사실은 이 신사에 모셔지고 있는 신이 다름 아닌
용신이라는 사실을 방증한다.

이러한 성격 때문에 이 신사가 행하는 제의에는 유달리 물 또는
우물과 관련된 것이 많다. 이 신사에서 행하는 가장 유명한 제의는
앞에서도 언급한 기온마쓰리(祇園祭)이다. 그 때가 되면 이곳에 모시
는 신이 마을로 내려와 머물게 되는데, 그곳을 보통 오다비쇼(御旅所)
라 한다. 현재는 시조(四條)로 되어있으나, 이것은 도요토미 히데요시
(豊臣秀吉)가 교토 시내를 정비하기 위해 과거의 오다비쇼인 쇼쇼노이
(少将井=大政所井)[18]를 폐지시켰기 때문에 생겨난 것으로 원래 그곳이
아니었다.

원래의 장소 쇼쇼노이는 명칭에서 보듯이 우물이 있는 곳이었다.
그곳에 대해 무로마치시대(室町時代)의 문헌『신기정종(神祇正宗)』에서
는 옛날 그곳에 노래를 잘 짓는 여승이 살고 있었는데, 그녀는 자기

---

融房(梶井殿)에서 살고 있었기 때문에「梨本僧正」이라고 불렸다. 제자로는 각심(覚
尋), 양진(良真), 인각(仁覚), 인호(仁豪) 등이 있다.
16 松前健(1985)「祇園天王信仰の源流」『京の社-神神と祭り-』人文書院, p.129에서 재
인용.
17 松前健(1985), 앞의 논문, p.129.
18 과거 교토시에 있었던 유명한 우물. 현재 교토시 중경구(中京区) 가라스마도오리
다케야초(烏丸通竹屋町) 부근에「少将井」이라는 지명이 남아있다. 그 유래는 분명
치 않으나『後拾遺和歌集』의 가인(歌人) 쇼소노이노아마(少将井尼)의 살던 집의 정
원에 있었던 우물이라는 설이 있다.

집 정원의 우물 위에 우두
천왕사의 신여(神輿)를 올
려놓고 기도를 했기 때문
에 사람들은 기온의 왕자
신(王子神)의 가마 이름을 쇼
쇼노이라고 했다고 서술
되어 있다.[19] 물론 이 기록
은 왕자신의 가마 이름의
기원을 설명하고 있는 것
이지만, 그와 동시에 그곳
우물이 야사카 신사 제신
의 성격을 나타내는 것으

▎교토의 기온마쓰리

로도 볼 수 있다. 즉, 그녀가 모셨던 신은 물과 관련이 있는 용신이었
던 것이다.

또 기온마쓰리의 중요한 행사 가운데 「미코시아라이(神輿洗い)」라
는 것이 있는데, 말 그대로 신이 탄 가마(미코시)를 씻는 것을 의미하
는데, 가마 3개 가운데 본신이 타는 가마만 가모가와(鴨川) 강물로 씻
는 제의이다. 이것은 신이 마을로 내려오는 7월 10일과 다시 신사로
돌아가는 7월 28일에 행한다. 이를 일반적으로 신의 가마(미코시)를
정화하는 행위로 보지만, 그 신이 용신이라는 점을 감안한다면 용신
이 물을 통해 대중 앞에 나타났다가 물을 통해 모습을 감추는 것으로
도 해석이 가능하다. 이와 같이 야사카에 자리 잡은 고구려인들은 그
자리에다 용신을 모셨던 것이지, 신라의 신 스사노오를 모셨던 것은

19 松前健(1992), 앞의 책, p.147.

아니었다.

초기의 야사카의 제신은 용신이라는 점이 밝혀질 뿐 이름이 분명치 않다. 용신이라는 점은 신격으로서는 물을 관장하는 농경신이다. 그러므로 야사카는 비가 내리지 않으면 비를 내리게 해달라고 기원하는 기우제를 지내는 제의의 장소일 가능성이 매우 높다.

이러한 용신이 고구려인들과 함께 바다를 건너 일본으로 갔다면 어떠한 경로를 통하여 일본으로 건너갔을까? 여기에 대해서는 두 가지 루트를 생각해볼 수 있다. 하나는 한반도 남부를 출발하여 현해탄을 건너 규슈로 가는 루트이고, 또 하나는 동해안을 통해 일본해 연안 지역에 도착하는 것이다. 전자의 경우『일본서기(日本書紀)』에 565년(欽明26) 고구려인 즈무리야헤(頭霧唎耶陸) 일행이 규슈의 쓰쿠시(筑紫)에 도착하여 이주신청을 하였다는 기록을 들 수가 있다. 그들의 요청을 받아들인 일본은 그들을 야마시로(山背)에 거주하도록 하였다.[20] 그리고 660년(斉明6) 1월 1일에도 고구려의 사신 을상(乙相) 가스몬(賀取文) 등 100여명이 쓰쿠시에 도착했다고『일본서기』는 기록하고 있다.[21] 이처럼 한반도 남부를 통하여 규슈로 들어가는 루트가 있었다. 그러나 한반도 북부에 위치한 고구려인들이 신라와 백제를 통과하여 이 루트로 일본으로 간다는 것은 결코 쉬운 일은 아니다.

이에 비해 후자는 비교적 용이하다. 한반도 동해안에서 일본을 향해 출항을 한다면 쓰루가, 와카사, 후쿠이(福井) 등의 일본해 연안 지역에 도착하는 것은 얼마든지 가능한 일이다. 이것에 대해서도『일

---

20  井上光貞 監譯(1987)『日本書紀(下)』中央公論社, p.89.
21  井上光貞(1987), 앞의 책, p.254.

본서기』에서는 몇 가지 기록이 엿보인다. 가령 569년(欽明31) 4월 고구려의 사신이 풍랑을 만나 바다에서 표류하다가 고시노구니(越國)에 표착하였으며,[22] 또 573년(敏達2) 5월에는 고구려의 사신이 고시노구니의 해안에 머물렀으나 난파되어 익사한 자가 많았다고 했다.[23] 이처럼 고시노구니 즉, 와카사와 쓰루가 지역으로 가는 고구려의 사신들이 있었다.

한편 고구려의 사신들은 후쿠이 지역으로도 갔다. 570년(欽明32) 고구려의 사신이 이시가와현(石川県)의 해안에 표착하여 그곳의 지방장관에 의해 구금당하고 가져갔던 공물을 빼앗기는 사건이 일어났다. 이것이 훗날 발각되어 고구려의 사신들은 야마시로(山城)로 옮겨져 2년 가량 거주하다가 귀국했다.[24] 그 후 656년 고구려는 또 일본에 사신을 파견하였는데, 그 때 간 사람이 다름 아닌 앞에서 언급한 이리시이다. 이리시와 함께 간 고구려인들도 야마시로에 머물렀던 것이다. 여기서 말하는 야마시로란 야사카 일대를 말한다. 더군다나 이들이 머물고 정착한 곳이 야사카이고, 또 이들이 모시고 간 신을 이곳에 모셨다고 한다면 당연히 야사카의 용신은 전자인 현해탄 루트가 아닌 후자의 동해 루트를 선택한 것으로 보여진다. 다시 말해 고구려에서 건너간 야사카의 제신은 동해안을 통해 일본해 연안에 도착하여 교토로 들어가 야사카에 정착하였을 것으로 예상되는 것이다.

---

22  井上光貞(1987), 앞의 책, pp.90-91.
23  井上光貞(1987), 앞의 책, pp.96-97.
24  井上光貞(1987), 앞의 책, p.91.

## 3. 고구려의 용신과 신라의 역신의 습합

한편 8세기경의 야사카의 신에 대한 모습을 엿볼 수 있는 자료가
지금도 남아있다. 그것은 다름 아닌 『풍토기(風土記)』의 일문(逸文)에
보이는 소민장래에 관한 이야기이다. 그 내용을 잠시 소개하면 다음
과 같다.

옛날 북해에 사는 무탑신(武塔神)이 남해에 사는 여신에게 구혼하러
가는 도중 날이 저물었다. 그런데 그곳에 쇼라이(將來) 형제가 살고 있
었다. 형인 소민쇼라이(蘇民將來)는 매우 가난했고, 그에 비해 아우 고탄
쇼라이(巨旦將來)는 집이 부자이어서 창고가 1백 개나 되었다. 그리하여
먼저 무탑신은 고탄쇼라이 집을 찾아가 하룻밤 묶어가기를 청하였으
나 고탄쇼라이는 방을 내어주는 것을 아까워하며 거절했다. 그러나 형
인 소민쇼라이는 기꺼이 방을 내어주면서 조밥을 지어 극진히 대접을
했다. 몇 년 후 무탑신은 8명의 왕자를 데리고 쇼민쇼라이의 집을 다시
찾아와서 "나는 은혜를 갚고자 한다. 너희 자손들은 이 집에 있는가?"
하고 물었다. 이에 소민쇼라이는 대답하기를 "저의 딸과 아내가 있습
니다."라고 하자, 이에 무탑신은 "너희들은 허리에 억새 띠(茅輪)를 차
거라."고 했다. 이 말을 들은 소민쇼라이는 무탑신의 말을 따라 가족들
에게 억새 띠를 허리에 차게 하였다. 그러자 그 날 밤 소민쇼라이의 딸
1명만 남기고 모두 죽여 버렸다. 그리고 신이 말하기를 "나는 스사노오
의 신이다. 후세에 역병이 나돌면 소민쇼라이의 자손이라 하고 억새 띠
를 허리에 찬 사람은 화를 면할 것이다."고 말했다.[25]

---

25 吉野裕譯(1969)『風土記』平凡社, p.326.

이 내용은 에노구마노구니쓰샤(疫隅國社)라는 사당의 기원을 설명
하는 이야기이다. 그런데 내용상 약간 모순이 있다. 전후 문맥으로
본다면 무탑신의 말을 그대로 따른 소미쇼라이의 가족들이 모두 구
제되어야 함에도 불구하고, 소미쇼라이의 딸만 남기고 모두 죽여버
렸다는 부분이다. 아마도 이것은 기록의 착오인 것 같다.

이 이야기는 가마쿠라(鎌倉) 말기에 성립된 『석일본기(釋日本紀)』[26]에
있던 것을 『풍토기(風土記)』의 「일문」에 인용하여 수록한 것이다. 그러
므로 원래는 『비후국풍토기(備後國土記)』에 실려져 있는 이야기로 볼
수 있기 때문에 적어도 8세기경에 성립된 것으로 생각할 수 있다.

에노구마노구니쓰샤는 현재 히로시마현(廣島縣) 후쿠야마시(福山市)
의 스사노오 신사(素盞鳴神社)로 추정된다. 그러므로 그것은 원래 교토
의 야사카 신사가 아니다. 이 신화의 내용이 야사카의 신의 유래담으
로 자주 이용되는 것은 『석일본기』에 그 신화는 기원사(야사카신사)의
유래로도 되어 있기 때문이다.

『석일본기』는 『일본서기』의 주석서로 13세기경의 인물인 우라베
노 카네카타(卜部兼方)에 의해 작성되어진 것이다. 우라베는 주로 교토
에서 활약한 신도의 이론가이다. 그러한 그가 위의 설화를 에노구마
노구니쓰샤의 기원설화라고 소개하고서는 그것은 또한 기원사의 유
래담이기도 하다고 서술한 것은 그가 살았던 당시 야사카에서 이러
한 신화를 수용하고 있었음을 보여주는 것이다. 다시 말해 교토의 야

---

26 『석일본기』는 가마구라 말기에 성립된 『일본서기』의 주석서이며, 저자는 卜部懷
賢(兼方)이며, 모두 28권으로 되어있다. 종래 『일본서기』의 연구에 대한 卜部家의
家說을 첨부하여 집대성한 것이다. 그 중 『일본서기講筵』의 기록과 강의인 『일본
서기사기(日本書紀私記)』(弘仁私記 등)의 인용이 많이 보인다. 그러므로 『일본서
기사기』가 분실된 내용을 남기고 있는 부분도 있어서 사료적인 가치가 매우 높은
것으로 평가되고 있다.

사카신사가 후쿠야마 지역의 신화와 신앙을 받아들였던 것이다.

그런데 이상한 것은 무탑천신이 스사노오와 연결되어있다는 점이다. 그 근거로 맨 끝 부분의 내용에 "나는 스사노오의 신이다."고 한 말이다. 사실 그 말은 갑자기 나온 것이지 전체 이야기와는 아무런 관계가 없다. 이것이 들어있다는 것은 원전에도 없었던 것을 우라베가 『석일본기』에 인용하여 서술할 때 자의적으로 삽입시킨 것으로 보인다.

우라베가 그러한 입장을 취하는 데는 나름대로 이유가 있었다. 야사카의 신은 외국에서 들어온 신이라는 이미지가 있었기 때문이다. 그 예로 『석일본기』의 해설에 의하면 이치조 사네쓰네(一條實經: 1223-1284)가 우라베에게 "기원은 이국신이라 하는데, 과연 그러한가?"라고 묻자 우라베는 "스사노오는 원래 신라에 있다가 일본으로 들어오는 이야기가 『일본서기』에 보인다. 그러므로 그 신은 외국신이다."고 대답한다.[27] 여기에서 보듯이 야사카의 신은 스사노오와 같이 신라에서 유래된 외국신이라는 이미지가 강했다.

이와 같이 야사카 측이 이 신화와 신앙을 받아들였다면 제신의 성격은 기존의 것과 확연히 달라진다. 내용에서 보듯이 고구려의 용신은 남해의 용신으로 되어있고, 또 용신은 북해에 사는 용신을 맞이하여 결혼하고 8명의 왕자를 낳는 것으로 윤색되어있다. 이처럼 이 시기의 야사카 신화는 북해와 남해에 사는 용신의 혼인설화로 되어있었다. 이것은 매우 큰 변화라 하지 않을 수 없다. 이러한 변화는 여기에서 그치지 않았다. 지금까지 주신이었던 고구려의 용신이 부신(副神)이 되고, 북해의 용신인 무탑천신이 주신(主神)이 되는 것을 의미한다.

---

27  今堀太逸(1995)「牛頭天王緣起の形成」『國文學 -解釋과 感賞-』至文堂, p.143에서 재인용.

▌소민장래의 자손 집이라고 쓰여진 금줄

　이처럼 새롭게 등장한 무탑천신은 어떠한 신격을 가지고 있는 것
일까? 여기에 대해 앞의『풍토기』는 명확하게 설명하고 있다. 자신의
여행에서 친절하게 대했던 사람들에게는 소민쇼라이의 부적과 억새
띠를 지니게 함으로써 역병으로부터 벗어나게 하지만, 그와 반대로
불친절하게 대한 사람들은 모두 죽여 버리는 무서운 역신이었다.
　그런데 이 역신의 고향은 어디인가 하는 것이다. 무탑이라는 이름
이 일본식이 아니며, 또 그 신의 고향을 북해라고 한 것은 그 신의 고
향이 일본이 아닌 외국을 의미하는 것으로 볼 수 있다. 그렇다면 이
신의 고향은 어디에서 찾을 수 있을까? 여기에 한 가지 힌트를 주는
것이 소민쇼라이라는 이름이다. 소민쇼라이는 무탑천신을 친절하게
대한 결과 훗날 자신의 자손들을 역병의 침입을 막아주는 존재이다.
지금도 교토의 민가에서 흔히 금줄(시메나와)에「소민장래의 자손 집
이다(蘇民將來之子孫家也)」라고 적힌 나무팻말을 볼 수 있다. 이처럼 그
는 역병을 퇴치하는 신적인 존재이다.

　역사가 미즈노 유(水野祐)는 소민쇼라이를 중국 소주(蘇州)에서 유입된 백성이라고 해석했다.[28] 그리고 혹자는 인도 혹은 유구(오키나와)의 신이라는 해석을 내기도 했다.[29] 그러나 유감스럽게도 지금까지 중국과 인도 그리고 오키나와 등지에서 "소민쇼라이"라는 부적이 발견되었다는 연구보고가 없다. 이처럼 그 신의 기원을 중국 등지에서 찾는다는 것은 현재로서는 무리일 것 같다.

　이에 비해 에도 시대(江戶時代: 1603-1868)의 사상가 오규 소라이(荻生徂来: 1666-1728), 시노사키 토카이(篠崎東海: 1686-1739) 등은 비록 명확한 근거는 제시하지 못하였지만 앞에서 소개한 『풍토기』의 설화를 한국계 설화라는 인식은 갖고 있었다.[30] 그리고 근래 시가 코(志賀剛)는 에노구마노구니쓰샤가 있는 후쿠야마는 고대에 있어서 한국계 이주인들이 집단을 이루고 살았던 곳이며, 이들을 통해 소민쇼라이의 신앙이 유입된 것으로 보기도 했다.[31] 이처럼 쇼민쇼라이의 기원을 한국에 있다고 보는 시각이 일찍부터 있었다. 과연 그들의 예상은 크게 빗나가지 않았다.

　소민쇼라이의 신앙이 실제로 한국에서 발견되었다. 1928년 일본의 민속학자이자 경찰관이었던 이마무라 토모(今村鞆: 1870-1943)가 자신의 저시 『역사민속조선만담(歷史民俗朝鮮漫談)』에서 "평안남도에서 미신조사를 하였을 때 안주군(安州郡)에서 「소민장래지자손해주후입(蘇民將來之子孫海州后入)」이라고 가로 1촌, 세로는 3촌 정도 되는 붉은 종

28　水野祐(1987)『入門. 古風土記(下)』雄山閣出版, pp.180-185.
29　前田淑(1957)「日本振袖始の一素材 -蘇民將來說話をめぐって-」『香椎潟(3)』福岡女子大學, p.46.
30　前田淑(1957), 앞의 논문, p.46.
31　志賀剛(1981)「日本に於ける疫神信仰の生成」『神道史硏究』神道史學會, pp.9-10.

이를 문에 붙이고, 병을 막는 부적을 사용하고 있는 것을 발견했다. 재미있는 발견이다."고 쓴 내용이 있다.[32] 그 의미는 소민장래의 자손이 해주로 시집왔다고 하는 의미이다. 이 부적을 발견한 이마무라도 충격이 심했는지 그것에 대해 단순히 "재미있는 발견"이라고만 짤막하게 자신의 소감을 밝혔다.

이러한 일이 있은 지 1년 후인 1929년에 다시 그것을 소개하는 또한 사람의 연구자가 있었다. 그는 다름 아닌 무라야마 지준(村山智順)이었다. 그는 그의 저서『조선의 귀신』에서 평안남도의 부적을 소개하면서 그것들 가운데는 「소민장래지자손해주후입」이라고 적은 것이 있으며, 그것은 출입문에 붙여놓는다고 짤막하게 설명했다.[33]

이러한 기록들을 통하여 알 수 있듯이 일본이 아닌 한국의 평안남도에서도 소민장래의 신앙이 있었음을 알려주는 좋은 자료라 하지 않을 수 없다. 더구나 그것은 1920년 한국에서 발견된 것이므로 일본의 영향으로 보기 어렵다. 그와 반대로 소민쇼라이의 신앙은 한국에서 일본으로 건너갔을 개연성은 아주 높다고 하지 않을 수 없다.

일본의 역사가인 히고 카즈오(肥後和男) 그리고 문예비평가인 가와무라 미나토(川村湊)는 무탑천신의 무탑은 한국어 무당에서 유래되었다고 했다. 그 중 가와무라는 935년의 「태정관부」에서처럼 무탑의 부인인 파리녀(婆利女)는 한국의 무조인 바리(공주)의 바리에서 유래되었다는 설을 제창하기도 했다.[34]

사실 일본의 돌림병 가운데 한국에서 전해지는 것도 많았던 것 같

---

32  今村鞆(1995)『歷史民俗 朝鮮漫談』(復刻版) 國書刊行會, p.160.
33  村山智順(2019), 노성환 역『조선의 귀신』민속원, p.378.
34  川村湊, 앞의 책, pp.71-72.

다. 그 예로 조선시대의 지식인 이규경(李圭景)은 어린이가 두역을 앓기 직전에 그 부모의 꿈속에 귀인(貴人)이 집안에 들어오는 것을 보면, 어린이가 반드시 두역을 앓게 된다고 하는데, 고서(古書)에는 이 말이 보이지 않는다고 하면서 일본 측 기록인『화한삼재도회(和漢三才圖會)』다음과 같은 기록이 있다고 소개하고 있다.

"본조(本朝) 성무천황(聖武天皇) 천평(天平) 7년(735)에 두창(痘瘡)이 처음으로 유행되었다. 혹자(或者)의 말에 의하면 '추고천황(推古天皇) 34년(626) 일본에 흉년이 들자, 삼한에서 미속(米粟) 1백 70수(艘)를 도입하여 낭화(浪華)에 정박하였다. 그때 배 안에 포창(疱瘡)을 앓는 세 명의 소년(少年)이 있었는데, 한 소년은 노부(老夫)가, 또 한 소년은 부녀(婦女)가, 또 한 소년은 승도(僧徒)가 붙어 있었다. 이에 그들이 어느 나라 출신임을 알 수 없어 그 이름을 묻자, 노파 등이 「우리는 역신(疫神)의 무리로 포창(疱瘡)의 병을 맡았는데, 우리도 이 병을 앓다가 죽어서 역신이 되었다. 이 나라는 금년부터 비로소 이 병이 유행될 것이다.」고 했다.[35]'

이상의 내용에 따르면 일본의 두창(마마)은 기근이 들어 한국에서 곡식을 수입할 때 그것을 실고 간 배에 탄 3명의 소년에 의해 전래된 것으로 되어있다. 질병의 기원을 한국으로 보고 있는 것이다. 그와 유사한 견해는 미국학자 맥닐에 의해서도 이루어졌다. 그는 552년 한국에서 일본으로 불교를 전파하기 위해 갔던 일행들을 통하여 천연두도 전해졌다고 하였던 것이다.[36] 여기에서 보더라도 두창과 천연두와

---

35 이규경『오주연문장전산고』[인사편 1] - 〈인사류 2〉 - 질병.
36 이두현(2008)「마마배송굿」『한국문화인류학(41-2)』, 한국문화인류학회, p.229.

같은 질병이 한국을 통하여 일본으로 유입되었을 가능성이 높다.

　문제는 역신인 무탑천신과 소민장래의 고향이 어디이냐 하는 것이다. 이 신들이 역병과 관련되었다는 점을 감안한다면 그들의 기원은 어쩌면 신라에서 찾을 수 있을지 모른다. 왜냐하면 일본에서는 역병의 기원을 신라에 두는 인식이 일찍부터 있었기 때문이다. 그 단적인 예로 13세기 문헌인 『속고사담(續古事談)』에 "모가사라는 병은 신라국에서 일어난 것이다."[37]라고 서술하고 있고, 또 그 이후의 문헌인 『진첨개낭초(塵添壒囊鈔)』에도 "역병이란 모가사를 말하는데, 이것은 순전히 일본식 이름으로는 포창(疱瘡)이라고 쓴다. 이것 역시 역려(疫癘)이다. 일본에서는 포창이라는 병이 생겨났다. 쓰쿠시인(筑紫人)의 생선 파는 배가 풍랑을 만나 신라국에 도착하였는데, 그 사람이 그곳에서 병을 얻어 귀국하였는데, 그 병이 점차 5기내(畿內)에 퍼졌고, 그것이 서울에 유포된 것이다."라는 기사를 들 수가 있을 것이다.[38] 이러한 것을 토대로 본다면 일본의 역병은 신라에서 규슈의 쓰쿠시로 들어갔고, 그것이 다시 기내(畿內) 지역으로 진출하여 번졌으며, 또 그것이 확대되어 교토 지역까지 확산되었다는 것이 된다.

　소민쇼라이의 신앙이 정확히 언제부터 야사카에 정착하였는지 명확하지 않다. 그렇지만 그것을 추정케 해주는 자료는 있다. 그것은 다름 아닌 나가오카쿄(長岡京)의 유적지에서 「소민장래지자손자(蘇民將來之子孫者)」[39]라고 쓰여진 묵서 패(札)가 발굴과정에서 나온 것이다. 아마도 이것이 현존하는 것들 중 가장 오래된 소민장래의 부적일

---

37　川村湊, 앞의 책, p.105에서 재인용.

38　川村湊, 앞의 책, p.105에서 재인용.

39　山口敦史, 앞의 논문, p.19.

것이다. 나가오카쿄는 784년부터 794년까지 있었던 일본 고대 도읍지이다. 그러므로 이러한 곳에서 소민장래의 부적이 발굴되었다는 것은 이리시와 함께 도일했던 7세기까지는 거슬러 올라가지 못해도 8세기 무렵에는 이미 소민쇼라이의 신앙이 유행하고 있었다는 것을 알 수 있는 것이다.

이와 같이 본다면 소민쇼라이 신앙은 『풍토기』가 성립되기 이전에 한국(신라)에서 바다를 건너 규슈를 통해 세도내해(瀨戸内海)를 통해 히로시마 지역으로 들어가 정착했다가 다시 동진하여 교토의 야사카에 정착한 것이 되는 것이다. 다시 말해 무탑천신과 소민쇼라이로 대표되는 신라의 역신은 동해의 루트를 택하였던 고구려의 용신과는 달리 현해탄을 통해 규슈를 거쳐 세도내해로 들어가 히로시마지역을 통과하여 8세기 무렵에는 교토로 들어간 것으로 볼 수 있다. 이로 말미암아 야사카는 수신과 역신이 함께 공존하게 되었던 것이다.

## 4. 야사카와 우두천왕

이같이 고구려의 용신과 신라의 역신이 공존했던 야사카에 9, 10세기가 되면 새로운 바람이 일기 시작했다. 그 계기는 869년(貞観11)에 역병이 만연되어 백성들이 어려움을 겪을 때이었다. 이를 위해 흥복사(興福寺)의 승려 원여(円如)는 야사카에다 약사여래와 천수관음을 모시는 절을 세우고, 또 신도의 신으로는 가스가 대사(春日大社)의 섭사인 미즈야샤(水谷社=水谷神社)의 용신을 모셨다.[40] 원여가 이렇게 한

---

40  川村湊(2007) 『牛頭天王と蘇民将来傳説 -消された異神たち-』 作品社, p.40.

것도 이미 이곳에서 모셔지는 고구려의 수신과 신라의 역신 무탑천신이 모두 용신으로 되어있었기 때문이었다. 즉, 한국의 용신을 폐기하고 일본의 용신을 새롭게 고용하여 난국을 타개하려고 하였던 것이다. 이것으로 말미암아 야사카의 제신은 일본의 용신에 잠시 포섭되는 듯했다.

그러나 원여의 이러한 노력에도 불구하고 역병은 좀처럼 사라지지 않았다. 그리하여 야사카는 이내 일본의 용신도 다시 버리고 새로운 강력한 힘을 가진 역병퇴치신을 모색했다. 이때 선택되어진 것이 하리마(播磨)의 히로미네(廣峯)에서 신앙되고 있었던 우두천왕(牛頭天王)이었다. 원여는 이 신을 야사카로 권청하여 새롭게 모셨던 것이다.

당시 히로미네에는 히로미네신사(廣峯神社)를 중심으로 우두천왕이 신앙되고 있었다. 남북조 시대(南北朝時代: 1336-1392)의 문헌인 『봉상기(峯相記)』에 의하면 히로미네신사의 창건연기설화가 비교적 상세히 서술되어있다. 그것에 의하면 733년경 당에서 귀국하던 기비노마키비(吉備眞備: 695-775)가 이곳에 들러 머물고 있었을 때 비몽사몽간에 한 귀인이 현몽하여 그를 히로미네의 신으로 모셨으니 그것이 바로 우두천왕이라고 했다.[41] 이것은 야사카의 우두천왕 신앙의 원류가 히로미네에 있다는 것을 의미한다. 실제로 히로미네가 우두천왕의 근원지라는 사실은 가마쿠라 막부 장군 미나모토 사네토모(源實朝: 1192-1219)의 교서에 히로미네신사를 기원본사라 하고 있는 것에서도 확인이 된다.[42]

이러한 사실은 야사카신사 측이 낸 『기원사략기(祇園社略記)』에도

---

41 川村湊(2007), 앞의 책, p.24.
42 川村湊(2007), 앞의 책, p.21에서 재인용.

| 야사카신사의 본전건물

숨기지 않고 그대로 서술되어있다. 즉, "기비노마키비가 견당사로 당나라에 갔다가 귀국할 때 하리마에서 우두사를 건립하였는데, 수년 후에 왕궁 수호신으로서 권청하여 헤이안의 동쪽에 모셨는데, 이것이 오늘날 기온(祇園)이다."[43]고 기록하고 있는 것이다. 이처럼 야사카에 모셔진 우두천왕은 히로미네에서 야사카로 새롭게 들어간 신앙이라 할 수 있을 것이다.

우두천왕은 일반적으로 기원정사의 수호신이자 남인도 우두전단이 생산되는 우두산(牛頭山)의 산신으로 알려져 있다. 특히 우두전단은 만병통치약으로 상처가 난 곳을 바르면 즉시 낫는다고 하였고, 또 『승일아함경(僧一阿含經)』〈권28〉에 의하면 우두전단으로 만든 불상은 그 복덕이 헤아릴 수 없이 많다고 했다. 그러나 그의 생김새는 『보

43 岡本大典(2008)『吉備眞備と陰陽道』奈良教育大學 大學院 修士論文, p.51.

궤내전(簋簋內傳)』에 의하면 황소의 얼굴에 도끼와 견삭(羂索)을 가진 분노의 얼굴을 하고 있다고 했다.

이러한 신을 위해 기비노마키비가 신사를 세운 것은 아마도 이 지역에 역병이 창궐하였고, 또 그로 인해 역병퇴치에 효험이 있었다는 소문이 비교적 폭넓게 퍼져있었을 것으로 예상할 수 있을 것이다. 그러한 예증이 오카야마현(岡山縣)의 아사구치시(淺口市)에 있는 마도베신사(眞止戶神社)에 있다.

이 신사는 원래 우두천왕궁이었으나 명치 이후 오늘의 이름을 가지게 된 곳이다. 이 신사의 창건연기설화에 의하면 광인천황 때 기비노마키비가 당나라로 가는 도중 이곳에 들러 지역민들이 역병으로 인해 곤란을 당하고 있다는 사실을 알고 선판(船板)에다 「우두천왕보인(牛頭天王寶印)」이라는 여섯 글자를 적어 집집마다 붙여놓았더니 역병이 가라앉았으며, 그 후 히로미네로부터 우두천왕을 권청하여 모신 것이 마도베신사라는 것이다.[44] 이처럼 히로미네의 우두천왕신앙이 역병의 창궐과 함께 지방으로 퍼져나갔고, 그것을 야사카가 파악하여 받아들였던 것이다.

그런데 문제는 일본 음양도의 시조인 기비노마키비가 어찌하여 음양도의 신이 아니라 불교의 신인 우두천왕을 모셨느냐 하는 것이다. 여기에 대해서는 두 가지로 생각할 수 있다. 즉, 첫째는 음양도에서 적절한 역병퇴치의 신을 발견하지 못하였을 수도 있고, 둘째는 그 자신이 불교에 대해서 높은 지식을 가지고 있어서, 그 역할을 할 수 있는 신을 불교에서 찾았기 때문일 가능성이 있다.

기비노마키비는 두 차례나 당나라에 가서 유, 불, 도를 골고루 섭

---

44  岡本大典(2008), 앞의 논문, pp.52-53.

렵한 것으로 알려져 있지만, 그 중 불교와 밀접한 관련을 맺고 있는 인물이기도 했다. 가령 그의 2차 귀국 때는 당나라 승려 감진(鑑眞: 688-763)을 데리고 귀국할 만큼 불교와도 관련을 가지고 있었다. 이러한 인물이었기에 인도의 신인 우두천왕의 성격을 잘 이해하고 그 신을 일본의 역신으로 섬겼을 것으로 추정하고도 남음이 있는 것이다.

앞의 『봉상기』에는 또 하나의 소중한 흔적을 남기고 있는데, 그것은 다름 아닌 우두천왕이 기비노마키비의 꿈에 나타나서 자신의 정체를 고탄의 집에서는 쫓겨났지만, 소민에게는 도움을 받았다고 고백하는 내용이다. 여기서 말하는 고탄은 앞에서 본 『풍토기』의 일문에 나타나는 고탄쇼라이를, 소민은 소민쇼라이를 의미하는 것임을 금방 알아차릴 수 있다. 즉, 히로미네의 우두천왕신앙에는 무탑천신의 요소가 겹쳐져 있는 것이다. 다시 말해 히로미네의 우두천왕은 인도의 우두천왕에다 기존의 무탑천신 신앙을 수용하여 새롭게 만들어졌던 것이다.

이것을 반증이라도 하듯이 무탑천신의 고향인 후쿠야마의 스사노오신사에는 기비노마키비가 히로미네 신사를 세운 것은 빈고(備後)에서 우두천왕을 권청하여 가지고 갔기 때문이라는 전승도 있다. 즉, 후쿠야마가 우두천왕 신앙의 원류라는 주장이다. 그러나 『풍토기』의 전승에서 보았듯이 그곳에서는 우두천왕은 일체 등장하지 않는 것으로 보아 우두천왕 신앙은 후쿠야마가 아닌 하리마의 히로미네에서 비롯된 것이며, 우두천왕 신앙집단이 기존의 무탑천신을 적극 수용한 것으로 추정된다. 그 결과 과거에 무탑천신이 야사카로 이동해 간 루트를 따라 우두천왕도 같은 길을 걸어서 야사카에 정착하였던 것이다.

우두천왕이 야사카로 이동한 경로에 대해서는 16세기의 요시다 가네토모(吉田兼俱: 1435-1511)가 쓴 『이십이사주식(二十二社註式)』에 잘 나타나 있다. 즉, 그것에 의하면 "우두천왕이 처음으로 하리마 아카시우라(明石浦)에서 수적하여 히로미네로 옮겼으며, 그 후 기타시라가와(北白河)의 동광사(東光寺)로 옮겼으며, 그 후 인황(人皇) 57대 양성원(陽成院) 원경연중(元慶年中: 877-884)에 감신원(感神院)으로 옮겼다. 탁선을 통하여 말하기를 나는 기원정사의 수호신이다고 했다. 그리하여 기원사(祇園社)라 한다"고 되어있다.[45]

▌우두천왕이 된 스사노오

이 기록을 토대로 재구성하여 보면 우두천왕은 바다를 통해 아카시(明石)에 상륙하였고, 그 이후 교토의 동광사를 거쳐 야사카(감신원)에 이주 정착한 것으로 볼 수 있다. 그런데 최근 가와무라 미나토(川村湊)에 의해 이주경로가 더욱더 상세하게 밝혀졌다. 즉, 그에 의하면 우두천왕이 히로미네를 출발하여 교토의 야사카로 가던 도중 고베(神戸)에 들러서 그 분령을 모시게 했다. 그 흔적으로서 오늘날까지 기원신사의 창건연기설화가 남아있는데, 그것에 의하면 히메지(姫路)의 서사산(書寫山) 원교사(圓教寺)에서 수행하던 덕성방(德城坊)이라는 승려가 히로미네의 분령이 이곳을 통과하여 교토의 동광사로 옮겨간다는 것을 듣고 그 분령의 신여(神輿)를 이곳에서 하룻밤 묵게 했으

---

45  川村湊(2007), 앞의 책, pp.21-22에서 재인용.

며, 그로 말미암아 생겨난 것이 고베의 기원신사(祇園神社)라는 것이
다.[46] 이곳에서 우두천왕은 교토로 향해 동광사에 정착했다. 오늘날
오카자키신사(岡崎神社)이다. 이곳에서도 우두천왕은 오래 머물지 않
았다. 우두천왕은 이곳에서 다시 출발하여 지은원(知恩院) 앞을 지나
아와다신사(粟田神社)를 거쳐 야사카로 들어가 정착하였다는 사실을
가와무라는 현장답사와 전승을 통해 고증하였던 것이다.[47] 이처럼
우두천왕은 히로미네에서 출발하여 여러 지역을 거치면서 자신의
신앙을 퍼뜨리며 야사카로 이주하였던 것이다.

우두천왕이 야사카에 정착하면 많은 변화가 초래된다. 먼저 원경
연간(元慶年間: 877-883)이 지역에 살았던 섭정 후지와라 모토쓰네(藤原基
經: 836-891)가 자신의 집을 약사 3존, 천수관음을 모시고는 관경사(觀慶
寺)라는 사찰을 건립하고, 또 우두천왕을 위해 사당을 짓고서 이를 기
원사(祇園社)라 했다.

원래 기원이란 불교에서 유래된 지명으로 석가모니가 수달(須達)
장자로부터 기부를 받은 승원을 말한다. 정식의 이름은 기수급고독
원정사(祇樹給孤独園精舍)이다. 기원정사는 이를 줄인 말이다. 이는 수달
장자가 석가모니의 설법을 듣고, 감화되어 귀의하며 기증한 것이다.
원래 그곳은 기타(祇陀)태자의 땅이었으며, 수달은 오도 갈데없는 불
쌍한 사람들을 돌보아주었기 때문에 사람들은 그를 급고독자(給孤独
者)라 불렀다. 이 두 사람의 이름을 따서 지은 승원이었다. 어쩌면 모
토쓰네가 이 지역의 땅을 기증하여 절을 만든 것은 인도의 수달장자
와 같은 취지에서 나온 행동일지도 모른다. 여하튼 모토쓰네로 인해

---

46  川村湊(2007), 앞의 책, p.27.
47  川村湊(2007), 앞의 책, pp.32-33.

이 지역을 모두 기원이라 했고, 또 이곳에서 치르는 제의행사를 기원제, 곧, 기온마쓰리라 했던 것이다.

이와같이 야사카에는 역신으로서 우두천왕이 새롭게 모셔졌던 것이다. 미나미사토 미치코(南里みち子)에 의하면 9세기 중엽부터 시작한 역병이 10, 11세기에는 정점에 달하였으며, 그에 따라 사회적 불안은 상상을 초월할 정도이었다고 했다.[48] 이러한 상황이 거듭될수록 야사카의 역신신앙은 크게 발전하게 마련이다. 가령『정신공기초(貞信公記抄)』의 920년(延喜 20)의 기사에 의하면 그 해 윤 6월 기침병이 유행하였을 때 야사카(祇園)에 봉납하는 기사가 등장했고, 또『일본기략(日本紀略)』의 926년 기록에도 야사카의 신은 역병에 효험이 있어 이 신을 위해 수행승들이 천신당(天神堂)을 건립하여 공양했다고 되어있다. 그리고 958년(天德2)에 역병이 유행하였을 때 조정은 승려들을 여러 절에 파견하여『인왕경(仁王經)』을 독송하도록 하였는데, 그 중에도 야사카가 빠지지 않고 들어가 있었다.[49] 그 뿐만 아니다.『백련초(百錬抄)』에도 그러한 요소를 발견할 수 있다. 즉, 그것의 973년 조의 기록에 이른바 기온마쓰리라는 제의를 치르는 이유에 대한 설명을 "依去年疱瘡時御願也" 즉, 지난해 천연두(疱瘡)가 창궐하였을 때 이를 막기 위해 원을 세운 것에서 비롯되었다고 설명하고 있다.[50] 이처럼 야사카에 모셔졌던 우두천왕은 역신으로서 성격을 굳히고 있었다.

---

48 南里みち子(1980)「簠簋內傳ノート-牛頭天王緣起說話との關連から-」『福岡女子短大紀要(19)』福岡女子短大, p.122.

49 今堀太逸(1995)「牛頭天王緣起の形成」『國文學-解釋과 感賞-』至文堂, pp.140-141.

50 黒板勝美 編(1974)『百錬抄』『國史大系(11) 日本紀略後篇 百錬抄』国史大系編修会에 의하면 본문은「六月十五日. 公家始自今年被獻東遊走馬等祇園社, 依去年疱瘡時御願也」로 되어있다.

그런데 이상의 기록에서 발견할 수 있는 매우 특이한 현상은 빈번하게 교체되는 야사카의 신들의 변화 가운데서도 그 신의 관할은 불교승려들이 맡아서 한다는 점이다. 즉, 야사카의 우두천왕은 역병 방지라는 기능이외에도 관경사라는 불교사원을 수호하는 신으로서 역할이 기대되었던 것이다. 즉, 야사카는 불교를 중심으로 신불습합이 이루어졌던 곳이었던 것이다. 야사카는 히에잔(比叡山) 연력사(延曆寺)의 별원(別院)으로 줄곧 불교승려가 거주했다. 이러한 야사카의 특징은 앞으로 야사카의 신들이 불교적인 성격으로 변화될 수 있는 가능성을 열어두고 있다고 할 수 있다.

## 5. 마무리

이상에서 살펴보았듯이 고대에 있어서 야사카의 제신은 역사의 흐름에 따라 끊임없이 변신을 하고 있음을 확인할 수 있었다. 처음에는 고구려의 용신으로 출발하여 물을 관장하는 농업의 신으로서 역할을 하다가 그 후 무탑천신과 결합하여 역신적 성격을 띠었다. 그후 헤이안 시대에 역병이 만연되었을 때는 일본의 용신을 잠시 선택하였다가 그것이 여의치 않자 불교의 신인 우두천왕을 새롭게 맞이하여 모셨다. 그 결과 야사카의 신은 불교승려들에 의해 관리되었지만, 그 신격은 무탑천신 이후 가졌던 역신적 기능을 줄곧 유지했던 것이다.

우리는 이러한 변화에서 두 가지 사실을 확인할 수 있다. 첫째는 일본인의 신앙관이다. 즉, 야사카 신사측이 취한 행동에서 보듯이

그들이 모시고 있는 신이 위력을 상실하거나 쓸모가 없으면 미련 없
이 버려지거나 새롭게 영입된 신에게 통폐합 당할 수 있는 신앙적
기반이 마련되어있다는 것이다. 이 점은 스가와라 미치자네(菅原道眞:
845-903)를 신으로 모시는 천신신앙과 크게 차이를 이루고 있다. 천신
신앙은 원래 원령신앙이었던 것이 훗날 학문의 신으로 변한 것처럼
시대의 흐름에 맞추어 기존의 신앙을 버리고 새로운 신앙을 선택하
여 생존하는 형태를 취하고 있는 것이다.

이에 비하면 야사카는 자신의 신앙은 버리지 않고 전통을 고수하
고는 있지만, 신이 그에 맞는 역할기능을 발휘하지 못할 경우 가차
없이 버리고 새로운 신을 선택하고 있는 특징을 보여주고 있는 것이
다. 이처럼 일본에서는 신앙의 대상이 되는 신들마저 시대의 흐름에
서 끊임없는 변화의 요구를 받아들이지 않으면 안되는 사실을 야사
카의 제신을 통해서 알 수 있다.

둘째는 기존연구에서 보았듯이 야사카 신사의 출발은 고구려인
들이 신라의 신인 스사노오 혹은 우두산신을 모신 것에서 출발한 것
이 아니라는 점이다. 서두에서 지적하였듯이 기존 연구자들이 야사
카의 제신이 신라국의 스사노오(우두산신)라는 것을 근거로 삼는 사료
는 야사카신사 측에서 펴낸 「팔판향진좌대신지기(八坂鄕鎭座大神之記)」
와 『유서기략』이다. 그러나 이 문헌들은 시대적으로 보아 고대의 문
헌도 아니며, 명치정부가 성립된 직후인 근대 초기에 걸쳐 만들어진
것이다. 명치정부는 불교와 신도가 혼합되어있는 것을 분리하는 혁
신적인 종교정책을 편 것은 익히 잘 알려져 있는 사실이다. 야사카
는 이때 불교(우두천왕)를 버리고 신도(스사노오)를 선택하여 신사가 되
었다. 다시 말해 현재 제신으로 되어있는 스사노오는 근대에 접어들

어 야사카 신사 측에서 생존을 위해 새롭게 선택한 결과물일 수도 있다.

이러한 과정을 간과하고 현재의 모습만 보고 야사카의 제신은 신라에서 건너간 스사노오라고 주장하는 것은 시대적 상황과 사료의 비판 없이 받아들여 성급하게 내린 결론이라 하지 않을 수 없다.

우리의 학계에서 주목한 스사노오가 야사카에 중심이 되기까지는 시대의 조류를 좀 더 기다려야 될 것 같다. 앞으로 이 부분에 대해서도 연구가 진행될 필요가 있다. 그러기 위해서는 고대 이후 중세부터 시작하여 근대에 이르기까지 또 한번 통시적인 관점에서 야사카에 관련된 문헌자료들을 살펴볼 필요가 있다고 본다. 그렇게 함으로써 야사카 신사와 한국과의 관계를 보다 더 선명하게 규명되어질 것으로 판단되기 때문이다.

## 제3장

# 교토를 건설한 가야 신라계 하타씨의 시조신화

## 1. 머리말

오래전 일본천황이 일본 황실의 선조가 한국계라는 고백성 발언이 국내외의 언론에 적잖은 파문이 일으킨 적이 있었다. 일본 천황가의 혈통 가운데 특히 모계가 백제에서 비롯된 것이라는 사실이 학계에 알려진 것은 이미 오래 전부터의 일이었지만 당시 일본 천황 스스로의 자의적 의사에 의해 그것을 고백했다는 점에서 보다 큰 의미가 있었다. 그 여파로 말미암아 우리나라의 공영 방송에서는 일본 왕실과 백제와의 관계를 강조하는 다큐멘터리를 제작하여 방영하는 등 매우 적극적인 반응을 나타내기도 했다. 이러한 과정을 지켜보노라면 일본의 고대문화가 마치 백제의 일방적인 영향으로만 이루어진 것으로 알려지지 않을까 염려되기도 한다.

일본의 고대문화 형성에 영향을 끼친 외부적 자극은 백제만의 힘으로 이루어진 것이 아니었다. 그것에는 일본의 자생적 전통에, 고구려의 영향이 있는가 하면 신라와 가야의 영향도 있었다. 역대의 일본 천황들 중에 자신이 백제의 외손이라는 사실을 처음으로 밝힌 것은 헤이세이천황(平成天皇)이 아니라 지금으로부터 천여 년 전에 있었던 환무(桓武)이었다. 그는 괄목할 만한 많은 치적을 남겼는데, 그 중에서 가장 높이 평가되고 있는 것들 중의 하나가 나라(奈良)에서 교토(京都)로 천도한 일이었다. 그 덕분에 교토는 1000여 년 동안 일본의 수도로서 찬란한 문화유산을 후대에 남길 수 있었다.

이러한 역사와 문화의 고도인 교토를 가만히 살펴보고 있노라면 백제 문화의 영향만을 엿볼 수 있는 것이 아니다. 물론 백제왕가를 신으로 모신 히라노신사(平野神社)가 뚜렷한 모습으로 떠오르지만, 야사카신사(八坂神社)를 중심으로 한 고구려계 이주민 문화가 있는가 하면 우즈마사(太秦)를 중심으로 한 신라계 이주민 문화도 곳곳에 보인다. 특히 교토를 건설하는데 두드러진 활약상을 보이는 세력은 백제계보다 오히려 신라계 사람들이었다. 그 중에서도 신라계를 대표하는 씨족이 바로 하타씨(秦氏)가 아니었을까 한다.

우리에게 하타씨는 일반적으로 잘 알려진 존재가 아니다. 그러나 일본의 조각분야 국보 제1호인 미륵반가사유상이라 하면 일본에서는 모르는 사람이 없을 정도로 유명하다. 이는 우리나라에서도 꽤 널리 알려진 사실이다. 특히 우리나라에서는 그 불상의 모양이 신라에서 출토된 청동미륵반가사유상과 너무나 닮았고 또 그 불상의 소재가 우리나라 동해안에 산재해 있는 적송으로 만들어졌다는 사실이 밝혀지면서 그 불상은 더욱 큰 관심을 불러일켰다. 그 반가사유상을 안치하고 있는 사찰인 광륭사(廣隆寺)를 건립한 사람이 바로 하타씨(秦氏)이다.

이제 우리도 그 하타씨에게 관심을 기울일 필요가 있다. 우리의 불상과 너무나도 흡사한 미륵반가사유상의 국적에 얽힌 수수께끼에 관심을 가지는 일도 당연하지만 그에 못지않게 그것을 안치한 사람의 이주 정착에 얽힌 의문을 추론해보는 일 또한 매우 중요하다. 왜냐하면 그들이 없었더라면 그 불상은 그곳에 안치될 수 없었기 때문이다.

하타씨에게 관심을 가지고 연구하기 시작한 사람들은 주로 일본인들이었다. 그에 대한 수많은 연구가 있지만 최근의 대표적인 연구로 꼽을 수 있는 것은 오와 이와오(大和岩雄), 이노우에 미쓰로(井上滿郎), 나카무라 슈야(中村修也), 가토 카네요시(加藤謙吉) 등이다. 오와는 하타씨가 5세기 전후부터 6세기 전반에 걸쳐 주로 가야지방에서 이주해온 사람이라고 했으며,[1] 이노우에는 5세기 후반에 신라에서 모국의 동란을 피해 일본열도로 건너왔다고 했으며,[2] 또 나카무라는 하타씨가 한반도에서 이주해온 것을 인정하면서, 특히 그들의 "우즈마사(太秦)"라는 칭호에 관심을 가지고 이를 족장을 나타내는 고대 한국어에서 유래된 말로 해석하기도 했다.[3]

여기에서 보듯이 많은 사람들은 하타씨의 유래에 대해 관심을 가지고 있었다. 그러나 가토는 좀 달랐다. 그의 관심은 한반도에서 이주한 하타씨가 일본에서 어떠한 성격의 씨족으로 자리잡게 되었는가에 있었다. 그 결과 그는 하타씨를 "야마시로(山背)를 중심으로 각지에 흩어져 있는 이주인들을 규합한 의제적인 씨족집단"이라 규정하고 그들은 "천황가에 올려지는 공물을 담당하고 있었다"고 해석

---

1  大和岩雄(1993) 『秦氏の硏究』 大和書房, p.29.
2  井上滿郎(1987) 『渡來人』 りぶろぽーと社, p.173.
3  中村修也(1994) 『秦氏とかも氏』 臨川書店, p.94.

했다.[4]

이상에서와 같이 고대한국계 하타씨에 대한 연구가 일본에서는 비교적 활발하게 이루어지고 있는데 비해 우리 측의 연구는 너무나 빈약하다. 그런 가운데서도 재일한국인 김달수는 하타씨가 신라, 가야로부터 이주한 신라왕자 천일창집단(天日槍集團)에서 갈라진 하나의 씨족이며, 그들이 교토로 진출하여 누에치기, 베짜기, 제방사업 등을 실시하여 비옥한 농지를 만들었다고 했으며,[5] 필자도 하타씨 설화의 내용에 대해 의문을 품고, 광륭사의 불상이 신라와 관련이 깊은 점으로 미루어 보아 하타씨는 백제계가 아닌 신라계일 가능성이 높다고 지적한 바가 있다.[6] 이창수 또한 신라왕자 아메노히보코의 전승지에서 대거 하타씨와 관련된 유물이 발견되는 것으로 보아 하타씨는 신라계 이주민집단이라고 해석했다.[7] 그 반면 오연환은 하타씨의 교토 근거지는 사가노(嵯峨野)이며, 그들은 광륭사, 이나리 대사(稲荷神社), 마쓰오신사(松尾神社) 등을 세운 신라계 씨족이라고 했다.[8] 그와 같은 시점에서 홍윤기도 하타씨가 교토에서 건립한 이나리 대사,[9] 광륭사,[10] 헤비쯔카(蛇塚)[11] 등을 고찰하고 있다. 그리고 김현욱은

4  加藤謙吉(1998)『秦氏とその民』白水社, p.206.
5  김달수(1991)「일본 속의 조선문화」『한일문화교류사』〈김태준외 3인〉 민문고, pp.86-87.
6  노성환(1990)「광륭사」『얼과 문화(6)』 우리문화연구원, pp.37-38.
7  이창수(2003)「기기에 나타난 도래인 연구」『일어일문학연구(47)』 한국일어일문학회, pp.19-20.
8  오연환(1998)「도래인과 평안시대」『일어일문학연구(33)』 한국일어일문학회, pp.275-278.
9  홍윤기(2008)「신라 농업신 신주 모신 이나리 대사」『한글한자문화(103)』 전국한자교육추진총연합회.
10  홍윤기(2008)「교토의 명찰 광륭사 세운 진하승」『한글한자문화(104)』 전국한자교육추진총연합회.
11  홍윤기(2008)「헤비즈카라는 진하승공의 바위무덤」『한글한자문화(105)』 전국한

일본을 대표하는 하치만 신앙을 하타씨족에 의해 한반도에서 전래된 것이라고 해석했다.[12]

이상에서 보듯이 기존연구는 하타씨들이 언제 어디서 일본으로 이주하여 무엇을 남겼는지에 대한 연구가 중심을 이룬다. 필자는 몇 해 전 학술진흥재단의 후원에 힘입어 부산대 이현홍 교수와 함께 문헌과 현지조사를 통하여 일본 속에 산재해 있는 한국계 이주설화를 채집 검토한 적이 있다.

이번 글도 그 때 연구결과를 학회를 통하여 발표한 것을 보충하여 작성한 것이다. 그 때 모은 자료 중에서 신화적 성격을 보이는 것으로는 스사노오(須佐之命), 아메노히보코(天日槍), 연오랑 세오녀, 미와야마(三輪山) 등이 있었다. 이들과 함께 전설에 가까운 모습의 전승 자료는 수없이 많은데, 그 중에서 대표적인 몇몇을 들면 하타씨와 아야씨(漢氏)의 씨족전설, 산베이산(三瓶山) 전설, 선묘 전설 그리고 일본의 각처에 전하는 우리 고대국가, 특히 백제, 신라와 관련되는 각종의 이주설화들이 있었다.

이 같은 수많은 자료 중에 하타씨에 관련된 일본의 자료들은 다른 어느 씨족들에 못지않게 많은데도 그것이 우리나라에는 별로 소개되지 않고 있다. 그리고 일본에서도 하타씨에 관련된 일련의 설화를 종합적으로 분석한 연구가 그다지 많지 않다. 이에 본 장에서는 하타씨에 관련된 설화를 중심으로 그들이 일본에 이주 정착하는 과정에서 토착문화와의 충돌을 어떻게 굴절 변용하여 나타내고 있는지에 관해 살펴보고자 하는 것이다.

---

자교육추진총연합회.
12  김현욱(2005)「秦氏와 八幡信仰」『일어일문학연구(54)』한국일어일문학회, p.240.

## 2. 하타씨의 유래와 이주정착설화

하타씨에 관한 최초의 문헌 자료는 『고사기(古事記)』이다. 그것에 의하면 응신(應神) 천황조에 여러 한국계 이주인들과 함께 "하타노미 야쓰코(秦造)의 선조가 건너왔다."고 매우 간략히 기록되어 있다.[13] 그러므로 이 기록만으로는 그들이 한반도의 어느 지점에서 어떤 연유로 일본으로 이주했는지를 알기 어렵다.

이에 비해 『일본서기(日本書紀)』는 저간의 사정을 비교적 자세히 기록하고 있는데, 그 내용을 소개하면 다음과 같다.

> 이 해(응신 14년) 궁월군(弓月君)이 백제에서 귀의해왔다. 그가 아뢰어 말하기를 "나는 우리나라의 인부 120현의 백성을 이끌고 귀화하려고 하였다. 그런데 신라인들이 방해하였으므로 그들은 지금 모두 가라국에 머물고 있다."고 하였다. 이에 가즈라기소쓰히코(葛城襲津彦)를 보내어 궁월군의 인부를 가야로부터 불러오고자 했다. 그러나 3년이 지나도록 가즈라기소쓰히코는 오지 않았다. …〈중략〉… 8월 헤구리노쓰쿠노스쿠네(平群木菟宿禰), 이쿠와노토다노스쿠네(的戸田宿禰)를 가야로 보냈다. 천황이 정병을 주어 말하기를 "소쓰히코가 오랫동안 돌아오지 않는다. 분명히 신라가 방해를 하고 있기 때문에 머물러 있을 것이다. 너희들이 빨리 가서 신라를 물리치고 길을 열어라."라고 했다. 이에 쓰쿠노스쿠네들은 군사들을 이끌고 신라의 국경으로 향했다. 이를 본 신라왕이 두려워하여 용서를 빌었다. 그리하여 궁월군의 백성들을 데리고 소쓰히코와 함께 돌아왔다.[14]

---

13  노성환 역주(2009) 『고사기』 민속원, p.232.
14  宇治谷孟譯(1988) 『日本書紀(上)』 講談社, pp.217-218.

이 기록을 통해 우리가 알 수 있는 것은『고사기』에서는 아주 간략히 서술되어 있는 것이『일본서기』에서는 매우 구체적으로 서술되어 있다는 사실이다. 즉, 하타씨의 시조가 궁월군(弓月君)이며, 그가 120현의 백성을 이끌고 백제에서 일본으로 건너가려 했으며, 그 도중에 신라군의 방해로 말미암아 가락국에 억류되어 있었으나 일본은 그를 돕기 위해 가즈라기소쓰히코를 보냈다가 신라의 방해로 실패했던 것을 다시 군사들을 보내어 무사히 일본으로 데려왔다는 것이다. 이 기록 자체를 믿는다면 하타씨의 시조 궁월군은 신라가 아닌 백제에서 일본으로 건너간 것이 된다. 얼마 전까지만 하더라도 광륭사(廣隆寺) 측에서는 하타씨를 그렇게 설명했었다.

그러나 이를 믿는 학자는 거의 없다. 이노우에(井上滿郎)는 이는 사실과 다르다고 말하면서, 일본이 백제와 친밀한 국제관계를 가지는 데 비해 신라와는 적대관계에 있었던 적이 많았는데, 특히 663년 나당연합군에 의해 백제와 일본의 연합군이 패배한 역사가 반영됨으로써 이 기록은 실제의 시기와는 다른 훗날에 만들어진 이야기라고 보았다.[15]

여기에 대한 다른 사람들의 견해는 연구자마다 조금씩 입장을 달리 하지만, 하타씨가 백제인이 아니라는 의견에는 기본적으로 동의를 한다. 왜냐하면 위의 설화 내용에 보이는 시기는 5세기 전반인데, 그 당시 상황에서 신라가 가락국을 공격할 만큼 위협적인 군사력을 가지고 있었다고 보기 어렵기 때문이다. 뿐만 아니라 설사 그렇다 하더라도 신라의 방해를 받지 않고 백제에서 일본으로 건너가는 길은 얼마든지 있다고 보기 때문이다.

15  井上滿郎(1999)『古代の日本と渡來人』明石書店, p.52.

여기에서 보는 것처럼 하타씨가 백제인이 아니라면 그의 고향은 한반도의 어디일까? 여기에 대해 몇 가지 설이 나뉘어지는데 크게 나누면 신라설과 가야설로 정리할 수 있다. 신라설에는 아유카이 후사노신(鮎貝房之進: 1864-1946)와 야마오 유키히사(山尾幸久)가 그 대표적인데, 그들은 "하타"라는 씨족명에 관심을 가지고 이를 지명으로 해석했다. 즉, 하타를 『삼국사기(三國史記)』에 나오는 「파단(波旦)」, 「파리(波利)」라는 지명에서 유래된 것으로 보고 그들의 고향은 오늘날 경북 울진 지역이라고 하였던 것이다.[16] 만일 그것이 사실이라면 그들의 고향은 백제가 아닌 신라가 될 수밖에 없다.

하타씨의 고향에 대한 또 한 가지 설은 그것이 가야라는 주장이다. 그들은 하타라는 말이 지역명을 가리키는 말이 아니라 '바다'를 의미하는 고대 한국어에서 유래되었다고 보았다. 즉, 바다를 건너온 사람들이라는 의미로 해석하였던 것이다. 그리하여 오와(大和岩雄)는 '바다를 건너온 가야계 사람들'이라고 보았고, 이노우에(井上秀雄)도 바다를 끼고 있는 점을 감안한다면 오늘날 경남 김해지역에 기반을 둔 '금관가야'라고 주장한 바가 있다.[17]

이처럼 하타씨의 고향을 두고 두 가지 견해가 있으나 역사학자가 아닌 필자로서는 그것에 대해 명쾌한 결론을 내릴 수가 없다. 다만, 한 가지 분명한 것은 그들은 한반도에서 바다를 건너간 이주인이며, 그들의 고향은 백제가 아니라 신라 또는 가야일 것이라는 추론이다. 더군다나 그리고 설화적인 면에서 추론한다면 가야계에 가깝다. 그들의 고향이 경북 북부해안 지방인 울진이라면 신라의 방해를 받았

---

16 大和岩雄(1993), 앞의 책, p.35의 것을 재인용.
17 井上秀雄(1994) 「渡來人の系譜」 『歷史讀本』 新人物往來社, p.126.

다거나 또 가야에 머물렀을 리가 없었을 것이며, 또 일본이 그곳에 군사를 파병하기도 그다지 용이하지 않다.

이러한 상황을 설정하였을 때 일본에서 바다를 건너가기 쉬운 해안을 끼고 있는 지역이 아니면 안된다. 그렇다면 일본과 가장 가까운 금관가야일 가능성이 가장 높다. 그러나 금관가야는 신라에 병합되고 그들 왕족은 김유신처럼 신라로 귀화하여 왕족대우를 받았다. 이러한 의미에서 그들을 엄밀하게 따진다면 가야계 신라인이라는 표현이 합당할지도 모르겠다.

아무튼 그러한 그들이 도대체 무엇 때문에 그들의 유래가 백제에서 시작되었다고 진술하였을까? 여기에 대해서는 두 가지 경우를 생각할 수 있다. 한 가지는 일본인들이 『일본서기』의 편찬 당시 백제문화를 신라와 가야제국의 문화보다도 훨씬 우수한 것으로 보고 하타씨를 백제문화의 전파자로 자리매김하였다고 보는 것이다.[18] 또 다른 한 가지는 앞에서 본 이노우에의 의견처럼 일본인들이 보는 신라(가야를 포함)가 백제보다 훨씬 더 적대적이었다는 것에 기인되었다고 보는 것이다.[19] 어느 쪽을 택하든 정작 본인인 하타씨의 입장에서 본다면 신라와 가야보다는 유리한 백제를 선택한 것이 된다. 이는 가야 또는 신라에서 건너간 씨족들이 일본 현지의 당시 상황에 따라 자신의 유래에 관한 진술조차 바꿀 수 있음을 보여주는 것일지도 모른다.

이렇듯 우여곡절을 겪으며 일본에 정착한 하타씨는 또 하나의 명칭을 얻게 되었는데, 그것이 다름 아닌 우즈마사(太秦)이다. 지금도

---

18  井上秀雄(1994), 앞의 논문, p.126.
19  井上滿郎(1999), 앞의 책, p.51.

이 명칭은 광륭사가 자리잡고 있는 일대의 지명으로 사용되고 있다. 더군다나 이것은 그들이 일본에 정착하는 과정에서 생겨난 것이라서 더욱 우리의 관심을 끈다. 이 호칭의 유래에 관한 설화는 『일본서기』와 『신찬성씨록(新撰姓氏錄)』에 보이는데, 그 내용은 거의 비슷하다. 먼저 『일본서기』의 웅략천황(雄略天皇) 조에는 다음과 같은 이야기가 실려져 있다.

> "하타씨가 이끌던 백성들을 오미무라지(臣連)들에게 분산시켜 각자 원하는 대로 사용하게 하였다. 하타씨의 관리자인 도모노 미야쓰코(伴造)에게 그 백성들을 맡기지 않았다. 그로 말미암아 하타노 사케노키미(秦造酒)는 매우 근심하면서도 천황을 잘 섬기고 있었다. 천황은 그를 총애하고 영을 내려 흩어진 하타씨의 백성을 모아서 그에게 하사했다. 이에 공은 각종 다양한 스구리(村主)를 거느리게 되어 조세로 거둔 비단을 바쳤으니 그 양이 산더미와 같았다. 이로 말미암아 그들의 성씨를 우즈마사라 했다."[20]

위의 내용과 관련되는 이야기가 후대의 문헌인 『신찬성씨록』에는 다음과 같은 모습으로 수록되고 있음을 볼 수 있다.

> 천황이 말하기를 진왕(秦王)이 바치는 絲. 綿. 絹. 금을 입으면 부드럽고 온화하여 마치 그것이 피부와 같다고 했다. 그리하여 성씨를 하타(波多)라 했다. 그리고 하타노 사케노키미(秦公酒)가 웅략천황 때 絲. 錦. 絹을 바쳤는데, 그 모양이 산더미 같았다. 이에 천황이 기뻐하며 그에

---

20  宇治谷孟譯(1988) 『日本書紀(上)』 講談社, p.308.

게 우즈마사(禹都万佐)라는 호를 내렸다.[21]

이상에서 보듯이 웅략천황 때 하타씨의 대표자 사케노키미가 많은 견직물을 천황에게 헌상했는데, 그 헌상품을 쌓아놓은 모양이 산더미처럼 보였다 하여 우즈마사라는 성씨를 하사 받았다는 이야기이다. 물론 이 이야기를 역사적 사실로 믿는 사람은 거의 없을 것이다.

그러나 이 기록상의 모든 사실이 부인되는 것은 아니다. 적어도 위의 설화를 통하여 우리는 하타씨가 천황에게 바쳐지는 공물 중의 일부를 담당했다는 점과 함께 그것이 일본 고대의 섬유와 관련이 깊다는 점만은 대체로 인정하지 않을 수 없다.

가토(加藤謙吉)의 연구에 따르면 하타씨가 거느리고 있었던 사람들 중에는 양잠과 직물을 생산하는 집단이 있었고,[22] 그러한 탓인지 그들이 주로 담당했던 공납품은 실(絲), 비단(錦). 견직물 등의 양잠 관련 제품이었다 한다. 그리고 나오키 코지로(直木孝次郎: 1919-2019)도 하타씨들이 일본천황가의 재정을 담당하는 2대 기관인 내장(內藏)과 대장(大藏)을 관리하는 우두머리를 맡았다는 사실을 밝혀내기도 했다.[23] 이런 연구 성과들로 미루어보건대 그들은 천황가와 아주 밀접한 관계를 유지했던 집단이었다.

이런 사정에도 불구하고 위의 설화가 많은 사람들로부터 신빙성을 얻지 못하는 것은 다름 아닌 그들의 호칭인 '우즈마사'의 유래 때문이다. 여기에 대해서도 두 가지 견해가 있다. 첫째는 지명에서 유

---

21  佐伯有淸(1962)『新撰姓氏錄の硏究 –本文編-』吉川弘文館, p.279.
22  加藤謙吉(1998), 앞의 책, p.206.
23  直木孝次郎(1988)『古代日本と朝鮮. 中國』講談社, p.26.

래되었다는 설이다. 이에 대해 구체적으로 접근한 사람은 야마오 유키히사가 있다. 그는 '우즈마사'를 한반도에 있었던 소국명으로 이해해야 한다고 전제한 다음, 그곳을 경북 울진으로 보았다. 그 이유는 울진이 진한 12국 중 최북단에 위치한 우중국(優中國)이며, 그것이 기록에 따라 우추(于抽: 창녕의 진흥왕순수비), 우추(于柚:『삼국사기』의 우로전), 우진(于珍:『삼국사기』의 지리지) 등으로 표기되고 있는데, 이들을 일본어식으로 읽었을 때 모두 "우즈"로 발음 된다는 것을 발견하고, 이 '우즈'가 마을(村)이라는 의미의 말인 '마사'와 합쳐져 '우즈마사'가 되었다고 해석하였던 것이다.[24]

둘째는 언어학적 해석이다. 여기에는 미시나 쇼에이(三品彰英: 1902-1971)가 대표적이다. 그에 따르면 우즈마사는 귀하다(貴)는 의미의 「우즈」와 이기다(勝)는 의미의 「마사」가 합쳐진 "우즈마사(貴勝)"이라는 말이며, 이는 우두머리라는 뜻을 가진 고대 한국어에서 유래된 말로 해석해야 하며, 따라서 우즈마사는 족장이라는 말이라고 했던 것이다.[25]

이를 종합하여 보면 하타씨는 고대 한반도의 족장세력으로서 그들 휘하에 있던 많은 백성들을 이끌고 일본으로 이주한 신라 또는 가야계의 세력집단이다. 그들이 일본의 야마시로(山背)에 정착하면서 천황가의 재정을 관장하는 중요한 직책을 맡음으로써 천황가와 밀접한 관련을 가지게 되고 그 세력을 신장시킴으로써 일본 고대의 거대 씨족집단이 되었을 것으로 보인다. 그러던 그들이 가야나 신라에 대한 일본인들의 이미지가 부정적인 방향으로의 변화를 보이자 그

---

24 大和岩雄(1993), 앞의 책, p.42에서 재인용.
25 中村修也(1994), 앞의 책, p.94에서 재인용.

들의 출자마저도 백제에서 유래된 것으로 윤색한 것으로 추정된다. 이는 백제와 연합하여 신라와 싸워 패배한 경험이 있는 일본사회에서 살아남기 위한 몸부림이었는지도 모른다. 이것이 8세기 초엽 하타씨의 모습이었다.

## 3. 중국과 하타씨 그리고 일본민간전승과 하타씨

9세기로 접어들면서 하타씨의 출자전승에도 커다란 변화가 일어난다. 815년경에 성립되었을 것으로 추정되는『신찬성씨록(新撰姓氏錄)』에는 많은 하타씨들이 자신들의 출자를 설명하고 있는데, 거기에서 우리는 지금까지의 기록과는 달리 한반도에 대한 흔적을 전혀 찾아볼 수 없게 된다. 이를 좀 더 구체적으로 확인하기 위해『신찬성씨록』에 등록된 하타씨들의 리스트를 살펴보기로 한다.

첫째 좌경(左京)의 난에 등록되어 있는 하타씨 중 (1) 우즈마사노 키미노스쿠네(太秦公宿禰)는 진시황제의 3세손 효무왕(孝武王)에서 유래되었고, (2) 하타노나가구타무라지(秦長藏連)은 우즈마사노 키미노스쿠네와 같은 조상을 가지며, 융통왕(融通王)의 후예라 했다. 그리고 (3) 히타노 이미키는 우즈마사노 키미노스쿠네와 같은 조상을 가지며, 융통왕의 5세손 단조왕(丹照王)의 후예라고 자처했다. (4) 히타노 이미키(秦忌村)는 우즈마사노 키미노스쿠네와 같은 조상이며, 융통왕의 4세손 오구다노 히타노기미시쇼(大藏秦公志勝)의 후예이라고 했고, 또 (5) 하타노 미야스코(秦造)는 진시황제의 5세손 융통왕의 후예라고 자처했다.[26]

---

26  佐伯有淸(1962), 앞의 책, pp.279-280.

둘째 우경(右京)의 난에는 (6) 히타노 이미키가 우즈마사노 키미노스쿠네와 같은 조상을 가지며, 공만왕(功滿王)의 3세손 하타노 사케노기미(秦酒公)의 후예이며, 같은 (7) 히타노 이미키는 우즈마사노키미노 스쿠네와 같은 조상을 가지며, 공만왕의 후예이라고 했으며. (8) 히타노 이미키는 우즈마사노 키미노스쿠네와 같은 조상을 가지며, 시황제의 14세손 존의왕(尊義王)의 후예이며, (9) 히타노 이미키는 시황제의 4세손 공만왕의 후예이며, (10) 하타 사람들은 우즈마사노 키미노스쿠네와 같은 조상을 가지며, 히타노 사케노기미(秦酒公)의 후예라고 했다.[27]

셋째 야마시로(山城國)의 난에는 (11) 히타노 이미키는 太秦公寄禰와 같은 조상. 진시황제의 후예이며, (12) 히타노 이미키는 진시황제의 15세손 川秦公의 후예이며, (13) 히타노 이미키는 진시황제의 5세손 궁월왕(弓月王)의 후예이며, (14) 秦冠은 진시황제의 4세손 법성왕(法成王)의 후예라고 했다.[28]

넷째 야마토(大和國)의 난에는 (15) 히타노 이미키는 우즈마사노 키미노스쿠네와 같은 조상을 가지며, 진시황제의 4세손 공만왕의 후예라 했고.[29]

다섯째 세쓰(攝津國)의 난에는 (16) 히타노 이미키는 우즈마사노 키미노스쿠네와 같은 조상을 가지며, 공만왕의 후예이며, (17) 히타 사람들은 히타노 이미키와 같은 조상을 가지며 궁월왕의 후예라고 설명했다.[30]

---

27 佐伯有淸(1962), 앞의 책, pp.295-296.
28 佐伯有淸(1962), 앞의 책, pp.307-308.
29 佐伯有淸(1962), 앞의 책, p.312.
30 佐伯有淸(1962), 앞의 책, p.316.

여섯째 기와치(河內國)의 난에는 (18) 히타노 스쿠네는 진시황의 5세손 융통왕의 후예이며, (19) 히타노 이미키도 히타노 스쿠네와 같은 조상을 가지며 융통왕의 후예라 했고, (20) 히타 사람들은 히타노 이미키와 같은 조상을 가지며, 궁월왕의 후예라고 했고, (21) 하타공(秦公)은 진시황제의 손자인 효덕왕(孝德王)의 후예라 했으며, (22) 히타라는 성씨는 진시황제의 13세손 연해공(然解公)의 후예라 했다.[31]

일곱째 이즈미(和泉國)의 난에는 (23) 하다토 이미키가 太龍公宿禰와 같은 조상을 가지며, 융통왕의 후예라 했으며, (24) 하타 카쓰(秦勝)는 앞의 것과 같다고 했다.[32]

이상 24개의 하타씨가 『신찬성씨록』에 등록되어 있는 것이다. 그런데, 이들 중 어느 누구도 백제 또는 신라, 가야의 후손이라고 지칭되는 사람은 없다. 불과 1세기 전만 하더라도 그들은 실제로는 가야계 신라인이면서도 『일본서기』를 통하여 백제의 후손임을 자칭하였던 그들이 이번에는 중국 진시황제의 후손으로 윤색하고 있는 것이다.

그들이 자신들의 출자를 중국의 진시황제에게서 찾은 것은 그들의 성씨인 하타씨와 관련이 있을 것으로 보인다. 그러나 하타(秦)라는 글자를 아무리 일본어로 읽는다 해도 "하타"로 읽을 수가 없다. 그러므로 중국식의 진씨(秦氏)가 하타로 불리워진 것이 아니라 "하타"라는 성씨가 먼저 있고, 그것을 훗날 한자로 표기할 때 "秦"자를 빌려 표기하였다고 보는 것이 타당하다. 그러므로 하타씨를 진시황제와 연관시키는 작업은 『일본서기』보다 1세기 뒤인 9세기 『신찬성씨록』의 시대에 본격적으로 이루어진 것이라고 보아야 할 것이다.

---

31  佐伯有淸(1962), 앞의 책, pp.321-322.
32  佐伯有淸(1962), 앞의 책, p.329.

특히 일본에 의해 한국이라는 나라를 세계의 지도상에서 지워버렸을 때 당시 일본의 역사학과 고고학자들은『신찬성씨록』의 기록을 그대로 믿고 그들을 진나라 왕실의 후예라는 설을 내세운 사람들이 많았다.[33]가령 중국의 진나라가 멸망하고 많은 사람들이 한반도로 유입되어 진한국을 세우고, 그것이 발전하여 신라가 되었는데, 그들이 신라에서 다시 일본으로 이주하여 원래 가지고 있었던 그들의 출자전승을『신찬성씨록』을 통하여 나타낸 것이라고 보는 것이다.

실제로 중국측의 문헌인『위지동이전(魏志東夷傳)』에 "진한은 마한의 동쪽에 있다. 그 나라에 사는 어떤 노인이 전하여 말하기를 옛날 망명인들은 진나라의 전역(戰役)을 피해 한국에 와서 마한의 동쪽 경계지를 할양받아 그곳에다 성책을 치고 살고 있었는데, 그들의 언어가 마한과 같지 않았다."[34]는 내용이 있다. 이러한 사실을 감안한다면 중국의 진나라 사람들이 진한을 거쳐 일본에 건너갔을 가능성도 없지 않다.

그러나 실제로 그럴 가능성은 매우 적다. 설사 그들이 중국 진나라의 후손이라 할지라도 진나라가 기원전 3세기 말엽에 멸망하였기 때문에 그들이 한반도로 들어와 응신천황의 통치기인 3세기 초엽에 일본으로 다시 건너갔다면 그들은 적어도 한반도에 600여년 동안 거주한 셈이 된다. 그렇다면 그들은 이미 중국문화를 잊어버린 완벽한 신라인이 되었을 것이다. 그런데 그들이 '백제에서 왔다(일본서기)'고 했다가 다시 '중국 진시황의 후손(신찬성씨록)'이라고 기록하고 있는 사실

---

33　上田正昭(1991)「古代史のなかの渡來人」『古代豪族と朝鮮』〈京都文化博物館編〉新人物往來社, p.66.
34　『삼국지 위지동이전』진한조.

을 두고 그들이 잊어버리고 있었던 과거의 기억을 되살려 올바로 고쳐서 기록한 것이라고 보기 어렵다.

그들이 백제에서 중국으로 출자를 바꾼 사정을 이해하기 위해서는 그들과 동시에 일본으로 이주한 아야씨(漢氏)의 경우를 살펴볼 필요가 있다. 『고사기』에 따르면 아야씨는 하타씨와 마찬가지로 5세기 이전에 대륙의 선진문화와 함께 한반도에서 건너간 이주인 집단이다[35]. 5세기 후반 일본이 대륙문화를 적극적으로 수용하기 시작할 때 아야씨는 외교업무에 종사하면서 신문화 도입의 기수로서 활약했다. 하타씨가 오늘날의 교토에 자리를 잡은 반면에, 아야씨는 아스카(飛鳥)에 자리를 잡았다. 더군다나 많은 사람들은 아야씨가 '아야'라고 불리운 점 등을 고려하여 그들의 출자는 가야제국 중의 하나인 안라국(安羅國)으로 추정하고 있다.[36] 다시 말해 하타씨가 금관가야 출신이라 한다면 아야씨는 아라가야 출신인 셈이다. 그러므로 하타씨와 아야씨는 서로를 의식하지 않을 수 없었을 것이다. 그러던 아야씨는 791년경에 성립된 역사서 『속일본기(續日本記)』를 통하여 그들의 시조 사카노우에노오이미키(坂上大忌寸)가 후한(後漢)의 영제(靈帝)의 증손 아지왕(阿智王)의 후예라고 윤색했다.[37] 이러한 점은 『신찬성씨록』에서도 마찬가지였다.[38] 그러나 언제 편찬되었는지 성립시기에 대해서는 확실하지 않지만 그들의 계보 『판상계도(坂上系圖)』에는 다시 그것이 변화시켜 그들은 스스로를 한고조(漢高祖)의 후예라고 자처하고 나섰던 것이다.[39]

---

35 井上秀雄(1994), 앞의 논문, p.127.
36 上田正昭(1998) 『論考. 古代史と東』 岩波書店, p.125.
37 『續日本記』 延歷10年 4月條.
38 佐伯有淸(1962), 앞의 책, p.291.
39 井上秀雄(1994), 앞의 논문, p.128.

후한의 영제보다도 전한의 고조가 역사적으로 남긴 공적이 많다는
사실을 알게 된 그들이 이제는 스스로의 모순을 헤아리지도 아니하
고 왜곡을 일삼았던 것이다.

아야씨들의 이러한 출자의 왜곡상을 하타씨들이 모를 리 없었다.
여기에 자극을 받은 그들은 아야씨와 같은 발상으로 중국을 최초로
통일하고 처음으로 황제로 칭한 진시황제를 그들의 시조로 삼은 것
이다. 이 시기에 이르자 이제 일본의 외래 씨족들은 더 이상 한반도
를 자신들의 출신지로 밝힐 만한 긍지를 가지지 못하고 그 역할을
중국 땅으로 넘겨주는 양상을 띠게된 것이다. 이처럼 변화되는 일본
의 한국관에 따라 하타씨의 출자도 한국에서 중국으로 변개되었던
것이다.

이러한 윤색의 현실은 15세기경의 무로마치 시대(室町時代: 1336-1573)
에 접어들면 더욱 적극적으로 나타난다. 그 대표적인 예가 제아미(世
阿彌: 1363-1443)의 『풍자화전(風姿花傳)』에 실려져 있는 하타노 가와카쓰
(秦河勝)의 표착전설이다. 그 내용을 소개하면 다음과 같다.

흠명(欽明) 천황의 시대에 야마토(大和國)의 하세가와(初瀨川)에 홍수
가 일어났다. 그 때 강 상류 쪽에서 항아리 하나가 떠내려 왔다. 그 속에
는 용모가 단정하고 수려하게 잘생긴 남자 아이 한 명이 들어 있었다.
삼륜신사(三輪神社)의 도리이(鳥居) 앞에서 이를 발견한 마을 사람들은
곧 천황에게 알렸다. 그러자 천황의 꿈에 그 아이가 나타나 "나는 진시
황제로 인연이 있어 일본으로 다시 태어났다."고 했다. 이를 특이하게
생각한 천황이 그 아이를 거두어 길렀으니, 그 아이가 바로 하타노 가
와카쓰(秦河勝)이었다. 그는 어른이 되자 자질을 발휘하여 약관 15세의

나이로 대신의 직위에 올랐으며, 천황으로부터 하타(秦)라는 성씨를 하
사 받았다."[40]

광륭사를 세웠다고도 알려져 있는 하타노 가와카쓰는 7세기 전반
의 인물로 쇼토쿠 태자(聖德太子)의 측근 중 한 사람이었다. 그는 한국
계 이주집단인 하타씨의 실력을 기반으로 태자의 경제적, 군사적 참
모로서 활약했던 야마시로(山背)의 호족이다. 그러므로 하타노 가와
카쓰는 하타씨들에게 있어서는 중시조(中始祖)에 해당하는 인물이다.
그러나 위의 설화에서 보면 하타씨의 시작이 그로부터 시작되는 것
처럼 서술되어 있다. 즉, 그 자신이 진시황제의 환생이라고 말함으
로써 지금까지 백제에서 유래했다거나 진시황제의 후예라는 그의
선조들의 이야기를 모두 부정하고 말았던 것이다.

하타노 가와카쓰 전설에서 우리의 눈길을 끄는 또 한 가지 특징은
그가 이 세상에 출현할 때 항아리를 타고 강 상류에서 떠내려 왔다는
모티프이다. 이는 도깨비를 물리쳤다는 모모타로(桃太郎)라는 일본의
민간설화와 매우 유사하다. 강에서 빨래하던 어느 노파가 상류에서
떠내려 오는 복숭아를 발견하고 건져서 집으로 가지고 가서 남편과
함께 갈라 보았더니 그 속에서 남자아이가 태어났는데, 그 아이가 바
로 모모타로이다.[41] 이렇게 태어난 모모타로는 주민들을 괴롭히던
도깨비를 물리치고 보물을 획득하는 등의 뛰어난 활약상을 보인다.
일찍이 일본 민속학의 아버지로 불리워지는 야나기다 구니오(柳田國
男)는 이 이야기를 두고 '수계를 통하여 신령이 속이 빈 것을 타고 인

---

40　小松和彦(1991)「秦河勝漂着傳說小考」『鬼の玉手箱』福武書店, p.223에서 재인용.
41　坪田讓治(1975)『日本むかしばなし(1)』新潮社, pp.24-38.

간세계에 다가오는 신의 유래담'으로 해석했는데,[42] 특히 이렇게 태어난 아이들은 성장과 동시에 무예와 재주가 출중하여 영웅이나 현인이 되는 것이 일반적이다. 속이 빈 항아리를 이용하여 강 상류에서 떠 내려와 인간세계로 출현하고 자라나면서 재주를 발휘하여 불과 15세의 나이에 대신의 직위에까지 올랐다는 하타노 가와카쓰의 설화야말로 야나기다가 말하는 '수계를 통한 신령출현의 이야기'로 해석할 수 있을 것이다.

이처럼 하타노 가와카쓰의 전설은 하타씨의 출자에 관련된 이야기가 시대에 따라 변화되고 있음을 알려주는 좋은 예이다. 원래는 가야계 신라인이었던 것이 백제로 변하고, 또 그것이 중국으로 변하더니 이번에는 일본민간전승의 형식을 빌려 자신이 바로 진시황제라고 자처하는 모습으로 변모되기도 하는 것이다. 바로 이러한 변화를 우리는 한국계 이주인으로서 일본사회에 정착하면서 그 지역의 문화를 적극 수용하지 않으면 안되었던 당시의 사정을 말해주는 것으로 보인다. 이러한 사정은 하타씨들이 세운 신사와 사찰에서도 여실히 드러남을 볼 수 있다.


## 4. 하타씨 설화의 전승현장

하타씨가 세운 대표적인 사찰로서는 광륭사를 들 수가 있고, 신사로서는 마쓰오 대사(松尾大社)와 이나리 대사(稲荷大社)를 들 수 있다. 광륭사는 하타씨의 근거지인 우즈마사에 위치한 사찰로서 하타씨의 씨족사

---

42  柳田國男(1983)『桃太郎の誕生』角川書店, pp.35-36.

찰이다. 이 절은 별칭도 많아 사료에 의하면 봉강사(蜂岡寺), 갈야진사
(葛野秦寺), 계림사(桂林寺), 진공사(秦公寺) 등으로 표기되기도 하였다.[43]

광륭사의 창건에 대한 설화는『일본서기』에 다음과 같이 나타나
고 있다.

쇼토쿠 태자가 여러 대신들에게 "나는 존귀한 불상을 가지고 있는
데 누가 이 불상을 모시겠는가?"하고 물었다. 그 때 하타노 가와카쓰가
나서서 "제가 받들어 모시겠나이다."하였다. 그리하여 그가 태자로부
터 불상을 받아 봉강사(蜂岡寺)를 세웠다."[44]

위의 내용을 보면 이 절의 창건자는 하타노 가와카쓰이며, 그가 쇼
토쿠 태자로부터 불상을 받아 광륭사의 전신인 봉강사를 세운 것으
로 되어 있다. 만일 이 기록이 사실이라면 광륭사는 603년(推古11년)에
창건된 셈이 된다. 그러나 정작『광륭사연기(廣隆寺緣起)』에는 그와는
달리 하타노 가와카쓰가 쇼토쿠 태자가 죽자 그를 기리기 위해 광륭
사를 건립했다 하며, 또『광륭사자재교체실록장(廣隆寺資財交替實錄帳)』
에도 622년에 건립된 것으로 되어 있다. 현재의 연구로는 622년에
하타노 가와카쓰가 쇼토쿠 태자의 보리추선(菩提追善)을 위해 603년
에 태자로부터 받은 불상을 본존으로 하는 사찰을 건립했을 것이라
는 것이 정설로 되어 있다.[45]

이와 같이 보았을 때 이 사찰은 고대 한국과 아무런 관련이 없는

43 朴鐘鳴(1999)『京都のなかの朝鮮』明石書店, p.70.
44 宇治谷孟譯(1988), 앞의 책, p.91.
45 朴鐘鳴(1999), 앞의 책, p.71.

지극히 평범한 지방호족의 사찰처럼 보인다. 그러나 문제는 이 절에
모셔져 있는 본존불인 미륵반가사유상이다. 실제로 이 사찰의 이름
보다 미륵반가사유상이 국내외적으로 더 유명하다. 그 예술적인 가
치로는 일본 정부가 이를 자신들의 조각분야 국보 1호로 지정한 사
실에서도 그 가치를 어느 정도 알 수 있을 것이다. 이와 함께 독일의
실존주의 철학자 카를 야스퍼스(Karl Jaspers: 1883-1969)도 이 불상에 대
해 극찬의 말을 아끼지 않았다. 그가 한 말을 소개하면 다음과 같다.

> 나는 지금까지 철학자로서 인간존재에 있어서 최고로 완성된 모습
> 의 표현으로서 여러 가지 모델을 접하여 왔다. 고대 그리스 신들의 조
> 각도 보았고, 로마시대에 만들어진 수많은 조각들도 보았다. 그러나 이
> 조각품들에는 여전히 완전히 극복하지 못한 지상의 인간적인 냄새가
> 남겨져 있었다. 이상적인 이지와 아름다움을 표현한 고대 그리스 신들
> 의 조각에도 지상의 더러움과 인간적인 감정이 어디엔가 베어 있었다.
> 기독교적인 사랑을 표현하는 로마시대의 종교적인 조각에도 진실로
> 깨끗이 정화된 인간존재의 기쁨이라는 것이 완전하게 표현되어 있지
> 않다고 생각한다. 정도의 차이는 있을지 몰라도 이러한 조각품들은 아
> 직 지상의 감정적인 더러움을 남긴 인간의 표현에 불과하다. 즉, 그것
> 은 인간실존의 심오한 부분에까지 도달한 자의 모습이 아닌 것이다. 그
> 럼에도 불구하고 이 광륭사의 미륵상에는 진실로 완성된 인간실존에
> 있어서 최고의 이념이 아낌없이 표현되어 있다. 그것은 지상에 있어서
> 모든 시각적인 것, 속박을 뛰어넘은 인간존재에 있어서 가장 청정한,
> 가장 원만한, 가장 영원한 모습의 상징이라고 생각한다. 나는 오늘날까
> 지 수십 년 동안 철학자로서 내 생애에 있어서 이 만큼 인간실존에 있

어서 진실로 평화로운 모습을 구현한 예술품을 본 적은 지금까지 한 번
도 없었다. 이 불상은 우리들 인간이 지닌 마음의 영원한 평화의 이상
을 진실로 남김없이 최고도로 표징하고 있는 것이다.[46]

이처럼 광륭사의 본존불인 미륵반가사유상은 서양의 대표적 지
성인 야스퍼스로부터 절찬을 받았다. 그 뿐만 아니다. 재일교포 작
가 김달수는 그 불상이 머금고 있는 미소를 "절대의 미소"라고 이름
붙였을 정도로 이 불상은 보는 사람의 눈을 매료 시켰다. 그 매력에
이끌린 어느 대학생이 불상의 뺨에 입 맞추려고 하다가 손가락 하나
를 부러뜨리는 사건이 있었다. 이 사건으로 광륭사의 미륵불상은 더
욱더 화제가 되기도 했다.[47]

이와 같은 예술성 못지않게 이 불상은 여러 가지로 특이한 점이 많
다. 그 중 하나는 그 이전까지의 불상과 달리 그 기법이나 재질에 있
어서 판이하게 다르다는 점이다. 즉, 그 이전의 아스카 불상은 모두
재질이 녹나무(樟木)로 되어 있는데 비해, 이 불상은 적송(赤松)으로 되
어있다는 점, 그리고 이 불상의 조각기법이 다른 아스카 불상과는 달
리 재질의 중앙부분에서 조각을 해 나갔을 뿐 아니라 머리 부분에서
왼쪽 손가락까지 모두 하나로 되어 있다고 한다.[48]

이러한 관계로 이 불상은 일찍부터 한국에서 건너온 불상이 아닌
가 하는 의문점을 낳게 했다. 또 이 불상은 한국의 중앙국립박물관
소장으로 국보 83호 청동미륵반가사유상과 쌍둥이처럼 너무나 닮았

---

46 김달수(1993)『일본열도에 흐르는 혼』동아일보사, p.67에서 재인용.
47 김달수(1993), 앞의 책, p.65.
48 久野健(1979)『古代朝鮮佛と飛鳥佛』東出版, p.121.

光隆사의 미륵반가사유상

다는 것이다. 이에 오하라 지로오(小原二郞)는 그것이 한국의 적송으로 만들어졌음을 밝혔고, 미즈사와 스미오(水澤澄夫), 히라노 구니오(平野邦雄), 김달수 등은 이 불상이 신라에서 건너간 것이라고 보았고,[49] 미술사학자 강우방은 우리의 국보 83호 반가상이 7세기 초엽 백제지역에서 제작되었으며, 일본의 그것은 그것의 모작이라고 해석한 바가 있다.[50]

이처럼 이 불상이 만들어진 곳에 대해 의견이 분분하다. 혹자는 일본에서 만들어진 것이라고도 한다. 그러나 현재에는 한반도에서 만들어진 것이라는 데 의견이 더 모아지고 있다. 이 불상은 과연 언제 어디에서 누구에 의해 만들어져 언제 일본으로 건너간 것일까? 여기에 대해서는 자세한 기록이 없어 알 수 없다. 다만 알 수 있는 것은『광륭사래유기(廣隆寺來由記)』,『일대요기(一代要記)』,『부상약기(扶桑略記)』,『일본서기』등과 같은 문헌에서 단편적으로 나타나 있을 뿐이다.

1499년경에 성립된『광륭사래유기(정식 명칭은 山城州葛野郡楓野大堰鄕 廣隆寺來由記이나 이하 줄여서 유래기라 함)』에서의 미륵보살상에 대한 부분

---

49  김달수(1993), 앞의 책, p.69 참조.
50  강우방(1990)「金銅三山冠思惟像-北齊佛像, 일본 광륭사 사유상과의 비교-」『원융과 조화』열화당, p.115.

의 기록을 소개하면 다음과 같다.

금동미륵보살상(金銅彌勒菩薩像) 좌상의 높이는 2척 8촌으로 추고천
황 11년 계해년 백제국이 쇼토쿠 태자에게 바쳤다. 태자가 오하리다궁
(小墾田宮)에서 하타노 가와카쓰(秦川勝)에게 하사하였다. 이 상은 영험
하고 불가사의하여 공경하고 존숭하는 사람에게는 원하는 바가 이루
어지지 않는 것이 없었다.[51]

이상의 기록에서 보듯이 광륭사의 미륵불상은 백제에서 들어간
것으로 되어있다. 백제의 전래설에 중요한 증거가 되는 셈이다. 여
기에 대해 정효운은 크기의 기술이 광륭사의 미륵반가사유상과 거
의 비슷하다고 지적하면서 백제에서 만들었을 가능성도 배제할 수
없다고 했다.[52]

그러나 광륭사에는 반가상유상이 하나가 아니라 두개가 모셔져
있다. 하나는 우리의 국보 83호와 쌍둥이 보살상인 국보 1호로 불리
는 보살상이고, 또 다른 하나는 일명 우는 미륵상으로 유명한 보계미
륵보살반가사유상이다. 현재 이 불상은 국보 1호로 불리는 반가상유
상의 맞은편에 안치되어있다.

역사학자 홍윤기는 이것에 대해 매우 흥미로운 해석을 했다. 즉,『유
래기』에 나오는 보살상은 우는 미륵상이지 국보 1호의 미륵상이 아니

---

51 정효운(1993)「일본 국보 1호는 누가 만들었나」『한국과 일본, 왜곡과 콤플렉스의
　　역사(1) 사회, 문화편』자작나무, p.27에서 재인용.
52 정효운(1993), 앞의 글, p.27. 그는 이 글에서 이 미륵상이 어느 곳에서 만들어졌다
　　는 설을 취하지 않고, 신라, 백제, 일본에서 만들어졌을 가능성을 모두 염두에 두고
　　일본서기를 비롯한 문헌을 더욱 철저히 고찰할 필요가 있다고 했다.

라고 했던 것이다. 그에 의하면 우는 미륵상은 녹나무로 만들어져 있
는데, 이는 법륭사의 백제관음과 구세관음, 중궁사의 미륵반가사유상
등 백제에서 건너간 불상에서 보이는 하나의 공통점이라는 것이다.[53]

　이것이 사실이라면 국보 1호로 유명한 미륵반가사유상은 신라에
서 만들어졌을 가능성이 매우 높다. 그것을 뒷받침할 증거로는 『일
본서기』에 등장하는 기록이다. 『일본서기』는 이 곳 불상에 관해서 3
가지 기록을 남기고 있다는 사실이다. 첫째는 앞에서 본 쇼토쿠태자
가 하타노 가와카쓰에게 준 불상이고, 둘째는 616년 7월에 신라가
죽세사(竹世士)를 통하여 보내온 불상을 이 절에서 받들어 모셨다는
것이며,[54] 셋째는 623년 7월에 다시 신라가 지세미(智世爾)를 보내어
불상 1구와 금탑, 사리 등을 이 절에 봉안하였다는 것이다.[55] 만일 그
것이 신라의 불상이라면 이 3기록 중 어느 하나에 속할 것이라는 점
은 충분히 짐작하고도 남음이 있다.

　그럴 가능성은 13세기의 문헌인 『부상약기』와 『일대요기』에서도
보인다. 그 내용이 거의 대동소이하기 때문에 『부상약기』의 내용을
소개하면 다음과 같다.

　　추고천황 24년 5월 3일에 여왕이 병환으로 누우니, 태자는 여왕의
　　쾌유를 서원하여 조정의 고관들은 제 고장 마다 절과 탑을 세우라고 명
　　했다. 7월에 신라왕이 높이 2척의 금불상을 보내어 기증하자 이 불상을
　　봉강사에 안치하였다. 이 불상은 때때로 빛을 번쩍번쩍 발광하는 이적

---

53　홍윤기(2007) 「신라인 秦河勝과 교토땅 광륭사」 『한글한자문화(95)』 전국한자교
　　육추진총연합회, p.78.
54　宇治谷孟(1988), 앞의 책, p.109.
55　宇治谷孟(1988), 앞의 책, p.111.

을 보였다.[56]

이처럼 『부상약기』와 『일대요기』에 의하면 광륭사의 금불상은 신라왕이 이웃나라 추고천황의 병이 낫기를 기원하며 보낸 것으로 되어있다. 이러한 불상을 하타씨가 세운 봉강사에 안치되었다는 것은 신라와 관련이 깊은 이주민 호족 사찰에 보존될 것이라는 개연성을 말하여 주는 것으로 해석해도 좋을 것이다.

이는 가야계 신라 이주민 하타씨가 신라불교를 적극적으로 수용한 사실을 반영하는 예증이기도 하다. 혹자는 이 절의 별칭 중의 하나인 계림사는 신라의 성지 계림(鷄林)에서 유래되었을 것으로 추정하기도 하였다.[57] 그리고 미술사학자 정은우도 우리의 국보 83호 반가상의 출토지가 충청도와 안동, 신라 오릉 등으로 추정되고, 특히 그것이 봉화 북지리 반가상과 양식적인 유사성 등으로 보아 백제에서 출토된 것이 아니라 신라지역에서 출토되었을 가능성이 높으며, 그에 따라 이와 닮은 광륭사의 반가상도 신라에서 건너갔을 것으로 보는 해석이 가능하다고 했다.[58] 만일 이런 추론이 가능하다면 그들은 일본에 정착하여 대륙의 불교를 받아들일 경우에도 자신들의 고향인 신라의 불교적 성향을 존중하였음을 알 수 있다.

그러나 그들이 시종일관 신라만을 존숭할 수는 없었다. 그들의 출자전승이 백제에서 중국으로 변모됨에서 알 수 있듯이 그들에 대한 현지인들의 정서 또한 무시할 수는 없다. 그리하여 그들이 창건하는

---

56  홍윤기(2007), 앞의 글, p.78에서 재인용.
57  朴鐘鳴(1999), 앞의 책, pp.72-73.
58  정은우(1995) 「일본 국보 1호인 광륭사의 목조반가상은 한반도에서 건너 간 것인가」 『미술사 논단(2)』 한국미술연구소, p.435.

신사는 매우 일본적인 것을 취하고 있다. 가령 마쓰오 대사는 산신과 해신을 모신 일본 토착종교에 근간을 두는 신사이다. 사전(社傳)에 의하면 이 신사의 제신은 오야마구이신(大山咋神)과 이치키시마히메(市忤島姬命)이다. 이 신사의 창건에 대해서는 10세기 문헌인『본조월령(本朝月令)』에 다음과 같이 기술되어 있다.

> 정1위훈1등(正一位勳一等) 마쓰오대신(松尾大神)의 신사는 쓰쿠시(筑紫)의 무나카타(胸形)에 있는 중부대신(中部大神)이 무진년 3월 3일 마쓰자키히오(松埼日尾: 또는 히사키노미네이라고도 한다)에 강림하였는데, 이를 대보(大寶) 원년 川邊服의 남자인 하타노 이미키토리(秦忌寸都理)가 히사키미네(日埼岑)에서 마쓰오(松尾)로 권청하여 모셨다. 또 田口腹의 여인 하타노 이미키치마루히메(秦忌寸知麻留女)가 처음으로 이 신을 모시는 사제자가 되었다. 그리고 그녀의 아들인 하타노 이미키쓰가후(秦忌寸都駕布)가 무오년부터 사제가 되었고, 그 이후 그들의 자손이 뒤를 이어 대신을 받들어 모셨다.[59]

이상에서 보듯이 마쓰오 대사의 제신은 쓰쿠시의 무나카타 신으로 대보원년 (701년)에 하타노 토리(秦都理)가 마쓰오에 권청하여 신사의 건물을 세우고 하타노 치마루히메(秦知麻留女)가 이를 모심으로써 출발하게 되었다는 것이 요지이다. 이 무나카타 신의 다른 이름이 바로 이치키시마히메(市忤島姬命)이다. 그런데 이 신은 무나카타라는 지명에서 알 수 있듯이 원래 교토의 신이 아니다. 이 신은 현해탄을 바라보는 규슈 북부 무나카타(宗像)에 모셔지는 여신으로 배의 항해를

---

59  井上滿郎(1999), 앞의 책, p.151에서 인용.

돌보아 주는 바다의 신이었다. 그러한 신을 하타씨는 오늘날 마쓰오로 권청하였던 것이다.

그렇다면 이 신이 권청되기 전에 마쓰오에는 모셔지는 신이 없었을까?

그렇지 않다.『고사기』에 이미 그에 대한 신이 등장한다. 즉,『고사기』에 "오야마구이신(大山咋神), 그를 야마스에노오누시신(山末之大主神)이라고도 한다. 이 신은 아후미(淡海)의 히에산(日枝山)에 진좌하고, 또 가도노(葛野)의 마쓰오(松尾)에도 진좌하였는데, 그는 소리를 내면서 날아가는 나리가부라(鳴鏑)라는 화살을 가지고 있는 신이기도 했다."라고 기술되어 있는 것이다.[60]

이 신은 그 이름에서 보듯이 산을 지배하는 남성의 산신이다. 따라서 이 신은 지역민들의 입장에서 보았을 때 하타씨에 의해 모셔진 이치키시마히메(市忤島姬命)보다 훨씬 더 오래된 신이었다. 즉, 이 신만이 지역민에 의해 모셔지던 것이 하타씨에 의해 또 한명의 신이 합사되었던 것이다. 그러한 행위는 얼핏 보아 남성의 산신에 여성의 해신을 합치는 하나의 당위성도 있다. 그러나 이는 하타씨가 지역신에 대한 제사권을 바다의 여신과 합치면서 지역민으로부터 빼앗아 자신들의 것으로 했다는 것을 의미하는 것이기도 하다. 이처럼 하타씨는 교토를 개발하면서 자신들의 신을 가져다가 모신 것이 아니라 일본의 토착신앙을 적극 수용함으로써 자신의 세력기반을 다져 나갔던 것이다.

그러한 예를 이나리 대사(稻荷大社)의 경우에서도 찾을 수 있다. 현재 이나리 신사에는 '여우'가 신으로 모셔져 있는데, 이 신은 상업을

---

60  노성환 역주(2009), 앞의 책, p.84.

번창케 해주는 신으로 전국적으로 알려져 있다. 그러나 원래 이 신은 상업의 신이 아니라 농업의 신이었다. 즉, 여우가 일본의 민간신앙에서는 농업의 신을 보좌하는 동물이다. 그러던 것이 에도 시대(江戶時代)에 접어들어 농업신보다 여우 모습을 한 신의 신앙이 전국적으로 퍼져 나감에 따라 그 성격도 변하여 본래의 성격인 농업이 아니라 상업의 신으로 바뀌어진 것이다.[61] 현재 이 신사는 전국에 4만여 개소에 그 분사(分社)를 가지고 있다. 그 수가 일본 전체의 신사의 수가 11만개가 된다는 것을 감안하다면 거의 3분의 1정도 차지할 정도로 엄청난 규모의 종교단체로 발전해 있다.[62]

이 신사의 창건연기설화도 농업과 관련이 있었다. 즉, 『산성국풍토기(山城國風土記)』의 일문(逸文)에 다음과 같은 이야기가 실려져 있다.

하타노 나카쓰에이미키(秦中家忌寸)의 먼 조상인 이로구(伊侶具)의 하타공(秦公)은 벼와 조등의 곡물을 쌓아놓고 살 정도로 풍부하게 살고 있었다. 그리하여 그는 떡으로 과녁을 만들어 화살을 쏘았다. 그런데 어느 날 화살을 쏘았더니 떡이 백조가 되어 하늘로 날아가 산봉우리에 떨어졌다. 이상하게도 바로 그 자리에 벼이삭이 돋아났기 때문에 그곳에 신사를 세우게 된 것이다. 이나리(伊奈利)란 말은 이렇게 하여 생겨난 것이다.[63]

여기에서 이나리(伊奈利)란 이네나리(伊禰奈利) 즉, 벼를 의미하는 '이

---

61  井上滿郎(1990), 앞의 책, p.148.
62  朴鐘鳴(1999), 앞의 책, p.151.
63  吉野裕譯(1969) 『風土記』 平凡社, pp.273-274.

네'와 영근다는 의미의 '나리'가 합쳐진 말이다. 요컨데 벼가 영근다는 의미의 말이다. 이처럼 이나리 대사의 제신은 농업의 신이었다. 내용 중에서 과녁으로 삼았던 떡이 백조로 변하여 날아갔다는 것은 학계에서는 흔히 "벼의 혼(稻魂)의 도망"이라는 모티브로 해석하기도 한다. 즉, 떡을 과녁으로 삼아 쏘았다는 것은 농경신에 대한 불경을 의미하며, 그에 따라 농경신의 혼 즉, 벼의 혼이 도망간다는 것이다.

이러한 모티브에 대해 신화학자 오바야시 타료(大林太良: 1929-2001)은 동남아시아의 도작민족에 있어서는 "벼혼이 도망가면 곡창은 이내 비게 되며 기근이 찾아오는 징조로 해석하기도 했다.[64] 일본에서도『풍후국풍토기(豊後國風土記)』에 하야미군(速見郡) 다노(田野) 조에 옛날 마을사람들이 수전을 개발하고 부를 축적하여 잘살게 되었을 때 호사스럽게 생활한 나머지 떡을 가지고 과녁을 만들어 활을 쏘았더니, 그 떡이 백조가 되어 날아 가버리고 마을에서는 끊임없이 사망자가 속출했고, 수전(水田)도 만들 수 없게 되어 드디어 그곳은 황폐해지고 말았다는 이야기가 있다.[65] 이처럼 쌀로 만든 떡을 과녁으로 삼아 활을 쏜다는 것은 비극적인 결과를 낳게 되는 것이다.

그러나 하타씨의 이나리 대사의 창건설화에서는 내용은 비슷하나 그 결과는 정반대이다. 기근도 일어나지 않았고, 하타씨는 그 과실을 인정하고 신사 경내의 나무를 뽑아다가 자기 집에 심어두고 깊게 신앙함으로써 재앙에서 벗어나고 있다. 그리하여 니시다 나가오(西田長男)은 이 내용은 하타씨가 오만하고 사취스럽게 생활한 결과 농경신으로부터 벌을 받아 패가망신하였다는 내용이 누락되었을 것으로 추

---

64  大林太良(1973)『稻作の神話』弘文堂, p.17.
65  吉野裕(1969), 앞의 책, p.241.

측했고,[66] 나카무라 슈야(中村修也)도 그러한 해석에 동조를 했다.[67]

여하튼 이나리 대사의 창건연기설화에는 벼이삭과 벼 혼의 도망 그리고 "이나리"와 같은 말에서 보듯이 농경과 관련된 요소가 많다. 실제로 이나리 대사가 위치한 후카쿠사(深草)에는 고고학적 발굴에 의해 수많은 목제 농기구가 발견되어 야요이 시대(彌生時代) 중기와 후기 때 이미 농업생산집단이 있었음이 입증되었다.[68] 따라서 이 지역에 사는 농민들은 당연히 일찍부터 농경신에 대한 신앙이 두터웠을 것이다. 그리고 이러한 농경신에 대한 신앙은 5세기경 하타씨가 한반도에서 이주하기 전부터 있었음에 확실하다. 더군다나 오늘날 이나리 대사의 신상(神像)은 여우로 되어 있다. 여우를 상징으로 하는 농경신은 한국에서는 일체 보이지 않는다. 그야말로 일본의 독특한 신앙이라 하지 않을 수 없다.

이러한 신앙의 신사를 하타씨에 의해 창건되었다는 것은 매우 흥미로운 일이 아닐 수 없다. 즉, 새로운 대륙의 선진기술을 가지고 토목과 관개사업을 실시하여 비약적인 생산력을 높인 하타씨들이 떡으로 과녁을 만들어 사용할 정도로 막강한 경제력으로 풍요를 누렸으나, 일본의 토착신앙을 무시할 수 없었다는 것을 의미하는 것이기도 하다. 이는 외국에서 건너간 하타씨들이 자신들의 신앙을 고집하지 않고 토착신앙을 적극 수용하여 신사를 세움으로써 스스로 민간신앙의 중심에 설 수 있었던 것으로 보인다. 바로 이러한 사실을 위의 설화가 말하여 주고 있는 것이다.

66  西田長男(1983)「稲荷社の起源」『稲荷信仰』〈直江廣治編〉雄山閣, p.242.
67  中村修也(1994), 앞의 책, p.165.
68  井上滿郎(1990), 앞의 책, p.148.

## 5. 마무리

설화상에 나타난 하타씨는 한반도의 족장계급으로서 응신시대 때 자신의 휘하에 있는 백성들을 이끌고 일본으로 이주한 집단이다. 그들이 무엇 때문에 일본으로 이주하게 된 것인지, 그리고 그들의 이주에 어떠한 세력이 방해가 되었는지 등에 대해서는 구체적인 자료가 없기에 아무도 그 실상을 속단할 수 없다. 그러나 분명한 것은 그들이 가야계 신라인이라는 사실이다. 때문에 그들이 세운 사찰인 광륭사에는 신라의 청동미륵반가사유상과 쌍둥이라 할 수 있는 목각의 미륵반가사유상이 안치되어 있는 것이며, 또 계림이라는 이름의 사찰명을 사용하기도 했던 것이 아닐까 한다.

그러나 그들에게 어떤 어려움이 있었는지 몰라도 그들은 스스로의 출자를 신라가 아닌 백제라고 『일본서기』를 통하여 진술하더니, 또 『신찬성씨록』을 통하여 그들은 다시 백제가 아닌 고대 중국 진시황제의 후손이라고 밝히기도 했다.

이러한 현상이 어찌 그들만의 탓이겠는가? 이는 일본인이 지니고 있던 한국관의 변화에 따른 왜곡일 가능성이 오히려 더 크지 않을까 한다. 이처럼 그들은 자신의 종족적 뿌리를 밝힘에 있어서 일본 정국의 상황 및 국제 정세에 민감하게 반응하면서 스스로의 권위를 외부세계에서 찾기도 하였던 것이다.

이와는 반대로 그들이 일본 사회에 정착하는 과정에서 그들은 지역의 토착신앙을 적극적으로 변용하여 받아들이고 있음을 알 수 있었다. 불교신앙적인 측면에서 본다면 그들이 대륙의 불교를 받아들일 때는 신라적인 성격을 강하게 띠었지만, 토속신앙의 신사를 건립할 때 그들은 자신들의 신앙을 고집하지 않고, 그 지역민의 신앙을 적극 수용함으로써 자신들의 입지를 강화할 수 있었던 것이다. 마쓰오 대사와 이나리 대사는 그에 대한 좋은 예증이라 하지 않을 수 없다. 이처럼 그들은 한국과 일본이라는 이질적인 두 문화를 적절히 융합하고 변용하면서 일본사회에 뿌리를 내린 것이다.

## 제4장

# 일본으로 간 대가야국왕자 쓰누가아라시토

## 1. 머리말

대구매일신문사는 약 300년 동안 한반도 남부 일대의 광대한 세력 권을 형성하고도 제대로 알려지지 않은 대가야를 새로이 조명하기 위해 2003년 7월부터 2004년 6월까지 약 1년간 '아 대가야'를 연재 한 적이 있다. 그 가운데 일본신화를 연구하는 사람에게 눈길을 끄는 기사가 하나 있었다. 그것은 다름 아닌 일본과의 교통로에 관한 기사 이다. 5세기 중엽 이후 일본열도에 대가야 문물이 급속하게 출현하 는데, 그 토기가 주로 쓰시마에서 세도나이카이(瀬戸内海)와 동해와 마 주보고 있는 니혼카이(日本海) 연안 지역에서 출토되는 것으로 보아 가야인들의 일본과의 교통로를 다음과 같이 두 가지로 상정했다. 하 나는 쓰시마를 거쳐 세도나이카이를 통과해 왕권의 근거지인 오사 카까지 가는 루트이고, 또 하나는 쓰시마에서 동해를 거쳐 후쿠이까 지 가는 루트이다.[1]

---

1 매일신문특별취재팀(2004) 『잃어버린 왕국 대가야』 창해, p.216.

일단 이러한 추정은 매우 타당성이 있어 보인다. 왜냐하면 5세기 이후 대가야가 남강 상류를 통해 백제와의 교역로를 개설함과 동시에 남원분지로 남하해 섬진강 하구를 확보하고 김해, 함안, 고성의 세력을 제압하고 일본과의 교섭을 주도하는 가야의 중심국가가 되어있었기 때문이다.

이러한 루트를 증명하기 위해 특별취재팀들은 일본 곳곳에서 출토된 고고학적 유물들을 그 증거로 들었다. 예를 들면 쓰시마에는 대가야 토기 2점이 출토되었으며, 그리고 세도나이카이를 면하고 있는 에히메현(愛媛県) 오치군(越知郡)에 가야인들이 살았을 것으로 추정되는 가라코다이(唐子臺)에서 400년대 중반의 것으로 보이는 대가야 굽다리 접시 2점이 출토되었으며, 그곳과 가까운 오치군의 기노모토(樹之本) 고분에서는 지산동 32호 고분의 유물과 거의 같은 모양의 목긴 항아리가 나왔으며, 또 죠가타니(城ヶ谷) 유적에서는 500년대 초반 또는 중반의 대가야양식의 굽다리 접시도 나왔고, 또 요시우미초 야와타산의 도조(東條) 고분에서는 경남 합천 저포리 D지구에서 나온 물결무늬가 흡사한 목긴 항아리가 출토되었으며, 그리고 마쓰야마(松山)의 동쪽 오노 지구에 위치한 간논야마 고분과 히가시 우와군 우와정의 이세야마 오츠카고분 등에서도 대가야 토기가 나왔다고 한 것이었다.[2]

여기에서 보듯이 전자의 루트인 쓰시마 - 세도나이카이 - 오사카에 이르는 지역의 유물은 풍부하게 그 예로 들고 있는 데 반해, 후자의 쓰시마 - 동해 - 후쿠이에 이르는 루트의 유물에 대해서는 거의 들고 있지 않다. 그러므로 후자의 루트에 대해서는 구체적인 증거 없

2 매일신문특별취재팀, 앞의 책, pp.195-199.

이 막연한 추론만 하고 있는 것 같은 느낌을 들게 한다. 그만큼 설득력이 떨어져 보이는 것이다.

이에 필자는 이 루트에 대해 구체적인 증거를 찾아 추적을 해보고자 한다. 일본 속에 대가야에 관한 흔적은 고고학적 유물만 있는 것이 아닐 것이다. 문헌에서도 얼마든지 남아 있을 가능성이 있다. 만약 있다면 그 중에서 대가야와 니혼카이를 연결하는 자료가 국내외의 문헌과 구비의 전승에 남아 있다면 그것을 중심으로 가야와 일본을 잇는 해상루트를 복원하고자 한다. 그리고 그 지역에 가야인들이 어떠한 흔적을 남겼으며, 또 그것이 역사적으로 어떤 의미를 전하고 있는 것 등에 대해서 살펴보고자 하는 것이다.

## 2. 고령의 이마에 뿔 달린 사람 이야기

대가야국이 있었던 경북 고령에는 일본으로 건너가는 대가야국왕자 이야기가 있다. 국문학자 김광순에 의해 채집되어 머리에 뿔난 사람(額有角人)이라는 제목으로 학계에 소개된 바가 있는데, 그 내용을 요약 정리하여 소개하면 다음과 같다.

옛날 미오사마국에 직접 소로 논밭을 갈며, 생활을 꾸려가는 훌륭한 왕자가 있었는데, 어느 날 밭두렁에 앉아 쉬고자 연장을 내려놓고 잠시 쉬다가 그만 잠이 들었다가 깨어나 보니 옆에 매어둔 소가 없었다. 소를 찾아 이리저리 헤메다가 어느 마을로 들어서서 어느 큰집 앞에서 노인 한 사람을 만나 물었더니 그 소는 마을 큰집 사람이 잡아먹었다고 일러준다. 왕자는 그 집을 찾아갔더니 그곳에서는 산신제를 지내느라고 무당이 굿을 하며 야단법석이었다. 왕자가 대문 안으로 들어가며 주인을 불러 자초지종을 이야기했더니 그 주인은 제단 위에 놓여있는 흰돌을 주워 왕자에게 주며 말하기를 "신의 뜻에 따라 이 흰 돌을 줄 터이니 소 값 대신 가지고 가시오."하였다. 왕자는 신의 뜻을 아뢰는 주인의 말에 그 무슨 곡절이 있는 줄 짐작하고는 그 흰 돌을 가지고 집으로 와서 자기 침실에 누웠다.

그 다음날 날이 밝아 왕자는 침실에서 일어나 어제 갖다 두었던 흰돌을 쳐다보는 순간 깜짝 놀라지 않을 수 없었다. 흰 돌은 간 곳이 없고 흰 돌을 둔 자리에 아름다운 여인이 있지 않은가! 여인은 미소 짓는 얼굴로 자신은 전생에 신이었으나 신령의 지시로 왕자를 모시기 위해 왔다고 한다. 두 사람은 부부가 되어 행복한 시간을 보냈다. 그러던 어느날 부왕으로부터 입궐하라는 전갈을 받고 즉시 입궐하여 지금까지 있었던 이야기를 했더니 부왕은 신의 뜻이라는 말에 크게 기뻐하며 그녀를 정식 태자비로 맞이하기 위해 혼례준비를 지시했다. 이 말을 들은 왕자는 기쁜 마음으로 궁궐을 빠져나와 아내에게 달려갔으나 그녀는 온데간데없이 사라지고 없었다. 황급히 길거리로 나가 사람들에게 행방을 물으니 동쪽으로 갔다는 것이다. 왕자는 발걸음을 동쪽으로 옮겨 배를 타고 멀리 일본까지 건너가 그녀를 찾았다. 이러한 왕자에게 사람들은 어떻게 일본에 왔느냐 하고 물으면 "미오사마국 즉, 대가야에서 여인을 찾아 여기까지 왔다."고 대답했다. 당시 일본까지 건너간 왕자는 이마에 뿔이 나있었다고 한다.[3]

---

3  김광순(2006)『한국구비문학(경북 고령군)』박이정, pp.291-296.

여기에서 보듯이 이 이야기는 가야국의 왕자가 일본으로 건너가는 이야기이다. 이러한 민간설화를 보더라도 대가야국과 일본이 얼마나 긴밀한 관계에 있었는가를 보여주는 좋은 사례라 할 수 있다. 그러나 이 설화에 석연치 않은 점이 있다. 백석에서 여인으로 변한 여인이 일본으로 건너간 이유가 명확하지 않다는 점이다. 이야기에 따르면 그녀는 신령의 지시로 왕자의 배필이 되기 위해 가야에 온 것으로 되어있다. 그럼에도 불구하고, 부왕으로부터 혼인의 허가가 떨어지자마자 일본으로 건너 가버린다는 내용은 전체의 설화 구성상 논리에 맞지 않기 때문이다.

그리고 김광순씨가 이 이야기를 소개하면서 맨 끝에 '당시 천황 천조대신의 동생 소잔명은 대가야 우두산에서 내려와 구마모토(熊本)[4]를 경유하여 일본으로 건너가서 일본 천황가의 선조가 되었다고 하고, 이 신화는『일본서기(日本書紀)』에도 기록되어 전하고 있다고 했다.'[5] 고 한 것도 마음에 걸린다. 즉, 일본의 신들의 이름인 천조대신(아마테라스오오카미)과 소잔명(스사노오노미코토), 그리고 일본의 지명인 구마모토가 등장하고, 또 이러한 이야기가『일본서기』에도 있다고 한 것은 이 이야기가 원래 고령에서 전해지는 것이 아니라『일본서기』와 같은 일본의 고대문헌의 영향으로 인해 생겨났을 가능성을 엿볼 수 있기 때문이다. 다시 말하여『일본서기』의 내용을 잘 이해하고 있는 지식인들에 의해 새롭게 만들어졌을 가능성이 높다는 것이다.

그럴 가능성은 그의 제보자에게서도 확인된다. 그의 제보자는 고

---

4 아마도 이는 구마나리를 가리키는 것 같다. 그러나 일본신화 상 구마나리를 실재 지명으로 추정할 경우, 충남 웅진 또는 경남 웅천으로 보는 견해들이 있다. 필시 필자는 이러한 구마나리를 규슈의 구마모토와 혼란을 일으킨 것 같다.

5 김광순, 앞의 책, p.296.

령에 거주하는 김도윤이라는 향토사가이다. 그는 고신대학교 가야
문화자료실 객원연구원이라는 직책을 가진 자로서 가야사에 대해
깊이 연구한 사람이었다. 더구나 그는 가야와 일본에 대해 몇 권의
저서를 낼 만큼 일본 측 기록에 대해서도 해박한 지식을 가지고 있
다. 특히 그의 저서『고령임나와 일본교류연구』에 이상과 같은 내용
의 이야기를『일본서기』의 내용이라 하면서 소개하고 있는 것이다.[6]
그리고 그의 저서『고천원과 일본천황가 재고찰』에서도 이 이야기
를 잠시 소개하면서 뿔이 달린 가야국의 왕자는 대가야왕으로 가야
금관을 쓰고 일본에 나타난 것으로 추정한다고 해석했다.[7]

이와 같이 김광순의 제보자 김도윤은 이마에 뿔이 달린 사람의 이
야기는 고령의 이야기가 아니라『일본서기』의 것으로 소개하고 해
석하고 있다. 그러나 그 내용은 나중에 보아 알 수 있듯이『일본서기』
의 것과 전적으로 동일한 것이 아니다. 표현과 내용에 있어서 약간씩
차이가 나는 것에서 알 수 있듯이『일본서기』에 기록된 두 가지의 쓰
누가아라시토에 관한 전승을 종합하여 만든 것이었다. 그것이 김광
순에게 제보가 되고, 이것이 고령의 것으로 둔갑하여 우리에게 소개
되었던 것이다. 그러므로 이마에 뿔이 난 사람의 이야기는 고령의
이야기가 아니라『일본서기』의 이야기임을 알 수 있다. 그 이야기의
제목을『일본서기』의 표현을 그대로 옮겨 액유각인(額有角人)으로 해
놓고 있다는 점에 있어서도 더욱 그러하다.

그렇다면『일본서기』에는 어떠한 내용이 있기에 이 같은 이야기
가 고령에서 만들어질 수 있었을까?『일본서기』의 수인천황(垂仁天皇)

6 김도윤(1997)『고령임나와 일본교류연구』가야문화연구실, pp.120-123.
7 김도윤(1999)『고천원과 일본천황가 재고찰』가야문화연구실, p.14.

조에는 대가야국의 왕자인 쓰누가아라시토에 대한 또 하나의 이야
기가 기록되어있는데, 그 내용을 소개하면 다음과 같다.

　또 어떤 설에 의하면 처음 쓰누가아라시토는 나라에 있었을 때 황우
에게 농기구를 싣고 시골로 갔다. 그런데 그 소가 갑자기 없어졌다. 추
적을 해보았더니 발자국이 어떤 마을 한 가운데 있었다. 한 노인이 말
했다. "네가 찾고 있는 소는 이 마을 안으로 들어갔다. 마을 관리가 말
하기를 '소가 지고 있는 물건으로 보면 반드시 잡아먹으려는 것이다.
만일 주인이 오면 물건으로 보상하기로 하자.'며 잡아먹었다. 만일 소
의 대가로 무엇을 바라는가 하고 물으면 재물을 탐하지 말라. 마을에
모시는 신을 갖고 싶다고 하라."고 일러 주었다. 얼마 후 마을 관리가
와서 말했다. "소의 대가로 무엇을 바라는가?"그 말을 들은 그는 노인
이 가르쳐준 대로 하였다. 그 마을에서 모시는 신은 하얀 돌이었다. 그
하얀 돌을 소 대신으로 받은 것이다. 그것을 가지고 돌아와 잠자는 방
에 두었더니 그 돌은 어여쁜 처녀가 되었다. 아라시토는 대단히 기뻐하
며 부부관계를 맺으려고 했다. 그러나 아라시토가 조금 떨어져 있는 틈
을 타서 처녀는 사라지고 말았다. 아라시토는 크게 놀라 아내를 찾았
다. 아내는 "동쪽으로 갔습니다."고 한다. 그 뒤를 쫓아 가보니 바다 건
너 일본으로 들어갔다. 찾아 헤매던 그 처녀는 나니와에 가서 히메코소
신사의 신이 되었다. 또 도요구니의 구니사키에 가서 히메코소신사의
신이 되었다. 그리하여 이 신은 두 군데에서 모셔지고 있다.[8]

여기에서 보듯이 이 설화는 앞에서 본 고령의 것과 내용이 매우 흡

8　宇治谷孟譯(1990)『日本書紀(上)』講談社, pp.136-137.

사하다. 소를 잃어버리고, 노인의 도움을 받아 그 소를 잡아먹은 집을 찾아내고, 또 소를 잡아먹은 사람으로부터 흰 돌을 얻고, 그 흰 돌이 아름다운 여인으로 변해 쓰누가아라시토의 아내가 되고, 또 아내가 일본으로 도망쳐 그 뒤를 따라 일본으로 건너가는 점 등 대부분의 내용에 있어서 서로 일치함을 알 수 있다. 그러나 이 설화는 이마에 뿔이 달린 사람의 이야기는 아니다. 순수하게 아내를 찾아 일본으로 건너가는 남자의 이야기일 뿐이다. 그러므로 고령의 이야기는 뿔이 달린 왕자의 도일 이야기와 아내를 따라 일본으로 가는 왕자의 이야기를 종합하여 만들어진 것임을 알 수 있다. 즉, 고령의 이야기는 『일본서기』의 영향으로 새롭게 만들어진 것이었다.

그런데 문제는 이 대가야국의 왕자가 어떠한 루트를 통하여 일본을 갔느냐 하는 것이다. 김광순이 소개한 고령의 이야기에서는 그에 대한 단서를 찾을 수 없다. 그가 이야기 끝에 일본으로 건너가는 대가야국의 왕자 이야기와는 아무런 관련이 없는 일본의 신 스사노오를 소개하면서 그의 도일이 가야산 – 구마모토 – 일본의 루트로 이루어져 있는 것으로 서술하고 있어 대가야국의 왕자도 그와 같은 루트를 통해 일본으로 건너간 것 같은 착각을 불러일으키기 쉽도록 서술되어있다.

그러나 정작 그 전승의 원전으로 보이는 『일본서기』에 의하면 대가야국 왕자 쓰누가아라시토는 구마모토가 아닌 현재의 오사카 지역을 가리키는 나니와로 간 것으로 되어있다. 이것만을 본다면 대가야국과 일본을 잇는 루트는 매일신문사의 특별취재팀이 지적한 세도나이카이를 통한 일본과의 연결이 중심을 이루는 것처럼 보인다.

## 3. 가야와 일본을 잇는 루트 •

그렇다면 대가야국과 우리의 동해안을 바라다보고 있는 일본해
연안지역과 연결하는 전승은 없는 것일까? 그렇지 않다. 일본의 고
대문헌에는 대가야와 일본해의 후쿠이를 연결하는 루트가 있었다
는 자료가 있다. 그것은 다름 아닌 대가야국의 왕자 쓰누가아라시토
(都怒我阿羅斯等)에 관한 전승이다. 8세기의 문헌인『일본서기』에 의하
면 그에 대해 다음과 같이 기록되어있다.

숭신천황(崇神天皇) 때 이마에 뿔이 나있는 사람이 배를 타고 고시노
쿠니의 게히우라에 도착했다. 그리하여 그곳을 쓰누가라 한다. "어디
에서 온 사람인가? 하고 묻자 "대가라국의 왕자 쓰누가아라시토, 또 다
른 이름은 우시키아리시치칸키라고 한다. 일본에 성왕이 있다는 것을
듣고 왔다. 아나도에 도착하였을 때 그곳의 이도쓰히코가 나에게 "나
는 이 나라의 왕이다. 나의 땅에 두 사람의 왕이 있을 수 없다. 다른 곳
으로 멋대로 가서는 안된다."고 말했다. 내가 주의를 기울여 그 사람의
됨됨이를 보고 이 사람은 왕이 아니라고 생각했다. 그리하여 그곳에서
나왔다. 그러나 길을 몰라 시마우라로 걸어가서 북해에서 돌아 이즈모
(出雲)를 거쳐 여기에 왔다고 했다. 이 때 천황이 죽었다. 그리하여 그곳
에 머물며 수인천황에게 3년을 봉사했다. 천황은 쓰누가아라시토에게
"너의 나라로 돌아가고 싶으냐고 물었다. 그러나 "무척 돌아가고 싶
다."고 대답했다. 천황은 그에게 "네가 길을 잃지 않고 일찍 왔더라면
선왕도 만날 수 있었을 것이다. 그러므로 너의 나라의 이름을 고쳐 미
마키천황의 이름을 따서 너의 나라 이름으로 하라."고 했다. 그리고 붉

은 비단을 아라시토에게 하사하여 원래의 나라로 돌려보냈다. 그러므로 그 나라를 이름하여 미마나라고 하는 것은 이러한 인연 때문이다. 아라시토는 받은 붉은 비단을 자기 나라의 창고에 보관했다. 신라인들은 이를 듣고 군사를 일으켜 그 비단을 탈취했다. 그리하여 이 두 나라는 전쟁이 시작되었다고 한다.[9]

이상의 내용에서 보듯이 이 설화의 주인공은 쓰누가아라시토이다. 그를 대가라국의 왕자라고 하는 것으로 보아 그가 대가야국의 출신인 것은 틀림없다. 그런데 이마에 뿔이 나있어 그 생김새가 매우 기이하게 표현되어있다. 그의 이름인 쓰누가아라시토도 뿔과 관련이 있다. 즉, 쓰누가는 뿔을 의미하는 '쓰노(角)'에서 기인하는 말로 가는 '의', 그리고 아라시토는 있는 사람 아루히토를 말한 것이라면 쓰누가아라시토는 뿔이 있는 사람이라는 뜻이다.

그러나 실제로 이마에 뿔이 나있는 사람은 없을 것이다. 여기에 대해서 이병도는 쓰누가(都怒賀)는 고구려의 관인 소골(蘇骨)과 관련이 있다고 했으며, 김사엽은 葛, 我, 鹿은 갓(冠)을 나타내고, 또 都怒, 蘇那 등은 그 뒤 '敦' 자로 쓰면서 '쓰루', '두루'로 읽고 있으니 이 말은 위쪽이 가느다랗고 아래쪽이 불룩하게 된 것을 나타내는 말로 한일 양국어가 서로 대응된다고 하면서 이를 뿔갓으로 해석했다.[10] 그리고 고령의 향토사가인 김도윤씨도 이를 가야금관의 부속 장식 우두형 장식으로 해석했다.[11] 즉, 그것은 실제의 머리의 모양을 말하는 것

9 宇治谷孟譯(1990), 앞의 책, pp.135-136.
10 김사엽(1991) 「北陸의 韓문화」 『일본학(10)』 동국대 일본학연구소, pp.232-233.
11 김도윤(1997), 앞의 책, p.123.

이 아니라 머리에 쓰고 있는 관의 형상을 보고 지역사람들이 말한 것에 불과하다는 것이다. 그러므로 쓰누가아라시토는 우두형의 장식품이 달린 관을 머리에 쓰고 있었던 인물이었다. 우두형의 관을 쓰고 있었다는 것은 그의 신분이 높다는 것을 의미하는 것이기도 하다. 또하나의 이름인 우시키아리시치칸키에 대해서도 일찍이 시라토리구라키치(白鳥庫吉: 1865-1942)[12]는 '우시'는 소이며, '아리시치'는 '아라시토'와 통하며, '칸키'는 가야에서 왕을 뜻하는 말이라고 해석했다. 이처럼 그는 가야의 지배자에 해당되는 인물임을 알 수 있다.

최근 필자는 우연히 시마네현 고즈시(江津市)를 여행하다 쓰누가아라시토를 신으로 모시고 있는 마을을 발견했다. 그곳은 이이다(飯田)라는 작은 마을인데, 주민들이 '아라시토상'이라 하며 친숙하게 불리는 사당이 있었다. 마을의 노인들의 이야기에 의하면 이 신은 옛날 나가토(長門)에 도착하였으나 토착의 호족인 이도쓰히코에게 방해를 받아 일본해 쪽으로 방향을 틀어 이와미의 쓰노사토에 소를 이끌고 도착하여 사람들에게 소를 이용하여 농사를 짓는 법을 가르쳐주었다 한다. 이로 인해 사람들은 그를 존경하여 현인신(現人神)으로 모셨다. 그리고 그 소가 죽었기 때문에 묘석을 차리고 정성껏 장례를 치렀다. 이 돌을 소의 영석(靈石)으로 오늘날 사당의 옆에 안치했다고 전해진다.[13]

이상의 전승들을 토대로 쓰누가아라시토의 도일과 정착의 과정을 정리하면 다음과 같다. 먼저 그는 바다를 건너 아나도에 도착했

---

12 일본의 동양사학자. 학습원대학, 동경제국대학 교수, 東洋文庫 이사장 역임. 본명은 구라기치(倉吉). 邪馬台国 북규슈설 제창자. 스승은 那珂通世, 제자로는 津田左右吉 등이 있다. 치바중학교(千葉中学), 1고(一高), 동경대학 문과대학 사학과 졸업.
13 山藤朝之(2012)『二宮の歴史と昔話』個人出版, pp32-33.

┃후쿠이현 쯔루가역 앞 공원의 쓰누가아라
시토 동상

다. 아나도는 지금의 나가토(長門)를 말한다. 이곳은 현재 야마구치현(山口縣)의 북서부에 있는 곳으로 인근에는 오늘날 부산과 일본을 연결하는 관문역할을 하는 시모노세키(下關)가 있다. 지형상으로 보더라도 그곳은 한반도에서 쉽게 갈 수 있는 곳이다. 대가야국의 왕자 쓰누가아라시토는 바로 이곳에 일착을 했던 것이다.

그러나 그곳에 오래 머무르지 않았다. 그곳에서 만난 이도쓰히코에게 실망하여 걸어서 시마우라에 갔으며, 또 다시 그곳에서 이와미의 고즈를 거쳐 이즈모로 갔고, 그곳에서 다시 게히우라에 간 것으로 된다. 게히우라는 현재 후쿠이현(福井縣)의 쓰루가(敦賀)를 말한다. 앞의 전승에서 보듯이 쓰루가는 쓰누가아라시토에서 유래되었다. 그러므로 그들의 행로는 단순한 여행을 의미하는 것이 아니라 일본으로의 이주정착을 의미하는 것이기도 하다. 이처럼 대가야와 일본의 조정과 연결하는 루트에는 아나도 – 이와미 – 이즈모 – 쓰루가를 연결하는 니혼카이 루트가 있었음을 알 수가 있다.

그렇다면 그에게 쓰루가는 어떤 의미가 있기에 이곳에서 정착한 것일까? 이곳은 일본의 수도인 야마토(大和)와 연결하는 교통의 요충

지이었다. 그 예로 신라를 정벌한 여왕으로 유명한 신공황후(神功皇后)
의 이야기를 들 수가 있는데, 『일본서기』에 의하면 그녀가 일본의 서
울을 떠나 규슈로 갈 때 이용한 항구가 바로 쓰누가아라시토가 도착
한 쓰루가이었다. 이러한 것을 보더라도 이 루트는 고대로부터 일찍
개발되어 있었다. 쓰루가에서 남쪽으로 내려오면 일본의 배꼽이라
불리는 거대한 비와호(琵琶湖)라는 호수가 있다. 그곳에서 배를 타면
오쓰(大津)와 교토(京都)로 바로 연결된다. 그 배를 그대로 타고 가면
우지가와 - 요도가와 - 나니와(大坂)로 연결된다. 또 우지가와에서 기
즈가와로 뱃길을 돌리면 나라(奈良)로 연결된다.

실제로 『일본서기』의 흠명(欽明)천황 31년 조에 의하면 고구려의
사신을 맞이하기 위하여 나니와에서 배를 내어 요도가와 - 우지가와 -
오우미(비와호)를 통하여 쓰루가 지역으로 간 사례를 기록하고 있
다.[14] 그리고 쓰루가시(敦賀市)가 펴낸 『쓰루가시통사(敦賀市通史)』에 의
하면 헤이안시대(平安時代) 말엽에는 중국 남쪽에 있었던 송나라 사람
들도 교역을 하기 위해 이곳에 오는 일이 종종 있었다 한다. 가령 967
년(永延원년)에 송상 주인총(朱仁聰)이 왔고, 그는 995년에도 70여명을
이끌고 다시 왔다. 그리고 1060년 7월에는 송상 임표(林表), 후개(候改)
등이 왔으며, 1100년 8월에는 송상 손충(孫忠) 등이 왔다고 한다.[15]

이처럼 쓰루가는 한반도 뿐만 아니라 중국대륙과도 연결하는 교
통의 요충지이었다. 대가야의 서울인 고령에서 출발하면 합천 - 거
창 - 함양 - 남원 - 구례 - 섬진강 - 하동을 거쳐 남해로 나왔고,[16] 그

---

14 宇治谷孟譯(1990), 앞의 책, pp.53-54.
15 敦賀市教育委員會編(1956) 『敦賀市通史』 敦賀市.
16 매일신문특별취재팀, 앞의 책, p.190.

곳에서 다시 뱃길을 따라 부산 앞바다를 거쳐 일본의 쓰시마 - 이키 -
아나토 - 이즈모를 거쳐 쓰루가에 다다랐던 것이다. 이러한 의미에
서 대가야인의 최종 목적지는 쓰루가이었던 것이다. 대가야국의 왕
자 쓰누가아라시토가 다른 곳이 아닌 쓰루가에 정착하였던 것도 바
로 이러한 이유에서 생겨난 결과라고 설명할 수 있을 것이다.

『신찬성씨록(新撰姓氏錄)』에서는 그의 후예들에 관한 기록도 있다.
「좌경제번(左京諸蕃)」의 오이치오비토(大市首)와 시미즈오비토(淸水首)가
임나국인(任那国人) 쓰누가아라시토의 후손으로 되었으며, 「대화국제
번(大和国諸蕃)」의 사키타오비토(辟田首)도 쓰누가아라시토의 후손으로
되어있다. 이처럼 쓰누가아라시토를 자신들의 조상으로 삼는 고대
씨족들이 있었다.

## 4. 일본해에 남겨진 가야문화

그렇다면 쓰누가아라시토가 도착한 쓰루가 지역은 물론 그가 거
쳐온 이즈모 지역에는 가야와 관련된 문화와 유적들이 남아있을 가
능성이 높다. 이즈모 지역에 보이는 가야의 흔적은 『출운국풍토기(出
雲國風土記)』의 이즈모군(出雲郡) 간베향(神戶鄉) 조에 보인다. 그것에 의
하면 가라가마라는 신사의 명이 보인다. 정효운에 의하면 이 신사는
현재 마쯔에시(松江市)에 있는 가라가마신사(韓竈神社)라 한다.[17] 여기에
서 말하는 가라는 가야를 말하며, 가마는 취사상 부엌을 말한다. 따
라서 이 신사는 가야인과 함께 갔거나, 그들이 모셨던 조왕신이라 볼

17 정효운(2002) 「일본속의 가야문화」『일본학보(51)』한국일본학회, p.533.

수 있을 것이다.

이에 비해 그가 정착하였다고 전해지는 쓰루가 지역에는 더욱 그 흔적이 많이 나타난다. 그 대표적인 예로 후쿠이시(福井市)의 니혼마쓰야마고분(二本松山古墳), 쓰루가시(敦賀市)의 쓰누가신사(角鹿神社), 오바마시(小濱市)의 데키네마쓰리(手杵祭) 등을 들 수가 있을 것이다.

니혼마쓰야마 고분은 후쿠이시에서 동북쪽으로 얼마 떨어지지 않는 곳에 요시다군(吉田郡) 마츠오카초(松岡町)라는 곳에 있다. 이곳에 50여기의 전방후원분이 집중적으로 발견이 되었다. 그 중 5세기 후반의 것으로 추정되는 니혼마쓰야마 고분이 1906년에 발굴 작업이 이루어졌는데, 이곳에서 금동관, 은동관, 투구, 갑옷, 칼, 구슬 등이 출토되었다. 특히 이중에서 우리의 주목을 끄는 것이 있는데, 여기에서 출토된 2개의 관의 모양이 대가야 고분인 고령의 지산동 32호분에서 출토된 금관과 거의 비슷하다는 것이다. 즉, 이 관들은 대가야의 양식을 따른 관이었던 것이다.

고대 한국에서는 국왕과 같은 신분이 높은 자들이 제의나 외국의 사절단을 만날 때 이 같은 관을 쓰는 풍속이 있었다. 이러한 관이 후쿠이현에서 출토된다는 것은 그러한 풍속이 이 지역의 지배자들에게도 있었다는 것을 의미하는 것이며, 그 관이 대가야의 양식을 따르고 있는 것으로 보아 가야의 문화가 일찍 정착했던지 아니면 가야인들이 이 지역 사람들과 활발한 교류를 하였을 것으로 추정된다. 여하튼 대가야양식의 금관이 후쿠이현에서 발견된다는 사실은 이곳과 가야가 얼마나 밀접한 관련을 가지고 있었는지를 알 수가 있다.

쓰누가신사는 쓰루가시의 중심가에 위치한 게히신궁(氣比神宮)의 경내 동쪽에 있다. 사전(社傳)에 의하면 제신은 쓰누가미야쓰코(角鹿國

┃ 게히신궁(氣比神宮)의 현액

造)의 조상신이라 하는데, 학계에서는 쓰루가의 지명유래와 연결되
어있는 쓰누가아라시토라고 보는 것이 일반적이다. 대가야의 왕자
가 이 지역에서 신으로 모셔져 있다는 것은 그 만큼 이곳에 가야인들
의 진출이 두드러졌다고 할 수 있다. 이로 말미암아 대가야의 쓰누가
아라시토는 죽어서 일본에서 신이 되었던 것이다.

한편 죽어서 일본의 신이 된 또 한명의 가야인이 더 있었다. 다름
아닌 오바마시(小浜市)의 야시로(矢代)에 모셔지는 가야의 여신이다.
오바마시는 쓰루가에서 남동쪽으로 조금 떨어진 곳에 위치하는데,
그곳에는 가야국의 공주를 모시는 제의가 있다. 그 행사는 매년 4월
초에 야시로의 관음당(觀音堂)에서 벌어지는데, 일반적으로 데키네마
쓰리(手杵祭)라고 한다. 그 유래에 대해 소개하면 다음과 같다.

옛날 나라시대(奈良時代)에 야시로 포구에 1척의 가라부네(唐船)가 표
착했다. 그 안에는 왕녀와 8명의 하녀가 타고 있었다. 그들은 바다에서
오랫동안 표류한 탓인지 몸도 마음도 피로에 지쳤고, 또 식량도 떨어져
굶주려 있었으며, 말도 통하지 않아 어찌할 줄 몰라 하고 있었다. 그런
데 배 안에는 금은보화가 가득 들어있었다. 포구사람들은 이 재물에 눈
이 어두워 절구로 그들을 죽이고 재물을 탈취해 버렸다. 그 후 포구에
는 역병이 나돌고 재해가 끊이지 않았다. 이에 마을 사람들은 이것이
왕녀의 일행들이 내리는 벌이라고 생각하여 그들의 원혼을 달래기 위
해 제의를 지낸 것이 데키네마쓰리라 한다.[18]

여기에서 보듯이 데키네마쓰리는 옛날 이곳에 가라부네가 표류
한 사건에서 시작됨을 알 수 있다. 가라부네의 '가라'는 가락국을 가
리키는 말이다. 그러므로 가라부네는 가야의 배를 의미한다. 따라서
가야인들이 탄 배가 이곳에 표류했다. 그 안에는 히메라 불리는 지체
높은 신분의 여성이 있었고, 그녀를 시중드는 하녀 8명이 타고 있었
다. 그리고 그 배에는 귀중한 보물이 가득 들어 있었다.『일본서기』
에 가라국에는 금은이 가득 있다는 기록이 그대로 반영되어있는 듯
하다.[19]

불행히도 이곳 마을 사람들은 그만 재물에 눈이 어두워져 절구로
가야인들을 모두 죽이고 재물을 탈취해버렸다. 그런데 그 후 살해당
한 가야인의 원혼들이 끊임없이 마을에 재앙을 내려 그것을 막고,
원혼들을 달래기 위해 생겨난 제의가 바로 데키네마쓰리라 하는 것

---

18 段熙麟(1986)『渡來人の遺跡を歩く〈山陰.北陸編〉』六興出版, p.178.
19 宇治谷孟譯(1990), 앞의 책, p.50.

이다. 데키네라는 말은 손절구라는 뜻이다. 마을사람들의 말을 빌리면 이 행사는 헤이안 시대(平安時代: 794-1185)부터 지금까지 행하여진다고 한다. 그야말로 그들의 뼈아픈 참회의 역사가 오늘날까지 끈질기게 되풀이되고 있는 셈이다.

오늘날 행사는 대략 다음과 같이 치러진다. 이 행사의 총괄은 오네기(大禰宜)가 하며, 주된 행사는 다음과 같다. 첫날인 4월 2일 오후에 네기(禰宜)들이 배를 타고 야시로사키까지 가서 변재천(辯才天)이 모셔져있는 사당에 참배한다. 이 장소는 살해당한 가야의 선원들의 시신이 매장된 곳이라고 전해지는 곳이다. 그리고 그 날 저녁 무렵 각 집의 호주들이 관음당 옆에 있는 변재천 사당에 참배하고, 제의에 대한 간단한 준비회합을 한다.

그 다음날인 4월 3일에 본격적인 행사가 진행되는데, 그 중에서 가장 중요한 행사는 가장행렬이다. 행렬은 가모신사(加茂神社)에서 출발하여 관음당까지 가면서, 신사와 관음당 건물 앞에서 퍼포먼스를 벌이는 것이다. 관음당은 전설상으로는 가야의 배를 뜯어서 건립되었다고 하며, 또 관음당에 모셔지는 관음상은 17년에 1번 공개되며, 가야의 공주가 가지고 있었던 불상이었다고 전해진다.

행렬은 고네기(小禰宜)가 맨 앞에 서서 선도를 하고 그 뒤를 데키네보후리(手杵棒振) - 가부라야 - 사스마타 - 가야배 - 네리코 - 북치는 자 - 사릿대를 든 자의 순으로 따라간다. 데키네보후리와 가부라야, 그리고 사스마타는 3역이라고 불리기도 하는데, 머리에 풀고사리 잎으로 덮고, 얼굴에는 숯으로 검게 칠하고는 절구와 같은 몽둥이를 가지고 있다. 가부라야와 사스마타도 각각 나무로 만든 활과 화살과 같은 제구를 가지고 있는데, 이들이 가라부네의 선원들을 살해하는 야시로 마을사람들을 대변하고 있다고 전해지고 있다.

가야의 배는 6명의 청년이 그 역할을 하고 있는데, 그들은 가야 배라는 모형의 배를 드는 역할이다. 이 배에는 자안관세음보살(子安觀世音菩薩)이라고 적힌 봉납기가 몇 개나 세워져 있다. 이 배는 가야의 공주가 탄 배를 나타내는 것이다. 그리고 네리코는 8명의 여자아이로 구성되어있는데, 이들은 소매긴 기모노를 입고, 얼굴은 화장을 했으며, 머리 위에는 포대가 올려져 있다. 이 포대는 가야 배에 있었던 금은보화를 나타낸다. 북치는 자는 3명으로 구성되어있는데, 2명은 북을 짊어지고 1명은 북을 치는데, 이들도 풀고사리 잎으로 머리를 덮었고, 얼굴에 숯을 검게 칠했다. 이 행렬에 유일하게 등장하는 악기이다. 그리고 사릿대를 든 자는 4명의 소년으로 구성되어있다. 이들은 사릿대를 들고 가라부네가 도착하였을 때의 상황을 말하는 노래를 부른다.[20]

이들은 가는 도중 데키네보후리, 가부라야, 사스마타의 3역이 가모신사와 관음당 앞에서 퍼포먼스를 벌이는데, 그 퍼포먼스는 가라부네의 선원들을 죽이는 시늉을 하는 것이다. 얼굴을 검게 칠하고, 풀고사리 잎으로 머리를 가리는 것은 자신들이 저지른 탐욕적인 행위를 부끄러워하며, 조금이라도 숨기기 위한 것인지도 모른다. 이런 끔찍한 행사를 야시로 사람들은 매년 치르면서 자신들의 잔혹한 행위에 대해 참회하며 용서를 빌고 있는 것이다. 이로 말미암아 이곳에 표류한 가야국의 여인은 죽어서 신이 되었던 것이다.

이와 같이 가야와 관련된 문화와 유적들이 쓰루가를 중심으로 하

---

20 橘弘文(2007)「祭りの参詣者による伝承と記録－福井県小浜市矢代の手杵祭から－」『大阪觀光大學紀要(7)』大阪觀光大學, p.28.

는 일본해의 연안지역에 많이 남아있는 것이다. 이것을 통해 우리는 가야의 문화는 세도나이카이 지역뿐만 아니라 일본해 지역과도 교류하는 통로를 가지고 있음이 확인이 된 셈이다. 그러한 의미에서 대가야국의 왕자 쓰누가아라시토의 전승은 매우 중요한 자료적 가치를 지닌다고 하겠다.

## 5. 쓰누가와 히보코는 동일인인가?

그런데 참으로 이상한 것은 이러한 쓰누가아라시토가 신라왕자 아메노히보코(天日槍)와 동일인 취급을 받고 있다는 사실이다. 그 예로 한국의 민속학자 임동권은 부부가 일본으로 건너가는 전승은 아메노히보코의 전승에서도 보이는 것으로 보아 이들은 동일인이며, 또 그와 같은 것이 한국의 전승인 연오랑과 세오녀에서도 보이는 것으로 보아 이들은 모두 동일인일 가능성이 높다고 해석했다.[21]

이러한 경향의 해석은 일본 측에도 있었다. 한국관련 신화를 많이 연구한 것으로 널리 알려진 미시나 쇼에이(三品彰英: 1902-1971)[22]는 다음과 같이 해석하고 있는 것이다.

쓰누가는 왕자 등에 부여된 신라의 최고관위 각간의 일본어로 읽은

---

21 任東權(1996)「天日槍ーその身分と神宝についてー」『比較民俗研究(14)』筑波大學比較民俗研究會, p.73.

22 일본의 역사학자, 신화학자. 大谷大学, 同志社大学 교수, 大阪市立博物館館長, 佛教大学 교수 역임. 교토제국대학 문학부 사학과 졸업. 고대한국사로 저명한 도호쿠대학(東北大学) 명예교수 井上秀雄 등을 지도, 1960년부터 『일본서기(日本書紀)』 연구회를 主宰하는 등 관서의 일본고대사연구자들을 다수 양성.

것이며, 아라시토는 신라시조왕 알지와 동음어이다. 알지는 작은 어린 아이 형상으로 천계에서 강림했다고 전해지는 태양의 아들이며, 그것이 일본적으로 표현되어 아메노히보코라고 불리워진 것이라고 한다면 두 사람은 결코 별개의 인물이 아니다. 이와 같이 해설을 함으로써 주인공의 이름이 다르고, 게다가 내용에 있어서 거의 같은 전설이 전해지고 있는 이유를 이해할 수가 있을 것이다. 그 때문에 양자가 모두 각지의 히메코소신사의 연기로서 전승되어지는 것이다.[23]

여기에서 보듯이 대가야국의 왕자 쓰누가아라시토를 신라왕자 아메노히보코와 같은 인물로 보고 있는 것이다. 그렇게 보는 데는 미시나가 지적한 바와 같이 내용상 유사한 점이 한두 가지가 아니기 때문이었다. 『일본서기』와 같은 시기의 문헌인 『고사기(古事記)』에 신라왕자 아메노히보코에 대해 다음과 같이 기록되어있다.

옛날 신라에 아메노히보코(天之日矛)라는 왕자가 있었다. 이 사람이 일본으로 건너왔다. 건너오게 된 이유는 다음과 같다. 신라에 어떤 늪 하나가 있었는데 그것을 아구누마(阿具奴摩)라 했다. 그 늪 근처에 어떤 신분이 천한 여인이 낮잠을 자고 있었다. 그 때 무지개와 같은 햇빛이 그녀의 음부를 비추었다. 그러자 신분 천한 남자 한 명이 이를 보고 이상히 여겨, 항상 그 여자의 동태를 살폈다. 그러더니 이윽고 그 여인이 낮잠을 자던 때부터 태기가 있어 드디어 출산을 했는데 붉은 구슬이었다. 그 모습을 보고 있던 그 천한 남자는 그 구슬을 그녀에게 달라고 애원한 끝에 받아낸 후 항상 싸 가지고 허리에 차고 다녔다. 이 남자는 산

---

23  三品彰英(1980)『增補 日鮮神話傳說の硏究』平凡社, pp.43~44.

골짜기에 밭을 일구며 살고 있었으므로 밭을 가는 일군들의 음식을 한 마리 소에다 싣고 산골짜기로 들어가다가 그 나라 왕자인 아메노히보코를 우연히 만났다. 이에 아메노히보코가 그 남자에게 묻기를 "어찌 하여 너는 음식을 소에다 싣고 산골짜기로 들어가느냐? 필시 이 소를 잡아먹으려고 그러는 것이지!"라며 즉시 그 남자를 잡아 옥에 가두어 두려고 했다. 이에 그 남자가 대답하기를 "저는 소를 죽이려는 것이 아 닙니다. 다만 밭을 가는 사람들의 음식을 실어 나를 뿐입니다."라고 하 였다. 그러나 아메노히보코는 이를 용서하지 않았다. 그리하여 그 남자 는 허리에 차고 있던 구슬을 풀어 왕자에게 바쳤다. 그러자 아메노히보 코는 그 신분이 천한 남자를 방면하고 그 구슬을 가지고 와서 마루 곁 에다 두었다. 그런데 그 구슬이 아름다운 여인으로도 변하였다. 그리하 여 아메노히보코는 그녀와 혼인을 하고 적실의 아내로 맞아들였다. 그 후 그녀는 여러 가지 맛있는 음식을 장만하여 남편으로 하여금 먹게 하 였다. 그러나 그 나라 왕자는 거만한 마음이 들어 아내를 나무랐기 때 문에 "대체로 나는 당신의 여자가 될 여자가 아닙니다. 나의 조국으로 가겠습니다."라고 말을 하고는 재빨리 남몰래 작은 배를 타고 도망쳐 건너와 나니와(難波)에 머물렀다. -그녀가 바로 나니와의 히메코소신사 (比賣碁曾神社)에 모셔지고 있는 아카루히메신(阿加流比賣神)이다.

아메노히보코는 아내가 도망쳤다는 소식을 듣고 곧 그 뒤를 따라 건 너와 나니와에 도착하려고 했다. 바로 그때 해협의 신이 이를 막고 나 니와에 들여보내 주지 않았다. 그리하여 아메노히보코는 하는 수 없이 다시 돌아와 다지마(多遲摩)라는 곳에 정박했다. 그리고는 그곳에 머물 면서 다지마노마타오(多遲摩之俁尾)의 딸, 사키쓰미(前津見)라는 이름의 여인과 혼인하여 다지마모로수쿠(多遲摩母呂須玖)라는 자를 낳았다.[24]

여기에서 보면 이 이야기는 위의 쓰누가아라시토의 설화와 아주 흡사한 내용을 가지고 있다. 즉, 소를 계기로 구슬(적옥, 백석)을 얻게 되었다는 것이며, 그것이 변하여 여인으로 되었다는 것이며, 또 그 여인을 아내로 맞이하였다는 것이 같다. 그 뿐만 아니다. 아내가 남편을 버리고 도망가는 것이며, 도망가서 정착한 곳이 나니와이며, 또 그곳에서 히메코소 신사의 신이 되었다는 것도 같고, 그 뒤를 쫓아 일본으로 건너가나, 재결합에 실패하고 헤어진다는 것도 같다. 이처럼 같은 요소가 두 설화에 많이 있는 것이다. 그리하여 이 두 사람을 동일인으로 보았던 것이다.

과연 그들은 같은 인물인가? 여기에는 몇 가지 납득이 가지 않는 의문점이 있다. 그것은 다름 아닌 그들의 이주경로이다. 여기에 대해서 두 사람은 아주 다르게 나타난다. 앞에서 언급하였듯이 가야의 쓰누가아라시토는 아나도에서 시작하여 이즈모 – 쓰루가로 연결하는 니혼카이(日本海) 루트이다. 이에 비해 신라의 아메노히보코는 그와 반대로 규슈 – 세도나이카이 – 나니와로 연결하는 세도나이카이 루트를 통해 일본으로 들어간 것으로 되어있다. 이처럼 그들은 이주경로가 다르고, 나라의 이름도 다르다. 그러므로 그들은 동일인으로 보기 어렵다. 더군다나 그들의 아내라고 일컬어지는 히메코소의 여신에 대해서도 차이를 보이고 있다. 아메노히보코의 경우 세도나이카이를 통하여 나니와로 이동하여 정착한 것으로 되어있다. 그러나 쓰누가아라시토의 경우 그와 반대로 나니와에서 구니사키로 간 것으로 되어있는 것이다. 정반대의 루트로 되어있는 것이다. 이를 보

24  노성환 역주(2009) 『고사기』 민속원, pp.236-237.

131

더라도 그들은 서로 같은 인물로 보기 매우 어렵다.

또 하나의 8세기 문헌인 『풍토기(風土記)』에 의하면 히메코소의 여신은 아메노히보코와 같이 규슈를 통하여 세도나이카이 – 나니와로 이동하는 것으로 되어있다. 따라서 실제로 히메코소의 여신은 쓰누가아라시토의 전승과는 달리 아메노히보코의 전승과 같이 세도나이카이를 통하여 나니와에 도착했고 그곳에서 정착한 것으로 볼 수 있다. 그렇다면 쓰누가아라시토와 히메코소 여신과 연결되어있는 것은 부자연스러운 것이 된다. 즉, 이는 훗날 서로 다른 두 개의 전승이 합쳐진 것으로 볼 수 있다. 다시 말해 가야의 쓰누가아라시토 전승과 신라의 아메노히보코의 전승이 충돌을 일으킨 것이다.

이들이 서로 만나 충돌을 일으킨 이유는 쓰누가아라시토가 도착한 쓰루가가 가지는 지역적인 특성 때문이었다. 이 지역은 일찍부터 신라계 사람들이 자리 잡은 곳이었다. 그 흔적은 오늘날까지도 강하게 남아있다. 가령 쓰루가의 구쓰미(沓見)지역에 시로키히코신사(信露貴彦神社)가 있다. 현재 제신은 니니기와 야마토타케루를 모시고 있지만, 원래는 시라기대명신(白木大明神)을 모셨다. 여기에서 시라기라 함은 곧 신라를 말한다. 따라서 이곳의 제신은 원래 신라의 신이었음을 알 수 있다. 그리고 그 지역에는 시라기(白木)이라는 성씨를 가진 신라인의 후예들이 사람들이 아직도 살고 있다 한다. 또 구쓰미에서 북쪽으로 올라가면 다테이시 반도(立石半島)의 서쪽 끝자락에 시라기(白木)라는 신라의 마을이 있으며, 그곳에는 신라의 신을 모신 시라기신사(白城神社)가 있다. 그리고 쓰루가시에서 북동쪽으로 가면 이마죠초(今庄町)에는 신라명신(新羅明神)이라는 신라의 신을 모신 신라신사가 있다. 또 그 인근에는 신라에서 건너온 토목기술자인 시라코를 신으로 모신다는 시라기신사(白髮神社)도 있다고 한다.[25] 이처럼 이 지역은 온통 신라계통의 신사들로 가득하다.

이러한 곳에 쓰누가아라시토를 대표로 하는 가야세력이 진출한 것이었다. 그러므로 소수에 속하는 가야세력은 곧 신라세력에 동화되기 쉬웠다. 더군다나 가야는 신라에 병합된 나라이기 때문에 더욱 그러했다. 이를 상징적으로 표현되어있는 곳이 바로 게히신사(氣比神社)이다.

게히신사는 에치젠(越前) 지역에 있어서 가장 중요한 위치를 차지하는 제1의 신사이다. 현재 이곳에는 이사사와케라는 신을 주신으로 모시고 있는데, 역사학자 이마이 게이치(今井啓一: 1905-1975)[26]씨에 의하면 이 신은 신공황후의 외가 조상인 아메노히보코라고 한다.[27]

그럴 가능성은 충분히 있다. 그 예로 『일본서기』에 아메노히보코가 가지고 있는 칼에 이사사(胆狹淺)라는 이름이 붙어있고,[28] 또 천황으로부터 아와지(淡路) 지역의 땅을 하사받는 내용이 나오는데,[29] 바로 그곳이 이사사(出淺)라는 지역이며, 또 다지마 지역에는 아메노히보코를 신으로 모시는 이사사(伊佐佐)신사가 있기 때문이다. 그러므로 이사사와케의 신은 아메노히보코의 다른 이름임을 알 수가 있다.

이러한 신사의 경내에 대가야왕자 쓰누가아라시토를 모신 쓰누가신사가 있다. 다시 말하여 쓰누가신사는 게히신사의 말사(습사)이었

---

25 김사엽(1991), 앞의 논문, p.237.
26 교토부(京都府) 출신. 神宮皇學館 졸업. 大東文化学院高等科 수료. 1961년 「귀화의 연구(帰化の研究)」로 국학원대학(國學院大學)에서 문학박사학위 취득. 立命館大学 교수, 近畿大学 교슈, 大阪樟蔭女子大学 교수 역임.
27 今井啓一(1972)『天日槍』綜藝社, p.137.
28 宇治谷孟譯(1990), 앞의 책, p.137.
29 宇治谷孟譯(1990), 앞의 책, p.137.

던 것이다. 이는 곧 신라왕자 아메노히보코의 휘하에 대가야 왕자 쓰 누가아라시토가 들어가 있는 것과도 마찬가지이다. 『일본서기』에 의하면 쓰누가아라시토의 도일시기는 숭신천황조로 되어있고, 아메 노히보코의 도일시기는 수인천황조로 되어있다. 기록상으로만 본다 면 전자가 후자보다 빠르다. 그러므로 와카사(쓰루가)에 신라의 아메 노히보코의 세력이 진출하기 전에 가야의 쓰누가아라시토의 세력이 먼저 진출해 있었던 것으로 보인다. 그것이 나중에 신라의 아메노히 보코에 편입된 것으로 생각되는 것이다. 더군다나 대가야는 훗날 신 라에 병합되었다. 이러한 역사적 사실을 반영이라도 하듯이 와카사 (쓰루가)에 진출한 대가야의 문화는 신라의 영역에 들어갔으며, 그 결 과 쓰누가아라시토와 아메노히보코의 전승은 혼돈이 생겨나 쓰누 가아라시토가 히메코소와 연결되어 나타나게 된 것이다.

## 6. 마무리

이상에서 보았듯이 대가야에서 일본으로 연결하는 루트 가운데 한반도를 출발하여 아나도 – 이즈모 – 쓰루가로 연결하는 북해로가 있었음을 알 수 있다. 이를 증명할 수 있는 가장 대표적인 사례가 대 가야국의 왕자 쓰누가아라시토에 관한 전승이다. 쓰루가가 이들에 게 중요한 의미를 띠웠던 것은 그곳이 일본의 서울과 연결되는 교통 의 요충지이었기 때문이었다. 그러므로 이곳에는 일찍부터 가야와 관련된 문화 유적들이 오늘날까지도 남아있다. 그 대표적인 사례가 니혼마쓰야마고분, 쓰누가신사, 데키네마쓰리 등을 들 수가 있을 것이다. 특히 니혼마쓰야먀고분에서 출토된 2개의 관은 고령의 대가야의 고분에서 출토된 것과 흡사한 것으로 알려져 있다. 그만큼 이 지역과 가야는 밀접한 연결고리를 가지고 있었던 것이다.

한편 쓰누가아라시토의 전승과 같은 것이 대가야국이 있었던 고령의 민간에서도 이야기로 전해진다는 자료가 있으나, 그것은 『일본서기』에 대한 지식을 가진 사람들에 의해 새롭게 만든 것이지, 원래 고령에서 전해지는 것은 아니다.

그리고 일찍부터 쓰누가아라시토가 신라왕자 아메노히보코와 동일인이라는 인식이 있는데, 그것은 쓰루가지역에서 대가야세력과 신라세력이 충돌을 일으킴으로써 생겨난 결과이었다. 즉, 쓰누가아라시토를 상징으로 하는 가야세력이 진출한 곳에 훗날 아메노히보코를 신봉하는 신라의 세력집단이 진출하면서 가야세력을 통합하여 버렸기 때문이다. 그 상징물이 게히신사이다. 아메노히보코를 제신으로 모시는 게히신사의 경내에 쓰누가아라시토를 모시는 쓰누가신사가 말사로 들어가 있는 것이다. 더군다나 가야는 신라에 병합된 나라이다. 그러므로 그 통합은 예상보다 훨씬 더 쉬웠을 것이다. 이로 말미암아 가야의 세력은 신라의 세력에 통합되어 희미하게 그 이름만 겨우 남기게 된 것이다.

일본에서 신이 된 고대한국인

## 제5장

# 미야자키에서 신이 된 백제왕

## 1. 머리말

　　일본 규슈 남단 미야자키현(宮崎縣) 난고손(南鄕村)¹이라는 산간마을
은 매우 특이한 마을이다. 그곳으로 들어가는 이정표에 한글로 "백
제마을로 가는 길"이라 적혀있는가 하면, 그곳에 들어서면 백제관(百
濟館)이라는 건물을 비롯하여 부여의 낙화암에 세워진 백화정(百花亭)
을 그대로 복원시켜놓은 건물도 있을 뿐 아니라, 백제소로(百濟小路)라
는 이름을 가진 길도 있다. 그리고 가게의 간판은 물론 관공서까지도
일본어와 함께 한글이 나란히 적혀져 있다.

　　건물 안에는 한국과 관련된 물건과 기념품들을 전시하여 파는 코
너가 마련되어 있고, 또 한국관련 역사자료와 아시아나 항공사에서
기증한 꽃가마도 전시되어 있어 많은 사람들의 눈길을 끌고있다. 그
뿐만 아니라 '한국에서 왔다'하면 한국어로 인사를 걸어오고 또 점

---

1　2006년 1월 1일 이 마을은 사이고손(西鄕村) 및 기타고손(北鄕村)과 합병하여 미사
　토초(美鄕町)가 되었다. 그러므로 난고손이라는 공식적인 행정 지명은 소멸되었
　으나, 지역자치구의 이름으로서 「난고(南鄕)」가 남아있다. 그러난 본서에서는 편
　의상 합병 이전의 이름인 난고손으로 사용하기로 한다.

심시간이 되면 마을사람들이 스스로 사물놀이를 즐기기도 한다. 그 야말로 일본 속의 한국마을을 보는 것 같다.

도대체 이 마을사람들은 무엇 때문에 자신의 마을을 "백제마을" 이라고 할까? 여기에는 오래 전부터 이 마을에 전해져 내려오는 신화가 있기 때문이다. 그 신화의 내용에 대해 이 마을을 소개하는 책자는 다음과 같이 상세히 서술하고 있다.

백제가 멸망할 때 왕족과 무관 그리고 많은 백성들이 가족을 거느리고 일본으로 망명을 했다. 전하는 말에 의하면 기내(畿內)에 정착한 사람들이 난을 피해서 배를 타고 북규슈(北九州)의 쓰쿠시(筑紫)를 향해 출발하였으나, 도중에 폭풍을 만나 휴가(日向國)의 가네가하마(金ガ浜)와 가구치우라(蚊口浦)에 나누어 표착하게 되었다. 가네가하마에 도착한 배에는 정가왕(禎嘉王: 일명 貞家王)과 2남 화지왕(華智王), 유모(乳母), 사인(舍人) 등 10여명이었고, 가구치우라에 도착한 사람은 장남 복지왕(福知王)과 그의 비(妃), 그리고 왕후의 일행이었다.

가네가하마에 도착한 정가왕은 먼저 살 곳을 정하기 위해 점을 쳤더니 78리(우리 리수로는 약130리) 서쪽으로 들어간 산중이 좋다는 점괘가 나와 미카도(神門)에 정착하게 되었다. 미카도는 산중이나 의외로 넓은 분지였다. 미카도에 오는 도중 여관(女官)이 아이를 출산하는 일도 있었으나 주민들의 따뜻한 온정으로 무사히 넘길 수 있었다. 오로시고(御兒)라는 지명은 그녀가 아이를 낳은 곳이라는 것에서 유래가 되었으며, 또 우부노(産野)라는 곳도 갓난아이를 씻는 목욕물을 사용하였다는 것에서 생겨난 이름이었다.

한편 가구치우라에 도착한 복지왕도 구슬을 던져 택지를 점 쳤다. 구슬은 18리(약 30리) 떨어진 기죠(木城)의 히키(比木: 火弁)라는 곳까지 굴러갔으므로 그곳에 정주하게 된 것이다. 백제왕족들은 잠시 안정되었으나, 추격자들이 정가왕이 사는 미카도를 향해서 진군해 왔다. 이 소식을 듣고 복지왕은 부왕에 가세하기 위해서 부하를 거느리고 미카도 방위에 나섰다. 정가왕을 따르는 호족이 있어 그들이 군량을 대주어 사기가 당당했다. 호족의 이름은 돈타로(鈍太郎)이다. 현재 그의 묘는 미카도신사의 뒷산에 있다. 도고촌(東鄕村)과 난고손(南鄕村)의 경계 지역인 이사가(伊佐賀)에서 치열한 전투가 벌어졌다. 그곳의 흙이 붉은 것은 그 때 혈투의 흔적이라고 전해진다. 이 싸움에서 2남 화지왕은 전사했고, 정가왕도 화살에 맞아 죽어 미카도 입구에 묻혔으며, 그 후 미카도대명신(神門大明神)이 되어 미카도신사(神門神社)에 주신이 되었다. 정가왕이 전사하니 하녀 12명도 자진 순사하여 왕과 같은 들에 묻혔다. 백제왕족들은 의학과 농업기술은 물론 불교, 천문, 건축 기술 등 높은 문화를 전해주었고, 이에 지역민들이 존경하여 신으로 섬기게 되었다는 것이다.[2]

여기에서 보듯이 이 신화는 그들의 지역 수호신 정가왕의 출자에 관한 이야기이다. 실제로 그들을 신으로 모신 미카도신사(神門神社)가 현재까지 남아있으며, 그리고 12월이면 그들에 대한 제사를 정중히 지내고 있다. 그 제사를 「시하스마쓰리(師走祭)」라 하는데, 그것은 신화를 바탕으로 복지왕을 모신 히키신사(比木神社)의 지역민들이 신체를 모시고 난고손(南鄕村) 미카도신사까지 와서 백제왕 부자의 대면을 하는 의식이다. 히키신사와 미카도신사까지는 약 90키로 정도 떨

2 土田芳美(1992)『百濟傳說 神門物語』南鄕村, p.4-7.

▌백제왕을 신으로 모시는 미카도신사(神門神社)

어져 있는 아주 먼 곳이기 때문에 그 의식은 무릇 9박 10일이 걸린
다. 1년에 단 한번 정가왕과 복지왕이 만나는 부자상면의 행사인 것
이다.

　이러한 신화를 바탕으로 난고손 사람들은 자신의 마을이 오래 전
부터 백제왕족들에 의해 개발되었고, 여러 가지 대륙의 선진문화를
전수해준 고마운 사람들로 기억되어 오늘날까지 그것을 기리기 위
해 그들을 자신들의 지역 신으로 모시고 있다는 것이다.

　최근 이를 증명하듯이 그들을 신으로 모신 신사에서 수많은 동경
(銅鏡)이 발견되었고, 또 백제에서 가져옴직한 오래된 비단묵서와 「大
王」의 문자가 새겨진 방울 등이 발굴되어 세인들의 눈길을 끌기도
했다.

특히 그 동경 중 당화육화경(唐花六花鏡)은 나라(奈良)의 정창원(正倉院)에 보관된 것, 그리고 동대사(東大寺) 대불전(大佛殿)의 수미단(須彌壇)에서 출토된 것과 동일한 것이어서, 이곳과 중앙의 야마토조정(大和朝廷)과의 교류도 있었을 가능성을 보여준 증거물로도 생각할 수 있다.[3] 여기에 힘입은 지역민들은 자신들의 유물 전시관을 세우고, 그것을 서쪽의 정창원(西正倉院)이라고 붙였다. 즉, 나라의 정창원을 동정창원이라 한다면, 자신들의 정창원은 서정창원이라는 의식이다. 그런 와중에 비단묵서와 방울이 발견이 되어 마을사람들의 마음을 더욱 들뜨게 하였다.

이러한 것들은 즉시 향토사가들에 의해 공개되어 연구가 시작되었다. 그 결과 후쿠슈쿠 다카오(福宿孝夫)씨는 비단묵서에 적혀있는 내용은 왕성(王城)의 수와 목적, 개원(改元)의 고지(告知), 군구장관(軍區長官)의 임명과 임무 등에 관해 적혀 있으며, 이는 풍장왕(豊璋王)의 유품일 가능성이 높다고 주장했다.[4] 풍장왕은 의자왕의 아들 풍을 말한다. 이러한 발표는 마을사람들로 하여금 백제왕 전설이 역사적 사실을 입증하는 것으로 받아들여졌다.

그러한 기대 값이 대왕문자의 방울에게도 나타났다. 지역신문인 미야자키 일일신문(宮崎日日新聞)에서는 "왕이라는 문자의 형태는 고문서의 자형과 동일하다. 지금까지 일본과 한국에서도 발견된 적이 없는 방울이다. 무엇보다 대왕이라는 문자가 백제왕족과의 대변하고 있다."는 후쿠슈쿠씨의 말을 인용하여 대대적으로 보도하기도 하

---

3 土田芳美, 앞의 책, p.31.
4 福宿孝夫(1998)「神寶 綾布墨書の解讀」『百濟王族傳說の迷』〈荒木博之編〉三一書房, p.88.

였다.[5] 이처럼 마을사람과 일부 연구자들에게는 난고손의 백제전설은 전설이 아니라 역사적인 사실로서 받아들여졌다. 이러한 의미에서 보아도 난고손이란 신화와 제의가 살아있는 특이한 마을이라 하지 않을 수 없다.

여기에 대해 한국 측에서도 관심이 없을 수 없었다. 많은 언론들이 여기에 대해 대대적으로 보도했고, 어떤 TV방송국에서는 특집을 만들어 방영하기도 했다. 그리고 작가들도 이곳을 여러 잡지를 통해 소개하기 시작했다. 가령 재일교포 작가 김달수는 이곳을 직접 답사한 내용을 기행문 형식으로 자신의 저서에 소개했고,[6] 방송작가 이경재도 자신의 취재기를 아시아나 항공이 서울에서 미야자키를 새롭게 취업하는 것을 기념하는 글로 이 마을에 대해 소개하고 있다.[7] 그리고 어떤 영화사는 자신들이 만든 작품의 이야기 출발을 이곳에서 하는 것으로 만들어 상영하기도 했다.

## 2. 난고손 전승의 허구적 성격

이러한 특이성 때문에 많은 연구자들이 이 마을에 관심을 기울였다. 주로 역사학자와 민속학자들이 많았다. 역사학자들은 백제왕족 전설에 나타난 역사성에 관심을 가졌고, 민속학자들은 그 전설에 입각한 「시하스마쓰리」라는 제의에 관심을 두고 분석했다.

---

5 宮崎日日新聞, 96年9月27日字.

6 김달수(1993) 『일본열도에 흐르는 한국혼』 동아일보사, pp.383-388.

7 이경재(2001) 「宮崎」 『ASIANA(4)』 아시아나항공, pp.68-73.

역사학적 접근으로는 나가토모 다케시(長友武), 이노우에 히데오(井上秀雄), 오쿠야마 다다마사(奧山忠政), 후쿠슈쿠 다카오(福宿孝夫) 등의 연구를 들 수 있다. 나가토모는 멸망한 백제의 왕족이 대거 일본으로 망명했을 때 당시 일본의 천지천황은 백제계를 우대하는 정책을 폈으나, 그가 죽자 그의 뒤를 이은 천무천황(天武天皇)은 신라계 이주인들을 중용하게 되었다. 여기에서 밀리게 된 백제왕족이 신라계 이주인들에게 쫓겨 이곳까지 도피해온 것을 신화가 반영하고 있다고 해석했다.[8] 오쿠야마도 그와 같은 견해를 피력한 바 있다.[9]

이들의 논리대로라면 천지천황(天智天皇)의 사망이 671년이고, 그 이듬해 천지계와 천무계의 대립이 심화되어 정변이 일어난 점 등을 고려해 본다면 정가왕이 이곳으로 숨어들어 온 것은 그 사건 이후의 일로 추정된다. 즉, 이들은 천지와 천무의 대립(壬申의 亂) 때 백제계 호족들은 천지에 협력하고, 그 반면 신라계 호족은 천무에 협력했다는 사고에 입각하여 해석하고 있다.

그에 비해 이노우에는 이들과는 의견을 약간 달리한다. 즉, 백제 왕족 및 귀족이 일본으로 대거 망명을 하는 것은 642년과 663년 두 차례에 걸치는데, 이들의 활약은 초기에 궁정내의 문인으로서 활약하나, 8세기에 접어들면 지방행정과 관동지방과 동북지방의 지배에 커다란 공적을 남긴다. 그러나 9세기 중엽이면 지방장관은 물론 후궁을 내는 외척으로서도 자취를 감추어버린다는 것이다. 이러한 사실에서 착안한 그는 정가왕이 난고손으로 피신하여 왔다면 9세기 중

---

8　長友武(1994)「古代日向における國際交流 -宮崎縣南鄕村の百濟王族傳說の考察-」『宮崎公立大學人文學部紀要 第2卷 第1號』宮崎公立大學.

9　奧山忠政(1996)『白村江から日向まで』百濟·大和交流協會. p.14.

엽 이전이라고 추정하였던 것이다.[10]

민속학적인 접근은 이상하게도 주로 한국 측에서 이루어졌는데 그 대표적인 연구로는 이종철과 임동권의 예를 들 수 있을 것이다. 이종철은 정승모, 김삼기 등과 함께 현장조사를 통하여 상세히 「시하스마쓰리(師走祭)」의 과정을 소개했다. 그들은 조사결과 한국과의 공통점으로서는 중국의 산동지방에서 왔다는 중국의 영웅 또는 장군들을 마을 신으로 모시고 제사지내는 한국의 서해안 제사 형식과 유사하다고 보았다. 그에 비해 차이점으로는 한국에서는 자신들의 조상이 중국인이라고 생각하는 사람은 거의 없으나, 난고손에서는 그들의 뿌리가 한국에 있다는 의식을 가진 사람이 있다는 것을 지적했다.[11]

한편 임동권도 백제왕족전설과 함께 시하스마쓰리를 상세히 보고하면서 정가왕은 백제왕이 아니라 백제왕족 또는 백제계 고관의 일원일 가능성이 높다고 하면서, 그가 이곳으로 온 것은 중앙의 정변에 휘말려 피난 은둔하기 위한 것으로 추정했다.[12] 그는 또 이 마을의 뒷편 산 정상에 오야마즈미신사(大山祇神社)가 있다는 것을 주목하면서, 『이예국풍토기(伊豫國風土記)』에 의하면 그 신은 백제에서 건너온 산신으로 되어있다는 사실과 연관시켜 정가왕은 고향의 신이 있는 곳을 목표로 피신해왔을 것이라고 추정했다.[13] 이처럼 그도 그것이 역사적인 사실인 것처럼 보고 있는 것은 다른 사람과 마찬가지이다.

---

10 井上秀雄「亡命千三百年 百濟王族 秘史」.
11 이종철·정승모·김삼기(1993)「日本 宮崎 南鄕村의 師走祭 조사연구」『한국문화인류학(24)』교문사.
12 임동권(1995)『일본 안의 백제문화』한국국제교류재단, p.69.
13 任東權(1998)「師走祭と百濟文化」『百濟王族傳說の迷』〈荒木博之編〉三日書房, p.106.

이상에서 보듯이 이종철의 연구를 제외한 대부분의 연구는 신화와 제의를 통하여 그 속에 반영된 역사적 사건을 보려는데 초점이 가 있다. 연구자마다 조금씩 견해가 틀린다하더라도 그들의 공통점은 정가왕의 일족이 역사적 실재인물이며, 중앙의 정변을 피해 이곳까지 피신하여 정착했다가 추격군에 의해 모두 멸족 당하였다는 것이다. 그 시기가 언제냐 하는데 의견의 차이가 있을 뿐이다.

때로는 신화를 역사로 보는 관점이 필요하기도 하다. 그들의 시점대로 신화가 과거의 역사를 반영하는 일이 종종 있기 때문이다. 그러나 그것을 그대로 역사로 보는 데는 문제가 있다. 신화는 얼마든지 옛 사람들의 순수한 창작물로도 볼 수 있다. 그러므로 그 속에 담고 있는 내용은 역사적 사실이 아니라 그들의 가치관을 담고 있는 문학작품일 수도 있기 때문이다. 아닌게 아니라 그것을 역사적 사실로 보는 데는 몇 가지 문제점이 있다.

첫째는 일본 측 문헌에서 정가왕의 일족에 관한 기록을 찾아볼 수 없다는 것이다. 특히 천지천황 때 일본 조정에서 백제인들의 활약상이 많이 보인다. 천지 3년에 백제왕족 선광(善光)으로 하여금 나니와(難波)에 거주케 했다는 기록이 보이고,[14] 같은 4년에는 백제인들에게 백제의 관위에 따라서 일본의 관위를 수여했다는 기록도 보인다.[15] 그 뿐만 아니라 같은 10년에는 백제계 50여명이 관위를 수여받는 기록이 나온다.[16]

그러나 그들 이름들 중에서도 정가왕의 일족의 이름이 전혀 보이

---

14  宇治谷孟譯(1988)『日本書紀(下)』講談社, p225.
15  宇治谷孟, 앞의 책, p.227.
16  宇治谷孟, 앞의 책, pp.236-237.

지 않는다. 전설의 내용처럼 그의 일족이 중앙의 정쟁을 피하여 난
고손까지 피신하였고, 또 그들의 뒤를 추격하여 전투를 벌인다는 것
은 그들이 중앙에서 차지하는 위치가 결코 적지 않았음을 의미한다.
그럼에도 불구하고 기록에 정가왕을 비롯한 복지왕과 화지왕등의
이름이 발견되지 않는다는 것은 그들이 정작 실재의 인물이었느냐
하는데 의문을 가지지 않을 수 없다.

둘째는 백제계 호족이 천지측에 협력하고, 신라계 호족들은 천무
측에 협력하여 정쟁을 벌인 결과 패배한 백제계가 중앙으로부터 모
두 지방으로 피신하였다는 시각에도 문제가 없을 수 없다. 왜냐하면
그 정쟁에서 백제계 호족들도 천무에게 협력하는 경우도 있었기 때
문이다. 가령 「임신(壬申)의 난(亂)」[17]에서 공을 세운 백제인 준무미시
(淳武微子)[18]는 그에 대한 대가로 천황으로부터 직대삼(直大參)이라는 벼
슬과 함께 비단과 포(布) 등을 받고 있으며,[19] 또 『신찬성씨록(新撰姓氏
錄)』에 나타난 후하노스구리(不破勝)는 준무미시의 후손인데도 불구하
고 천무측에 협력한 인물로 알려져 있다.[20] 더군다나 그가 협력하였
다는 것은 미노국(美濃國) 후하군(不破郡)에 거주하고 있었던 백제계 호

---

17 서기 672년에 일어난 고대 일본사 최대의 내란이다. 천지천황의 태자 오토모(大
友) 황자에 맞서, 황제(皇弟) 오아마(大海人=훗날 천무천황) 황자가 지방 호족들을
규합해 반기를 든 사건. 일본 역사에서 예외적으로 반란을 일으킨 측이 승리한 내
란이었으며, 사건이 일어났던 서기 672년이 간지로 임신년(壬申年)에 해당되므로
이 사건을 「임신의 난」이라 부른다.

18 백제의 제20대 왕 비유왕(毗有王)의 후예. 준무시(淳武止)라고도 함. 관위는 直大
參. 「임신의 난(壬申の乱)」의 공신. 백제인. 자손으로는 후하씨(不破氏=不破勝)가 있
다. 美濃国 不破郡은 오아마 황자의 군사 집결지이었다. 준무미시는 백제멸망을 계
기로 후하(不破)에 정착하였고, 오아마 황자의 거병 때 그곳에서 이곳에서 합세한
것으로 추정된다.

19 宇治谷孟, 앞의 책, p.330.

20 『新撰姓氏錄』右京諸蕃 참조.

족이 협력하였다는 의미가 된다. 또 천무천황이 사망하자 백제왕 양우(百濟王良虞)가 백제왕 선광(百濟王善光)을 대신하여 문상을 하고 있다.[21]

이처럼 백제계 왕족과 귀족들은 정쟁 때 천무측에 협조한 자들도 있으며, 또 그에 따라 천무천황 때에 조정에서 활약하고 있는 것이다. 그리고 신라계 호족들도 천무측에 협력했다는 기록을 찾아볼 수 없다. 그러므로 천지와 천무의 대립을 일본 내의 신라와 백제계의 대립으로 보는 시각은 마땅히 재고되어야 한다.

셋째는 기존연구가 제시한 대로 정가왕의 일족이 중앙의 정쟁에 휘말려 지방으로 피신한다는 것을 사실로 인정한다 하더라도 「난을 피해 북 규슈의 쓰쿠시를 향해 출발했다」는 전설의 내용이 현실적으로 가능하지 않다. 「임신의 난」 당시 쓰쿠시 다자이(筑紫大宰)는 천지측의 출병명령을 거부함으로써 간접적으로 천무 측에 협력을 하고 있다. 그러므로 규슈는 천지 측에 서있는 것과 같았다. 그 뿐만 아니라 규슈 북부는 친신라세력(親新羅勢力)이 많이 거주하고 있는 지역이다. 또 일본 측 조정에서는 망명해온 백제계 이주인들을 주로 오우미(近江), 미노(美濃), 무사시(武藏) 등 주로 동부지역으로 이주를 많이 시켰다. 그러므로 그들이 피신한다면 규슈의 쓰쿠시를 목표로 출발하는 것 보다 백제인들이 많이 사는 동부지역을 향해서 출발해야 하는 것이 현실적이다. 그러므로 쓰쿠시를 향해 출발하였다는 것은 당시 상황과 맞지 않는다.

그리고 넷째는 고대 정쟁에서 패배한 세력은 동부지역으로 도피하는 것이 대부분이었다. 643년 소가 이루카(蘇我入鹿: ?-645)에게 공격당한 야마시로노 오오에(山背大兄)는 동부지역으로 피신할 것을 권고

---

21 『日本書紀』朱鳥元年 9月 丁卯條.

받았고,[22] 764년 정쟁에서 패배한 후지와라노 나카마로(藤原仲麻呂: 706-764)는 오우미에서 에치젠(越前)으로 피신하였으며,[23] 810년 후지와라노 쿠스코(藤原藥子: ?-810)가 난을 일으켰을 때도 평성천황(平城天皇: 774-824)은 동부지역으로 피신했다.[24] 이처럼 동부지역으로 피신하는 것이 일반적이었다. 그럼에도 불구하고 백제계 왕족이 난을 피해 그것과 반대로 규슈로 향하였다는 전설의 내용을 사실로 받아들이기 어려운 점이 여기에도 있는 것이다.

다섯째는 백제왕족과 관련이 있는 것으로 전해지는 유물들이 실제로는 백제와 전혀 관계가 없을 가능성도 있기 때문이다. 정창원(正倉院)과 동대사 대불전의 수미단에서 출토된 것과 동일한 것으로 알려져 있는 미카도신사의 당화육화경도 실제로는 동일한 것이 아니었다. 고고학의 오카자키 유지(岡崎讓治)의 연구에 따르면 정창원과 동대사의 것은 백동제(白銅製)이며 지문(地文)은 사지(砂地)로 되어있는 반면, 난고손의 것은 동제(銅製)이며, 지문은 무지(無地)로 되어있다. 그리고 난고손에서 출토되는 동경 대부분은 외국이 아닌 일본에서 만들어진 것이라고 해석했다.[25]

그리고 풍장왕의 유품으로 추정되었던 비단묵서도 나라국립문화재연구소(奈良國立文化財研究所)의 조사결과에 따르면 백제문자는 현재 금석문을 제외하고 현존하지 않기 때문에 비교대상이 곤란하며, 또 8세기경의 신라문자는 중국육조풍의 색채가 강해 전체적으로 둥근

22  宇治谷孟, 앞의 책, p.135.
23  林陸朗(1991)「藤原仲麻呂」『國史大辭典(12)』〈國史大辭典編輯委員會編〉吉川弘文館, pp.210-211.
24  厚谷和雄「藤原藥子」國史大辭典編輯委員會編, 앞의 책, p.190.
25  岡崎讓治(1960)「神門神社鏡とその同文樣鏡について」『大和文化研究(5-9)』, p.18.

형태를 취하고 있다. 백제문자도 이것과 같다고 한다면 난고손의 비단묵서에 적힌 문자는 각이 져 있어 매우 이질적이며, 또 비단묵서에는 「明雲二十六年」이라는 연호가 보이는데 그러한 연호를 백제에서는 제정한 일이 없고(백제에서는 당의 연호 사용), 또 백제는 당시 중국에 조공체제에 들어가 있었기 때문에 비단묵서에 보이는 "제" 또는 "황제"라는 문자사용은 부자연스럽다는 이유 등을 들면서 백제의 것일 가능성이 매우 희박하며, 오히려 그것은 근세 이후에 전설에 맞추어 만들어졌을 가능성이 높다고 추정했다.[26]

이러한 반응은 우리학계에서도 마찬가지였다. 박찬규는 "후쿠슈쿠씨가 백제의 사연호(私年號)라고 주장한 명운과 백운은 백제기록에서 전혀 찾아볼 수 없고, 붓글씨가 씌어진 비단천도 백제의 것으로 보기에는 너무나 상태가 좋다."고 의문을 제기했다. 그리고 김영하도 "그것은 연호라기보다는 문서 곳곳에 보이는 제천제왕(帝泉帝王), 천관(天官) 등과 더불어 종교적인 색채가 강한 용어 같다고 추정했으며, 이기동은 그 비단묵서는 백제문서와는 아무 상관 관계가 없는 병역배치 내용을 담은 일본 중세나 근세의 지방문서로 보인다고 해석했다.[27] 이처럼 백제와 관련이 있을 것으로 여겨졌던 유물이 사실은 백제와 관계가 없다는 것에 더 무게가 실리고 있다.

여섯째는 미카도신사에 모셔지는 신이 백제의 정가왕이 아닌 「진단지상궁군공제(震丹之上宮君公帝)」라는 이름을 가진 신이라는 설도 있다. 이것은 미카도신사가 소장하고 있는 동찰명(棟札銘)에 의한 것이다. 그러한 인식이 에도시대(江戸時代) 초기까지 있었던 것도 사실이

---

26 奈良國立文化財硏究所「調査報告書」1997年 3月7日 참조.
27 문화일보, 1996년 11월 11일자.

▌부친 정가왕을 만나기 위해 복지왕을 모시고 미카도신사로 향하는 히키신사의 일행

다. 만일 그렇다면 백제의 정가왕으로 된 것은 에도시대 초기 이후 「진단지상궁군공제」를 버리고 백제를 선택하여 만들어졌을 가능성도 없지 않다.

이러한 모순점은 「시하스마쓰리」를 보아도 드러난다. 즉, 이 제의는 앞에서도 언급하였듯이 복지왕이 1년에 단 한번 그의 아버지 정가왕을 만나는 행사이다. 그러나 전승에 의하면 정가왕의 가족은 그의 부인과 그 사이에 태어난 아들이 복지왕 말고도 화지왕이 있으며, 또 삼남도 있다. 그럼에도 불구하고 흩어져 살았던 전 가족의 상봉행사제의가 있어도 전혀 이상할 것이 없다. 그럼에도 불구하고 복지왕과 정가왕이 만나는 것이 주된 행사로 되어있고, 그 밖의 가족들의 흔적이 매우 희미하다는 것이 이상하지 않을 수 없다. 이러한 의문점

은 그 전승들이 원래 각기 독립적이었던 것이 훗날 어느 시기에 누구
에 의해 하나로 통합된 것이 아닐까 하는 의구심마저 낳게 한다.

이와 같이 난고손의 백제왕족전설은 그대로 역사적 사실로 받아
들여지기 매우 어렵다. 그렇다고 해서 난고손의 백제왕족전설이 전
혀 가치가 없는 것이 아니다. 언제부터 시작되었는지 알 수 없지만
그곳에 백제왕 전승이 있다는 것은 누구도 부인할 수 없다. 그러므
로 그 신화를 역사적인 실재성만을 강조하는 연구로는 신화에 대한
이해의 폭을 좁게 할 뿐이다. 신화는 신화로서 보아야 한다. 더군다
나 그것이 마을 사람들의 생활과 신앙의 구심점이 되고 있는 만큼
지역민들이 그 신화를 어떻게 보고 받아들이며, 그것을 통하여 무엇
을 얻으려고 하는지 등에 관해 살펴보는 것도 매우 유익하리라 여겨
진다.

### 3. 미야자키현(宮崎縣) 백제왕전승의 실태와 서사구조

미야자키현에서 백제왕족전설은 여러 곳에서 전승되고 있다. 난
고손만 가지고 있는 것이 아니다. 지금까지 알려진 것만 해도 도고손
(東鄕村), 기죠초(木城町), 다카나베초(高鍋町), 다노초(田野町). 휴가시(日向
市) 등에도 전해져 오고 있었다. 지금까지 채집된 것만 해도 무릇 20
여 개나 된다.[28] 그러한 전설을 유형별로 크게 나눈다면 다음과 같은
두 가지 형태로 정리할 수 있다.

첫째는 그 주인공이 정가왕의 일족으로서 주로 난고손, 도고손, 기

---

28 荒木博之編(1983)『日本傳說大系(14)』みずうみ書房, pp.168-174.

┃백제왕을 신으로 모시고 있는 다노덴켄신사(田野天建神社)

죠초, 다카나베초, 휴가시 등에서 전래되는 이야기이다. 그리고 둘째
는 백제왕족의 정확한 이름은 나타나지 않고 단지 백제왕이라는 명
칭만 전해지는 이야기로서 그 대표적인 예가 다노초의 이야기이다.

전승의 내용도 서로 조금씩 차이가 난다. 전자의 정가왕 일족에
관한 이야기에서는 또 다시 두 가지 형태가 있는데, 그 하나는 서두
에서 소개한 바와 같이 정가왕이 그의 일족과 함께 이곳으로 망명해
와 정착하였으나 추격군에 의해 일족이 모두 멸망했다는 것이며, 또
다른 하나는 추격군을 격퇴하고 무사히 귀국했다는 이야기이다. 그
리고 후자의 경우는 추격군에 관한 부분이 일체 발견되지 않는다. 다
노초(田野町)의 다노덴켄신사(田野天建神社)가 소장하고 있는『전야대궁
대명신연기(田野大宮大明神縁起)』에 의하면 백제왕족에 관한 이야기는
다음과 같다.

　　백제국의 왕(왕족)은 긴키(近畿)에서 추방되어 헤매다가 일본의 휴가
　　국(日向國)의 아부라쓰(油津)에 도착하여 자신이 있는 곳이 어디인가 확
　　인하기 위해 주위를 둘러보았다. 그러자 북쪽 쓰바즈카산 (鐔塚山) 위에

오색구름이 뭉게뭉게 피어 올라가는 곳을 자신이 살 곳이라고 생각하고 소년 1명을 불러 데리고 구름이 있는 곳을 향하여 길을 헤치고 들어 갔다. 그러자 굉장히 험악한 고개가 있고, 소년이 피곤하여 괴로워하자 이를 불쌍히 여긴 왕은 주위를 둘러보았더니 맑은 물이 있어 두 손으로 물을 떠서 마셨더니 그야말로 감로수와 같아서 기분이 한결 상쾌해졌다. 그리하여 그 언덕을 「소쇼(小姓)의 고개」라고 하게 된 것이다. 그 물은 지금도 있다고 한다. 그들은 기타가와치(北河內)의 슈쿠노(宿野)에 도착했다. 그곳에서 하룻밤을 지냈기 때문에 「슈쿠노」라 하는 것이다. 그곳에서 다시 산골짜기로 들어갔더니, 5색 구름 아래 바위방(巖屋)이 있었다. 그들은 그곳에 들어가 잠시 휴식을 취하였다. 다노(田野)지역의 8명 용감한 남자들이 산으로 들어가 쿠즈(칡)을 들고 이곳 저곳 다니다가 왕을 만났다. 그들은 매우 신기하게 생각하여 안부를 물으며 인사를 했다. 그러나 말이 통하지 않고 그 기분만 얼굴에 나타났을 뿐 묵묵히 생각하며 앉아 있었다. 남자들은 칡을 들고 손과 발이 헝크러진 채로 「샤쿠리마이」라는 춤을 잠시 추었다. 그러자 왕은 웃었다. 그리고 그들은 다노무라(田野村)에서 임시로 집을 짓고 살았다. 다무라오미야(田村大宮)의 「샤쿠리마이」라는 춤이 이 때 시작된 것이다. 백제국의 왕가에서 사육하던 학이 왕의 흔적을 그리워하여 날아와 궁전을 지키는 일은 참으로 신기로운 일이다. 이 학은 일본의 학보다 훨씬 월등하다. 늘씬하게 생긴 것이 아름답기도 비유할 바가 안된다. 다노무라를 떠나지 않고 지금도 신사(宮)을 지키고 있다. 학은 실로 나이가 많고, 머리가 빨갛다. 학이 빨간머리(丹頂)인 것은 정말 신기한 일이 아닐 수 없다. 왕은 월모(月毛: 흰색에 흑갈색의 털이 섞여있으며, 약간 붉은 색을 띠는 말)의 말을 좋아했다. 이 말을 타고 여기저기 다니곤 했다. 그러던 어느 날 말을 우

153

물 밑으로 타고 들어가 사라진 것은 정말 슬프고도 유감스러운 일이다. 다노무라에서 우물을 깊게 파지 않고 월모의 말을 금하는 것은 바로 이때 생겨난 것이다. 그 우물의 밑은 지금까지도 전해져 온다. 죽은 시신을 불당원(佛堂園)에 진좌(鎭座)할 수 있도록 사람들은 신사를 짓고 그곳을 덴켄다노오미야대명신(天建田野大宮大明神)이라고 칭하고 대대로 존경했다. 옛날 왕을 존경해마지 않던 집안은 야에(八重), 사노(佐野), 가타이노(片井野), 마쓰야마(松山), 다카노(高野), 구스바루(楠原), 모토노(本野), 나카하타(中畑)이다. 이들 8명의 혈족의 후예들은 아직도 살고 있는데, 신사의 행사를 할 때 마을사람들과 함께 주도적인 역할을 하고 있다. 「야마우라(山浦) 8인의 변지(弁指: 어망업의 총지휘자)」「구장(區長)」이란 바로 이 사람들을 말한다. 또 그들은 대대로 신직(神職)을 서로 번갈아 가며 맡아서 했고, 또 마을사람들도 대거 참석하여 번창하게 행사를 치렀던 것이다. 대시주(大施主) 이도공(伊東公)으로 부터 논 8석을 진상받았고, 또 신전과 배전(拜殿)이 파손되어 수리와 복구할 때 신사 인근의 삼나무를 용재로 쓰라고 기증받기도 했다. 다노(田野)의 우지코(氏子)들은 하나의 마음으로 협력하여 복구작업에 참여하여 완성했다. 그들은 가정에 있어서 무운장구(武雲長久), 소원성취, 안전, 자손번영, 무사, 건강장수 등의 수호신으로서 이국의 왕을 모시게 된 것은 참으로 고마운 일이다.[29]

여기에서 보듯이 다노초의 전승에서는 백제왕이 이곳으로 오게 된 이유에 대해 자세한 설명이 없다. 단지 긴키지방에서 추방되어 왔다고 함으로써 그가 직접 백제에서 온 것이 아니라 당시 일본의 도성

---

29  天建神社의 「田野大宮大明神緣起」 참조.

이 있는 지역에서 온 귀족이라는 느낌이 있다. 정가왕이 아들에게 양위하고 내란에 의해 일본으로 망명하다가 미야자키의 바다에 도착했다는 내용과는 다소 차이를 보이고 있다. 그리고 그의 죽음에 대해서도 추격군에 의해 전사하는 것이 아니라 말을 타고 스스로 우물에 뛰어 드는 예기치 못한 사건으로 인해 목숨을 잃고 있고, 또 그의 일족에 관한 이야기가 일체 없다는 점도 정가왕 일족들의 이야기와 차이를 보인다.

만일 이 이야기들을 모두 역사적인 사실로 인정한다면 미야자키현에 간 백제왕족은 난고손에 정착한 정가왕뿐만 아니라 다노초의 백제왕도 있었다는 것으로 된다. 다시 말해 미야자키에 정착한 백제왕족만 하더라도 두 명의 백제왕이 있는 셈이 되는 것이다. 미야자키의 경우처럼 중앙의 역사에 기록되어 있지 않은 백제왕족 전설은 야마구치(山口)와 오카야마(岡山)에서도 발견된다.[30] 좀 더 면밀히 일본 전국을 대상으로 조사해나간다면 이들의 숫자가 더욱 늘어날지도 모른다. 이들 모두를 역사적 사실로 인정한다는 것은 무리이다. 어쩌면 백제의 멸망과 많은 왕족과 귀족들이 일본으로 망명한 역사적 사실이 여러 개의 전설을 만들 수 있는 토양을 제공하였을 것으로 보인다.

그런데 이상의 미야자키현의 백제왕족전설은 지역에 따라 내용이 서로 다름에도 불구하고 이상하게도 다음과 같이 하나의 공통된 이야기 구조를 가진다.

---

30 야마구치(山口)에서는 중세 때 그곳을 지배했던 오우치씨(大內氏)가 백제왕족의 후예라는 씨족전승을 가지고 있고, 오카야마(岡山)에서는 백제왕자가 오니가죠(鬼城)에 자리잡고 그 위세를 떨치고 있었다는 전승이 오늘날에도 전해지고 있다.

첫째는 그들은 모두 고귀한 신분이라는 점이다. 그것이 난고손의 것이든 다노초의 것이던 간에 그들은 모두 백제왕이라는 고귀한 신분의 사람이라는 점이다.

둘째는 그러한 그들은 정쟁 또는 전쟁에서 패배한다는 점이다. 이러한 점에 대해 정가왕의 것은 "적에게 쫓기어" "나라가 어지러워" "내란이 일어나" 등으로 설명하고 있는 것에 비해 다노초의 것에서는 긴키에서 추방되었다고 설명하고 있다. 이러한 설명은 그들이 정쟁 또는 전쟁에서 패배하여 다른 곳으로 몸을 피하지 않으면 안되는 상황을 설명해주는 내용이다.

셋째는 그러한 그들은 한결같이 배를 타고 표류하여 산간벽지로 숨어서 산다는 것이다. 그들은 그들이 탄 배가 도착한 곳에 살지 않았다. 정가왕 일족은 구슬을 던져 살 곳을 찾았고, 다노초의 백제왕은 북쪽의 쓰바즈카산 위에 오색구름이 뭉게뭉게 피어 올라가는 곳을 보고 자신이 살 곳이라고 정했다고 설명하고 있다. 즉, 자신의 신변을 안전하게 숨길 수 있는 산간벽지를 찾았다는 것이다. 이는 산간벽지의 마을에 어찌하여 백제왕족전설이 전해져 내려오는가를 나타내주는 것이기도 하다.

넷째는 추격군이 나타나 그들과의 전쟁을 벌인다는 점이다. 이 점은 앞에서 말하였듯이 다노초의 것은 이 부분은 없다. 그러나 정가왕의 일족 이야기에는 어김없이 이 부분이 나타나 있다. 그것에 의하면 그들은 추격군에 의해 매우 고전을 하나 지역민과 복지왕의 도움으로 적을 격퇴한다는 것으로 되어있다.

다섯째는 그들은 마을사람들로부터 존경받는 자들로서 그들이 전사를 했든지, 아니면 생존하여 귀국하였든지 간에 그들이 그 마을

┃백제왕 전설이 있는 다노초의 덴켄신사(天建神社)

을 떠난 다음 마을 사람들이 그들을 자신들의 신으로 받들어 모시는 신사를 세웠다는 점이다. 즉, 백제왕족들은 일본 마을의 신이 된 것이다. 가령 정가왕은 미카도신사(神門神社)의 신이 되었고, 그의 장남 복지왕은 히키신사(比木神社), 차남 화지왕은 이사가신사(伊佐賀神社), 또 삼남은 야마게신사(山陰神社)에서 각각 신이 되었으며, 정가왕의 왕비 시기노히메(之伎野姫)는 오토시신사(大歳神社)의 신이 되었다. 그리고 다노초의 백제왕은 덴켄신사(天建神社)의 신이 되었던 것이다. 그러므로 미야자키의 백제왕족전설은 신사에 모셔진 신의 유래를 설명해주는 신화이었다.

이처럼 백제왕족전설의 내용에서 골격을 이루고 있는 것은 백제왕족이라는 고귀한 신분의 사람이, 정쟁에서 패배하여 피난의 길을 올라, 미야자키의 산간벽지로 피신은둔하나, 추격군에 의해 전멸 당하는데(추격군을 격퇴하고 귀국 또는 자살하여), 그 후 마을사람들이 그들을 존경하여 마을의 신으로 모신다는 구조로 되어있는 것이다.

## 4. 백제왕족전승의 낙인전설적 구조

　이러한 구조의 백제왕족전설을 역사적인 사실이 아닌 일본의 전설이라는 개념으로 바라다 본다면 어떻게 해석되어질까? 가장 유사한 구조의 것을 일본의 전설에서 찾는다면 그것은 다름 아닌 낙인전설(落人傳說)일 것이다. 낙인전설에 대해 오치아이 기요하루(落合清春)는 "귀족이나 무가(武家) 등 고귀한 신분의 사람이 전쟁 또는 정쟁에 패배하여, 중앙에서 산간부락에 피신하여 정착했다고 하는 전설"이라고 정의한 바 있다.[31] 그 정의에 따르면 낙인은 공동체에서 배제 내지 탈락한 존재이며, 정치상황의 불안정으로부터 배출되는 자들이다. 그러므로 정주민(定住民)의 입장에서 본다면 그들은 전국을 유랑하는 표박자(漂泊者)와도 같다. 여기에는 다음과 같은 몇 가지 유형이 있다.

　첫째는 황족형(皇族型)이다. 이는 전설의 주인공이 천황족으로서 정쟁으로 인해 산간벽지로 숨어서 지내는 형태의 이야기이다. 예를 들면 문덕천황(文德天皇: 827-858)의 아들인 고레다카신노(惟喬親王: 844-97)는 후지와라씨(藤原氏)와의 정쟁에서 패배하여 오노(小野)라는 산간벽지에서 숨어 지냈다. 그 때 그는 지역민들에게 목공예를 가르쳐 그들로부터 존경을 받아 그들의 신이 되었다 한다.[32] 여기에 대해 민속

---

31　落合清春(1997)『落人.長子傳說の研究』岩田書院, p.61.

학자 미야모토 쓰네이치(宮本常一)는 목공기술자(木地師)들이 직업적 성격상 끊임없이 이동하기 위해 자신들의 사회적 지위를 세인들에게 과시할 필요가 있어 만들어낸 것으로 해석했다.[33]

그러한 예가 대마도에도 있었다. 대마도의 지배자 소오씨(宗氏)는 원래 가레무네(惟宗)라는 성씨의 후손이었다. 그러나 막부말기에 그들은 가계의 권위를 높이기 위해 자신들은 안덕천황(安德天皇: 1178-185)의 후손이라는 전설을 만들어냈다. 안덕천황은 겐페이전쟁(源平戰爭) 때 헤이씨(平氏)와 함께 겐지(源氏)에게 쫓기다 시모노세키 앞바다 단노우라(壇ノ浦)에서 헤이씨와 함께 빠져 죽은 천황이다. 소오씨는 그 천황이 실제로 죽은 것이 아니라 신분을 감추어 대마도로 피신하여 그들의 선조가 되었다는 씨족신화를 만들었던 것이다. 물론 이는 역사적인 사실과 다름은 두말할 나위가 없다. 이러한 형태가 황족형의 낙인전설이다.

둘째는 귀족무사형(貴族武士型)이다. 이는 무사가 전쟁에 패하여 산간벽지 또는 도서지역에 숨어 살았다는 전설이다. 그 대표적인 전설이 헤이케 전설(平家傳說)이다. 예를 들면 야마구치현 하기시(萩市)에는 오시마(大島)라는 섬이 있는데, 이곳에 사는 주민들 가운데 유난히 구니미쓰(國光), 사다미쓰(貞光), 도요다(豊田), 나가오카(長岡), 도네(刀祢), 이케베(池部), 요시미쓰(吉光)라는 7개 성씨가 눈에 많이 띈다. 이 섬의 전승에 의하면 그들의 조상은 원래 겐페이전쟁 때 패배한 헤이씨(平氏)들의 후손으로 단노우라에서 죽지 않고 살아나 이곳으로 피신하여 성을 바꾸고 이 섬을 개척했다고 전해진다. 그러므로 그들은 비록

32  佐治芳彦(1989)「惟喬親王」『歷史讀本(4)』新人物往來社, pp.90-91.
33  宮本常一(1964)『山に生きる人』未來社.

시골 도서벽지에 살고 있지만 그들의 가계는 옛날로 거슬러 올라가면 헤이씨라는 무사귀족으로부터 연유된다고 설명하고 있는 것이다. 즉, 이러한 전설은 마을사람들에게 있어서는 자신들의 실존과 함께 자신들이 귀족의 후예라는 사실을 증명해주는 자료로서의 가치로서 작동하고 있는 것이다. 그리고 이 전승은 자신들은 외부사람들과 다르다는 차별성을 보일 수 있는 권위이며 긍지이기도 했다. 마쓰나가 고이치(松永伍一: 1930-2008)에 의하면 이러한 종류의 전설은 전국적으로 120여 군데서나 전해지고 있다고 한다.[34] 이러한 것들을 모두 역사적인 사실로 인정한다면 헤이씨의 후손은 그야말로 엄청난 숫자로 증가될 것임에 틀림없다.

이것이 과장되면 일본인의 후손이 징기스칸이라는 전설마저 탄생하게 된다. 옛날 가마쿠라막부(鎌倉幕府)를 세우는 데 결정적인 공헌을 한 미나모토 요시쓰네(源義經: 1159-1189)는 그의 이복형 미나모토 요리토모(源賴朝: 1147-1199)에게 미움을 사 쫓기는 몸이 되어 동북지방으로 부하들과 도망을 가다가 히라즈미(平泉)라는 곳에서 가족과 함께 자진을 한 장수이다. 그런데 전승에 의하면 그는 실제로 죽은 것이 아니라 홋카이도(北海道)와 사할린을 거쳐 몽고로 가서 부족들을 규합하고 정복하여 대몽고제국을 세우고 스스로 징기스칸이 되었으며 그 원한으로 인해 몽고가 일본정벌을 시도했다는 것이다.[35] 그것은 북해도에 널리 퍼져있는 요시쓰네의 전설을 바탕으로 만들어진 학설에 불과한 것이지 역사적인 실제와는 거리가 먼 이야기이다.[36] 이처럼 무사형의 낙인전설도 역사적인 사실을 반영하고는 있

---

34 松永伍一(1986)「落人傳說」『日本傳奇傳說大事典』(乾克己編) 角川書店.
35 奧富敬之(1992)「義經傳說」『日本「神話傳說」總攬』新人物往來社, p.166

다 하더라도 그 자체를 역사적인 사실로 보기는 어렵다.

세 번째는 외국형(外國型)이다. 이는 주로 자신의 집안 또는 마을 신의 유래를 외국에서 찾는 경우를 말한다. 필자가 오래전 나라에서 민속조사를 할 때 요코야마(橫山)라는 성씨를 가진 분과 알고 지낸 적이 있다. 그는 나와 어느 정도 친숙해지자 느닷없이 어느 날 자신의 조상이 백제에서 건너온 사람이라고 했다. 그 이유를 물은 즉, 그의 성씨가 橫山인데 橫자에서 나무 목 변을 빼면 황산(黃山)이 된다고 하며, 이는 필시 황산벌전투에서 패한 백제인이 일본으로 망명하여 살면서 자신의 고향을 잊지 못하고 黃山에다 나무 木을 더해 橫山이 되었다고 설명하는 것이었다. 그것이 어느 정도 사실성을 가지는지는 알 수 없으나, 이러한 그의 설명은 가히 상상을 초월할 정도이었다. 이것 또한 전쟁에서 패배한 자가 외국으로 숨어 자신의 성씨를 바꾸어 살았다는 점에서 본다면 낙인전설이 아닐 수 없다.

조금 형태를 달리하지만 중세의 중부지역에 있어서 유력한 호족이었던 오우치씨(大內氏)는 자신의 조상을 백제왕자 임성태자(琳聖太子)라고 밝힌 적이 있다. 전승에 의하면 611년 백제 성명왕의 3남 임성태자가 성덕태자의 불교흥융을 듣고 일본으로 건너가 성덕태자를 만나고 다다라(多多羅)라는 성씨와 채읍지(采邑地)로서 스호국(周防國) 우우치현(大內縣)을 하사받았다고 한다.[37]

그러나 여기에 대해 재일사학자 단희린(段熙麟)은 태자의 이주 사유가 기록에는 일체 나타나지 않으며, 일본에 이주한 백제왕족이라면

---

36  北海道의 義經傳說에 관해서는 斧二三夫의 『北海道の義經傳說』(みやま書房, 1981
    年) 참조.
37  송형섭(1988) 『일본 속의 백제문화』 한겨레, pp.57-60.

일반적으로 기내에서 정착하는데 그가 야마구치지역에 정착했다는 것은 자연스럽지 못하고, 또 태자가 거주했다는 승복사(乘福寺)나 태자의 묘로 전해지는 유적 등은 태자가 이주했다는 7세기에는 볼 수 없는 후대의 것인 점 등을 감안한다면 그의 출자 이야기는 오우치씨의 혈통을 신성화하기 위하여 후세에 만들어진 것으로 보았다.[38]

한편 일본 역사학자 아쓰다 이사오(熱田公: 1931-2002)도 "이 설의 출현은 무로마치시대(室町時代: 1336-1573)에 조선과의 관계가 깊어진 후 나오기 시작하여 무로마치시대 말기 선승(禪僧) 유삼주성(惟參周省) 등에 의해 정리되어 임성태자 유래설이 확정되어졌다."고 하며, 또 그는 전국시대에는 오우치씨들 자신도 임성태자의 자손이라고 믿었던 것 같다고 해석했다.[39]

『조선왕조실록(朝鮮王朝實錄)』에 의하면 실제로 오우치씨는 임성태자의 일본 이주에 관한 기록을 조선에 문의해오기도 했다.[40] 그러나 유감스럽게도 임성태자에 관한 기록은 어디에도 보이지 않아 그의 실재성을 믿는 학자는 거의 없다. 오히려 이를 조선과의 통교를 중시한 오우치씨가 자신들의 가계의 권위를 내세우기 위해 만들어낸 하나의 전설로 보는 것이 설득력을 가진다 하겠다.

이처럼 일본에 있어서 낙인전설은 세 가지 형태를 지니고 있다. 미야자키현에서 전해지는 백제왕족전설은 정쟁에서 패배하여 일본의 산간벽지에 숨어 들어가 살았으며, 훗날 그들을 존경했던 마을사람들에 의해 마을의 수호신으로 모셔지고 있다는 내용을 가지고 있

---

38  段熙麟(1986)『渡來人の遺跡を歩く(2)』六興出版, pp.203-204.
39  熱田公(1979)『大內義隆』平凡社, p.4.
40  端宗實錄, 元年 6月 己酉條.

다는 점을 감안한다면 그 전설은 일본에 있어서 전형적인 낙인전설
의 형태를 갖추고 있으며, 그들이 백제인이라는 점에서 세 번째의
것인 외국형에 속한다고 할 수 있는 것이다.

그런데 문제는 이 마을 주민들이 어찌하여 헤이케(平家)가 아닌 백
제왕족을 선택하였느냐 하는 것이다. 그것에는 다음과 같은 두 가지
점을 유추할 수 있다. 하나는 이웃마을인 시이바손(椎葉村)과의 관계
이며, 다른 하나는 백제에 대한 지식이다.

시이바손은 난고손과 이웃하고 있는 마을로서, 그곳에는 헤이케
의 낙인전설이 전해져 내려오는 마을이다. 그곳의 기록인 「시이바산
유래기(椎葉山由來記)」에는 다음과 같은 전설이 전해진다.

지금으로부터 800여년 전 단노우라 전쟁에서 패한 헤이케의 군사들
중 일부는 길 없는 길을 피해 헤매다가 도착한 곳이 산 속 깊은 마을 시
이바손이었다. 여기에서 그들은 신분을 감추고 살아가고 있었다. 이러
한 사실이 뒤늦게 겐지(源氏)의 우두머리인 미나모토 요리토모에게 알
려지자 그의 부하인 나스노 요이치(那須與一)에게 토벌하라고 명령을
내린다. 그러나 나스노는 지병으로 인해 그를 대신하여 아우인 나스노
다이하치로(那須大八郎)을 보낸다. 그는 군사를 이끌고 시이바에 도착하
였더니 과거의 영화를 뒤로하고 조용히 농업에만 전념하는 헤이케 일
족을 발견할 수 있었다. 그 때 그는 그들의 모습에서 인생의 덧없음을
느껴 토벌을 단념하고 막부에는 토벌하였다고 거짓 보고한 후 시이바
손에 남아서 그들의 딸과 결혼하여 그들과 함께 살다가 훗날 명령을 받
아 돌아갔다 한다.

여기에서 보듯이 시이바손의 전설도 난고손의 전설과 비슷한 구조를 가지고 있다. 즉, 전쟁에서 패배하여 산간벽지에 숨어들었다든가 또 추격군이 뒤쫓아 왔다든가 하는 점 등은 두 설화는 모두 같다. 그러나 시이바손은 난고손과는 달리 추격군에 의해 토벌 당하지 않고 서로 합심하여 마을을 새롭게 개척한 유형에 속하는 낙인전설이다.

그러한 전설이 시이바손에는 전해져 내려오고 있는 것이다. 이러한 사정을 바로 이웃한 마을 난고손이 모를 리 없다. 그러한 사정을 비추어 그들도 시이바손처럼 헤이케의 낙인전설을 가지고 마을 신의 유래에 관한 이야기를 만들었다면 그에 대한 설득력은 상실해 버릴 것이다. 그것보다 또 하나의 역사적인 사건인 백제왕족에 대한 지식을 활용하여 자신들의 신의 유래를 설명하는 것이 훨씬 더 유리하다고 판단하였을 것으로 보인다.

그들이 백제에 관련된 지식을 가지고 있었을 가능성은 여러 군데서 보인다. 그 대표적인 예로 그곳과 얼마 떨어지지 않은 휴가(日向)에 787년 나라시대(奈良時代: 710-794) 때 백제 의자왕 후예 백제왕 준철(百濟王俊哲)이 유배되어 있다가 3년 후에 다시 도성으로 돌아간 사건이 있었다.[41] 중앙에서 멀리 떨어진 이곳에 백제왕족이 유배와 있었다는 것은 이 지역민들로 하여금 백제에 관한 지식은 물론 그와 관련된 전설이 생겨날 가능성을 제공해주었다는 것을 의미한다.

그리고 같은 미야자키현 우도신궁(鵜戸神宮)에는 맹승(盲僧)의 기원과 『불설지신다라니경(佛說地神陀羅尼經)』에 대한 유래를 설명하는 전설이 전해지는데, 그 내용을 잠시 소개하면 다음과 같다.

41　今井啓一(1971)『百濟王敬福』綜藝舍, p.36.

▌백제 맹승의 전설지 우도신궁

　옛날 29대 흠명천황 때 유교영사(遊敎靈師)라는 맹인이 휴가의 우도
에 있는 바위굴(岩窟)에서 살고 있었다. 그 때 마침 백제로부터 맹승이
건너와 그에게 지신다라니경(地神陀羅尼經)과 토황신(土荒神)의 비법을
전수하였다. 그 후 그는 초암을 짓고 항상 견로지신(堅牢地神)과 대황신
(大荒神)을 모시고 국태민안. 오곡풍요의 기도를 법수(法修)했다.[42]

　여기에서 보듯이 이 전승은 일본의 맹승들이 가지고 있는 종교적
인 비법의 유래에 대해서 설명하는 구비전승이다. 이러한 비법이 백
제의 맹승으로부터 전수되었다는 것은 그만큼 백제에 관한 지식이

---

42　荒木博之(1979)「盲僧の傳承文藝」『日本の民俗宗敎(7)民間宗敎文藝』(五來重外3人編)
　　弘文堂, p.157.

일찍부터 이 지역에 퍼져 있었음을 알 수 있다. 더구나 일본인들에게
는 패자를 동정하고 애석하게 바라보는 역사관을 「한간비이키(判官贔
屓)」라 한다. 이러한 심정에 의해 멸망한 조국을 떠나 일본으로 망명
한 백제왕족들을 바라보았으며, 그것에 의해 슬픈 백제왕족 전설이
만들어졌을 것으로 추정된다.

이러한 점들을 고려한다면 미야자키현 사람들은 아주 오랜 옛날
부터 백제멸망과 그에 따른 많은 왕족과 귀족들이 일본으로 망명
했다는 역사적인 상식을 가지고 있었음에 틀림없다. 이러한 역사
적 사건을 십분 활용하여 자신의 마을과 신의 유래담을 만든 것으
로 보이는 것이다. 만일 그렇다면 하나의 슬픈 역사적 사건이 수십
개의 낙인 전설을 만들어내는 전설의 법칙을 여기에서도 확인할
수 있다.

## 5. 백제왕족전승의 굴절과 변용

오늘날 난고손에 살아가고 있는 사람들은 백제왕족전설을 역사적
사실로 믿고 싶어 한다. 그러므로 그곳에서 출토된 유물이 백제왕족
과 무관하다는 것이 학계의 연구에 의해 밝혀지면 실망하는 소리가
크다.[43]

그러는 데는 그만한 이유가 있다. 일본이 고도 경제성장을 거듭함

---

43 백제왕족과 관련이 깊을 것으로 기대했던 비단묵서가 연구결과 백제왕족과 무관
하다는 것이 밝혀지자 그들의 낙담 소리를 96년 10월 5일의 宮崎日日新聞은 자세
히 소개하고 있다.

에 따라 많은 지방의 인력들은 도시로 흡수되어 촌락의 붕괴라는 직면에 까지 다다르게 되었다. 이러한 현상은 난고손도 예외가 아니었다. 단적인 예로 1950년대에는 7800여명의 인구를 가졌던 이곳이 2001년 현재 약 2700여명에 불과한 마을로 변하고 말았다. 따라서 난고손은 젊은이들이 없는 노인들의 마을로 되어버린 것이다. 이렇게 급격한 과소화와 고령화로 말미암아 자신들의 고장을 지키며 살아가는 주민들이 자신감과 긍지를 상실하는 분위기마저 감돌았다. 그리하여 객지에서 다른 고장사람들이 이곳 출신 사람들에게 고향이 어디냐고 물으면 "휴가시(日向市)에서 한참 들어가는 마을"이라는 대답으로 얼버무리고 자신 있게 난고손이라고 밝히는 사람은 많지 않았다.[44] 이러한 정신적 가치의 상실은 돈으로 계산할 수 없을 만큼 크나큰 손실이 아닐 수 없었다.

특히 이곳에는 주민들의 진료를 위한 의사가 없다. 그리하여 매년 미야자키 의과대학(宮崎醫科大學)으로부터 내과, 외과의 의사파견을 의뢰하고 있다. 그에 대한 급여는 1년간 1200만엔이 들지만 의사들은 자신들의 연구로 인해 6개월마다 교체되기 때문에 환자들이 의사와 친해지고, 또 의사도 환자의 상태를 어느 정도 파악할 때 쯤이면 돌아가 버리는 악순환의 연속이 이어지고 있었다. 특히 이 부분에 대해서는 절실한 부분이었다. 그리하여 이곳 출신의 학생이 의과대학에 진학하면 6만엔. 치과대학생에게는 5만엔. 수의과대학생에게는 4만엔의 장학금을 지급하고 있다. 그러나 그들이 졸업하여 고향으로 돌아온 사람은 아직 한사람도 없다.[45] 이러한 상황이므로 자

44  西日本新聞, 91年1月 3日字.
45  宮崎日日新聞, 1988年 6月 15日字.

▌ 난고손의 서정창원(西正倉院)

신들의 마을에 대한 긍지를 가지고 살아간다는 것은 현실상 매우 어
려운 문제이다.

이러한 문제점들을 극복하지 않으면 안되는 다바루 마사토(田原正人)
촌장은 마을의 지도자들과 함께 마을을 살리기 위해 서로 머리를 맞대
고 회의를 거듭했다. 그 결과 그들은 자신들의 마을에 전해지는 백제
왕족의 전설과 제의에 눈을 돌리게 되었다. 그것을 잘 살리게 된다면
한일관계를 강조하는 국제친선이라는 이미지와 함께 지역경제를 활
성화할 수 있는 좋은 계기가 될지도 모른다는 결론에 도달하게 되었다.

이들은 즉각 그에 대한 계획을 짰다. 그들의 기본 컨셉은 "서정창
원(西正倉院). 백제의 마을. 난고"라는 것이었다.[46] 그들은 백제와 결부

---

46  南郷村(1994)『小さな村の大きな挑戦』鑛脈社.

▌백제관과 백제관의 버스정류장

하여 다음과 같은 다섯 가지 계획을 내놓았다. 첫째는 백제 마을의
핵심 만들기이다. 여기에는 백제왕족 정가왕을 모신 미카도신사(神門
神社)가 있다는 것을 강조하여, 백제 박물관이라 할 수 있는 정창원을
건립하고, 백제관이라는 건물을 세우는 일이다. 둘째는 백제마을에
볼거리를 제공한다는 것이다. 여기에는 한란(寒蘭)과 국화의 정원을
꾸미고, 또 매원과 매화나무 숲을 조성하고, 또 연인들의 언덕을 조
성하기로 했다. 셋째는 백제마을의 공예와 음식개발이다. 여기에는
백제 공예촌을 정비하고, 또 백제 맛을 개발하고 생산하는 지역을 만
들고, 그것을 판매하는 상점들을 정비하는 일이었다. 넷째는 백제의
숲 만들기이다. 여기에는 자연계곡을 이용한 낚시터 개발. 방갈로
촌을 만들어 캠프족 유치. 그리고 숲의 트래킹 코스개발 등이다. 그
리고 다섯째는 백제마을에 걸 맞는 이벤트행사이다. 여기에는 당연
히 백제왕족과 관련된 「시하스마쓰리」의 진흥과 백제마을의 봄 축
제와 가을 축제가 기획되었다.[47]

그리하여 그들은 곧바로 실천으로 들어갔다. 서정창원은 관광개

---

47 南鄕村, 앞의 책, p.59.

발을 기폭제로 한다는 계획 하에 국립문화재연구소의 도움을 받아 동대사의 정창원을 그대로 복원하여 백제왕이 가지고 왔다는 물건을 비롯한 동경 등을 전시해놓은 것이다. 이는 일본 최초의 정창원 복원이라는 의미에서 전국적으로 화제를 낳기에는 충분했다.

또 백제관은 국립부여박물관에 있는 객사가 모델이 되었다. 이를 건립하여 그곳에는 백제의 역사를 한눈에 알 수 있는 전시물과 비디오 상영, 그리고 서울에서 미야자키로 취항한 기념으로 아시아나에서 기증한 꽃가마가 전시되고 있으며, 또 한국과 관련된 상품을 대량으로 팔고 있다. 가령 백제왕김치, 오징어김치, 고추장, 양념장, 돌김, 냉면, 고려인삼차, 라면(신라면.김치라면), 진로, 인삼주, 누룽지맛사탕, 고춧가루, 죽염치약, 때밀이 타올, 고려인삼비누, 돌솥, 김칫독, 수저, 불고기판 등 식생활에 관련된 것과 한국의 민속화, 복주머니, 치마저고리, 담뱃대, 한국전통신랑신부인형, 돼지저금통, 청자, 전통매듭, 국립공주박물관에서 만든 문진, 왕비인형, 벼루 등 한국에서 수입한 민예품등을 팔고 있다. 점원의 말을 빌리면 그 중에서 고추장, 라면, 인삼드링크, 돌김, 고려인삼이 단연 인기가 높다 한다.

그리고 연인들의 언덕에 백화정이라는 백제식 정자를 짓고, 그곳에 한국으로부터 기증받은 종을 설치한 후 연인들이 미카도신사를 향해 종을 치면 사랑의 결실을 맺게 된다고 선전했다. 그리고 그들이 원하면 서로 연인이 되었음을 미카도신사에서 증명서를 발급해주기도 한다. 이는 젊은이들의 관심을 끌기 위한 수단임에 틀림없다. 또 그들은 볼거리를 제공하기 위해 한국으로부터 사물놀이를 배웠다. 주로 청년단원과 지역 공무원들이 가세하여 1992년 한국으로부터 강사를 초빙하여 본격적으로 수련을 받아 오늘날에는 점심시간이 되면

관광객을 위해 자체적으로 사물놀이를 공연하기도 하는 것이다.

그들은 백제마을의 음식개발에도 박차를 가했다. 특히 그들은 김치에 관심을 가졌다. 1988년 6월 촌상공회(村商工會)의 주최로 한국인 강사 2명을 초청하여 김치강습을 실시했고,[48] 그 이후 상공회부인회원인 나가타 타쯔코, 다바루 유우코(田原諭子), 미야자키 히데코씨가 중심이 되어 한국에 세 번이나 방문하여 부산과 부여에서 김치 만드는 기본적인 훈련을 받았다.[49]

그러나 그들 나름대로 김치 맛을 내는 데는 3년가량 걸렸다. 가장 어려운 것은 재료이었다. 난고손에서 생산되는 야채가 수분이 너무 많아 김치 맛이 제대로 나오지 않았다. 그리하여 한국에서 배추, 고추, 무의 씨앗을 수입하여 직접 재배도 해보았으나, 원래 토양이 한국과 다른 난고손에서는 한국과 똑같은 맛이 나는 야채가 생산할 수 없었다. 그리하여 하는 수 없이 그들은 한국과 똑같은 성격의 야채를 생산되는 곳을 찾아 나선 결과 나가노(長野)에서 그것을 발견하여 오늘날에는 그곳에서 수입하여 김치생산을 하고 있다.

이렇게 탄생시킨 김치를 어느 해 난고손에서 얼마 떨어지지 않은 노베오카시(延岡市)에 한국의 프로 야구팀인 삼성 라이온즈가 훈련캠프를 한 적이 있다. 바로 그 때 나고손 사람들은 한국 야구선수들에게 20킬로 정도의 김치를 기증했다. 자신들이 만들어낸 김치의 맛을 시험해보고 싶은 마음이 있었기 때문이다. 이러한 시도는 성공적이었다. 이것이 언론에 알려져 그들의 김치가 시중에 조금씩 팔리기 시작했던 것이다.[50] 여기에 힘입어 난고손은 향토창생자금(鄕土創生資

48 廣報なんごう, 88年 7月號.
49 夕刊デイリ, 92年 5月 25日字.

▎백제마을 이름으로 팔리고 있는 김치와 지역 쌀

金)의 일부 300만엔을 들여 김치공장을 설립하여 본격적으로 생산에 돌입했다. 그들은 이 김치를 「백제왕 김치」라고 이름을 붙여서 지역의 특산물로서 판매하고 있으며 그 판매량도 만만찮아 월매출액이 100만엔 정도가 된다고 한다.

여기에 따라 한국풍의 음식개발도 박차를 가해 그들이 개발한 김치찌개, 김치 볶음밥, 김치우동, 김치국수, 돌솥 비빔밥 등이 관광객들에게 호평을 얻고 있다. 난고손은 1987년만 해도 관광객은 없었다. 그러던 것이 1990년에는 7600여명, 그 이듬해는 12만여명이 이곳을 찾았다.[51] 그야말로 그들의 백제마을조성사업은 일본 내에서도 화제가 되지 않을 수 없었다. 그 결과 90년에는 자치성으로부터 「국제교류상」을 수상했고, 그 이듬해 91년에는 국토청으로부터 「제1회 과소지역활성화우량사례정촌(過疎地域活性化優良事例町村) 장관상」이 주어졌다. 그리고 92년에는 내일의 일본을 만드는 협회와 요미우리신문사

50　南鄕村, 앞의 책, p.99.
51　황달기(1998)「일본 지방자치단체의 관광개발에 관한 사례연구-낭고손의 백제마을 조성사업을 중심으로-」『대한관광경영학회(13)』, p48.

가 공동으로 주최하여 「고향만들기 장려상」, 자치성으로부터는 「활
력 있는 고장 만들기 우량지방공공단체상」을 수상했고, 또 일본여행
펜클럽으로부터는 전국여행의 30지방에 뽑히기도 했다. 그리고 93
년에는 대전세계박람회조직위원회장으로부터 대전엑스포참가에
대한 「감사장」을 받았다. 또 94년에는 산토리문화재단으로부터는
「산토리지역문화상」, 전국지역만들기추진협회장으로부터는 「작은
세계도시 대상」을 수상했고, 자치성으로부터는 세계에 열린 지역의
선진적인 지역국제화 추진부문에 입상하기도 했으며, 95년에는 마
이니치신문사로부터 「마이니치 지방자치대상」(장려상)을 수상하기
도 했다.[52]

아직 인구는 늘어나고 있지 않지만 오늘날 난고손은 예전과 확실
히 달라졌다. 외관상으로 보아도 예전에 없던 새로운 관청과 정창원,
백제관, 상점들이 들어서 있고, 위에서 보듯 관광객들도 늘어나 경
제적인 부도 가져다주었다.

이렇게 되기까지는 여러 가지 난관이 없었을 리 없다. 이를 극복하
는 데는 내적으로는 마을 지도자의 리더쉽과 결속력이 절대적인 요
소이지만 외적으로는 한국 측의 협력도 무시 못할 만큼 컸다. 부여에
서는 그들과 자매결연을 맺어주었고, 그 지역출신 정치가인 김종필
씨가 이 마을을 방문 하였으며,[53] 또 대전엑스포 때 조직위원회에서
는 일본을 대표로 초청하기도 했다. 그리고 백제관을 지을 때는 한

---

52 肝付眞美.半田憲康 「村おこしと地域文化の見直し-宮崎縣南鄕村の事例を中心に-」
   97年1月 宮崎公立大卒業論文, pp.16-17.
53 1990년 8월 2일 난고손을 방문한 김종필씨는 국립공주박물관, 국립부여박물관 등
   에 소장되어있는 금관과 귀걸이등 국보 7점 그리고 토기등 22점을 복제하여 그 이
   듬해인 1991년 2월 18일에 난고손에 기증했다. 이는 현재 백제관에 전시해놓고 있
   으며, 난고손은 김종필씨에게 "특별명예촌민"이라는 칭호를 수여했다.

국의 기술자가 건너갔고, 새로운 난고손의 청사가 건립되었을 때 한국의 단청전문가들이 건너가 춤추는 봉황을 벽화로 그리기도 했다. 그리고 부여출신으로 대학에서 일어를 전공한 여성을 국제교류원으로 초청하여 마을 사람들을 위해 한글강좌실시와 한국과의 교류를 위한 통역요원으로 활용했다. 또 대학생을 비롯한 많은 한국인들이 이곳을 방문하여 백제왕족의 제의인 「시하스마쓰리」에 참가하기도 했다. 그럴 때마다 지역의 언론은 물론 한일 국내의 중앙언론까지 관심을 가지고 크게 다루어주었던 것이다. 이처럼 한국 측으로부터 협력이 없었다면 그들의 백제마을조성은 실패로 끝났을 것이다.

그러한 한국 측의 협력에도 문제가 전혀 없는 것은 아니다. 가령 어느 단체장이 직접 일필휘지하여 난고손에 증정한 「애인여기(愛人如己)」라는 자신의 서예작품에 「미야자키현 난고손 한민족 동포(爲宮崎縣南鄕村韓民族同胞)에게 올린다」고 적혀 있듯이 그들을 옛날 우리나라에서 건너간 사람들의 후예로 보는 시각이다. 이러한 관점은 세대를 초월하는 한국인의 특유한 혈연의식이라 하지 않을 수 없다. 그들은 어느 누구도 자신들이 백제인의 후손이라고 자처하는 사람은 없다. 단지 그들이 살고있는 지역의 신이 백제왕으로 되어있을 뿐이다. 그러므로 그 협력은 순수 국제교류차원에서 행하여져야지 그들을 동포로 보는 시각에서 이루어진다면 문제가 발생하지 않을 수 없다. 만일 이러한 시각에서 협조가 이루어진다면 난고손의 백제마을 조성사업은 자기문화를 통한 국제교류라는 미명하에 지역민들의 산업자본주의와 한국인의 혈연주의가 합작으로 만들어낸 작품이 될 가능성마저 배제할 수 없어 이를 경계하지 않으면 안될 것이다.

## 6. 마무리

이상에서 살펴보았듯이 난고손의 백제왕족전설은 역사적인 사실로 보기에 매우 힘들다. 신화학적인 면에서 본다면 그것은 오히려 중앙의 고귀한 신분의 사람이 전쟁 또는 정쟁에 패배하여, 중앙에서 산간부락에 피신하여 정착했다고 하는 낙인전설에 속하는 전승에 불과하다.

그러나 난고손의 사람들은 이러한 차원에서 해석하는 사람들은 아무도 없다. 오랫동안 그 전설은 마을사람들에 의해 역사적 사실로 믿어져 왔고, 또 그들은 백제왕족을 그들의 지역신으로 모시고 숭상했다. 더군다나 백제왕족이 가족들을 만나는 시하스마쓰리(師走祭)는 그들만의 행사가 아니었다. 신을 모신 가마가 기죠초(木城町), 다카나베초(高鍋町), 가와미나미초(川南町), 쓰노초(都農町), 휴가시(日向市), 도고손(東郷村)을 거쳐 난고손(南郷村)에 도착하기 때문에 이들 지역민들의 협력이 필요하지 않을 수 없다. 이러한 행사가 에도시대에도 행하여졌다는 것은 적어도 이 지역민들에게 있어서 '백제왕족'이란 그들을 하나로 묶어주는 사회적 통합기능을 하고 있었는지도 모른다.

이러한 제의행사가 한 때 위기를 맞이한 적이 있기도 했다. 가령 일본이 한국을 강제로 병합했을 때 외국신을 숭상한다는 압력을 의식하였는지 마을 사람들은 백제의 신을 오야마쓰미(大山祇命)라는 이름으로 바꾸어 부르기도 했던 것이다. 그리고 태평양전쟁이 발발하고 식량사정이 매우 어려웠을 때 9박10일 걸리던 시하스마쓰리가 자동차를 이용하여 2박 3일로 축소되기도 했다.

그러나 오늘날 난고손의 사람들은 의식이 바뀌었다. 그들은 백제

왕족전설을 경제적인 가치를 창출하는 관광자원으로 인식을 하게
된 것이다. 이러한 관점에서 마을사람들에게는 백제왕족전설에 대
한 새로운 해석이 이루어지고 있다. 그로 말미암아 잠자던 역사가 다
시 되살아났다. 현재 백제왕족전설은 단순히 민간신앙차원이 아닌
지역 경제를 살려주는 중요한 의미를 띠고 있는 것이다.

# 백제 임성태자의 일본이주전설

## 1. 머리말

일본 야마구치현(山口県)은 일본 본토 중에서 한국과 가장 가까운 거리에 있는 지역이다. 그러므로 그곳에는 고대에서 현재에 이르기까지 한국과 관련이 깊은 역사와 문화가 많이 남아있다. 가령 시모노세키(下関)에서 지근거리에 있는 도이가하마(土井ヶ浜)에서 야요이 시대의 고분이 발견되어 1930년대부터 유해 발굴이 이루어졌는데, 그 작업에 참여한 조사원들이 모두 놀라는 현상이 있었다. 그것은 다름아닌 발굴된 유골들의 머리가 한결 같이 모두 한반도를 향해 있었다는 점이다.

이를 두고 인류학자 가나세키 타케오(金関丈夫: 1897-1983)는 "신장이 훨씬 큰 새로운 하나의 요소가 야요이 문화와 함께 확실히 한반도 남부지역에서 도래했다."고 해석한 바 있다.[1] 즉, 그들의 고향을 한반도 남부로 해석한 것이었다. 그렇지 않고서는 한반도 남부를 향해 머리를 두고 매장한 것을 해석할 수 없다는 의미와도 같다. 이처럼

---

1  김달수(1993)『일본열도에 흐르는 한국혼』동아일보사, p.253.

야마구치에는 일찍부터 한국인들이 이주해 살았던 지역 중 한 곳이었음이 고고학적으로 밝혀진 것이었다.

야마구치에는 부산과 더불어 한일 통로 역할을 하고 있는 시모노세키가 있고, 그곳은 임란 이후 조선통신사들이 본토에 처음으로 상륙하여 며칠 동안 바닷길 피로를 풀었던 곳이기도 하다. 또 하기시(萩市)와 나가토시(長門市)에는 임란 때 포로가 되어 잡혀간 조선도공들이 집단을 이루고 살았던 곳이며, 스호(周防) 오시마(大島)에는 무라가미(村上) 수군 우두머리와 부부가 된 조선여인의 무덤이 있고, 시모노세키의 스미요시신사(住吉神社)와 히카리시(光市)의 가모신사(賀茂神社)에는 신라종과 고려종이 각각 보관되어있다.

이러한 야마구치이기 때문에 지역의 구비전승에는 고대 한국과 관련된 전승들이 많이 발견된다. 필자는 그 중에서 특히 신라와 백제에 관한 것이 많다는 것에 주목을 하고 일차적인 작업으로 신라와 관련된 전승을 정리하여 일전에 학회지를 통하여 보고한 바가 있다.[2] 이번에는 그것에 이은 작업으로 백제와 관련된 전승을 중심으로 살펴보려고 하는 것이다.

이 지역에서 전해지는 가장 유명한 백제왕족전설은 임성태자 이야기이다. 특히 언론인 송형섭[3]과 소설가 김성한[4]과 김달수[5]는 현지를 직접 방문하여 수집한 자료를 정리하여 독자들에게 비교적 상세히 소개하고 있다. 이러한 작업을 통하여 우리는 임성태자는 백제

<hr>

2 노성환(2013)「일본 시모노세키의 신라전승에 관한 일고찰」『동아시아고대학(30)』, 동아시아고대학회, pp.353-389.
3 송형섭(1988)「야마구치 일대에 세운 강력한 왕국」『일본 속의 백제문화』한겨레, pp.57-63.
4 金聲翰(1986)『日本のなかの朝鮮紀行』三省堂, pp.12-24.
5 김달수, 앞의 책, pp.255-257.

▌승복사의 임성태자 묘(전)

성왕의 3남으로서 바다를 건너 야마구치 지역에 이주 정착하였으며, 그의 후예가 중세 때 이 지역의 지배했던 오우치씨(大內氏)라는 점을 이해할 수 있었다.

그러나 이상의 견해에서 선뜻 이해가지 않는 것이 하나가 있다. 그것은 다름 아닌 임성태자를 역사적으로 실재한 인물로 보고 있다는 점이다. 우리 측의 기록인『삼국사기(三國史記)』에 의하면 백제의 성왕에게는 2명의 아들(昌=威德王과 季=惠王)만 있을 뿐 3남이 있었다는 기사가 어디에도 없다. 그리고 태자란 왕위를 이을 사람을 지칭한다. 이러한 신분의 사람이 일본에 이주한다면 한일의 정사에 기록으로 등장하는 것이 지극히 당연함에도 그에 대한 기록을 일체 찾아볼 수 없다는 점이다.

그리고 일본으로 간 백제의 왕족 및 귀족들은 대개 기내(畿內)에 정착하는 것이 대부분인데, 그만 유독 야마구치에 정착하였다는 것도 이례적이다. 그가 거주했다는 야마구치의 승복사(乘福寺)에는 그의 묘라고 전해지는 승복사의 13층 석탑이 있는데, 양식으로 보아 태자가 일본으로 이주했다는 추고(推古)시대의 것보다 훨씬 후대의 것이다.

179

그러므로 그의 역사적 존재에 대해 의구심을 자아내지 않을 수 없다.

이러한 의심은 일찍부터 제기되었다. 가령 조선시대의 학자인 서거정은 그의 저서인 『필원잡기(筆苑雜記)』에서 오우치씨가 우리나라에서 나왔다고 하나, "내가 일찍이 널리 전대의 역사책을 상고해 보아도 그 출처를 알 길이 없다."라고 한 바가 있다.[6] 그리고 근년에는 아쓰다 코(熱田公), 김영태, 사에키 아리키요(佐伯有淸), 노구치 요시히로(野口義廣)와 같은 연구자들은 임성태자를 아예 실존하지 않은 가공적인 인물로 보았다. 그 예로 아쓰다는 "다다라성(임성태자 후예들이 사용한 성씨)은 실제로 『신찬성씨록(新撰姓氏錄)』에도 보이는 매우 오래된 성씨인 것은 사실이나, 이 전승은 남북조 시대 이전의 것이라고 보기 어렵다고 했고,[7] 김영태는 그의 이름 자체는 가공적이라 할 수 있지만 그의 업적이 너무나도 아좌태자(阿佐太子)와 유사하여 그를 아좌태자와 동일인이라고 주장하기도 했다.[8] 그리고 사에키는 임성태자를 시조로 하는 오우치씨의 가전(家傳)은 "후세의 술작으로 신빙성이 전혀 없다."고 단언하였으며,[9] 노구치는 백제왕손이라 하면서도 백제의 선조 제사가 없을 뿐만 아니라 오우치씨가 중앙에 진출하였을 때 히라가다(枚方)의 백제왕신사와 전혀 접촉이 없었다는 것은 그들이 원래 백제왕족이 아니라는 것을 방증하는 것이라고 했다.[10]

이처럼 임성태자는 가공적인 인물일 가능성이 높다. 그러므로 임

---

6 서거정(2008) 박홍갑역, 『필원잡기』 지만지, pp.126-127.
7 熱田公(1979) 『大內義隆 -日本をつくった人々-(13)』 平凡社, p.4.
8 김영태(1983) 「백제 임성태자와 묘견신앙의 일본전수」 『불교학보(20)』 불교문화원, pp.55-61.
9 佐伯有淸(1983) 『新撰姓氏錄の硏究 考證編(5)』 吉川弘文館, p.334.
10 野口義廣(2002) 「続 〈防長学〉事始め」 『山口県立大学国際文化学部紀要(8)』 山口県立大学, p.27.

성태자의 이야기는 역사가 아닌 설화적인 시각에서 접근해야 한다. 왜냐하면 임성태자의 이야기는 단순한 백제왕족의 일본이주전승이 아니라 오우치씨라는 유력자 집안의 시조로 되어있기 때문이다. 다시 말해 이를 보다 정확하게 이해하기 위해서는 역사적인 입장이 아닌 시조신화라는 관점에서 접근할 필요가 있는 것이다.

본 장에서는 오우치씨의 시조인 임성태자에 관한 이야기가 언제 어떠한 배경에서 발생하여 어떤 과정을 거쳐 발전하였는지를 알기 위해 한일양국의 문헌적 자료 및 현지의 구비전승을 통하여 살펴본 다음, 이들은 백제의 후손이라는 계보가 대내외적으로 어떠한 상징적인 의미를 지녔는지에 대해 살펴보고자 한다.

## 2. 야마구치의 백제왕족 이주전승

오우치씨가 임성태자 전승을 완전히 허구의 상태에서 만들어내지 않았던 것 같다. 왜냐하면 야마구치현에는 백제인의 이주전승이 다양한 형태로 전승되어지고 있기 때문에 이것을 기반으로 임성태자가 탄생한 것으로 볼 수 있다.

야마구치에 있어서 백제인의 이주전승은 다음과 같이 몇 가지 유형으로 나누어 볼 수 있다. 첫째는 백제인의 이주전승이다. 여기에는 구체적인 역사적 인물보다는 다만 백제인이라는 집단만이 등장할 뿐이다. 그 대표적인 예로 우베시(宇部市)의 고토사키하치만궁(琴崎八幡宮)의 창건연기설화를 들 수가 있을 것이다.

현재 신사측에서는 859년(貞觀1)에 대안사(大安寺) 승려 행교(行敎)가

181

우베시의 고토사키하치만궁

우사(宇佐)에서 이와시미즈(石淸水)로 하치만신(八幡神)을 권청하여 가던 도중에 우베(宇部)의 고토시바우라(琴芝浦)에 행궁을 차린 적이 있다. 그 후 그 자리에 지역민들이 하치만신의 분령(分靈)을 모신 것이 당사의 기원이며, 1377년(天授3)에 신탁에 의해 현재의 위치로 옮겼다고 설명하고 있다. 그러나 전승상으로는 그것과는 전혀 다른 다음과 같은 전승이 전해지고 있었다.

옛날 백제국의 사람들이 이곳에 왔다. 미사키(岬)라는 곳에 표착, 장작을 깔고 거문고를 연주하였기 때문에 그곳을 고토시바무라(琴柴村)이라 한다. 그곳에 맑은 물(淸水)이 있으며 그것으로 손을 씻었을 때 거북이 등이 떨어졌다. 그리하여 그곳을 甲落이라 한다. 그리고 그 때 뱀이

기어 나와서 손을 물었기 때문에 거북이와 뱀을 물리쳤다. 그 이후 고토시바무라에는 거북이와 뱀이 없다. 다른 곳에서도 뱀이 있으면 미다라이신(御手洗神)을 권청하면 없어진다. 이 신의 숲을 미다라이의 숲이라 한다. 이 백제인들은 우베의 본향(本鄉) 하치오우지(八王子)에 거주하고 이름을 고토사키 요타로(琴崎与太郎)라고 고쳤다. 그 후 현재 장소로 거주를 옮기고 하치만신(八幡神)으로서 마을사람들에게 존경받았다.[11]

이상의 설화는 내용에서 보듯이 기본적인 구조는 바다를 통해 고토시바무라에 상륙한 자들이 하치오우지를 거쳐 현재의 위치(上宇部)로 옮겨 거주하여 오늘에 이르고 있다는 것이다. 그런데 이들의 이름이 옮길 때마다 바뀐다. 고토시바우라에서는 미다라이신이었고, 하치오우지에서는 고토사키 요타로이었으며, 현재의 장소에서는 하치만신으로 되어있다. 미다라이신은 물(샘)과 관련된 신이고, 하치만신은 우사(宇佐)에 본관을 둔 전쟁의 신으로 두 신 모두 백제와 직접적인 관련성을 가지지 않는다. 따라서 이것들은 모두 후차적으로 첨가된 것으로 볼 수 있다. 따라서 이를 제외하고 보면 이 전승은 순수한 백제인의 이주전승으로서 그들은 거문고를 연주하고, 거북이와 뱀을 퇴치하며, 미다라이와 하치만의 신앙을 가져다 준 사람으로서 묘사되어있다고 하겠다.

한편 구마게군(熊毛郡) 히라오(平生)에는 구다라베신사(百済部神社)가 있다. 이 신사에 관한 전승은 전해지지 않지만 과거 이곳의 지명이 백제와 관련 있는 구다라베(百済部)이었다 하고, 또 오노다시(小野田市)

---

11  藏本隆博(2000)「別府八幡宮〈潮掻き祭〉と〈有帆市〉」『小野田の銀座 柳町と有帆川』小野田市歷史民俗資料館, p.64.

┃ 구마게군 히라오의 구다라베신사(百濟部神社)

의 벳푸하치만궁(別府八幡宮)의 신관은 지금도 백제씨(百濟氏)가 대를 이어간다는 점 등을 감안하면 야마구치지역에 많은 백제인들이 정착하였음을 알 수 있다. 이러한 역사적 사실이 전승에 반영되었을 가능성이 높다.

둘째는 백제의 유명한 사람의 이주전승이다. 그 대표적인 예로 시모노세키시의 왕인(王仁)이라는 마을을 들 수가 있을 것이다. 이 마을은 요시미후나고에(吉見船越)와 후쿠에(福江)의 경계지역에 위치한 곳으로 사람에 따라 '오오닌' 또는 '오우진'이라고 부르기도 한다. 이 지명은 우리에게도 익히 알려져 있는 일본에 천자문을 전한 왕인박사를 연상시키고도 남음이 있다. 실제로 왕인박사가 시모노세키를 경유하였는지 알 수 없으나, 백제인들이 바다를 건너 관서지역으로

▌벳푸하치만궁의 석물에 새겨진 백제씨 이름

들어가 정착하였다면 시모노세키는 물론 야마구치현을 통과하지 않을 수 없었을 것이다. 그리고 그들의 일부가 야마구치에 정착하였을 가능성도 없지 않다.

셋째는 백제국왕의 일본이주에 관한 이야기이다. 그 대표적인 예로 미네시(美禰市)의 아키요시(秋吉)의 백제왕 이주설화를 들 수가 있다. 그 내용을 소개하면 다음과 같다.

백제의 제왕이 오호쓰군(大津郡) 노하세우라(野波瀨浦)에 표착, 9월 13일에는 아키요시(秋吉)로 이동, 이와야(岩屋)라는 곳에서 사망, 이 영혼을 마을의 수호신으로 모셨고, 그 후 우사(宇佐)에서 팔번궁(八幡宮)을 권청했다. 『주진안(注進案)』에 의하면 백제국 제왕의 이름은 유호(有法)이며, 그는 불사리(佛舍利)를 소지하고 있었다고 한다.[12]

---

12  藏本隆博(1996)「海潮と祭禮」『山口縣地方史硏究(75)』, pp.37-38.

▌백제왕이 신으로 모시는 아키요시 하치만궁

　이 신화는 백제의 왕 유호(有法)가 노하세우라에 표착하여 아키요시로 이동하여, 이와야라는 마을에서 사망하였는데, 지역민들이 그를 마을의 수호신으로 모셨다는 이야기이다. 즉, 아키요시하치만궁의 창건연기설화인 셈이다. 이 설화에서는 백제의 왕이 무엇 때문에 일본으로 건너갔는지에 대해 아무런 설명이 없다. 그리고 백제에는 유호라는 왕이 없다. 그러므로 이 이야기를 역사적 사건으로 보기 어렵다.

　이곳에는 백제왕 이주에 관련된 제의도 남아있다. 매년 10월 26일 새벽녘이 되면 신사의 신관이 백제왕이 도착했다는 노하세우라에 가서 바닷물을 길어서 마을로 돌아와 주민들에게 나누어 주는 행사가 바로 그것이다. 그 때 반드시 니시무라(西村)씨 집에 들러서 해안까지 안내를 받게 되어있다. 이 집 이외 다른 집에 들러서 쉬거나 불을 빌리거나 음식대접을 받아서는 안된다는 금기가 있다. 그 이유는 백제왕이 표착하였을 때 이 집에서 적극적인 도움을 주었기 때문이라 한다.[13] 이처럼 백제국왕이 일본으로 이주하였다는 전승과 제의

가 야마구치 여러 지역에서 엿보이는 것이다.

넷째는 백제의 왕후가 이주하였다는 전승이다. 오노다시(小野田市)의 아사(厚狹)에 전해지는 백제왕족의 전승이 여기에 속한다. 그 내용을 소개하면 다음과 같다.

> 백제국 성명왕의 황후이자 임성태자의 모후가 아사군(厚狹郡) 가지우라(梶浦)에 표착한 후 아사(厚狹)로 이동하였으며, 이동 도중 바위에 앉아 휴식하였는데, 그 바위를 황후석이라 한다. 이 때 관음상을 소지하고 있었다. 그 후 황후는 아사에서 사망했다.[14]

여기에서 보듯이 이 이야기는 일본에 불교를 전해준 성왕의 부인이 일본으로 이주하였다는 전승이다. 무엇 때문에 백제왕후가 일본으로 건너가야 했는지 도일 동기에 대해 설명이 없는 것은 앞의 것과 마찬가지이다.

이러한 내용을 보충해주는 내용이 『가모신사략연기(鴨神社略緣起)』에 들어있다. 이것에 의하면 임성태자가 일본으로 갔다는 이야기를 대명국(大明國)으로부터 듣고, 그의 모후(母后)이자 성명왕의 왕후가 애석하게 생각하여 태자의 흔적이 그리워서 추고(椎古) 22년 4월에 배를 타고 나가토(長門)의 백강(白江)포구에 이르러 노가 부러져 아사의 가지우라에 도착했고, 이곳에 상륙하여 아사에 거주했다. 거주하는 동안 태자가 몇 번이나 초청을 했지만 응하지 않았으며, 태자가 있는 곳에도 가지 않았으며, 아사를 떠나지 않고 살다가 631년(舒明3)

---

13 藏本隆博(1996), 앞의 논문, pp.42-43.
14 藏本隆博(2000), 앞의 논문, p.64.

▎가모신사의 현판

6월 18일 72세의 일기로 생애를 마쳤다. 그 후 1세기 반이 지난 후 그녀의 영혼을 모신 것이 바로 가모신사(鴨神社)라는 것이다.[15]

또 다른 전승에서는 왕후가 백제국의 빈파사라왕(頻婆娑羅王)의 왕비라고도 되어있고, 또 왕후와 같이 일본으로 간 사람들 가운데 왕노원(王魯原)은 원추리(萱)로 벽을 만들었기 때문에 훗날 가야카베(萱壁)이라는 성씨를 사용하였고, 장공영(張公英)은 그의 집이 강가에 있었기 때문에 가와무라(河村)라 하였으며, 이양숙(李良肅)은 학들이 무리를 지어 집 앞 논에 앉았기 때문에 쓰루다(鶴田)라 하였으며, 두우부(杜右富)는 보경(寶鏡)을 위탁 관리하였기 때문에 가가미노(鑑野)라 하였고, 양안송(楊安松)은 그 이름을 따서 야스마쓰(安松)라 하였다고 했다.[16]

---

15  二宮啓任(1971)「防長の琳聖太子伝説」『南都佛教』南都佛教研究会, pp.24-27.

　이처럼 이 전승은 신의 내력을 설명하는 동시에 성씨 출현의 기원을 설명하는 전승이기도 했다. 물론 내용들을 그대로 역사적인 사실로 믿기는 어렵다.

　이 전승에 대한 기록이 948년(天曆2) 3월에 서사한 것으로 되어있지만, 명나라가 등장한다는 것이 시대와 부합되지 않고, 또 도일동기가 태자가 그리워서 일본으로 갔다고 했음에도 불구하고 태자를 한 번도 만나지 않았다는 것도 상식적으로 이해가 되지 않다. 그리고 그녀가 사망했다는 631년이 백제의 성왕이 신라와 벌인 전투에서 사망한 해가 554년이라는 점을 감안한다면, 그녀가 성왕의 왕후였다는 것도 시대적으로 맞지 않는다. 더군다나 그녀의 남편이 빈파사라왕으로 되어있다는 것도 백제와 부합되지 않으며, 또 모후와 함께 갔다는 장공영, 이양숙, 두우부, 양안송이라는 신하의 이름들도 모두 백제가 아닌 중국풍의 이름들이다. 그러므로 이 전승 또한 순수한 백제인의 이주전승에서 오우치씨의 임성태자 전승과 불교적인 요소가 수용되고 혼재되어있는 것으로 보아야 할 것이다. 이러한 요소를 제외하면 단지 백제의 왕후(여인)이 일본으로 건너가 정착하는 이야기일 것이다.

　이상에서 보았듯이 야마구치 지역에는 백제인 및 백제왕족의 이주전승이 널리 유포되어 있었다. 이러한 전승들은 실제로 있었던 백제인들의 이주 역사를 반영하고 있는 것으로 볼 수 있다. 그중에는 백제의 평민과 귀족 그리고 실제로 왕족들도 있었을 것이다. 그 중 오우치씨가 태자의 전승을 선택하여 자신들의 시조신화를 만들었을 것으로 추정된다. 그 결과 임성태자는 백제국의 왕자로 등장했고,

---

16　二宮啓任, 앞의 논문, p.26.

오우치씨는 백제의 왕족의 후예라는 고귀한 출자의 가문으로 대내
외적으로 선전할 수 있었던 것이다.

## 3. 임성태자 전승의 성립과 발전

후쿠오 다케이치로(福尾猛市郎)를 비롯한 다수의 오우치씨에 관한
연구자들은 임성태자라는 이름이 기록상 처음으로 보이는 것은 1404년
(応永11) 오우치 모리하루(大內盛見: 1377-1431)가 오우치씨의 씨족사찰인
흥융사(興隆寺)의 본당에서 공양을 할 때 작성한 공양원문(供養願文)이
라 한다. 그것에 "이 절은 부상조(扶桑朝) 추고(推古)천황 치세 때 백제
국 임성태자가 건립한 불각(佛閣)이다"이라는 내용이 들어있다는 것
이다.[17]

그러나 최근 그보다 앞선 문헌에서 임성태자의 전승이 발견되었
다. 그것은 다름 아닌 1389년에 성립되었을 것으로 추정되는 「녹원
원서국하향기(鹿苑院西國下向記)」이다. 여기에 기록된 임성태자에 관한
설화를 간략히 소개하면 다음과 같다.

백제국 제명왕(濟明王)의 제3황자 임성태자가 생신(生身)의 관음대사
(觀音大士)를 만나기 위해 일본으로 건너와 성덕태자를 만나 소원성취
를 했다. 성덕태자의 사후 수레를 묻은 곳을 구루마쓰카(車塚)라 하고,
일본에 와서 배가 정박한 곳을 기시쓰(貴志津)라 하며, 하선한 후 천막을
친 장소를 마쿠노우치(幕の內)라 한다. 구루마쓰카에 세운 신사를 다다

---

17  福尾猛市郎(1959)『大內義隆』吉川弘文館, p.2.

라노미야(多多良宮)이라 하고, 3명의 신을 모셨는데, 하나는 묘견대보살로, 본지(本地)는 약사여래이며, 둘은 성덕태자로 본지는 십일면관음이며, 셋은 임성태자로 본지는 문수사리보살이라 한다. 소사(小社)는 천만천신(天滿天神)이며, 본지는 십일면관음이다. 국분사(國分寺)의 동쪽에 비사문당(毘沙門堂)이 있는데, 그곳에도 묘견사가 있다. 이 비사문천은 임성태자가 일본에 올 때 배를 수호한 지존이다. 임성태자가 가지고 온 존상 가운데 부동명왕 1구는 오우치 요시히로(大內義弘: 1356-1400)의 야마구치 근거지 지불당(持佛堂)에, 또 1구는 암국사영흥사(岩國寺永興寺)에 안치했다. 더군다나 약사여래 1구는 오우치현(大內縣) 자코(佐古)의 대내사(大內寺)의 본존이나, 이 절은 지금은 승복사(乘福寺)의 경내에 있다. 임성태자가 백제국에서 여씨(餘氏)이었으나, 일본에 와서는 다다라(多多良)이라는 성씨를 하사받아 스호국(周防國)에서 줄곧 살았다. 『성씨록(姓氏錄)』에는 다다라공(多多良公)으로 기재되어있다. 언제부터인지 다다라 스쿠네(多多良宿祢)라고 하였으나, 오우치 요시히로 때부터는 아사오미(朝臣)가 되었다. 이러한 사정으로 오우치씨는 임성태자를 조신(祖神) 또는 시조로 섬기고 있다.[18]

여기서 보듯이 1389년 오우치 요시히로의 시기에 상당히 진전된 임성태자의 전승이 확립되어있었음을 알 수 있다. 이를 좀 더 간략히 정리하면 오우치씨의 시조인 임성태자는 백제 제명왕의 3남으로 태어나 성덕태자를 만나기 위해 도일하여 성덕을 만났으며, 성덕으로부터 다다라라는 성씨를 하사받아 주방국에 살다가 죽었으며, 원래

---

18 森茂曉(1996)「周防大內氏の渡來伝承について-「鹿苑院西国下向記」を素材として-」『政治経済史学(362)』日本政治経済史学研究所, pp.33-34.

그의 성씨는 여씨였고, 일본 성씨는 다다라였다. 사후 그는 다다라미
야라는 신사에 묘견, 성덕과 함께 모셔지는 신이 되었고, 그가 가지
고 온 불상들은 각지의 사찰에 모셨다는 것이다.

　여기서 말하는 백제의 제명왕은 성명왕을 잘못 표기한 것이고, 또
임성의 원래 성씨를 여씨(餘氏)로 한 것은 백제왕손의 성씨 여씨(余氏)
를 잘못 이해한 것으로 보인다. 이러한 사소한 실수는 있다 하더라도
당시 임성태자에 관한 전승이 상당 수준까지 발전되어있었음을 보
여주는 사례라 할 수 있다.

　이러한 상황임에 불구하고 그는 1399년 7월에 조선으로 사신을
보내어 방물을 바치고, 자신의 공적을 말하고는 "나는 백제의 후손
입니다. 일본 나라 사람들이 나의 세계(世系)와 나의 성씨를 알지 못하
니, 갖추어 써주시기를 청합니다."[19]라고 했다. 이에 조선측은 그들
의 시조는 "백제 온조왕 고씨(高氏)의 후손인데, 그 선조가 난을 피하
여 일본에서 벼슬살이하여 대대로 서로 계승하여 육주목(六州牧)에
이르렀다."[20]고 문서로 작성하여 넘겨주었다. 자신들이 만들었던 신
화에는 성덕태자를 만나기 위해 도일한 것으로 되어있었으나, 조선
측은 그것과는 다르게 난을 피해 도일한 것으로 서술했다. 그 후 조
선 측은 요시히로를 고의홍(高義弘)이라고 표기하기도 했다.[21]

　이러한 조선측으로부터 자료의 영향이 있었는지 요시히로는 고
씨 성을 사용하여 자신을 고의홍이라고도 하며, 자신의 선조는 난을
피해 일본으로 갔다고 표현하기도 했다 한다.[22] 이같이 오우치씨는

19 『조선왕조실록』 정종1년(1399) 7월 戊寅條 기사.
20 『조선왕조실록』 정종1년(1399) 7월조 戊寅條 기사.
21 『조선왕조실록』 정종1년(1399) 11월 甲戌條 기사.
22 松岡久人(2011)『大內氏の硏究』淸文堂出版, pp.3-4.

조선측의 공식적인 문서를 통해 백제 왕족의 후예로서 보장을 받은 셈이었다.

사실 조선에서는 이것을 입증할 만한 문헌적 자료가 있는 것이 아니기 때문에 반신반의한 채 외교상으로 인정했었던 것이다. 그 증거로 세종 20년(1438) 6월에 대내전은 자칭 백제왕 온조의 후윤이라고 한다고 했다.[23] 즉, 자칭이라는 것이다. 그리고 세종 23년(1441)에는 "옛날 신라의 후예가 다대포(多大浦)에 놀다가 아내를 취해 아이를 낳았다. 지금 대내전(大內殿)은 그의 후윤(後胤)이다."[24]라고 하는 기록에서 보듯이 오우치씨 시조에 대해 약간의 이야기가 첨부되었지만 백제가 아닌 신라의 후예로 되어있다. 이처럼 조선 측에서는 그가 백제이든 신라이든 상관이 없었던 것이다.

그러던 것이 1443년이 되면 오우치씨의 시조전승이 신숙주를 통해 좀 더 정확하게 전달되었다. 신숙주가 쓴 『해동제국기(海東諸国記)』에 오우치씨의 시조에 대해 "백제왕 온조의 후윤이 일본에 와서 최초로 주방주(周防州)의 다다양포(多多良浦)에 도착했다. 이로 인해 이곳 지명을 성씨로 삼았다. 그로부터 지금까지 800년이 지났다. 지세(持世)는 23대이다."라고 기술해놓았다.

그가 1443년 서장관으로 일본을 다녀와 일본에서 얻은 경험과 지식을 바탕으로 일본의 지형과 국내 사정, 외교 절차 등을 상세히 지어 세종에게 올린 것이 『해동제국기』이다. 앞의 기술에서 보듯이 그의 정보는 정확했다. 왜냐하면 후술하겠지만 임성태자의 전승에 의하면 스호(周防)의 다다라포구에 도착하여 거주하였기 때문에 최초

---

23 『조선왕조실록』 세종20년(1438) 6월 壬戌條 기사.
24 『조선왕조실록』 세종23년(1441) 11월 甲寅條 기사.

의 성씨가 다다라(多多良)이었던 것으로 되어있기 때문이다.

그러던 것이 1453년(단종1)에 이르면 임성태자의 전승에는 큰 변화가 일어난다. 이를 『조선왕조실록』에는 다음과 같이 서술해 놓고 있다.

> 다다라씨(多多良氏)가 일본국에 들어갔는데, 그 까닭은 일본에서 일찍이 대련(大連) 등이 군사를 일으켜 불법을 멸하고자 하였고, 우리나라 왕자 성덕 태자는 불법을 높이 공경하였기 때문에 교전하였으므로 이 때 백제국왕이 태자 임성(琳聖)에게 명하여, 대련 등을 치게 하였으니, 임성은 대내공(大內公)입니다. 이러한 까닭으로 성덕 태자께서 그 공을 가상히 여겨서 주군(州郡)을 하사한 이래로 그 거주하는 땅은 '대내공 조선(大內公朝鮮)이라고 부릅니다. 지금 대내 후손(後孫)의 부정(否定)이 있지만 기로(耆老) 가운데 박식하고 통달한 군자가 있어서 그 계보가 상세합니다. 대련 등이 군사를 일으킨 때가 일본국 경당(鏡當) 4년인데 수(隋)나라 개황(開皇) 원년(581년)에 해당하니, 경당 4년에서 경태(景泰) 4년까지가 모두 8백 73년입니다. 귀국에는 반드시 임성 태자가 일본에 들어간 기록이 있을 것입니다. 대내공의 식읍의 땅은 대대로 병화로 인하여 본기(本記)를 잃어버렸고, 지금 기록한 것은 우리나라의 남은 늙은이들이 구술(口述)로써 서로 전하여 왔을 뿐입니다.[25]

이 내용은 당시 오우치씨가 사신으로 보낸 유영(有榮)이 예조에 올린 글이다. 내용에서 보듯이 이상의 이야기는 지금까지와는 다르게 상당히 변화가 일어났음을 알 수 있다. 그 첫째는 도일동기가 성덕

---

25 『조선왕조실록』 단종원년(1453) 6월 己酉條 기사.

태자를 만나기를 염원한 것이 아니라 내전을 지원하기 위해 파견한 것으로 되어있다. 즉, 백제로부터 불교가 전래되었을 때 당시 일본은 불교수용파와 이를 거부하는 수용거부파로 나뉘어 내전이 벌어졌을 때 백제가 성덕을 지원하기 위해 임성태자를 파견하였다는 것이다.

둘째는 자신들이 영주가 된 이유에 대해서도 앞의 것과 다르게 서술되어있다는 점이다. 단순히 성덕태자로부터 다다라 성씨를 하사와 함께 영지를 받은 것이 아니라, 불교수용에 반대한 파들을 물리친 공적으로 영토를 하사받아 야마구치 일대의 영주가 되었다는 것이다.

셋째는 근거 제시의 요구를 차단시키고 있다는 점이다. 이들이 말하는 「본기」는 애초부터 있을 리가 없다. 그렇지만 그것을 전쟁으로 인해 소실되었다고 말함으로써 반박의 여지를 남기지 않고 있다. 그들은 여기서 한술 더 떠서 이상의 이야기는 지역의 노인들에게서 전해지는 구술에 불과하다하며 마치 그것은 오래전부터 내려온 것이라고 강조하고 있는 것이다.

넷째로 자신들이 주장하는 근거자료를 조선 측에게 요구하고 있다는 사실이다. 즉, 조선 측에 자신들의 시조인 임성태자가 일본에 입국하게 된 기록을 찾아달라고 한 것이다. 물론 여기에 대한 근거자료가 조선에 있을 리 없다. 그리하여 부득이하게 조선 측은 춘추관과 집현전에 명하여 옛 사적(史籍)을 상고하여 "옛 글에 이르기를, '일본 육주목(六州牧) 좌경 대부(左京大夫)는 백제 온조왕 고씨(高氏)의 후손인데, 그 선조가 난을 피하여 일본에서 벼슬살이하여 대대로 서로 계승하여 육주목(六州牧)에 이르렀다.'[26]는 내용을 작성하여 오우치씨측에

---

26 『조선왕조실록』 단종원년(1453) 6월 己酉條 기사.

넘겨주었다. 여기서 옛글이란 앞에서 잠시 본 정종 때 그들이 자신들의 시조에 대해 확인하여 주기를 요구하였을 때 써주었던 문장이었다. 약간의 자구만 틀릴 뿐 거의 같은 문장이었다. 그러나 이것으로 그들은 자신들의 시조신화를 수정했음에 틀림없다.

이러한 노력에도 불구하고 일본의 국내에서는 크게 알려지지 못했던 것 같다. 그 단적인 예로『대승원사사잡사기(大乘院寺社雜事記)』의 1472년(文明4) 5월 27일조에 심존(尋尊)이 "오우치씨는 본래 일본인이 아니다. 몽고인 또는 고려인이다."[27]라고 표기하고 있는 것을 들 수가 있다. 그러나 그로부터 3년 후인 1475년에는 같은 문헌에 '백제국 성명왕의 후예이다'라는 표기로 바뀌는 것을 보면 오우치씨 자신들이 얼마나 중앙에 자신들이 어디에서 유래되었는지를 알리려고 노력하였는지를 엿볼 수 있다. 그러한 노력은 1485년에도 계속 이어졌다. 그들은 그해 다시 조선 측에 사신을 보내어 자신의 시조에 대한 보다 상세한 자료를 요구했다. 그 내용을 소개하면 다음과 같다.

온조 백제국왕 여장(餘璋)의 셋째 아들이 일본국에 내조하였음이 수(隋)나라의 대업(大業) 7년 신미년이니, 이로부터 9백여 년이 되도록 지금까지 면면히 끊어지지 않았습니다. 임성의 아버지는 여장(餘璋)이라 하고, 장(璋)의 아버지는 여창(餘瑻)이라 하고, 창(瑻)의 아버지는 여경(餘慶)이라 하는데 이로부터 이상은 왕대의 명호를 기억하여 알지 못합니다. 그 몸은 일본국에 있으나 계통을 밝히고자 하므로 백제국의 옛일을 알지 않을 수 없습니다. 그 온조의 사업에 대해서는 전하께서 정하신

---

27 須田牧子(2002)「室町期における大内氏の対朝関係と先祖観の形成」『歴史学研究(761)』 歴史学研究会, p.13.

국사가 있을 만하니, 여경 이상의 왕대의 명호를 명하여 베껴서 내려주소서.[28]

이 말은 오우치씨가 보낸 승려 원숙(元肅)이 말한 것이다. 이 내용을 보면 자신들의 시조신화에 끈질기게 집착하여 여경 – 여창 – 여장 – 임성이라는 계보를 만들고 있음을 엿볼 수 있다. 그에 따라 이들은 여경의 앞 세대 사람의 이름들까지 알고 싶어 했다. 이에 조선 측은 "백제의 온조의 뒤의 세계(世系)는 홍문관(弘文館)으로 하여금 간략하게 써서 주게 하고, 단지 서책만을 주라."고 지시한다.[29]

이러한 일이 있은 후 1년 뒤인 1486년(文明18)에는 다시 임성태자의 신화 내용은 크게 바뀐다. 이를 간략히 소개하면 다음과 같다.

추고천황 17년 스호(周防國) 쓰노군(都濃郡) 와시즈(鷲頭庄) 아오야기 우라(靑柳浦)의 소나무 위에 이국(異國) 왕자의 내조를 보호하기 위해 북진(北辰=북극성)이 내려와 머물렀다. 지역민들은 이를 묘견존성대보살(妙見尊星大菩薩)이라고 존칭했다. 그로부터 3년 후 백제국 임성태자가 내조했다. 부여왕은 태백산의 남쪽에서 하백녀와 결혼했다. 여인은 일광에 감정하여 알을 낳았다. 알에서 태어난 자가 주몽이며, 그가 부여에서 도망쳐 세운 것이 고구려이다. 그리고 주몽의 아들 온조가 고구려에서 도망쳐 세운 것이 백제이다. 온조에서 대대로 계승하여 성명왕에이르렀다. 이 성명왕의 제3자가 임성태자이다. 임성은 살아있는 보살을 만나고 싶다는 염원으로 신의 계시에 의해 일본으로 건너갔으며, 우선

---

28 『조선왕조실록』 성종16년(1485) 10월 甲申條 기사.
29 『조선왕조실록』 성종16년(1485) 10월 甲申條 기사.

스호 다다라(多多良) 해변에 도착했다. 그리고 아라하카(荒陵: 현재 大阪市 天王寺區茶臼山)에서 관세음보살의 환생인 성덕태자를 면회했다. 성덕태자는 스호의 오우치현(大內縣)을 채읍으로 하사하여 다다라라는 성씨를 주었다. 그 후윤이 대대로 계속되고 있으며,[30] 북진을 모신 묘견대보살은 구다마쓰우라(下松浦)에서 이전하여 임성태자의 5세손인 시게무라(茂村)에 의해 오우치현(大內県)의 히가미야마(氷上山)로 권청되었다.

이 내용은 1486년 오우치 마사히로(大內政弘: 1446-1495)가 씨족사찰인 흥융사를 칙원사(勅願寺)로 인정받기 위한 신청을 조정에 하였을 때 고쓰치미카도천황(後土御門天皇: 1442-1500)으로부터 흥륭사의 개관에 대한 질문을 받고 작성한 문서를 근거로 소개한 것이다. 그 내용은 위에서 보듯이 앞의 것과는 또 다르게 전개되어 있다.

즉, 첫째는 도일하기 전에 이미 그러한 징조가 있었다고 했다. 소나무에 북진이 내려와 임성태자의 도일을 예견했다는 것이다. 이는 임성태자가 묘견신앙과 직접적인 관계를 가지고 있다는 것을 명시하는 것이기도 했다.

둘째는 고구려와 백제의 건국신화를 이용하고 있다는 점이다. 고구려는 부여에서 나왔고, 백제는 고구려에서 나왔다는 것을 강조하며 온조의 아버지인인 고구려의 주몽은 수신의 딸인 하백녀이며, 그녀가 일광감정에 의해 낳은 알에서 태어난 인물이라는 것까지 소상하게 밝히고 있는 것이다. 이러한 것으로 보아 1485년에 조선 측으로부터 받은 서책은 고대 삼국 역사를 기록한『삼국사기』이었을 것으로 추정된다. 이것으로 임성태자를 더욱더 신성성이 가미된 신화의

---

30  須田牧子(2011)『中世日朝関係と大内氏』東京大出版会, p.224.

인물로 만들었다.

셋째는 도일의 동기가 또다시 바뀌어져 있다. 앞에서는 불교를 둘러싸고 벌어진 내전을 지원하기 위해 파견되었다고 한 것이 여기서는 1389년의 「녹원원서국하향기」로 되돌아가 관세음보살의 환생인 성덕태자를 만나기를 염원하여 일본으로 갔다는 것으로 되어있다. 전자의 경우는 『일본서기(日本書紀)』와 같은 정사에도 자세히 서술되어있기 때문에 불교의 수용에 따른 내전에 참여한 백제왕족이라고 말하기는 어려웠을 것이다. 이러한 문제를 해결하기 위해서 선택한 것이 후자의 방법인 성덕태자를 만나서 영지를 하사받는 것으로 하였다. 중앙의 역사를 거스르지 않고 중앙과 연결하는 무난한 방법을 선택하였던 것이다. 이것으로 일단 임성태자를 기점으로 시조신화가 완성되었다.

이를 기준으로 그 이후에도 여러 형태로 임성태자의 전승이 확대 재생산되었다. 가령 묘견신앙의 전래에 중점을 두고 재생산된 『취두산구기(鷲頭山舊記)』와 『묘견사략연기(妙見社略緣起)』에는 다음과 같이 서술되었다.

추고(推古) 5년(威德王 44년) 3월 2일 임성태자가 용두로 장식한 배에 백사백환(百司百宦)들과 함께 일본의 스호 사와군(佐波郡) 마리후하마(鞠生濱)에 도착하여 배에서 내렸는데, 나중에 그곳을 다다라하마(多多良濱)이라고 이름하였다. 그 때 교토에서는 하타 가와가쓰(秦川勝)를 칙사로 보내어 임성태자로 하여금 요시기군(吉敷郡)의 몬다코(問田鄕)에서 왕궁을 지어서 거처하게 하였다. 그 해 가을 임성태자는 쓰노군(都濃郡) 아오야기우라(靑柳浦: 현재 下松市)의 가쓰라기산(桂木山)에 궁전을 세웠으며, 9월 9일에 백제국에서 가지고 온 북진존성(北辰尊星)의 신체를 모시고 북진존성공(北辰尊星供)을 수행하였으니. 이것이 일본에서는 최초의 북진성공(北辰星供)이었다. 이로부터 북진묘견존성왕(北辰妙見尊星王)을 받드는 정제일(定祭日)을 9월 18일로 하였는데, 이 날이 북진성이 강림한 날이었다. 603년(추고11) 계해 가을에 다카세가키산(高鹿垣山)에 북진성궁을 세우고 상궁(上宮)이라 하였으며, 북두칠요석(北斗七曜石)을 봉납하였다. 또 계목산 기슭 아카이(閼伽井)[31]가 있는 곳에 하나의 사당을 지어 아카이보(閼伽井坊)라 했다. 605년(추고13) 을축(乙丑)에 성림태자는 천황으로부터 다다라(多多良)의 성을 받았다. 609년(추고17) 태자는 아시즈산(鷲頭山) 정상에 성당(星堂)을 세우고 상궁, 중궁이라 하였는데, 이는 다카세가키산의 궁과 가쓰라기산의 궁을 옮긴 것이다. 상궁에는 북두칠요석과 칠보의 옥을 봉납하고, 중궁에는 묘견성의 상을 봉납하여 매월 또는 사계의 제례를 엄연히 행하였다. 611년(추고19) 신미에 태자는 백제국의 왕법을 설하여 일본의 직제를 고쳐 12계 관위와 의복을 정하게 하였다. 이 해에 태자는 왕관을 하사받고 나니와(難波京)의 이쿠타마노미야(生玉之宮)에서 북진성공을 수행하였다. 633년(舒明5) 계사(癸巳) 임성태자는 나니와에서 백제로부터 불상조각가를 오게 하여 그 기술을 배워, 추고천황상, 성덕태자상, 허공보살상, 임성태자상 및 그 밖의 불상과 신상을 손수 만들었다. 그리하여 왕성의 진호(鎭護)와 부가(當家)의 번창을 위해서 아시즈산에 봉납하였다. 그 뒤 임성태자는 667년(天智6) 정묘(丁卯) 6월 21일 96세의 일기로 나니와 이쿠타마미야에서 세상을 떠났다.[32]

---

31 부처에게 바치는 물(功德水)을 뜨는 샘. 즉, 신성한 물이 나오는 우물을 말한다.
32 김영태, 앞의 논문, pp.53-54.

여기에서는 임성태자가 종교적인 인물로 각색되어있다. 그는 백관들과 함께 일본에 도착하여 북진성공을 수행하여 묘견신앙을 일본에 퍼뜨리는 종교의 교조와 같은 인물이었다. 여기서는 임성태자가 앞의 설화에서 보는 것처럼 성덕태자를 만나러 가지 않았다. 오히려 조정에서 신하를 보내어 거처를 정해주는 등 편의를 제공한 것처럼 묘사되어있다. 그 후 일본의 조정으로부터 다다라라는 성씨를 하사받았으며, 611년이 되어서야 나니와로 올라가 성덕태자를 만나 일본 조정에 12계 관위 및 의복을 정하는 등 다양한 정책을 제안하여 실행하였다. 그리고 계속 그곳에서 머물면서 북진성공의 수행을 하였고, 또 백제에서 온 불상조각가에게서 조각기술을 배워 천황과 태자상을 비롯하여 여러 불상을 조각하여 후손과 국가의 번영을 위해 아시즈산에 봉납하였다. 그리고 667년에 96세의 고령의 나이로 나니와에서 사망하였다는 것이다.

이같이 임성태자의 전승은 얼마든지 재생산될 가능성은 얼마든지 있을 수 있다. 여기에도 몇가지 유형이 있었다. 첫째는 지명과 관련된 전승이다. 가령 쇼쇼쿠하마(裝束浜)는 임성태자가 배를 멈추고 상륙하여 옷을 고쳐 입었다 하여 붙여진 이름이고, 그 때 옷을 걸어둔 소나무를 기누가케마쓰(衣掛松)라고 부른다고 하며, 또 미네시(美祢市)의 유노구치(湯の口) 온천은 임성태자가 일본에 도착하여 피곤에 지친 몸을 이곳 온천물로 치유했다고 한다.

특히 구다마쓰시(下松市)는 임성태자의 도일을 예견한 묘견신앙과 관련되어 전승에서 생겨난 지명이었다. 즉, 「대내씨실록(大内氏実録)」의 「하송묘견연기(下松妙見縁起)」에 의하면 595년(推古3) 9월 18일 쓰노군 와시즈쇼 아오야기우라의 늙은 소나무에 커다란 별이 내려오더니 7일 밤낮 눈을 못 뜰 정도로 빛을 발했다. 사람들은 이것은 보통

일이 아니라 하며 무서워하고 있었을 때 점쟁이가 신탁하여 말하기를 "나는 북진(北辰)의 정령이다. 지금부터 3년 후 이국의 태자가 올 것이다. 그를 수호하기 위해 하늘에서 내려온 것이다."라고 했다. 이에 사람들은 서둘러 사당을 짓고, 그 별을 북진존성왕대보살(北辰尊星王大菩薩)로 받들어 모시며, 이 사실을 천황에게 알렸다고 한다. 그리고 북진의 정령이 하늘에서 나무로 내려왔기 때문에 지역명도 아오야기우라를 「구다마쓰(降松)」[33]로 바꾸었다는 것이다.[34]

둘째는 불교의 사원 및 불상에 관련된 전승이다. 시모노세키의 전념사(專念寺), 영복사(永福寺),[35] 상원사(常元寺) 그리고 앞에서 본 야마구치시의 흥융사는 임성태자가 창건한 절이며, 같은 야마구치시의 용장사(龍藏寺)의 천수관음과 구마게군(熊毛郡) 히라오(平生町)의 보경사(普慶寺)의 불상과 반야사(般若寺)의 본존불의 태내불인 관음상, 이와구니(岩國)의 영흥사(永興寺)의 본존불인 부동명왕상은 임성태자가 직접 백제에서 가져간 호지불(護持佛)이며,[36] 히라오의 신호사(神護寺)와 야나이시(柳井市)의 무동사(無動寺)는 임성태자가 개기(開基)한 곳이며, 나가토(長門)의 극락사(極樂寺)는 임성태자가 닻을 내리고 육지를 바라보니 이상한 광채가 나서 작은 배를 내어 그것을 따라 육지로 다가가 상륙한 곳에 세운 절이라고 했다.[37] 이처럼 임성태자는 불교사원의 창건

33  쿠다마츠에 대해 김달수는 백제와 교통하는 포구라는 의미의 쿠다라츠(百濟津)에서 쿠다마츠가 되었다는 견해를 피력한 바 있다. 金達壽(1984) 『日本の中の朝鮮文化(8)』 講談社, p.231.
34  二宮啓任, 앞의 논문, pp.36-37.
35  이 절은 임성태자의 지호불인 관세음보살상을 안치했다고 전해진다. 그 상은 小佛로 운경의 작품으로 알려져 있는 천수관음의 태내불이었으나, 1945년 미군의 폭격에 의해 소실되었다 한다.
36  金達壽(1984), 앞의 책, p.221.
37  二宮啓任, 앞의 논문, pp.38-39.

과 불상과도 깊은 연관성을 가지고 있었다.

셋째는 신사와 관련된 전승이다. 호후시(防府市)의 기쓰신사(岸津神社)는 임성태자가 도착한 다다라하마로 불렸던 곳으로 임성태자가 가지고 온 북진을 모시기 위해 세워진 곳이며,[38] 같은 곳의 다카쿠라 코진사(高倉荒神社)는 임성태자가 일본에 도착하였을 때 해상안전을 지켜주는 신을 모신 곳이다. 그리고 오노다시(小野田市)의 마쓰에하치 만궁(松江八幡宮)일대는 임성태자가 그의 가신인 시로마루사다나리(四郎丸貞成)에 명하여 개척시킨 곳이라 했다.[39] 또 스에(陶)에는 도모쓰나 의 숲(艫綱森)이라는 지명이 있는데, 이곳은 임성태자가 탄 배가 정박한 곳이기 때문에 요리부네신사(寄船神社)가 생겼다고 하며, 구다마쓰 시의 구다마쓰신사(下松神社)는 임성태자가 백제에서 가져간 묘견성을 모시는 신사라 하는 것이다.[40] 그리고 이와구니시(岩國市) 긴타이 쿄(錦帶橋)의 부근에 저명신(著明神)이라는 신사가 있는데, 그 신사의 도리이(鳥居)에는 "琳聖太子, 去彼來此, 感天之瑞, 敬神而止, 称著明神立祠此里"라는 문장이 새겨져 있다. 즉, 임성태자가 이곳을 지나갈 때 하늘의 계시를 느끼고 이곳에 머무르며 사당을 지었으니, 이를 저명신(著明神)이라 한다는 뜻이다.[41] 이처럼 임성태자의 전승은 신사의 창건연기설화에도 깊이 영향을 끼쳤다.

넷째는 임성태자의 상륙지에 관한 전설의 다양성이다. 지금까지 알려진 것만 하더라도 오노다시(小野田市)의 에지리(江尻), 야마구치시(山口市)의 스에(陶), 이와구니시(岩国市)의 쇼쇼쿠노하마(装束の浜)에도 임

38 金達壽(1984), 앞의 책, p.237.
39 二宮啓任, 앞의 논문, pp.27-28.
40 二宮啓任, 앞의 논문, pp.36-37.
41 中村眞圓(2009)「華表に残る〈琳聖太子〉」『歴史研究 (571)』歴史研究会, p.15.

성태자가 상륙했다는 전승이 있다.[42] 그 중에서도 스에의 것은 매우 구체적이다. 스에는 이름에서 보듯이 스에키(須惠器)라는 토기를 생산했던 마을이다. 1841년(天保12)년 하기번(萩藩)이 작성한『방장풍토주진안(防長風土注進案)』에 의하면 이곳에 611년(推古19)에 임성태자가 도착하자 지역민들이 팔꿈치를 구부리고 열심히 토기를 만들어 술을 담아 바쳤기 때문에 이곳의 토기를 히지토기(臂土器)라 하였다는 기록이 있다.[43]

한편 규슈에 도착했다는 전설도 생겨났다. 구마모토현의 야쓰시로(八代)에서 전해지고 있는 18세기 문헌『진택영부연기집설(鎭宅靈符緣起集說)』에 의하면 임성태자가 구마모토 야쓰시로의 시라기산(白木山) 신궁사(神宮寺)에 도착하여 일본에 묘견신앙을 전하였다는 것이다.[44] 또 야마구치시의 정법사(正法寺)에서는 "흠명천황 때 백제국의 여장왕(余璋王)의 3남인 임성태자가 많은 불상을 가지고 규슈(九州) 치쿠젠(筑前) 마쓰가우라하마(松浦ケ浜)에 도착한 연후에 야마구치를 향해 배를 돌려 후카미조항(深溝港)에 도착했다고 설명하기도 했다.[45]

그밖에 야마구치시의 승복사(乘福寺)에는 임성태자 공양탑(혹은 묘)이 있고, 호후시에는 그의 묘라는 다이니치고분(大日古墳)[46]이 있다.

---

42 井上孝夫(2006)「寝太郎の深層構造」『社會文化科学研究(12)』千葉大学大学院社会文化科学研究科, p.5.

43 二宮啓任, 앞의 논문, pp.30-31.

44 西田耕三(1999)「八代妙見の靈符」『熊本大学付属図書館報(22)』, pp.2-3.

45 正法寺의 홈페이지(2011년 12월 25일), 정법사의 역사항에 "正法寺と琳聖太子"를 참조.

46 호후시 다카이(高井) 다이니치(大日)에 소재하는 7세기에 조성된 전방후원분으로서 횡혈석실을 갖추고 있으며, 석실은 선도와 현실로 구분되어있으며, 현실 중앙에 응회암(応灰岩)으로 만든 석관이 놓여져 있다. 스헤키(須惠器)와 철제품이 다수 출토되었다.

스호의 흥강사(興降寺)에는 성덕태자지검(琳聖太子之劒)[47]이라 하여 임성 태자가 지녔던 칼이 보관되어있다고 한다. 그리고 미야기현(宮城県) 도미시(登米市)에는 임성태자가 백제에서 일본으로 갔을 때 착용했다 는 투구와 목상이 있으며,[48] 구마모토 야쓰시로시(八代市) 용봉산에는 임성태자가 데리고 온 고양이의 무덤이 있는데, 이곳에 엄청난 양의 금이 묻혀있다는 전설도 생겨났다. 이처럼 임성태자의 전승은 야마 구치를 포함한 여러 지역으로 보급됨으로써 다양한 형태로 전승들 이 확대 재생산되었던 것이다. 그러나 임성태자의 후예라고 칭하는 자는 오우치씨(大内氏)밖에 없었다.


## 4. 임성태자와 오우치씨(大内氏)

백제국 임성태자를 시조로 하는 오우치씨가 우리의 역사에 등장 한 것은 1378년 고려 우왕 때부터이다. 그 해 고려의 사신 한국주(韓國 柱)가 이들의 우두머리 오우치 요시히로(大内義弘: 1356-1400)를 찾아가

---

47 이 칼에 대해 平成 2년에 조사한 바 있다. 도신(刀身)에 草花文의 은상감(銀象嵌)이 들어있는 것으로 보아 헤이안(평안)시대의 것으로 추정되었다. 특히 이 검은 임성 태자가 소유하던 전승도 있고, 근세에 하기번(萩藩)이 편찬한 「防長古器考」와 「防 長風土注進案」에도 그림으로 표시되어 상세한 기술이 있어서 현지정문화재로 지 정되었다.

48 투구는 오우치 요시가다(大内義方)가 1909년 11월 10일에 西郡上在郷의 하치만신 사(八幡神社)에 봉납한 것이다. 그리고 목상은 말을 타고 있는 태자상이다. 투구는 전설상으로는 백제의 제명왕(斉明王)으로부터 제2자인 임성태자가 물려받은 것으 로 되어있으나, 실제는 그 보다 훨씬 뒤의 것이다. 즉, 오우치씨의 27대 영주 오우 치 모치요(大内持世)는 아들이 없어서 아우인 特盛의 아들 노리히로(教弘)를 양자 로 삼아 가독 28대로 인정하고 가계를 계승시켰다. 그후 모치요의 実子이며 늦게 태어난 요시요(義世)는 가독을 계승하지 못하고 동북지반으로 도망쳐 있었다. 그 때 오우치씨의 투구가 동북지방에 전래된 것으로 추정된다.

왜구단속을 요청하였다. 이에 그들은 적극 협력하여 군사를 보내어 왜구토벌에 나서기도 했다.[49]

왜구의 문제는 조선조에 접어들어서도 계속 문제가 되었다. 그 때마다 협력을 얻은 일본의 세력이 오우치씨였다. 이들은 1399년 7월 돌연 조선 측에게 자신들의 훈공을 말한 후, 자신들은 백제의 후손임을 천명하고, 자신의 세계(世系)를 밝혀줄 것과 그것을 증명하기 위해 백제의 옛 땅의 일부분과 대장경판을 줄 것을 요청했다. 이에 정종은 잠정적으로 그를 백제 왕손으로 하고 토전(土田) 3백 결(結)을 주기로 했으나 조정의 많은 중신들로부터 강력한 반대에 부딪혀 성사되지 못했다. 이 때 주목할 만한 사항은 요시히로가 보낸 사신이 "만일 세계(世系)를 명시(明示)하여 주시면 전지를 주지 않더라도 또한 좋습니다."라고 말하고 있다는 사실이다. 다시 말하여 이들에게 있어서 중요한 목적은 토지보다 그들의 출자를 밝힐 수 있는 근거자료를 조선 측으로부터 확보하는 것이었다.

여기에 대해 이토 코우지(伊藤幸司)는 오우치씨의 조선통교가 1395년(応永2) 구주탐제(九州探題)였던 이마가와 료슌(今川了俊: 1326-1420)이 조정으로부터 소환된 이후부터 전개되는 것에 주목을 하고 지금까지 조선과의 통교를 주도해왔던 이마가와를 대신하여 자신들이 중심으로 전개했고, 그 과정에서 조선과의 관계가 깊다는 것을 국내적으로 표명하기 위해 자신들의 시조가 조선 출신이라는 사실이 필요했다고 보았다.[50]

49  須田牧子(2002)「室町期における大内氏の対朝関係と先祖観の形成」『歴史学研究(761)』 歴史学研究会, p.2.
50  伊藤幸司(2011)「大内氏の祖先神話」『季刊 東北学(27)』東北芸術工科大学 東北文化 研究センター, p.96.

이러한 노력은 단종 때도 이어졌다. 당시 오우치씨의 우두머리였던 오우치 노리히로(大內敎弘: 1420-1465)가 승려인 유에이(有榮)를 조선으로 파견하여 단종의 즉위를 축하하고, 다시 자신의 가계를 밝히기 위해 임성태자의 「일본입국기(日本入國記)」를 요청했다. 이에 조선 측은 『정종실록』에서 요시히로가 정종에게 토지를 요구하였을 때 요시히로의 공적을 칭송한 말을 찾아내어 그것을 그대로 베껴서 유에이가 귀국할 때 무역을 거래할 수 있는 통신부와 함께 주었다.

당시 조선 측이 제공한 통신부는 현재 호후시(防府市) 다다라(多多良)의 모리박물관(毛利博物館)에 보관되어있다. 그것에는 「朝鮮國賜大內殿通信右符 景泰四年七月日造」라고 적혀있다.[51] 이로써 그들의 소기 목적인 가계의 기원을 밝히는 동시에 공적으로 조선과의 무역을 할 수 있는 특권을 획득한 것이었다. 이처럼 그들에게 백제국 임성태자의 전승은 조선과의 통교에 유리하게 활용할 수 있는 재원이 되었을 뿐만 아니라 그들은 백제왕손이라는 고귀한 혈통을 계승한 가문이라는 사실을 대내외적으로 천명할 수 있었다.

오우치씨는 조선과의 통교를 통하여 해인사의 경판으로 인쇄한 팔만대장경을 11번이나 받아 갔다. 조선 측도 이들에게 우호적이었지만, 그들도 조선에 대해 호의적이었다. 그들은 무역만 하는 것이 아니었다. 1408년 일본과의 외교를 전문적으로 다루었던 이예(李藝: 1373-1445)[52]가 통신부사로서 일본으로 가던 중 폭풍을 만나 표류하다

51 김달수, 앞의 책, p.257에서 재인용.
52 본관은 학성(鶴城). 호는 학파(鶴坡). 원래 울산군의 기관(記官) 출신인데, 1396년 (태조 5) 왜적에게 잡혀간 지울산군사 이은(李殷) 등을 시종한 공으로 아전의 역에서 면제되고 벼슬을 받았다. 1400년(정종 2) 어린 나이로 왜적에게 잡혀간 어머니를 찾기 위해 자청해 회례사(回禮使) 윤명(尹銘)을 따라 일본의 삼도(三島)에 갔으나 찾지 못하고 돌아왔다. 1401년(태종 1) 처음으로 이키도[壹岐島]에 사신으로 가

가 석견주(石見州)에 도착하였을 때 오우치씨는 이를 적극 도와 그를 무사히 귀국시키기도 했다.[53] 이처럼 오우치씨는 조선과의 통교에 있어서 매우 우호적인 자세로 임했다.

그들이 조선 측에 우호적인 것은 그들의 시조가 백제인이기 때문이라는 인식이 생겨났다. 가령 신숙주는 "그 세계가 백제에서 나왔다 하여 우리나라와 가장 친선하였다."[54]라고 하였고, 서거정도 그의 저서인『필원잡기(筆苑雜記)』에 "일본의 대내전(大內殿)은 그 선대가 우리나라로부터 나왔다 하여 사모하는 정성이 남다르다 한다."고 했다.[55] 그리고 19세기의 인물 이유원(李裕元)도 자신의 저서인『임하필기(林下筆記)』에 "일본의 대내전은 그 선대가 우리나라에서 나왔기 때문에 우리나라를 흠모하였다."고 했다.[56]

이러한 오우치씨는 야마구치를 중심을 번영을 이루다가 그의 31대 후손 요시다카(義隆)에 이르러 갑자기 멸망했다. 1551년 8월 27일

---

포로 50명을 데려온 공으로 좌군부사직에 제수되었다. 그 뒤 1410년까지 해마다 통신사가 되어 삼도에 왕래하면서 포로 500여 명을 찾아오고, 벼슬도 여러 번 승진해 호군이 되었다. 1416년 유구국(琉球國)에 사신으로 다녀오면서 포로 44명을 찾아왔고, 1419년(세종 1) 중군병마부수사(中軍兵馬副帥使)가 되어 삼군도체찰사 이종무(李從茂)를 도와 왜구의 본거지인 대마도를 정벌하기도 하였다. 1422·1424·1428년에는 각각 회례부사(回禮副使)·통신부사 등으로, 1432년에는 회례정사(回禮正使)가 되어 일본에 다녀왔다. 그런데 당시 부사였던 김구경(金久冏)이 세종에게 사무역(私貿易)을 했다고 상계(上啓)해 한 때 조정에서 논란이 되었으나 처벌을 받지는 않았다. 1438년 첨지중추원사(僉知中樞院事)로 승진한 뒤 대마도경차관이 되어 대마도에 다녀왔다. 1443년에는 왜적에게 잡혀간 포로를 찾아오기 위해 자청해, 대마주체찰사(對馬州體察使)가 되어 다녀온 공으로 동지중추원사(同知中樞院事)로 승진하였다. 조선 초기에 사명으로 일본에 다녀온 것이 모두 40여 차례나 되었다 한다. 시호는 충숙(忠肅)이다. 저서로는『학파실기(鶴坡實紀)』가 있다

53 한문종(1989)「조선초기 이예의 대일외교 활동에 대해서」『전북사학(11, 12합집)』 전북사학회, p.99.
54 신숙주(1967)「해동제국기」『해행총재(1)』민족문화추진회, pp.114-115.
55 서거정, 박홍갑역, 앞의 책, pp.126-127.
56 이유원(2000)『임하필기(11)』〈文獻指掌編, 영일현〉한국고전번역원.

축산관(築山館)에서 연회가 열렸다. 이 틈을 이용하여 가신 스에 하루
카타(陶晴賢: 1521-1555)가 반란을 일으켜 야마구치를 공격하였던 것이
다. 요시다카는 이에 맞서 방어를 하였으나 이들을 막아내기란 역부
족이었다. 그리하여 규슈로 피신하기 위해 나가토(長門)에서 배를 타
고 이동하려고 하였으나 폭풍우가 몰아쳐 사정이 여의치 않아 대영
사(大寧寺)로 숨어 들어가 "치는 자나 죽는 자나 모두 다 인생은 이슬
이나 번개와 같이 덧없는 것이니 이 실상을 있는 그대로 보라."는 마
지막 절명시를 남기고 자결하고 말았던 것이다.[57]

그 후 하루카타는 오우치 요시나가(大內義長: 1532-1557)를 맞이하여
요시다카의 뒤를 잇게 했다. 그러므로 실권은 하루카타에게 넘어가
있었다. 그러나 6년 뒤인 새롭게 등장한 모리씨(毛利氏)의 공격을 받
아 하루카타도 살해당하고, 그도 시모노세키 초후(長府)의 장복사(長福
寺: 현재 功山寺)로 피신하여 있다가 "이 같은 인생을 두고 누구를 원망
하랴. 태풍이 불지 않아도 때가 되면 벚꽃이 지는 것을."하는 절명시
를 남기고 자결했다.

오우치씨는 멸망 후 그의 일족들은 역사의 무대에서 자취를 감추
게 된다. 그러나 이들이 모두 사라진 것은 아니었다. 요시나가의 아
들은 피신하여 요시마사(義正), 요시쓰네(義恒), 요시토요(義豊)로 핏줄
이 이어졌다. 그러나 모리씨의 위협으로부터 벗어나기 위해 요시토
요는 이름을 이토 콘자에몬(伊藤権左衛門)이라 고치고 정법사의 여식과
결혼했다. 그 후 이시가와(石川), 야나이(柳井), 리노이에(李家), 도요다
(豊田) 등으로 성씨를 바꾸기도 하며 생명을 유지했다.[58]

---

57 송형섭, 앞의 책, p.63.
58 正法寺의 홈페이지(2011년 12월 25일), 정법사의 역사항에 "正法寺と琳聖太子"를

그리고 전승의 세계에서도 오우치씨는 살아있었다. 그 단적인 예로 근세초기에 성립된 양명문고본(陽明文庫本)의 「야마태시(野馬台詩)」의 난외(欄外)에 "달마는 천축에서 「교외별전(敎外別傳)」을, 임성태자는 백제에서 대승불교를 전파시키고, 성덕태자는 일본에서 소승불교를 전파하려고 했다. 일본의 포교에는 곤란하였기 때문에 임성태자는 성덕태자를 도울 것을 약속했다. 그로 인해 백제국에서 부동명왕(不動明王), 비사문천(毘沙門天)을 가지고 와서 불교를 수호하고 있는 것이다."라고 주석을 달아 놓았다.[59] 이처럼 오우치씨가 멸망한 후에도 전승의 세계에서는 임성태자가 일본사회에 계속 살아서 전승되어지고 있었다.

한편 오우치씨가 멸망한 후 살아남은 오우치씨의 후손들은 시대가 바뀌어도 자신들의 가계가 백제 출신이라는 사실을 상기하면서 외교에도 적극 사용하기도 했다. 그러한 예가 1624년 조선통신사로 일본을 갔던 강홍중(姜弘重: 1577-1642)의 기록『동사록(東槎錄)』에서 엿보인다. 즉, 그들이 대마도에 도착하였을 때 일본 측에서는 조흥(調興), 의성(義成), 현방(玄方)이 중심이 되어 맞이하는데, 그 중 현방은 막부에서 파견된 승려였다. 그러한 그가 우리 측에 자신을 "저는 대내전(大內殿)의 후예이므로 자칭 반 조선인이라 합니다."라고 소개했다. 이를 두고 강홍중은 대내전은 온조의 후예이므로 반 조선인이라 한 것이라고 설명했다.[60] 이처럼 그는 자신의 선조는 대내전이며, 대내전의 뿌리가 조선이라는 사실을 강조하며 조선 측에 친근감을 표시

참조.
59  伊藤幸司, 앞의 논문, p.106.
60  강홍중(1989)「동사록」『해행총재(3)』, 민족문화추진위원회, p.192.

하였던 것이다. 여기서 말하
는 대내전은 두말 할 나위 없
이 오우치씨를 말한다.

최근 일본문학연구가인 이
종환이 일본 근대 문학가 중
저명한 시인 기타무라 토코
쿠(北村透谷: 1868-1894)가 임성
태자를 시조로 하는 오우치

┃기타무라 토코쿠(北村透谷)

씨의 후예라는 사실을 밝혀내어 세인들의 이목을 끌었다.[61] 기타무
라는 오다하라(小田原)의 도진마치(唐人町)에서 태어났다. 그의 조부인
현쾌(玄快)는 아시가라가미군(足柄上郡) 후쿠자와무라(福澤村) 다케마쓰
(竹松)의 의사집안 오우치씨에서 태어나 훗날 기타무라 집안의 양자
로 들어갔다. 그러므로 그의 혈연에는 오우치씨와 직접적인 관련이
있다. 그리고 그의 집안의 유래를 적은 문헌이 지금까지 남아있는데,
그것이 바로 그의 동생 마루야마 가키호(丸山垣穗)가 기록한 「과거장
(過去帳)」이다.

그것에 의하면 "기타무라씨(北村氏), 마루야마씨(丸山氏) 모두 의사업
을 했다. 그들의 선조인 백제국 임성태자는 국난을 피해 일본으로
귀화했다. 스호(周防) 다다라공 겐지(源氏)가 바로 그것이다. 오우치 요
시히로(大內義弘), 요시다카(義隆), 다이키(大起)는 우리 집안의 중흥조이
다."라고 서술하고 있다고 한다.[62] 근대에 접어들어서도 백제에서

61  李淙煥(1996) 「北村透谷と朝鮮寺」 『일본연구논총(8)』 경성대학교 일본문제연구소,
    pp.125-126.
62  李淙煥, 앞의 논문, pp.125-126.

야마구치로 이주 정착한 임성태자의 흔적은 기타무라 토코쿠의 집안 기록에서도 남아 있었다. 다시 말하여 이들에게 있어서 백제는 자신의 가계를 윤색하는데 필요한 귀종유리담(貴種流離譚)의 제공처였던 것이다.

지난 2011년 익산에 임성태자의 45대손이라고 일컫는 오우치 기미오(大內公夫) 부부가 오우치 문화탐방회 회원 20여명과 서동축제에 참가하여 무왕에게 제례를 올렸으며, 왕궁리 유적지에 기념식수를 했다. 또 그는 익산시로부터 명예홍보대사로 위촉되었다. 그는 2009년 4월에도 익산의 백제왕릉원을 찾아 제를 올린 뒤 왕릉원 관리를 위해 써달라며 100만엔을 기탁한 바 있다. 이처럼 오우치씨들에게는 그들의 시조인 백제의 임성태자는 전승의 세계에서 존재하는 가공의 인물이 아니라, 역사적으로 실재하는 실존의 인물이었던 것이다.


## 5. 마무리

이상에서 보았듯이 중세와 근세초기까지 야마구치를 중심으로 일본의 서부를 지배했던 오우치씨들은 그들의 시조를 백제국의 임성태자로 삼았다. 임성태자는 역사적 실존인물이 아니라 전승상에서 존재하는 인물이었다. 이러한 전승은 돌연히 생겨난 것은 아니다. 야마구치에는 비교적 백제인의 이주전승이 널리 보급되어있었다. 그 중에는 막연히 백제인이라며 일반적인 호칭을 사용하는 경우도 있었지만, 설화의 주인공으로 백제의 제왕, 왕후라는 구체적인 이름이 등장하는 경우도 많았다. 오우치씨도 이러한 전승의 토대 위에서 자신들의 시조신화를 만들었을 것으로 추정되고도 남음이 있다.

그러나 그들은 처음에는 막연히 자신들이 백제인의 후손이라는 인식을 가지고 있었다. 그러나 1389년 오우치 요시히로의 대에 이르러 상당한 수준까지 발전된 임성태자의 전승을 가지고 있었다. 이것을 신빙성 있는 역사적 이야기로 만들기 위해 몇 차례나 조선 측에 자신의 세계와 관련된 자료요청을 했고, 그 때마다 조선 측은 최대한 성의를 기울여 공식적인 문건을 만들어 건네주었다. 이러한 자료를 토대로 그들은 1453년과 1486년을 두 차례를 거쳐 대폭 첨삭을 가해 시조신화를 만들었다. 전자는 불교의 수용을 둘러싸고 일본의 국내전이 벌어졌을 때 수용파를 돕기 위해 파견된 인물이 임성태자라고 하였으나, 후자에 이르러서는 관음의 화신인 성덕태자를 흠모하여 도일하는 것으로 내용을 바꾸었다. 이것은 1389년의 문건과 같은 내용이었다. 중앙의 역사를 의식하면서 자신들의 위치를 현실에 맞추어 신화의 내용을 수정보완하고 있음을 알 수 있다. 이처럼 임성태자의 일본이주전승은 14세기 말에서 15세기 후반에 걸쳐 완성된 시조신화라 할 수 있을 것이다.

이러한 시조전승으로 그들은 국내적으로는 고귀한 신분의 가문이라는 것을 대내외적으로 홍보했고, 국외적으로는 조선과의 통교와 교역에 적극 활용했다. 조선 측으로도 그들을 통하여 왜구의 단속에 도움이 되기 때문에 크게 손실이 발생하는 일도 아니었다. 따라서 조선 측도 그들에게 우호적이었고, 오우치씨들도 조선 측에 우호적이었다. 그 결과『대장경』을 11차례나 얻어갔고, 대담하게 조선 측에 백제의 연고지에 토지를 달라고 요구했을 뿐 아니라 자신들이 위기에 닥치자 군자금까지 지원을 요청했다. 이처럼 그들의 시조신화인 임성태자의 전승은 조선과의 교역 및 우호관계를 성립에 크나큰 공헌을 하였던 것이다.

　최근 임성태자의 45대손이라는 자가 익산을 방문하여 지역축제 때 참가하여 언론의 주목을 받은 적이 있다. 임성태자의 전승이 다시 한 번 한일관계의 우호증진을 위해 등장하였던 것이다. 그런데 많은 언론사들이 임성태자는 "아버지 성왕이 신라의 복병에 의해 피살되자 슬픔을 이기지 못해 대만을 거쳐 일본으로 건너갔다"고 일본이주의 경로에 대해 설명하고 있다. 즉, 백제 – 대만 – 일본의 루트를 제창한 셈이다. 지금까지 전혀 예상도 못했던 대만 경유설을 만들어 내었던 것이다. 이처럼 임성태자의 전승은 오늘날에도 변화되고 있다. 이러한 변화되어가는 모습을 꾸준히 지켜보는 것도 우리가 해야 할 몫임은 분명하다.

## 제7장

# 일본 시마네현의 신라계신사와 전승

## 1. 머리말

일본의 시마네현(島根県)은 쥬코쿠지방(中国地方)에서 동해안을 바라보고 있는 산인(山陰)지방의 서부를 차지하고 있다. 이를 세분화하면 서부지역의 이와미(石見)와 동부지역의 이즈모(出雲), 그리고 도서지방의 오키(隠岐)지역으로 나누어 볼 수가 있다. 이 세 지역이 시마네현으로 되어있다. 현청 소재지는 마쓰에시(松江市)이다. 이곳이 우리에게 많이 알려지게 된 것은 독도 때문이었다. 일본은 우리의 독도를 다케시마(竹島)라 하며 시마네현에 편입시켰던 것이다. 그러므로 다케시마의 날을 정하고 우리들에게 다케시마를 돌려달라고 외치는 곳이 바로 시마네현이다. 이처럼 독도 문제로 시마네현이 한국의 경상북도와 첨예하게 대립하고 있듯이 이곳은 고대로부터 지금에 이르기까지 여러 가지 문제로 한국과 밀접한 관련성을 가지고 있었다.

그로 말미암아 이곳은 한국과 관련된 문화들이 곳곳에 산재해 있다. 한국에서 건너간 신들의 이야기, 동해에서 풍랑을 만나 이곳으

215

로 표류한 조선인 및 조선인 마을에 관한 이야기, 조선에서 가져간 범종과 고려인삼을 지배에 성공했다는 이야기, 그리고 조선의 기술로 개발한 은광산이 지금은 세계문화유산이 되었다는 이야기 등 일일이 열거를 다하지 못할 만큼 많이 있다. 그 가운데 이 장에서는 한국에서 건너간 신들의 이야기 가운데 신라와 관련된 신사 및 전승에 관해 살펴보고자 한다. 왜냐하면 시마네는 고대국가이었던 신라와 마주보고 있는 지형적 특성으로 인해 특히 신라와 관련된 신사와 전승이 많이 전해지기 때문이다.

이러한 지역적 특성으로 인해 국내의 학계에서도 여기에 대한 관심이 많았다. 그 예로 임중빈은 우리나라 민담 중 별주부전, 호랑이와 곶감, 나무꾼과 선녀에 해당되는 이 지역의 민담과 비교하여 서로 같은 구조를 가진 이야기가 전승되어지는 것을 확인했고,[1] 또 이지숙은 시마네의 이즈모지역을 연오랑과 세오녀가 건너갔을 곳으로 추정하였으며,[2] 이승영은 언어학적 방법으로 보았을 때 한국관련신사로 가라구니이타테신사(韓國伊太氐神社), 가라가마신사(韓竈神社), 아다가야신사(阿陀加夜神社), 시라야마신사(白山神社), 시라히게신사, 스사신사(須佐神社), 히노미사키신사(日御碕神社), 아마사시히코신사(天佐志比古神社), 히나마지히메신사(比奈麻治比賣神社) 등이 있다고 지적했다.[3]

여기에서 보듯이 이들의 일련의 연구는 시마네현에도 우리의 것과 유사한 민담이 존재하며, 또 그곳은 신라와의 교류를 상징하는 연

---

1 임중빈(1998)「한국과 산음지방의 민담유화비교」『일어교육(15)』, 한국일어교육학회, p.324.
2 이지숙(2009)「일본 산음지방 조사기」『역사교육논총(42)』역사교육학회, p.437.
3 이승영(2007)「산음지방의 지명과 신사명으로 본 한국어적 어원의 문화사적 고찰」『일본어문학(39)』일본어문학회, p.198.

오랑와 세오녀의 정착지 후보지일 가능성이 높으며, 그리고 한국관련 신사가 많은 지역임을 알려주는데 큰 도움이 되는 것은 사실이다. 그러나 이들의 연구가 설화의 유사성을 지적하고 이주민의 정착지이었을 가능성을 추정하는 수준에 머물러있고, 또 한국계 신사라고 하면서도 그것을 입증하기 위해 제시된 논거가 약해 학문적 설득력을 가지기 어려웠다. 그리고 지역적 범위도 산인(山陰) 지역의 일부분으로서 시마네를 다루고 있기 때문에 시마네의 구체적인 특징들을 추출할 수도 없는 한계성을 가지고 있었다.

이러한 사정은 일본에서도 크게 다르지 않다. 일본 속의 한국문화를 찾는 것을 생애의 작업으로서 삼았던 재일교포 작가 김달수(金達壽)도 일본인 연구의 결과를 인용하여 시마네에는 가라구니신사(韓國神社), 가야도(加夜堂), 아마사시히코신사, 히나마지히메신사, 가라가미시라기신사(韓神新羅神社) 등이 한국계 신사라고 지적한바 있다.[4] 그리고 역사학자 나이토 세이츄(內藤正中)도 가라구니이타테신사 이외에 고소시신사(許曾志神社), 우루후신사(宇留布神社) 등을 들고 있다.[5] 이러한 신사들이 한국계라는 사실을 밝힌 것은 분명히 그들의 공적이라고 할 수 있으나, 그것들이 왜 한국계인지 구체적으로 설명을 하고 있지 않은 것은 한국의 연구자들과 크게 다르지 않다. 다시 말해 국내외에 있어서 시마네의 한국계신사 및 전승에 대한 연구는 여전히 초기단계에 머물러 있다 하지 않을 수 없다.

이에 본 장에서는 시마네현 중 이와미, 이즈모, 두 지역 중심으로 살펴보고자 한다. 그곳에서 각각 산재해 있는 한국계 신사 및 전승

---

4  金達壽(1984)『日本の中の朝鮮文化(8)』講談社, pp.70-182.
5  內藤正中(1990)「山陰における日朝関係史(I)」『經濟科學論集(16)』島根大學, p.99.

가운데 신라계의 신사와 전승을 추출하여 그것에 신라상이 어떻게 그려져 있는지를 파악하고자 하는 것이다.

## 2. 이와미의 신라계 신사와 전승

이와미는 앞에서도 언급한 바와 같이 시마네현의 서부지역을 일컫는 명칭이다. 주요도시로서는 오오다시(大田市), 하마다시(濱田市), 고즈시(江津市), 마스다시(益田市), 쓰와노초(津和野町) 등이 있다. 조선 초기 외교관이었던 이예(李藝)가 표류했던 곳도 바로 이곳이었다. 하마다시에서는 조선에서 건너간 사자탈을 보관하는 신사도 있다 한다. 이처럼 이곳은 한반도에서 쉽게 표류할 수 있는 만큼 신라에서 건너가는 신들의 이야기와 신사가 많다. 이를 특징별로 크게 나누면 다음과 같이 3가지로 정리할 수 있다.

**첫째, 일본신이 신라신이 된 경우이다.** 여기에 대표적인 사례는 이 지역의 곡모신인 사히메에 관한 전승이다. 이를 처음으로 국내에 소개한 사람은 민속학자 성병희이었다. 그는 오오다시 이타케루초(五十猛町)의 지명에 관한 연구에서 산베이산(三瓶山)과 히레후루산(比禮振山)의 지명유래에 관한 이야기를 다음과 같이 간략하게 소개하고 있다.

산베이산: 옛날은 사히메산이라고 불렀다. 신라의 사히메가 칼로 살해당한 모신의 사체에서 생겨난 오곡의 종자를 가지고 빨간 기러기를 타고 이 땅에 와서 농업을 퍼뜨린 오오게쓰히메 전승이 있다.

218

❘ 신라의 곡모신을 모신 사히메야마신사

히레후루산: 마스다시에 사히메신사가 있다. 사히메가 모체에서 생
겨난 오곡의 종자를 가지고 신라에서 빨간 기러기를 타고 왔다는 사체
화생형전설이 전해지고 있다.[6]

여기에서 보듯이 성병희는 매우 단편적으로 사히메 전승을 소개
했다. 그러나 이를 통하여 알 수 있는 것은 사히메가 모신과 함께 신
라에 살았는데, 어느 날 악신에 의해 모신이 살해당하고 그 시신에서
생겨난 오곡의 종자를 가지고 빨간 기러기를 타고 일본으로 건너가
사람들에게 전하여 농사를 짓게 한 농경신이라는 점이다. 이러한 전
승이 산베이산 뿐만 아니라 마스다의 히레후루산 지역에도 전승되

6   成炳禧(1997) 「大田市五十猛町の地名考」『古代文化研究』島根縣古代文化センター, p.35.

219

고 있었다. 그리고 이 여신을 모신 신사가 마스다시를 비롯한 오오다시 이와미 은광 마을에도 있고, 또 산베이산의 중턱 다네(種)라는 마을과 오오다시 도리이초(鳥井町) 해수욕장 가까이에도 있다. 그만큼 그녀는 이와미 일대에서 신앙심이 두터웠던 여신이었다.

이 여신의 이야기는 채집자 또는 지역에 따라 조금씩 그 내용이 다르지만 근간을 이루는 기본구조는 대동소이하다. 그 중 본보기로 「국립 산베이 청소년 교류의 집(國立三瓶青少年交流の家)」에서 채집된 이야기를 소개하면 다음과 같다.

> 오오다시 산베이초(三瓶町) 다네(多根)에는 사히메야마신사(佐比賣山神社)가 있다. 옛날 산베이산(三瓶山)은 사히메야마(佐比賣命山)라 불리웠다. 그 연유를 설명하는 다음과 같은 전설이 전하여 온다. 아주 오랜 옛날 신라의 소시모리에 오오게쓰히메라는 오곡의 신이 있었다. 그녀는 난폭한 신들에게 죽음을 당하였다. 그러자 그녀의 머리에서 말, 눈에서 누에, 코에서 콩(大豆), 배에서 벼, 엉덩이에서 팥(小豆), 음부에서는 보리가 각각 나왔다. 그녀의 막내자식인 사히메는 이 오곡의 종자를 가지고 빨간 기러기(赤雁)를 타고 히레후루산(比禮振山)에 머물다가 동쪽으로 나아가 산베이산(三瓶山)에 와서 종자를 뿌리고 농업을 널리 퍼뜨렸다. 이곳을 씨앗이라는 의미의 말인 「다네(多根)」라는 지명도 그러한 연유로 생겨난 것이라 한다. 그리고 산베이산에는 오토코산베이(男三瓶), 온나산베이(女三瓶)라는 두개의 산이 있는데 그 사이에 아카카리산(赤雁山)이라는 산이 있어 그 전설을 뒷받침하여 준다.[7]

---

7  이 이야기는 국립청소년 수련시설 「國立三瓶青少年交流の家」의 건물 안 산베이산에 관련된 신화와 전설을 소개한 안내판에서 얻어진 것이다.

이상의 내용에서 보아 알 수 있듯이 이와미에는 신라의 곡물을 일본으로 전해준 사히메라는 여신은 자신이 모셔지는 신사도 있고, 그녀의 이름을 딴 산이 있을 만큼 지역민으로부터 매우 두터운 신앙을 받고 있음을 알 수 있다. 그리고 이 신화는 내용에서 보듯이 곡물이 어디에서 왔는가를 설명하는 이른바 이와미 지역의 곡물기원신화이다. 그런데 그 기원을 한국에서 찾고 있는 것이다.

실제로 이 지역에서 채집된 것들이 『일본전설대계(日本傳說大系)』(이하 『대계』로 약칭한다)[8]에도 수록되어있는데, 내용의 큰 줄거리에 있어서는 대동소이하나, 세세한 부분에 있어서는 다소 차이가 난다. 이러한 부분들을 종합적으로 정리하면 다음과 같은 특징들을 발견할 수 있다. 그 첫째는 오곡의 발생장소이다. 이상의 신화에서는 신라의 「소시모리」로 되어있지만, 『대계』에서는 표시가 되어있지 않거나, 아니면 소시모리 또는 가라구니(한반도 남부)로 되어있는 것도 있다. 둘째는 남신이 여신을 살해한다는 것이다. 여기에서 살해자는 난폭신으로 되어있지만, 『대계』에서는 스사노오 혹은 어떤 신과 난폭한 신으로 되어있으며, 그리고 살해당하는 여신은 오오게쓰히메로 통일되어있다. 셋째는 살해당한 여신의 신체에서 곡종이 발생한다는 것이다. 이 점은 『대계』의 것과도 일치된다. 그러나 오곡의 종류에 대해서는 전승에 따라 차이가 난다. 이상에서는 오곡이 말, 누에, 콩, 벼, 팥, 보리로 표시되어있지만, 『대계』에서는 앞의 것과 같거나, 아니면 벼, 보리, 콩의 3가지로 되어있는 경우도 있으며,[9] 또 오곡으로만 표기되어있는 경우도 보인다. 이 점에서만은 통일되어있지 않다

---

8　野村純一外 3人編(1984) 『日本傳說大系(11)』 みずうみ書房, pp.17-25.
9　野村純一外 3人編, 앞의 책, pp.17-20.

는 점이다. 넷째는 막내딸인 사히메가 오곡의 씨앗을 모아서 빨간 기러기(赤雁)를 타고 신라에서 바다를 건너 이와미 지역에 전해준다 는 것이다. 이 점에 대해서는 모든 설화가 일치된다.

이러한 네 가지 요소 가운데서도 가장 핵심을 이루고 있는 요소는 살해당하는 여신, 바다를 건너는 여신, 그리고 곡물을 가져다주는 새의 이야기이다. 즉, 신화에서 말하는 사체화생형(死體化生形)과 해상 내림형(海上來臨形) 그리고 천상강림형(天上降臨形)의 요소가 두루 수용 되어 하나의 이야기로 되어있는 특징을 가지고 있는 것이다.

그렇다면 이와미의 곡물기원신화는 한국에서 직접 전래된 것인 가? 여기에는 신중성을 기할 필요가 있다. 왜냐하면 사히메 그리고 그녀의 모신인 오오게쓰히메는 한국어로는 매우 낯설지만 일본에서 는 매우 익숙한 이름이다. 특히 오오게쓰히메는 중앙의 기록인『고 사기(古事記)』에 등장하며, 내용 또한 오곡발생의 기원을 설명하는 사 체화생형으로 되어있다. 따라서 이러한 신화를 과연 이와미의 고유 전승으로 볼 수 있느냐 하는 점이다. 더군다나『이즈모풍토기(出雲風 土記)』에도 오오게쓰히메에 관한 기사는 일체 보이지 않는다. 그러므 로 오오게쓰히메의 사체화생형 신화를 본래 이즈모 지역전승이라고 보기가 어렵다. 그리고 지금까지 신라지역에서 사체화생신화가 발 견되었다는 연구도 나오지 않고 있다. 그러므로 이상의 신화를 신라 에서 이와미로 전해졌다고 보는 데는 한계가 있다.

그렇다면 이와미의 곡물기원신화에서 보이는 사체화생형은 어디 에서 유래된 것일까? 결론부터 말하자면 이것은 8세기 문헌인『고사 기』와『일본서기(日本書紀)』(이하는『기기』로 생략함)의 영향으로 인해서 생겨났을 가능성이 높다. 왜냐하면 그 내용이『고사기』와 아주 흡사하기 때문이다. 『고사기』에서는 천상계에서 악행을 저지른 스사노오가 지상으로 추방되어 내려오던 도중 오오게쓰히메를 만나 음식을 요구하자, 오오게쓰히메가 신체의 배설물에서 재료를 내어 음식을 만들어 대접하였다. 이를 알아챈 스사노오가 그녀를 살해하자 그 시신의 각 부위에서 곡물이 생겨났다는 것이다.

여기에서 보듯이 이와미의 사히메전승은 첫째, 남신과 피살되는 여신의 이름이 『고사기』와 동일하다. 그러므로 오오게쓰히메는 『고사기』의 영향에 의해 생겨났다고 할 수 있다. 둘째는 오곡의 발생지 및 살해당하는 여신의 거주지가 신라의 「소시모리」 또는 한반도로 묘사되어 있다. 신라의 「소시모리」는 문헌에는 『일본서기』의 「일서(一書)」에 처음으로 등장하는데, 그곳은 다름 아닌 하늘에서 쫓겨난 스사노오가 지상으로 처음으로 강림한 곳을 말한다. 다시 말해 일본의 신이 신라로 내려온 것이다. 「일서」에 의하면 여기에 내려온 스사노오는 "이곳은 내가 있고 싶지 않은 곳이다."하며 흙으로 만든 배를 타고 동쪽 바다를 건너 이즈모로 간 것으로 묘사되어있다. 그에 비해 『고사기』에서는 「소시모리」에 관한 이야기가 일체 등장하지 않고 있다. 이러한 부분에서는 『고사기』보다는 『일본서기』의 영향이 크다 하겠다. 이처럼 이와미의 곡물기원신화는 『고사기』의 오오게쓰히메의 이야기를 바탕으로 『일본서기』의 「소시모리」 강림신화가 결합되어 하나의 이야기가 되어있음을 알 수 있다.

그러나 사히메 전승이 『기기』와 가장 큰 차이는 사체화생형을 띠고는 있지만 가장 큰 핵심은 "곡물은 바다 저편에서 전해진 것"이라는 해상내림형을 바탕으로 구성되어있다는 점이다. 이것을 전승의 기저에 두고 각종 다양한 곡물기원신화의 요소를 수용하였던 것이다. 그 결과 하늘을 강조하는 천상타계관이 약화되고 바다를 대변하는 해상타계관이 자연스럽게 강조되어있다. 그에 따라 바다 저편에 있는 한국의 구체적인 지명으로 신라가 부상되게 되었다. 그 결과 이와미의 토착신인 사히메는 신라의 여신이 된 것이다.

**둘째, 관서지역의 신라계 여신이 진출한 경우이다.** 이 경우는 신라에서 이 지역으로 건너간 것이 아니라 관서지역에 정착한 신라여신의 세력이 이곳으로 진출한 경우이다. 여기에 대표적인 예는 오오모리초(大森町) 사가미신사(城上神社)의 경내에 있는 히메코소신사(比売許曽神社)이다. 현재 이곳에 모셔져 있는 신은 시타테루히메신(下照姫命)이다. 그러나 신사명에서 보듯이 원래는 히메코소이었음은 두말할 나위가 없다.

앞 4장에서도 언급하였지만 이 신이 현재 오사카인 나니와(難波)에 정착하는 이야기가 『기기』에 자세히 서술되어있는데, 그 내용을 다시 한번 소개하면 다음과 같다.

### 〈고사기의 응신천황조〉

신라에 어떤 늪 하나가 있었는데 그것을 아구누마(阿具奴摩)라 했다. 그 늪 근처에 어떤 신분이 천한 여인이 낮잠을 자고 있었다. 그 때 무지개와 같은 햇빛이 그녀의 음부를 비추었다. 그러자 신분 천한 남자 한 명이 이를 보고 이상히 여겨, 항상 그 여자의 동태를 살폈다. 그러더니 이윽고 그 여인이 낮잠을 자던 때부터 태기가 있어 드디어 출산을 했는데 붉은 구슬이었다. 그리하여 그 모습을 보고 있던 그 천한 남자는 그 구슬을 그녀에게 달라고 애원한 끝에 받아낸 후 항상 싸 가지고 허리에 차고 다녔다. 이 남자는 산골짜기에 밭을 일구며 살고 있었으므로 밭을

224

가는 일꾼들의 음식을 한 마리 소에다 싣고 산골짜기로 들어가다가 그 나라 왕자인 아메노히보코를 우연히 만났다. 이에 아메노히보코가 그 남자에게 묻기를 "어찌하여 너는 음식을 소에다 싣고 산골짜기로 들어가느냐? 필시 이 소를 잡아먹으려고 그러는 것이지!"라며 즉시 그 남자를 잡아 옥에 가두어두려고 했다. 이에 그 남자가 대답하기를 "저는 소를 죽이려는 것이 아닙니다. 다만 밭을 가는 사람들의 음식을 실어 나를 뿐입니다."라고 하였다. 그러나 아메노히보코는 이를 용서하지 않았다. 그리하여 그 남자는 허리에 차고 있던 구슬을 풀어 왕자에게 바쳤다. 그러자 아메노히보코는 그 신분이 천한 남자를 방면하고 그 구슬을 가지고 와서 마루 곁에다 두었다. 그런데 그 구슬이 아름다운 여인으로도 변하였다. 그리하여 아메노히보코는 그녀와 혼인을 하고 적실의 아내로 맞아들였다. 그녀는 언제나 각종의 진미한 음식을 장만하여 왕자에게 바쳤는데, 거만한 왕자는 돌연 그녀를 타박하기 시작했다. 그러자 그녀는 말하기를 "나는 당신의 아내가 될 몸이 아니다. 나의 선조의 나라로 가겠다."하며 몰래 작은 배에 몸을 싣고 일본의 나니와(難波)로 가버렸다. 이곳이 나니와의 히메코소 신사이고, 이름은 아카루히메이다. 그후 아메노히보코는 아내가 도망쳤다는 소식을 듣고 곧 그 뒤를 따라 건너와 나니하에 도착하려고 했다. 바로 그때 해협의 신이 이를 막고 나니하에 들여보내 주지 않았다. 그리하여 아메노히보코는 하는 수 없이 다시 돌아와 다지마(多遲摩)라는 곳에 정박했다. 그리고는 그곳에 머물면서 다지마노마타오(多遲摩之俣尾)의 딸, 사키쓰미(前津見)라는 이름의 여인과 혼인하여 다지마모로수쿠(多遲摩母呂須玖)라는 자를 낳았다.[10]

10 노성환(2009), 『고사기』 민속원, pp.236-238.

### 〈일본서기의 수인천황 조〉

　　어떤 설에 의하면 처음 쓰누가아라시토는 나라에 있었을 때 황소에게 농기구를 싣고 시골로 갔다. 그런데 그 소가 갑자기 없어졌다. 추적을 해보았더니 발자국이 어떤 마을 한 가운데 있었다. 한 노인이 말했다. "네가 찾고 있는 소는 이 마을 안으로 들어갔다. 마을 관리가 말하기를 '소가 지고 있는 물건으로 보면 반드시 잡아먹으려는 것이다. 만일 주인이 오면 물건으로 보상하기로 하자.'며 잡아먹었다. 만일 소의 댓가로 무엇을 바라는가 하고 물으면 재물을 탐하지 마라. 마을에 모시는 신을 갖고 싶다고 말하거라."고 일러 주었다. 얼마 후 마을 관리가 와서 말했다. "소의 댓가로 무엇을 바라는가?"그 말을 들은 그는 노인이 가르쳐준 대로 하였다. 그 마을에서 모시는 신은 하얀 돌이었다. 그 하얀 돌을 소 대신으로 받은 것이다. 그것을 가지고 돌아와 잠자는 방에 두었더니 그 돌은 어여쁜 처녀가 되었다. 아라시토는 대단히 기뻐하며 부부관계를 맺으려고 했다. 그러나 아라시토가 조금 떨어져 있는 틈을 타서 처녀는 사라지고 말았다. 아라시토는 크게 놀라 아내를 찾았다. 아내는 "동쪽으로 갔습니다."고 한다. 그 뒤를 쫓아가보니 바다 건너 일본으로 들어갔다. 찾아 헤매던 그 처녀는 나니와에 가서 히메코소신사의 신이 되었다. 또 도요쿠니의 구니사키에 가서 히메코소신사의 신이 되었다. 그리하여 이 신은 두 군데에서 모셔지고 있다.[11]


　　이상에서 보듯이 이 두 이야기는 출발배경이 서로 다르다. 『고사기』는 신라로 되어있는가 하면, 『일본서기』는 대가야국으로 되어있다. 그에 따라 그녀의 남편도 전자는 신라 왕자 아메노히보코로 되어

---

11　宇治谷孟譯(1990), 『日本書紀(上)』講談社, pp.136-137.

있는 것에 비해, 후자는 대가야국왕자 쓰누가아라시토로 되어있다.

이러한 차이점에도 불구하고 미묘하게 일치되는 점들도 몇 가지 있다. 그것은 다름 아닌 남편을 피해 일본으로 도망치는 것, 그녀가 떠난 뒤 당황하여 뒤쫓아 가보지만, 재결합하지 못한다는 것, 또 그녀는 나니와의 히메코소의 신사의 신이 되었다는 것이다. 특히 그녀는 원래 모습이 전자인 경우는 붉은 구슬이었다고 하고, 후자는 백석이었다고 한다. 즉, 적옥과 백석이 변하여 여인이 되었다는 것이다. 특히 후자의『일본서기』에서는 마을사람들이 모시는 신성한 돌이었다. 즉, 그녀는 돌에서 태어난 신인(神人)이었던 것이다. 그리고 그녀는 신라와 가야로 대표되는 고대 한반도에서 건너가 오사카 나니와의 여신이 되었다. 그녀가 바다를 건너 일본으로 갔듯이 그 성격 또한 바다를 상징하고 있기 때문에 바다를 표방하고 있는 사가미 신사에 초빙되었을 가능성도 없지 않다. 그러나 사가미 신사가 지배자 힘의 논리에 따라 오늘날 사가미 신사는 바다가 아닌 광산촌의 수호신으로 신격을 바꾸었다. 그에 따라 원래 바다와 밀접한 관련성을 가졌던 히메코소도 오늘날 그 성격을 망각한 채 사가미 신사의 경내에 조용히 좌정해 있는 것이다.

**셋째, 가라계가 일본신화의 영향으로 신라신사가 된 경우이다.** 여기에는 오오다시의 가라가미시라기신사(韓神新羅神社)에서 찾을 수 있다. 신사명에서 보듯이 이 신사는 가라(韓)과 신라(新羅)라는 두 개의 국명이 합쳐져 있다. 여기에 대해 이승영도 "한은 반도의 가라, 가야이고, 나중에 신라에 합병되었으므로 신라라고 할 수 있다"라고 했고,[12] 하마다 히토시(濱田仁)도 이 같은 이와 유사한 견지에서 "7세기

---

12 이승영, 앞의 논문, p.193.

▌가라가미시라기신사

후반 신라가 삼국을 통일한 동란기 이후 일본으로 피난해 있던 가야 출신의 신라인들에 의해 창건되었을 가능성이 높다"고 추정했다.[13]

그러나 그가 말하는 것처럼 그렇게 간단한 문제가 아니다. 왜냐하면 10세기경 당시 일본 전국의 신사를 기록한 명부인『연희식(延喜式)』에도 이 신사의 이름은 등장하지 않으며, 또『오오다시지(大田市誌)』에는 이 신사의 창건이 1735년(享保20)으로 되어있기 때문이다.[14] 그리고 지역민들은 가라가미시라기신사보다는「오우라신사(大浦神社)」,「묘진상(明神さん)」이라는 이름을 더 많이 부르고 있다. 이러한 사정으로 미루어 원래 이곳에는 오우라라고 불리는 작은 신사가 있었는데, 1735년을 계기로 새로이 건물을 짓고, 신사의 이름도 종전과는 다르게 오늘날과 같이 가라가미시라기신라로 하였을 가능성이 높다.

그런데 문제는 무엇 때문에 가라가미시라기신사라는 긴 이름을 붙였느냐 하는 것이다. 일본에서「가라」라 함은 본시 가야를 지칭하

13  濱田仁(2006)「韓神新羅神社と海藻文化」『東アジア日本語教育. 日本文化研究(9)』, p.372.
14  大田市誌編纂委員會(1968)『大田市誌』大田市役所, p.675.

는 말이었으나, 이것이 확대되어 가야, 신라 혹은 백제를 아울러 한 반도의 남부를 가리키는 말로 사용되다가 후에는 더욱더 범위가 확대되어 외국을 가리키는 말로 사용되는 용어이다.

이곳의 지형적 특징으로 보아 여기에서 사용하는 「가라」는 가야 라는 어느 특정한 지역의 국가명보다는 한반도 남부를 가리키는 외 국이라는 막연한 개념으로 사용되었을 것으로 보인다. 민속학자 다 니가와 켄이치(谷川健一)는 이곳에는 "매년 음력 10월이 되면 두 마리 의 용사(竜蛇)가 바다에서 올라온다. 이것은 가라구니에서 온 신의 사 자라고 생각한다."고 했다.[15] 여기서도 알 수 있듯이 이들이 사용하 는 가라구니는 특정지역을 가리키는 용어가 아니었다. 그것은 단지 바다 저편의 땅 혹은 신들의 나라를 가리키는 이역의 의미로 사용된 말이었다.

실제로 이곳은 일찍이 한반도 남부지역으로부터 이주민들이 정 착한 곳이었다. 그 단적인 예로 가라라는 지명이 일대에 많이 남아있 다. 가라시마(韓島), 가라사키(韓崎), 가라우라(唐浦), 가라코야마(唐郷山) 등이 바로 그것이다. 가라시마는 섬 둘레가 약 800미터밖에 되지 않 는 조그마한 섬으로 노송이 우거진 무인도인데, 이곳에는 가라시마 신사(韓島神社)가 있다. 이처럼 이 지역은 커다란 포구를 이루고 있다 는 지형적인 특징으로는 오우라이었지만, 그곳에 사는 주민들의 성 향으로 본다면 가라이었다. 그러므로 이 신사를 오우라신사와 함께 가라신사라고 부르는 것이 자연스러웠다. 그럼에도 불구하고 여기 에 왜 신라라는 명칭이 붙어있는 것일까? 여기에 일말의 단서를 제 공해주는 것이 이 신사의 제신에 관해 설명하는 신화이다. 그 내용을

---

15 谷川健一,「海を照らす神しき光」『谷川健一著作集Ⅰ』.

소개하면 다음과 같다.

　　스사노오가 하늘에서 신라의 소시모리에 내려와 거주하였으나 성
격에 맞지 않아서 아들 이소타케(五十猛町)와 딸인 오오야쓰히메(大屋
津姫命). 쓰메츠히메(瓜津姫命)를 데리고 흙으로 만든 배를 타고 이곳
오우라항에 도착했다. 그들이 신라에서 도착하여 해안을 관찰한 곳
이 가미시마(神島)이며, 그리고 나서 상륙한 곳이 신죠지마(神上島)이
다. 스사노오는 현재 오우라항의 신라신사에 거주지를 정하였으나
나머지 3명의 신들은 뿔뿔히 흩어져 자신들의 거주지를 정하였다. 그
들이 헤어진 곳을 가미와카레자카(神別坂)라 하고, 이소타케와 오호야
쓰히메가 서로 만났다고 하는 해안을 아우하마(逢濱)라 한다. 이곳에
도착한 스사노오는 주로 나무와 약초를 심는 일을 했다. 가라마쓰소
네(唐松曾根)라는 곳은 그가 신라에서 가지고 온 나무를 심었다는 곳이
고, 약사산(藥師山)은 그가 신라에서 약초를 가지고 와서 재배한 곳이
다. 이로 인해 이들은 지역민으로 부터 건축, 항해, 수목의 신으로 숭
상되고 있다.[16]

　현재 이 신사에서 모셔져 있는 주신은 스사노오이다. 이상의 내용
에서 보듯이 이 신은 하늘에서 신라의 소시모리로 내려와 살다가 마
음에 들지 않아 자식들을 데리고 이곳으로 건너와　자신은 이곳에
정착하였지만, 자식들은 흩어져 각기 자신의 거주지를 정하고 정착
하였다는 것이다.

---

16　1999년. 7월 12일 지역민인 林正幸씨로 부터 들은 이야기이다.

그러나 이 이야기를 이 지역의 고유전승이라고 보기 어렵다. 왜냐 하면 그것은『일본서기』의 스사노오 신화내용과 거의 같기 때문이 다. 즉, 스시노오가 천신이라는 점, 소시모리에 거주했다는 점, 도일 의 이유로 소신모리가 자신과 맞지 않았다는 점, 자식들과 함께 흙으 로 만든 배를 타고 일본으로 간다는 점, 그리고 그의 신격이 임업과 관련된 수목의 신이라는 점 등 세부적인 사항까지 일치하고 있는 것 이다. 더군다나 자식들의 이름까지 모두『일본서기』와 동일하다. 이 러한 점에서 보았을 때 이상의 이야기는『일본서기』로부터 상당한 부분의 영향이 있었다는 것을 인정하지 않을 수 없다.

신라계 신사가 곧잘 스사노오와 결합하는 데는 스사노오가 일본 에 정착하기 전 신라의 소시모리에 거주했다는 내용이 있기 때문이 다. 그리고 스사노오는 일본 천황계의 선조신인 아마테라스의 남동 생으로 되어있고, 일본의 창세신인 이자나기, 이자나미의 아들로도 되어있을 뿐 아니라 중앙의 신화인『기기』에서 대활약을 펼치는 신 이다. 그러므로 중앙과 연결 지으려는 지역적 욕구가 여기에 고스란 히 담겨져 있다고 보아야 할 것이다.

이것은 비단 이곳만이 가지는 특징이 아니다. 곳곳에서 그러한 사 례는 쉽게 발견할 수 있다. 특히 이러한 경향은 지방의 신라계 신사가 종전까지는 막연히 신라라고만 하던 것을 제신으로서 구체화하여 나 타내려고 하였을 때 두드러지게 나타난다. 그 때 가장 많이 선호되었 던 신이 바로 스사노오이다. 가라가미시라기신사도 바로 그 중의 하 나에 지나지 않는다. 즉, 스사노오는 훗날 윤색되어진 것이다.

이러한 증거는 마을의 구성에서도 찾을 수 있다. 신화상으로 본다 면 이 지역은 스사노오가 중심을 이루어야 한다. 그러나 마을의 구성은 그렇게 되어있지 않았다. 오우라를 포함한 이 지역의 이름이 스사노오의 아들인 이소타케의 이름을 딴 이소타케초(五十猛町)로 되어있을 뿐 아니라, 이소타케가 제신으로 되어있는 이소타케신사가 이소타케초 전체를 통괄하는 신사로 되어있다.

　신화상으로는 스사노오가 부신(父神)으로서 중심을 이루나 지역의 대표자가 되지 못하고, 오히려 아들 이소타케의 관할에 놓여져 있는 것이다. 또 마을의 위치도 그러하다. 이소타케가 본향(本鄕)이고, 오우라가 지향(枝鄕)이다.[17] 이처럼 실제의 마을구성은 스사노오가 아닌 이소타케가 중심을 이루고 있다.

　이러한 특징을 보더라도『일본서기』의 신라에서 이즈모로 건너갔다는 스사노오의 신화가 이 지역에 영향을 끼쳐 1735년 새롭게 신사의 건물이 세워질 때 신라라는 이름이 붙여져 오늘날과 같은 긴 이름의 신사가 탄생한 것으로 보인다.

　지금까지 살펴보았듯이 이와미지역에 있어서 신라계 신사와 전승은 오오다시를 중심으로 분포해 있는 특징을 보인다. 신사의 경우 비록 신라계라고 표방하고 있었지만, 그것을 모두 순수하게 신라계로 볼 수 없다. 좀 더 면밀히 내부를 들여다보면 첫째, 일본신이 신라신이 된 경우, 둘째 관서지역의 신라계 여신이 진출한 경우, 셋째는 스사노오의 영향으로 신라신사가 된 경우이다. 한편 전승에 나타난 신라에 대해서는 전반적으로 호의적이다. 그들에게 있어서 신라는 농경문화의 발상지이며, 신들의 고향이었다.

---

17　高橋統一(2000)『神なる王/巫女/神話-人類學から日本文化を考える-』岩田書院, p.123.

## 3. 이즈모의 신라전승

이즈모는 시마네현에서도 동부지역을 가리키는 말이다. 과거에는 운슈(雲州)라고도 불리웠다. 이곳의 주요도시로는 이즈모시(出雲市), 마쓰에시(松江市), 야스기시(安來市), 운난시(雲南市) 등이 있다. 조선의 세종대왕이 백성들을 돌려달라고 일본 측에 요구한 조선인들이 집단 거주했던 곳도 이곳 야스기에 있었다. 그리고 조선에서 가져간 범종이 3개나 이 지역의 사찰에 있다. 이처럼 이 지역도 한국과 관련이 깊은 곳이다.

그럼에도 불구하고 이곳에서는 이와미와는 달리 신라를 표방하는 신사가 보이지 않는다. 그렇다고 해서 신라에 관한 전승이 없는 것이 아니다. 전승은 있다고 하지만 그것에 나타난 신라의 이미지는 대체적으로 적대감을 나타낸다. 이 점은 분명히 이와미지역과 다른 또 하나의 특징이다. 그럼 그에 대한 구체적인 사례를 들어보기로 하자.

시마네 반도(島根半島)는 시마네현 북동쪽에 위치하며, 우리의 동해를 바라보며 동서로 길이가 60킬로 정도로 기다랗게 본토에 붙어있는 특이한 모습을 하고 있다. 이 지역은 신사로는 미호신사(美保神社), 이즈모대사(出雲大社)를 비롯한 히노미사키신사(日御碕神社), 사타신사(佐太神社), 그리고 사찰로는 악연사(鰐淵寺), 화장사(華藏寺), 일전약사(一畑藥師) 등 일본에서도 저명한 종교시설이 즐비하게 있는 그야말로 고대로부터 신앙의 중심지이었다.

이러한 시마네 반도가 어떻게 생성되었는지를 설명하는 신화가 8세기 문헌『이즈모풍토기(出雲風土記)』에 신라는 다음과 같이 서술되어 있다.

▌신라에서 땅을 밧줄로 당겨서 가져가는 구니비키신화의 그림(산베산 청년의 집)

오우(意宇)라고 부르는 까닭은 국토를 가지고 온 야쓰카미즈오미쓰
노(八束水臣津野命)가 어느 날 "이즈모는 좁은 두건의 천처럼 아직 성숙
하지 못한 곳이다. 처음부터 작게 만들었구나. 내가 다시 만들어 붙여
야 겠다."며 신라의 미사키(三崎)에 남는 토지가 있는지 없는지를 살펴
보고 "여분이 있구나."하며 동녀(童女)의 가슴과 같은 큰 쟁기를 손에
들고 큰 고기를 내려찍어 잡듯이 잡고서 밧줄로 동여매고는 '영차 영
차"하며 당겨서 붙인 땅이 고즈(去豆)의 절벽에서 야호니키즈키(八穗爾
杵築)의 미사키까지 이르는 땅이다. 그 땅을 당겨오기 위해 밧줄을 동여
맨 말뚝은 이와미와 이즈모의 경계지역에 있는 사히메산이다. 또 손에
쥐고 당긴 밧줄은 소노의 긴 모래사장이 되었다.
또 기타도(北門)의 사키국(佐伎國)에 남는 땅이 있는 가를 바라보고

"여분의 땅이 있구나."하며 동녀의 가슴과 같은 큰 쟁기를 들고 큰 물고기를 내려찍어 잡듯이 잡고서 국토를 당겨서 붙인 것이 다쿠(多久)의 오리타에(折絶)에서 사다(狹田)에 이르는 땅이다. 또 기타도의 노나미(農波, 良波)의 땅도 여분이 있는 것을 알고 끌어 당겨서 붙인 것이 우하(宇波)의 오리타에서 구라미(闇見國)까지 이르는 땅이다. 그리고 고시(高志)의 쓰쓰(都都)의 미사키(御崎)에 국토가 남는 것을 보고 "여분의 땅이 있구나."하며 앞에서 했던 것처럼 땅을 당겨서 붙인 것이 미호노사키(三穗の崎)이다. 손에 쥔 그물은 요미시마(夜見島)가 되었다. 꽉 동여맨 배를 묶는 말뚝은 호키(伯耆國)의 히노가미타케(火神岳)가 되었다. "마침내 국토를 붙이는 일을 끝냈다."하며 오우의 신사에 지팡이를 꽂고 "오에"라고 외쳤다. 그리하여 그곳을 '오우'라고 하는 것이다.[18]

이 신화는 이즈모뿐만 아니라 일본전역에서도 유명하다. 국토를 끌어왔다는 의미에서 흔히 이를 구니비키신화(國引神話)라 한다. 1982년 시마네현에서 전국체전이 개최되었을 때 시마네현은 이 신화를 빌려와 「구니비키 국민체전」이라는 이름을 붙였을 정도이다. 그리고 이를 형상화한 그림과 조각 등이 곳곳에 만들어져 전시되고 있다. 이처럼 이 신화는 시마네를 대표하는 상징물이기도 하다.

신화상으로 본다면 오늘날 시마네 반도라 불리는 땅은 원래 이즈모의 것이 아니었다. 토지가 좁아서 야쓰카미즈오미쓰노라는 신이 이곳저곳에서 땅을 당겨 와서 붙여서 만든 땅이었다. 즉, 반도의 서쪽에는 신라에서, 중앙에는 사키국(佐伎國)와 노나미(農波, 良波)에서, 그리고 동쪽에는 고시(高志)지역에서 끌어와서 만들었다고 이상의 신

---

18 吉野裕譯(1982) 『風土記』 平凡社, pp.132-133.

화에서는 설명하고 있는 것이다. 그러나 실제로 땅을 당겨왔을 리는
없다. 그것은 단지 상징성에 불과하며, 각기 이상의 지역에서 이즈모
반도로 이주하였거나, 아니면 이즈모반도가 이들 지역과 빈번하게
통교했던 해상교통의 중심지이었음을 나타내는 것으로 볼 수 있다.

　실제로 그러한 관점으로 해석하는 사람들도 없지 않다. 가령 몇해
전 이즈모의 향토사가 가지타니 미노루(梶谷実)씨가 지역 주민 20여명
을 인솔하여 나의 연구실을 찾아온 적이 있다. 그들이 울산에 있는
나를 찾아온 데에는 나름대로 이유가 있었다. 그들의 의견에 따르면
위의 신화에 나오는 신라의 미사키가 울산이라고 했다. 미사키의
"미"는 미칭이므로 원래 지명은 사키(佐伎)이며, 이곳은 고대한국의
변진 12국 중 옛 울산에 있었다는 고대국가가 사키(再奚)라는 것이다.
그러므로 이곳에서 이즈모 반도로 많은 사람들이 이주해왔기 때문
에 어쩌면 그들의 먼 선조 땅이 바로 울산이라는 것이다. 그리고 고
대 울산 사람들이 직접 이즈모반도로 간 것이 아니고, 그 이전에 중
간지점인 오키섬에 가서 살다가 이즈모 반도로 건너갔는데, 그 증거
로 오키의 아마초(海士町)에 사키(崎)라는 지명이 있다는 것이었다. 즉,
그의 주장에 의하면 울산 - 오키 - 이즈모의 루트를 주장하고 있는
것이다.

　재일사학자 전호천도 이러한 관점에서 서서 이즈모의 창세신이
토지를 끌고 왔다는 노나미(農波, 良波)의 「라하(良化)」는 함경북도 명천
군의 일대에 대량화(大良化), 소량화(小良化)가 있는데, 이 지역 사람들
이 건너갔다는 것을 반영하는 것이라 하며, 구니비키 신화의 노나미
는 량화에서 라하로 변화된 것이라고 했다.[19] 이러한 것들이 사실이

---

19　全浩天(1989)『朝鮮からみた古代日本』, 未來社, p.137.

라면 이즈모 반도의 서쪽에는 신라의 울산 사람들이, 그리고 중앙에는 울산과 고구려인들이 대거 이주하여 정착한 곳이 된다.

그러나 이 신화를 이야기 속에 숨어있는 역사를 찾아내지 않고 내용을 그대로 본다면 그러한 설명들과 다른 해석이 가능하다. 즉, 이 신화는 자신이 사는 곳이 좁다고 하여 타지의 땅을 마음대로 가져가는 약탈의 신화로 보이는 것이다. 그렇다면 이 신화 속에 나타난 신라는 그들에게 있어서 약탈의 대상임에 틀림없다. 실제로 그러한 의식이 이 지역에 있었다. 이러한 사정을 잘 드러내고 있는 신화가 히노미사키신사(日御碕神社)에서 전해지고 있다.

이 신사는 시마네 반도의 서쪽 끝 해안 쪽에 자리 잡고 있는 곳으로서 연오랑과 세오녀의 정착지로서 추정되는 곳이며, 그 흔적으로서 가라구니신사(韓國神社)를 경내에 두고 있는 곳이기도 하다.[20] 이곳에 신라에 관한 전승이 다음과 같이 전해진다.

효령천황(孝靈天皇) 61년 11월 15일 월지국(月支國)의 히코하니왕(彦玻瓊王)이 수백척의 병선을 이끌고 이즈모의 히노미사키에 공격해왔다. 그 이유는 옛날 야쓰카미즈오미쓰노가 이즈모를 크게 만들기 위해 신라국에 남은 땅을 잡아 당겨서 가지고 와서 지금의 기즈키(杵築) 지역을 만들었던 것을 도로 찾기 위한 것이었다. 히노미사키에서는 오노검교(小野檢校) 가문의 선조인 아메노후키네(天葺根命)의 11세손인 아케하야즈미(明速祇命)가 필사적으로 분투하여 막아냈다. 또 먼 선조인 스사노오가 하늘에서 대풍을 일으켜 이를 도왔다. 그리하여 히코하니왕의 대

20  노성환(2012)「일본 현지설화를 통해서 본 연오랑과 세오녀의 정착지」『일어일문학(56)』대한일어일문학회, pp.309-330.

군은 바다의 거품이 되어 사라졌다. 이 때 히코하니왕의 병선의 밧줄을 묶은 곳은 지금도 앞 바다에 보이는 도모시마(艫島)라 한다.

이 이야기도 역사적인 사실을 그대로 반영하고 있는 것으로 보기 어렵다. 가령 월지국은 원래 몽골고원 서쪽에 위치한 월씨국(月氏國)을 말한다. 그리고 시대적 배경이 되고 있는 효령천황(孝靈天皇)은 결사 8대(欠史八代)의 천황 중의 한사람으로 역사상으로 실존하지 않았을 가능성이 높은 인물이다. 그러므로 이 이야기는 시대배경은 허구일 뿐 아니라, 스사노오가 태풍을 일으켜 적의 배들을 침몰시켰다는 내용에서 보듯이 몽고의 일본원정과 혼동되어있음을 쉽게 추정할 수 있다.

그러나 이를 신화상으로 본다면 이야기의 발단은 이즈모의 창세신인 야쓰카미즈오미쓰노가 신라에서 땅을 약탈하여 간 구니비키신화에서 비롯되고 있다. 따라서 그 땅을 찾고자 일본을 공격하는 월지국의 하코하니왕은 다름 아닌 토지를 빼앗긴 신라의 왕을 나타내고 있음을 쉽게 알 수 있다. 비록 신라를 월지국과 혼동하고, 또 결말은 언제나 그들은 일본에 의해 퇴치당하는 것으로 되어 있지만, 그 이면에는 신라에서 토지를 약탈하여 왔다는 의식이 깔려져 있음은 부인하기 어렵다. 이처럼 이즈모에 있어서 신라는 약탈의 대상이자, 또 퇴치의 대상으로 되어있는 것이다. 이 점은 신들의 고향이자 문화의 원류로 보는 이와미의 호의적인 시선과는 지극히 대조를 이루는 특징이라 할 수 있다.

## 4. 마무리

지금까지 살펴보았듯이 시마네현에 있어서 신라계 신사 및 전승을 이와미, 이즈모, 두 지역으로 나누어 그 특징들을 살펴보았다. 그 결과 신라계 신사는 이와미지역에 집중적으로 나타나는 반면 나머지 두 지역에서는 신라를 표방하는 신사는 단 한곳도 없었다. 그렇다고 해서 전혀 없는 것은 아니다. 역사의 흐름과 신라의 이미지 변화에 따라 이름을 바꾸고 제신과  전승을 변화시켰기에 보이지 않고 있을 뿐이다.

그에 비해 신라와 관련된 전승은 비교적 두 지역 모두 골고루 분포되어 있었다. 신라에 대한 이미지는 지역에 따라 각각 다르게 나타났다. 즉, 이와미에 있어서 신라란 일본의 신을 신라에서 왔다고 할 만큼 신들의 땅이자, 농경문화의 원류지로서 호의적인 태도로 바라보고 있었다.

한편 이즈모에서 신라는 자신들의 좁은 지역을 확장하기 위해 필요한 땅을 약탈하는 곳이었으며, 또 빼앗긴 토지를 회복하고자 공격해오는 침략자들이 있는 곳이었다. 이처럼 이즈모에서는 부정적인 이미지로 관철되어있었다. 같은 시마네라 할지라도 지역에 따라 신라의 이미지가 다르다.

흔히 시마네지역은 신라의 영향이 크다고 말한다. 아마도 이것은 신라의 소시모리에 거주하다 이즈모로 건너가 야마타오로치라는 8개의 머리와 꼬리가 달린 괴물을 퇴치하고 지역의 맹주가 되었다는 『기기』에서 얻은 지식의 영향일 가능성이 높다.

그러나 그 이야기는『기기』에만 나오는 이야기일 뿐 정작 이즈모

지역의 역사지리를 기록한 고문헌인 『이즈모풍토기』에는 나오지도 않는다. 또 신라의 소시모리는 어디까지나 『일본서기』의 일서에만 나오는 이야기이지 『기기』의 전반적인 내용에 나오는 이야기도 아니다. 따라서 스사노오는 이즈모의 신으로 되어있는 『기기』의 기록과는 달리 본래 이즈모의 신이 아닐 가능성이 높다. 이러한 점은 시마네의 신라계 신사와 전승을 연구하는데 주의를 기울이지 않으면 안되는 중요한 요소이다. 한반도가 우리의 동해안을 바로보고 있는 일본해와 그곳과 면한 지역에 끼친 영향이 크다는 사실은 누구도 부인할 수 없다. 그러나 이를 입증하기 위해서는 신라뿐만 아니라 가야 및 백제를 포함한 한반도의 고대국가명과 관련이 있는 신사와 전승에까지 확대하여 심층 연구할 필요가 있다 하겠다.

## 제8장

# 시마네현에서 신이 된 고대한국인

## 1. 머리말

　일본신화 연구자들에게 시마네(島根)는 아무리 강조하여도 지나침이 없을 정도로 매우 중요한 지역이다. 그 이유는 일본신화에는 천황계와 이즈모계(出雲系)의 두 갈래 신화계통이 주축을 이루고 있는데, 후자의 주 무대가 바로 이곳이기 때문이다. 이를 뒷받침하듯이 이세(伊勢)에 천황계의 직계 신조신인 아마테라스(天照大神)를 모신 이세신궁(伊勢神宮)이 있다면, 시마네에는 이를 필적할 만한 신사가 이즈모족(出雲族)의 시조를 모신 이즈모대사(出雲大社)가 있다. 그 뿐만 아니다. 1년에 한번 전국의 신들이 이곳에 모여 회의를 벌인다고 하며, 또 고대의 신사들이 즐비하게 많이 있기 때문에 흔히 이곳을 신들의 고장이라고 부르기도 한다.

　그런데 이 지역의 많은 신사들 가운데 한국과 관련된 신사와 신화가 결코 적지 않다. 가령 『고사기(古事記)』와 『일본서기(日本書紀)』(이하 『기기』로 생략함)에서 스사노오가 신라에서 이즈모로 건너가는 이야기, 『풍토기(風土記)』에서 보이는 이즈모의 창세신이 신라에서 땅을 당겨

가는 일, 그리고 가라가미시라기신사(韓神新羅神社), 가라가마신사(韓竈
神社), 가라시마신사(韓島神社) 등 한국을 나타내는 이름을 가진 신사들
이 곳곳에 산재해 있다.

　지금까지 이러한 사실을 두고 보는 관점은 대략 3가지로 정리할
수 있다. 첫째는 이주의 역사로 보는 해석이다. 그 대표적인 예로
김수명의 연구를 들 수가 있는데, 그는 이상과 같은 사실을 열거한
다음, 이것은 한반도 남부지역의 사람들이 시마네지역으로 이주한
것을 나타내는 것이라고 해석했다.[1] 즉, 그는 이주의 결과로 보았던
것이다. 두 번째는 표착의 시선으로 보는 해석이다. 여기의 대표적
인 예로 미가미 시즈히로(三上鎭博)의 연구를 들 수가 있는데, 그는 쓰
시마해류를 타면 손쉽게 이곳에 도착한다는 경로가 이상과 같은
사례들을 통해서 알 수 있다고 했다.[2] 이것은 의도된 이동이 아닌
표착이라는 불의의 사건으로 보고 있는 것이다. 셋째는 고대무역
의 표상으로 보는 견해이다. 『기기』의 스사노오 신화에 주목한 안
데스 카르키비스트는 스사노오가 많은 병사들을 신라로 데리고 가
서 그곳에서 병사들과 토기(상품)와 교환한 다음 일본해의 거대한
장거리 무역 시장인 이즈모지역으로 가지고 온 것을 반영한 것이라
고 보았던 것이다.[3]

　이상에서 보듯이 동일한 재료를 가지고도 그것에 대해 접근하는
태도는 각기 다른 것이다. 그것이 바로 이주, 표착, 무역이라는 개념
의 용어이다. 이 세 용어는 서로 닮아있으면서도 미묘하게 그 의미가

1　金秀明(2011)「島根のなかの朝鮮文化について」『韓日語文論集(15)』부산외대, p.153.
2　三上鎭博(1974)「山陰沿岸の漂着文化」『東アジアの古代文化(秋)』大和書房, p.87.
3　Anders CARLLQVIST(2009)「古代出雲と朝鮮半島-神話で描いている長距離貿易-」
　　『岩手縣立大學盛岡短期大學部研究論集(11)』岩手縣立大學盛岡短期大學, p.18.

조금씩 다르다. 이주는 목적지가 있고, 자신의 의지에 의해 다른 지역으로 옮겨서 사는 것을 의미한다. 그에 비해 표착은 바다를 통해 다른 지역으로 옮겨진 경우를 말하며, 무역은 지방(국가)과 지방(국가) 간의 서로 물건을 사고팔거나 교환하는 일을 말한다. 여기에는 이주와 표착의 개념이 들어가 있지 않다.

필자는 시마네현의 한국관련 신사 및 신화에 대해 이상의 세 개의 개념 중 어느 하나만을 강조하여 모든 부분을 해석하는 데는 무리가 있다고 본다. 왜냐하면 그것에는 당연히 이주와 표착 그리고 무역의 요소가 모두 포함하고 있을 뿐만 아니라 현존하는 자료로서 그것을 구분해 내는 것은 불가능에 가깝기 때문이다.

그러나 이들의 신사를 면밀히 검토하면 한반도의 어느 지역 사람들이 어떤 루트를 이용하여 시마네에 정착하였으며, 그 후 어떠한 변용을 이루며 오늘에 이르고 있는지를 살펴볼 수 있을 것이라고 생각한다. 이를 위해서 이곳의 한국계 신사들을 계통별로 구분할 필요가 있다. 필자는 이미 앞장에서 이 지역의 신라계 신사에 관해 논의한 적이 있다. 그러므로 본 장에서는 신라를 제외한 한국계 신사들에 대해 살펴보기로 한다.

## 2. 가라계의 신사

시마네에는 "가라(韓)"라는 말이 들어가 있는 이름의 신사들이 유난히 많다. 이것은 분명히 한국계 신사임에 틀림없다. 여기에서 '가라'란 고대국가 가야를 지칭한다기 보다는 한반도 남부지역을 통칭하는 말로 사용되고 있다. 여기에는 스사노오(素盞嗚尊)를 주신으로 모시는 계열이 있는가 하면, 다른 한편으로 이타테(伊太氐)를 주신으로 모시는 계열의 신사가 있다. 그럼 계열별로 나누어 구체적인 사례를 살펴보기로 하자.

### (1) 스사노오계의 신사

여기에는 가라구리신사(嘉羅久利神社=佐久多社), 가라가마신사(韓竈神社), 가라구니신사(韓國神社), 가라메신사(漢女神社), 가라시마신사(韓島神社)가 있다. **가라구리신사**는 야스기시(安来市) 히로세초(広瀬町)에 위치해 있다. 현재의 제신으로는 스사노오(素盞嗚尊), 가라구니이소타케(韓国五十猛命)를 모시고 있다. 제신의 이름에서 보듯이 이는 한국계 신사임에 틀림없다.

그러나 본전 건물의 편액에 「가라구리신사(嘉羅久利神社)」와 「사쿠다신사(佐久多神社)」라는 두 개의 신사의 이름이 적혀있는 것을 보아도 알 수 있듯이 이 신사는 오늘에 이르기까지 많은 변화가 있었음을 짐작할 수 있다. 가장 두드러진 변화는 본시 '가라(韓)'이었던 것이 "가라(嘉羅)"로 바뀌어져 있다는 점이다. 이를 뒷받침 하듯이 신사의 전승에도 그러한 요소를 발견할 수가 있다. 즉, 그것에 의하면 원래 이 신사의 이름은 가라구니(韓國)이었는데, 이것이 세월이 흐르면서 와전되어 중고시대에는 가라구리신사(加栗神社)로 바뀌었으며, 이것이 또 오늘날과 같은 이름으로 바뀌어진 것이라 한다.[4]

이러한 변화는 신사에 모셔져 있는 신격에 까지 영향을 끼쳤다. 명치(明治) 이후 이 신사의 이름인 가라구리(加栗)를 실, 또는 태엽 등을

---

4  中島利一郎氏, 『日本地名学研究』.

┃히라다시의 가라가마신사

이용하여 물건을 움직이는 장난감 또는 기계장치를 의미하는 「가라
구리(絡繰り)」라는 말로 보고, 그곳에서 신사의 이름에서 생겨났다고
할 정도로 지금은 제신의 성격을 기계와 기술의 신으로 숭상되고 있
다. 이처럼 오늘날에는 원래 한국을 의미했던 "가라구니"가 기계장
치를 의미하는 말로 변화되어있는 것이다.

　가라가마신사는 히라다시(平田市) 가라가와초(唐川町) 아토노(後野)에
있다. 제신은 스사노오로 되어있다. 이곳은 산등성이를 따라 정상을
향해 한참 올라가면 커다란 암굴 사이에 신사의 건물이 놓여져 있다.
이 암굴에 대해 1717년 마쓰에번(松江藩) 사무라이 구로자와 나가히
사(黑澤長尙)가 편집한 『운양지(雲陽誌)』에는 "스사노오가 타고 온 배로
2칸4방(二間四方) 정도의 편편한 바위가 있으며, 이를 「암선(岩船)」이라

한다. 이 바위는 본 신사의 위 서쪽으로 지붕과 같이 걸쳐있어서 비와 이슬을 맞지 않기 때문에 세속에서는 「옥방석(屋方石)」이라 한다. 또 암선 옆에는 둘레가 2장(二丈) 정도이고, 높이 6칸(六間) 정도의 통나무와 바위가 서 있다. 이를 「범주석(帆柱石)」이라 한다"고 기술되어 있다. 또 지역전승에는 큰 바위를 범주암(帆柱岩)이라고도 한다. 이처럼 비록 이 신사가 산의 높은 곳 암굴에 위치해 있다 하더라도 이를 모신 사람들이 바다를 건너온 것을 상징이라도 하듯이 모든 설명이 바다의 운송수단인 선박과 결부시키고 있다. 그리고 신화로서는 스사노오의 강림지임을 강조하는 특징을 보이고 있다.[5]

한편 이 신사는 창건연대는 미상이지만 기록상으로는 일찍부터 보인다. 8세기 문헌인 『출운풍토기(出雲風土記)』에는 이 신사가 가라가마샤(韓銍社)로 되어있고, 또 10세기의 문헌인 『연희식(延喜式)』에는 「가라가마신사(韓竈神社)」로 표기되어있다. 신사의 「유서서」에 의하면 신사의 이름인 가라가마는 "한국에서 도래한 가마 솥(釜)"을 의미하며, 이것은 스사노오가 자식들과 함께 신라에서 건너와 일본에 「식림법(植林法)」을 전하였고, 또 철기문화를 개척했다고 한 것과 관계가 있는 것 같다. 이 신사에서 좀 더 오지인 호쿠산산케이(北山山系)는 고대로부터 구리를 생산한 지대이며, 그것과 관련된 유적지가 산재해 있다. 이것으로 보아 이 신사는 철기문화의 개척과 깊은 관련이 있다고 서술되어있다. 즉, 스사노오로 대변되는 한국인들이 한반도에서 건너가 이곳에서 철을 생산했던 것이다. 따라서 이 신은 이 신사는 제신으로 스사노오이며, 신격은 제철과 광산의 신이다.

---

5 江原護「出雲の神々に魅せられて」.

| 히노미사키신사 경내에 있는 가라구니신사

　**가라구니신사**는 이즈모반도(出雲半島)의 히노미사키신사(日御碕神社)의 경내 뒤편 산 쪽에 위치해 있는 작은 사당이다. 명치초기까지는 이 산의 중턱에 서쪽으로 향해 있었으나, 1996년 어느 독지가의 발원에 의하여 현지에 이전 건립되었다고 한다. 히노미사키신사는 『출운풍토기(出雲風土記)』에 의하면 신라의 미사키에서 땅을 끌어다 붙였다는 곳에 세워진 신사이다. 신사가 발행한 「유서서」에는 이곳에 모셔진 신은 스사노오, 이소타케라고 한다. 이 신들의 진좌유래는 불분명하지만, 신사의 이름이 가라구니이고, 또 배후의 산이 한국산이라는 사실은 이 신사 또한 한국계임은 두 말할 나위가 없다.

　**가라시마신사**는 오오다시(大田市) 오우라항(大浦港)의 인근 가라시마(韓島)라는 섬에 있는 신사이다. 이 주변에 가라사키(韓崎), 가라우라(唐浦), 가라코야마(唐郷山) 등 한국과 관련된 지명이 많이 보이고, 또 가라가미시라기신사(韓神新羅神社)가 바로 인근에 위치해 있다. 이러한 지역적 특징으로 보아 이곳도 고대한국인들이 일찍부터 정착한 곳으로 보인다. 가라시마는 둘레가 약 800미터밖에 되지 않는 조그마한 섬으로 노송이 무성한 무인도이다. 이곳에도 스사노오를 모신 가라시마신사가 있다. 지역의 전승에 의하면 스사노오의 일행들이 타고 온 배가 섬이 되었다고도 하고, 또 스사노오가 "한국으로 왕래할 때 이 섬에 배를 묶어두고 풍광을 즐겼다"고도 하며, 그리고 스사노오가 "한국에서 건너올 때 이 섬에 잠시 휴식한 곳"이라는 전승도 있다.

이 신사의 신은 항해안전이라는 신격으로 신앙되었다. 그리하여 에도(江戸)시대에는 오모리 은광(大森銀山)의 대관(代官)이 제물을 바쳐 항해안전을 빌었다. 지금도 그러한 신앙이 지켜지고 있다. 그 증거로 매년 7월 24일이 되면 제의행사를 벌이고 있는데, 그 때는 풍어기(大漁旗)를 높이 걸고 다쿠노어업진흥회(宅野漁業振興会)의 어선들이 선상 퍼레이드를 벌이며, 해상안전과 풍어를 기원하고 있는 것이다. 2005년 이 제의행사에 참여한 니마초(仁摩町) 문화재전문위원장 후지마 히도쿠(藤間比徳)씨(당시 77세)는 이 섬은 "대마도에 오징어잡이 갔다가 돌아올 때 좋은 등대역할을 하기도 했다."고 회상하는 말에서도 알 수 있듯이 이 섬은 대마도와 연결하는 해상표시와도 같은 곳이었다. 해상안전의 기원장소로서 활용되었던 것은 바로 이 같은 지형적 특징에서 나온 것이다. 다시 말하여 이곳이 쓰시마해류를 타고 한반도에서 일본으로 건너가는 고대항로에 있어서 중요한 항구이었음을 나타내는 것이라 할 수 있다.

이상 가라계 신사에는 한 가지 공통점이 있다. 그것은 다름 아닌 스사노오를 주신으로 모시는 신사가 많다는 점이다. 원래 이들은 스사노오를 모시는 신사가 아니었을 것이다. 스사노오는 중앙에서 만들어진 『기기』의 신으로 정작 『출운국풍토기』에서 그다지 활약하는 신이 아니다. 따라서 이 신사들이 스사노오를 주신으로 모시는 것은 훗날 윤색되어진 결과로 보인다. 그러나 이 신사들이 스사노오로 흡수될 수 있었던 것은 신사명이 구체적인 지명이 아닌 외국을 의미하는 막연한 이름으로 사용하고 있었기 때문이다. 즉, 이를 구체화시키기 위해 근거를 찾을 때 『기기』에서 이즈모와 관련성을 가지고, 또 신라(외국)에서 건너온 신으로 되어있는 스사노오와 결합하기에 가장 적합했던 것이다.

### (2) 가라구니이타테계 신사

이즈모에는 특히 가라구니이타테(韓國伊太氐)라는 이름을 가진 신사가 많이 눈에 띈다. 그 실예를 살펴보면 다음과 같다.

첫째 히가와군(簸川郡) 히가와초(斐川町) 가미나가(神永)에 위치한 소기노야신사(曾枳能夜神社) 경내에 있는 가라구니이타테신사이다. 이 신사는 『연희식』에 소기노야신사와 함께 이름이 보이는 것으로 보아 일찍부터 소기노야신과 함께 동거했음을 알 수 있다. 신사 측이 발행한 「유서서」에는 소기노야신사의 제신은 기히사가미다카히코(伎比佐加美高日子命)인데, 이 신은 "지역 일대를 지키는 수장신(首長神)이며, 이즈모대신(出雲大神)의 제주(祭主)"라고 설명한 한편, 가라구니이타테신사에 대해서는 "제신은 스사노오(素盞鳴命), 이타케루(五十猛命)이며, '가라구니(韓国)'라는 명칭 그리고 '가라노소호리'라는 별칭은 고대 이즈모와 한국이 얼마나 깊은 교류를 가졌는지를 알 수 있다"고 설명되어있다. 즉, 가라구니이타테신사의 제신은 가라노소호리라는 다름 이름을 가지고 있는 한국의 신이라는 것이다. 여기서 「가라」는 한국, 소호리는 서벌, 서라벌과도 통하는 서울의 옛말이다. 다시 말

249

해 이 신은 "한국의 서울"이라는 별명을 가지고 있는 한국의 신이었던 것이다.

둘째는 야쓰카군(八束郡) 신지초(宍道町)에 위치한 혼구신사(本宮神社)의 경내에 있는 가라구니이타테신사이다. 혼구신사에서 모시고 있는 신은 쓰쿠요미(月夜見神)이다. 신사 측이 발행한 「유서서」에는 1908년 4월 12일 사쿠다신사(佐久多神社)와 가라구니이타테신사를 본사와 합사하였다가 1984년에 사쿠다대신(佐久多大神)은 원래 있던 사쿠라(佐久良)로 돌아갔다고 한다.[6]

셋째는 야쓰카군(八束郡) 다마유초(玉湯町) 다마쓰쿠리(玉造)에 있는 다마쓰쿠리유(玉造湯) 신사의 경내에 있는 가라구니이타테신사이다. 이 신사가 있는 곳은 지명이 뜻하는 바와 같이 고대로부터 구슬(玉)을 만들었던 지역이었다. 지금은 온천지역으로 이름을 떨치고 있다. 온천물이 나온 것도 고대이었다. 『출운국풍토기』에 의하면 "강변에 뜨거운 물이 솟아나고, 그 물은 미용과 건강에 좋다."고 표현되어있는 것으로 미루어 이곳은 구슬의 생산지이자 온천지이였다. 이러한 곳에 다마쓰쿠리신사가 있고, 그 경내에 가라구니이타테신사가 있었다. 지금은 가라구니이타테신사는 없고, 단지 신사 측에서 발행하는 「유서서」에는 동사에 제신 이소타케(五十猛神)를 모신 가라구니이타테신사가 있었다는 설명만 있을 뿐이다.

넷째는 이즈모군(出雲郡)에 있는 아즈키신사(阿須伎神社) 경내의 가라구니이타테신사이다. 이곳 가라구니이타테신사도 이소타케(五十猛命)를 제신으로 모시고 있다. 아즈키신사는 언제 창건되었는지 분명치 않고, 『출운국풍토기』에는 「아즈키샤(阿受伎社)」로 표기되어있는 이

---

6 江原護 『出雲の神々に魅せられて』.

즈모대사(出雲大社)의 말사(摂社)이다.

다섯째는 히가시이즈모(東出雲)에 있는 이야신사(揖夜神社) 경내의 가라구니이타테신사이다. 이야신사는 『출운국풍토기』에는 「이후야샤(伊布夜社)」, 『연희식』에는 「이야신사」로 되어 있으며, 주신은 이자나미로 되어있다. 이곳의 가라구니이타테신사는 눈에 띄는 곳에 있지 않다. 본전의 옆으로 놓여진 돌계단을 따라 올라가면 본전 옆에 가라구니이타테신사라는 간판을 건 조그마한 사당이 바로 그것이다.

여섯째는 이즈모신사(出雲神社)의 경내에 있는 가라구니이타테신사라 하는데, 이 신사의 소재지는 현재 불분명하다.

이들 신사의 유일한 공통점은 모두가 독립된 신사를 가지지 못하고, 다른 신들이 모셔지는 신사의 경내에 섭사(또는 말사)로서 존재한다는 것이다. 즉, 다른 신들의 집에 세 들어 살고 있는 형국인 것이다. 그리고 이와 같은 이름의 신사가 무쓰오(陸奧), 이즈(伊豆), 기이(紀伊), 하리마(播磨), 단바(丹波) 등 비교적 폭넓게 분포되어있지만, 가장 많이 집중적으로 나타나는 것이 이즈모이다. 그러므로 이 신의 고향은 이즈모일 가능성이 높다.

이 신에 대해서도 해석이 분분하여 지금까지 어느 것도 정설화된 것이 없다. 주요한 해석들을 살펴보면 다음과 같다. 즉, 일찍이 센케토시자네(千家俊信: 1764-183)는 1843년(天保14) 쓴 『출운국식사고(出雲國式社考)』에 의하면 이 신사는 "이타케루(五十猛命)를 모시는 신사를 말하며, 한국이란 말은 앞에 붙는 수식어이다."라고 하면서 이타케루가 신라에서 건너왔다는 『일본서기』의 기록을 예를 들면서 「테(氐)」는 「기(氣)」와 같기 때문에 「이타테」는 「이타케루」에서 와전된 것으로 해석했다.[7]

이에 비해 시가 쓰요시(志賀剛)는 "「이타테」는 「유타테(湯立)」이며 요
컨대 이 신은 점복의 신인데, 앞부분에 한국이라는 말이 붙은 것은
먼 바다를 건너온 신에게 신선한 영력이 있다는 고대신앙의 표현이
다"고 해석했다.[8] 그리고 이시즈카 다카토시(石塚尊俊: 1918-2014)는 한
국과 이즈모의 교류의 흔적을 나타내는 것이라고 보았고,[9] 또 고대
사학자 우에다 마사아키(上田正昭: 1927-2016)는 이 신이 독립된 신사를
가지지 못하는 점을 주목하고 신사의 주신(主神)이 아닌 "객신(客神)"
이었을 것으로 추정했다.[10]

이에 비해 최근 다키오도 요시유키(瀧音能之)는 가라구니이타테신
사가 『출운국풍토기』에는 보이지 않는 점을 착안하여 이 신사들은
『풍토기』 성립 이후 733년(天平5)에서 905년(延喜5) 사이에 생겨났을
것이며, 그 시기는 일본과 신라의 관계가 악화되어있었으며, 그에 따
른 신라의 공격을 막기 위해 867년(貞觀9)경 이즈모(일본)를 지키기 위
해 건립된 신사라고 보았다.[11]

여기에서 보듯이 각기 입장에 따라 설명이 다르지만 이를 크게 나누
면 한국에서 이주한 신과 그와 반대로 신라의 공격을 막기 위해 만든
신이라는 점의 두 가지로 요약할 수 있을 것이다. 그러나 후자에는 문
제가 많다. 신라의 공격을 막기 위한 것이라면 이 신사가 우리의 동해
를 바라보고 있는 야마구치(山口), 톳토리(鳥取) 등지에 골고루 분포도를

---

7  谷川健一編(2000) 『日本の神々－神社と聖地(7)－』〈谷川健一編〉 白水社, p.47에서 재
   인용.
8  志賀剛 내용확인 필요
9  石塚尊俊(2000) 「韓國伊太氐神社について」 『日本の神々－神社と聖地(7)－』〈谷川健一
   編〉 白水社, p.48.
10 上田正昭, 『古代出雲研究の視座－論究・古代史と東アジア』.
11 瀧音能之, 「韓国伊太氐神社の謎」.

그리며 산재해 있어야 한다. 그럼에도 불구하고 이즈모 지역에 국한하여 집중적으로 나타나며, 또 앞에서 언급한 바와 같이 신라와 전혀 관련이 없는 무쓰오, 이즈, 기이, 하리마 등지에도 같은 이름의 신사가 보이기 때문이다. 그러므로 이 신은 신라의 공격을 막기 위한 신이 아닌 한국에서 건너간 신으로 보는 전자의 의견이 좀 더 타당할 것 같다.

그렇다면 가라구니이타테는 누구일까? 가라구니는 말 그대로 한국을 가리키는 말이며, 신의 이름은 이타테이다. 앞서 센케는 이타케루로 보았는데, 이를 전적으로 동의하기 어렵다. 왜냐하면 이타케루는 『일본서기』에 의하면 스사노오의 아들로 되어있기 때문이다. 그는 부친 스사노오와 함께 일본으로 건너간 신으로 되어있다. 그러므로 그와 스사노오는 한 짝을 이룬다. 따라서 이들은 훗날 중앙의 신들이 이즈모로 진출할 때 활용된 신이라 보아야 할 것이다. 그러나 가라구니라는 이름을 가진 신들은 그 보다 훨씬 더 빠르게 이즈모 지역에 정착했다. 이러한 점을 감안한다면 이타테가 비록 이타케루와 비록 유사한 이름을 가졌다 하더라도 동일신이라 볼 수가 없다. 그렇다면 여기서 말하는 이타테는 누구란 말인가?

여기에 대한 단서가 이와미 오우라의 이소타케신사(五十猛神社)에 있다고 본다. 이곳은 이소타케를 모신 곳이지만, 『기기』의 영향을 받아 이소타케가 스사노오의 아들로 되어있다. 그러나 현지인들은 이타케루라 하지 않고 이소타케라 한다. 즉, 「이소」가 강조되어있는 것이다. 일본 고기록에서 '이소'는 규슈 북부 고대국가인 이도(이소)국에서 비롯한다. 그리고 이것은 한반도의 이서국에 뿌리를 둔 이민국가이었다.[12] 그런데 이도국의 수장(대표자)가 이토테(五十跡手)이었다.

12 노성환(2014) 「일본으로 건너간 신라왕자」 『일본신화에 나타난 신라인의 전승』,

253

이들의 세력은 북 규슈의 일대에서 야마구치의 시모노세키 일대까지 자리를 잡고 있었다. 그러므로 이들은 인근의 시마네까지는 쉽게 진출할 수 있었을 것으로 보인다. 그 결과 이토테는 이타테로 변하고, 또 가라구니의 세력과 합쳐짐에 따라 가라구니이토테신사가 탄생한 것으로 추정되는 것이다. 이러한 추정이 허용된다면 이 신사는 규슈 북부의 이도국 세력이 시모노세키에 거점을 두고서 일본해를 따라 동쪽으로 진출함에 따라 생겨난 것이라 볼 수 있다.

## 3. 가야계의 신사들

시마네에는 가야계 신사들도 많이 눈에 띈다. 그런데 이들도 크게 두 가지 갈래로 나눌 수가 있는데, 하나는 아라가야계이고, 또 다른 하나는 쓰누가아라시토를 대표로 하는 대가야계이다. 여기에 대해서도 구체적인 실례를 살펴보기로 하자.

### (1) 아라가야계

한반도의 고대국가인 가야와 같은 발음의 이름을 가진 신사가 이즈모에는 많다. 첫째는 이즈모시(出雲市) 히에바라초(稗原町) 이시다(石畑)에 위치한 **가야사**(加夜社)라는 신사이다. 이 신사에 대해『출운풍토기』의 가무도(神門郡) 다키코(多伎郷) 조에는「천하를 만든 대신(大神)의 자식으로 아다가야누시다키키히메(阿太加夜奴志多岐喜比賣命)가 진좌하므로 이곳을 다키(多吉)라고 한다」는 지명전설이 있다.[13] 여기서 보듯

민속원, pp.13-44.

이 이 신사의 제신은 아다가야누시다키키히메이다. 이 신의 이름에
대해 "아다가에(出雲鄕)의 주인인 다키키히메"라고 보는 해석이 있으
나, 한국 측의 입장에서 보면 '아다가야'는 고대한국의 국가명인 아
라가야를, '누시'는 주인 또는 지배자로 본다면 이 신의 이름은 "아
라가야의 지배자인「다키키」라는 여신"이 된다. 만일 이러한 추정이
맞다면 이 신사는 아라가야의 여신을 모신 곳이다.

둘째는 이즈모시 다키초(多伎町) 구치타기(口田儀)에 있는 **가야당**(加
夜堂)이다. 이곳은 현재 아미타불을 본존으로 하는 불각으로 변해있
으나, 원래는 가야사와 마찬가지로 아다가야누시다키키히메를 주신
으로 모시는 신사이었을 것으로 추정된다.[14]

셋째는 야쓰카군(八束郡) 히가시이즈모초(東出雲町) 이즈모코(出雲鄕)
에 있는 **아다가야신사**(阿陀加夜神社)이다. 이곳의 제신도 앞의 경우와
마찬가지로 아다가야누시다키키히메이다. 중고시대 때 화재로 인해
창건연대를 비롯한 유래에 대해 상세한 부분은 알 수 없으나, 『출운
국풍토기』에 이 신사에 대한 기록이 있는 것으로 보아 오랜 역사를
지닌 신사임을 알 수 있다. 그리고 특히 859년(貞觀元) 7월 11일에는
정오위하(正五位下)로 인정받았다. 본전을 비롯한 몇 개의 건물들은
1695년(元祿8) 3월 23일 이즈모의 영주 마쓰타이라 쓰나치카(松平綱近:
1659-1709)에 의해 조영된 이래 대대로 영주들에 의해 수리와 보수가
병행하여 오늘에 이르고 있다. 또 사령(社領)으로 30석이 기부된 신사
이다.

넷째는 마쓰에시(松江市) 사카모토초(坂本町)에 있는 **히가야사**(比加夜

---

13  吉野裕譯(1969) 『風土記』 平凡社, pp.178-179.
14  金達壽 『日本の中の朝鮮文化(8)』 講談社, pp.153-154.

社)이다. 이곳도『출운국풍토기』에 나오는 오래된 신사이다.『구지전촌지(旧持田村誌)』에 의하면 원래는 사카모토촌(坂本村) 내자(內字) 가타모리(片森)라는 곳에 있었으나, 관문연간(寬文年間: 1661-1673)에 현재의 위치로 옮긴 것으로 되어있다. 이 신사의 제신은 앞의 것과 달리 후키아에즈(葺不合尊), 도요타마히메(豊玉比賣尊), 다마요리히메(玉依比賣尊)로 되어있다. 이러한 제신들의 이름에서 보듯이 이것은 후세에『기기』의 영향으로 신사명 '가야(加夜)'를 지붕을 잇는 식물인 새 또는 띠(茅. 葺)로 해석한 결과인 것 같다. 왜냐하면『기기』에 의하면 도요타마는 새로 지붕을 다 잇기도 전에 산실에서 아이를 낳았고, 그 아이가 후키아에즈이며, 후키아에즈를 키운 자가 다마요리히메이기 때문이다. 이처럼 오늘날 제신은『기기』의 영향으로 볼 수 있는 것이다.

그렇다면 원래의 제신은 앞의 예에서 보았듯이 가야는 식물의 새가 아닌 한반도의 고대국가인 가야를 나타내는 것이며, 제신도 가야의 신임을 알 수 있다. 그러나 일단『기기』의 영향으로 제신이 바뀌어 버리면 그 성격도 변화되기 마련이다. 그 예가 앞에서도 본 에도시대의 문헌인『운양지』에서도 나타난다. 즉, 그것의 사카모토(坂本)항에는 제신을 회훤명신(檜萱明神)이라고 표기하면서 이 신사의 제신인 후키아에즈는 가옥과 지붕을 잇는 신으로서 숭상되었다고 설명하고 있는 것이다. 이것 또한 후키아에즈에 초점을 맞추어 신앙되고 있었음을 의미한다. 그러나 오늘날에는 출산과 관련하여 임산부를 보호하고, 안산을 지켜주는 친밀한 신으로서 숭상되고 있다. 즉, 후키아에즈를 낳는 모신에 초점이 맞추어져 또 한번의 신격이 변화된 것이다.

가야계로서 빠뜨릴 수 없는 또 하나의 신사가 **아야메신사**(漢女神社)

이다. 이 신사는 오오다시(大田市) 가와이초(川合町)의 모노노베신사(物部神社)로 들어가는 큰 길 입구 쪽에 위치해 있다. 신사의 이름에서 보듯이 제신의 이름을 '아야메' 또는 '가라메'라 불리는 여신을 모시고 있다. 별명은 다쿠하타치지히메(栲幡千千姫命)이다. 이 신명 중 아야메와 가라메를 합하면 아야가라(安耶加羅)가 되듯이 이 신은 아라가야계라 할 수 있을 것이다. 그리고 또 하나의 이름인 다쿠하타치지히메는 「북나무 껍질로 베를 짜는 여신」이라는 의미이다. 그러므로 이 신은 아라가야에서 일본으로 건너가 베 짜는 기술을 전해준 여신이라 할 수 있을 것이다.

### (2) 대가야계

고즈시(江津市)의 이이다(飯田)라는 마을에는 '아라시토상'이라고 친숙하게 불리는 신을 모시는 사당이 있다. 마을의 노인들의 이야기에 의하면 이 신은 옛날 나가토(長門)에 도착하였으나 토착의 호족 이도쓰히코에게 방해를 받아 일본해 쪽으로 방향을 틀어 이와미의 쓰노사토에 소를 이끌고 도착하여 사람들에게 소를 이용하여 농사를 짓는 법을 가르쳐주었다 한다. 이로 인해 사람들은 그를 존경하여 현인신(現人神)으로 모셨다. 그리고 그 소가 죽었기 때문에 묘석을 차리고 정성껏 장례를 치렀다. 이 돌을 소의 영석(靈石)으로 오늘날 사당의 옆에 안치했다고 전해진다.[15]

이들이 말하는 아라시토상이란 어떤 신일까? 그는 고대의 문헌『일본서기』의 수인천황 조에 나온다. 그것에 의하면 그의 본명은 쓰누가아라시토이며, 대가야국의 왕자로 되어있다. 그가 일본으로 가게

---

15  山藤朝之(2012)『二宮の歷史と昔話』個人出版, pp.32-33.

┃고즈시의 대가야국 왕자 쯔누가아라시토를 신으로 모시는 사당

된 연유에 대해 다음과 같이 설명하고 있다.

숭신천황 때에 이마에 뿔이 나있는 사람이 배를 타고 고시노쿠니의 게히우라에 도착했다. 그리하여 그곳을 쓰누가라 한다. "어디의 사람인가? 하고 묻자 "대가라국의 왕자 쓰누가아라시토, 또 다른 이름은 우시키아리시치칸키라고 한다. 일본에 성왕이 있다는 것을 듣고 왔다. 아나토에 도착하였을 때 그곳의 이도쓰히코가 나에게 "나는 이 나라의 왕이다. 나의 땅에 두 사람의 왕이 있을 수 없다. 다른 곳으로 멋대로 가서는 안된다."고 말했다. 내가 주의를 기울여 그 사람의 됨됨이를 보고 이 사람은 왕이 아니라고 생각했다. 그리하여 그곳에서 나왔다. 그러나 길을 몰라 시마우라로 걸어가서 북해에서 돌아 이즈모를 거쳐 여기에

왔다고 했다. 이 때 천황이 죽었다. 그리하여 그곳에 머물며 수인천황
에게 3년을 봉사했다.[16]


위의 내용에 의하면 그의 외모는 이마에 뿔이 나 있는 매우 특이하
게 묘사되어있다. 그의 이름인 쓰누가아라시토도 뿔과 관련이 있다.
즉, 쓰누가는 뿔을 의미하는 '쓰노(角)'에서 기인하는 말로 '가'는
'의', 그리고 '아라시토'는 있는 사람 아루히토를 말한 것이라면 쓰누
가아라시토는 뿔이 있는 사람이라는 뜻이다.

그러나 실제로 이마에 뿔이 나있는 사람은 없을 것이다. 그것은 실
제 머리의 모양을 말하는 것이 아니라 머리에 쓰고 있는 관의 형상을
보고 지역사람들이 말한 것에 불과한 것이다.

그러한 인물이 일본으로 건너갈 때 먼저 아나토에 도착했고, 그곳
에서 이도쓰히코를 만났으나 실망하여 걸어서 시마우라에 갔으며,
또 다시 그곳에서 이즈모를 거쳐 게히우라에 도착하였다. 아나토는
지금의 나가토(長門)를 말한다. 이곳은 현재 야마구치현(山口縣)의 북
서부에 있는 곳으로 인근에는 오늘날 부산과 일본을 연결하는 관문
역할을 하는 시모노세키가 있다. 지형상으로 보더라도 그곳은 한반
도에서 쉽게 갈 수 있는 곳이다. 대가야국의 왕자 쓰누가아라시토는
바로 이곳에 일착을 했던 것이다. 그러나 그곳에 머무르지 않았다.
그곳을 떠나 이즈모(出雲)로 갔다. 이즈모는 현재 시마네현의 동쪽지
역을 지칭하는 말이다. 그곳에서도 정착하지 않았다. 다시 이동을
하여 최종적으로 게히우라에 도착하여 그곳에서 정착했다는 것이
다. 그곳이 바로 게히신궁이다. 즉, 아라시토는 일본에서 신이 되었

16 宇治谷孟譯(1990)『日本書紀(上)』講談社, pp.135-136.

던 것이다. 그리고 게히우라는 현재 후쿠이현(福井縣)의 쓰루가(敦賀)를 말하는데, 이곳의 지명의 유래도 쓰누가아라시토에서 비롯되었다.

이처럼 『일본서기』에서는 대가야국 왕자 아라시토가 일본으로 이주하는 경로가 아나토 – 이즈모 – 쓰루가라는 이동경로 밖에 나타나지 않는다. 그러나 이이다 마을의 전승은 그가 이이다 마을뿐만 오오타(太田)에도 있었다고 한다. 이이다에는 아라시토를 모신 사당이 있다면 오오타에는 아라시토를 모신 **오오이히코노미코토 신사**(大飯彦命神社)가 있다. 지역민들에 의하면 이 신사에서 이이다 마을에서 쟁기를 빌려갔는데 돌려주지 않았다 한다. 아마도 쟁기의 이야기는 이이다와 오오타의 마을 간에 아라시토라는 신을 통해 긴밀한 관계를 유지하였다는 것을 나타내는 것으로 생각된다. 이처럼 이러한 전승과 신사가 고즈시에 남아있다는 것은 『일본서기』가 미처 기술하지 못한 경로를 좀 더 상세히 살펴볼 수 있는 좋은 증거라 하지 않을 수 없다. 이이다 지역민들의 말처럼 그는 소와 밀접한 관련성을 가지고 있다. 『일본서기』는 그것과 관련하여 또 하나의 전승을 다음과 같이 서술해 놓았다.

또 어떤 설에 의하면 처음 쓰누가아라시토는 나라에 있었을 때 황우에게 농기구를 싣고 시골로 갔다. 그런데 그 소가 갑자기 없어졌다. 추적을 해보았더니 발자국이 어떤 마을 한 가운데 있었다. 그 때 한 노인이 나타나 말하기를 "네가 찾고 있는 소는 이 마을 안으로 들어갔다. 촌장이 '소가 지고 있는 물건을 보니 필시 잡아먹으려고 한 것이다. 만일 주인이 오면 물건으로 보상하기로 하고 잡아먹자'며 잡아먹었다. 만일 그가 그 보상으로 무엇을 바라는가 하고 물으면 절대로 재물을 탐하지 말고, 마을에 모시는 신을 갖고 싶다고 하라."고 일러 주었다.

얼마 후 촌장이 와서 말했다. "소의 대가로 무엇을 바라는가?" 했다. 그 말을 들은 그는 노인이 가르쳐준 대로 하였다. 그 마을에서 모시는 신은 다름 아닌 하얀 돌이었다. 그 하얀 돌을 소 대신으로 받은 것이다. 그것을 가지고 돌아와 잠자는 방에 두었더니 그 돌이 어여쁜 처녀가 되었다. 아라시토는 대단히 기뻐하며 부부관계를 맺으려고 했다. 그러나 아라시토가 조금 자리를 비운 사이에 처녀는 사라지고 말았다. 아라시토는 크게 놀라 아내를 찾았다. 사람들은 그녀가 "동쪽으로 갔다."고 한다. 그 뒤를 쫓아 가보니 바다 건너 일본으로 들어갔다. 찾아 헤매던 그 처녀는 나니와에 가서 히메코소신사의 신이 되었다. 또 도요쿠니의 구니사키에 가서 히메코소신사의 신이 되었다. 그리하여 이 신은 두 군데에서 모셔지고 있다.[17]

이상의 설화는 아라시토가 귀중한 소를 잃고, 한 노인의 도움을 받아 그 소를 잡아먹은 집을 찾아내고 그 보상으로 그 마을에서 모시고 있는 흰 돌을 얻어서 집에 두었더니, 그 돌이 아름다운 여인으로 변해 쓰누가아라시토의 아내가 되고, 또 아내가 일본으로 도망쳐 그 뒤를 따라 일본으로 건너간 것으로 되어있다. 즉, 소를 매개로 하여 아내를 만났으며, 아내의 일본행으로 말미암아 그도 도일을 하였다는 것이다.

이러한 신화적 배경이 이이다의 지역전승에 고스란히 남아있다. 즉, 아라시토는 소를 데리고 와서 지역민들에게 농경법을 가르쳐

---

17 宇治谷孟譯, 앞의 책, pp.136-137.

주었으며, 그 소는 이이다에서 죽었기 때문에 지역민들은 이를 정성스럽게 땅에 묻고 그 위에 돌을 얹어놓았으며, 아직도 그 돌이 아라시토를 모신 사당 주변에 있다고 하며 우리들에게 보여주기도 했다.

이 사당을 관리하는 인근 거주 가미테(上手氏)씨의 말을 빌리면 사당 안에는 명치초기에 나무로 만든 신상(神像)이 모셔졌으나, 유감스럽게도 1988년에 도난을 당하여 현재에는 니노미야초(二宮町) 탐보회(探寶會)의 협력으로 미야우치 켄이치(宮內謙一)씨가 도자기로 만든 신상이 모셔져 있다고 한다. 그리고 현재 이 사당 앞에 바로 길이 나는 바람에 사람들이 들러 참배하기 힘들 정도로 공간이 없는데, 앞으로 이를 확장하여 사람들이 쉽게 찾아서 참배하기 좋게 만들겠다는 포부를 밝히기도 했다. 이처럼 대가야국의 왕자 쓰누가아라시토는 이와미지역의 이이다와 오오타 마을에서는 중요한 농경신으로서 모셔지고 있다.

## 4. 고구려와 백제계의 신사와 사원

시마네에는 고구려와 백제계의 신사는 거의 찾을 수 없다. 아마도 이것은 이 지역이 우리의 동해안 중 남부지역을 향해 있는 지형적 특징 때문에 동해안의 북부지역을 차지한 고구려 및 서해안을 끼고 발달한 백제와 교류하기가 결코 쉽지 않았기 때문일 것이다. 그럼에도 불구하고 이 지역에 고구려와 관련되었을 가능성이 높은 것으로 추정되는 신사가 있다. 그것은 다름 아닌 현청 소재지인 마쓰에시(松江

市) 오니와초(大庭町)에 위치한 가모수신사(神魂神社)이다.

이 신사의 이름을 신혼(神魂)이라고 쓰고 "가모수"라고 읽는 것은 매우 특이하다. 이러한 특징으로 인해 지금까지 여기에 대한 여러 가지 의견들이 제시되어있다. 첫째로는 아메노호히(天穗日命)가 이곳으로 하늘에서 내려와 신목 또는 바위에 이자나기와 이자나미의 2신을 모신 곳을 간마스(神坐所)라 하는데, 이것이 가모수로 되었다는 설이다. 둘째는 이자나기와 이자나미의 두 신이 천지창조 때 처음으로 부부의 인연을 맺었다는 고사에서 그들을 간무수비(神緣結)의 대신이라고 한 것이 훗날 가모수가 되었다는 설이다. 그와 관련하여 당초부터 이곳에 간무수비(神皇産靈神)를 모셨기 때문에 가모수가 되었다는 설도 있다.

한편 이를 한국과 관련지어 해석하는 사람들도 있다. 가령 일본 역사학자 가도와키 테이지(門脇禎二)씨는 가모수는 고대 한반도의 평양 지방에 있었던 주술적인 민간신앙의 하나로 곰을 나타내는 "고모(熊)"와 영혼을 나타내는 "수(靈)"에서 비롯된 시조령신앙(始祖靈信仰)이라고 해석했다.[18] 이에 비해 전호천은『삼국유사(三國遺事)』등에서 "해(解)"의 옛 발음은 "가"이란 점을 감안한다면 그것은 고구려 건국신화에 나타난 천제의 아들 해모수(解慕漱)에서 유래되었다고 보았다.[19] 이를 계승한 한국의 역사학자 이병로도 이 신사는 고구려신화를 짙게 깔고 있다고 전제한 뒤 전호천의 해석과 같은 의견을 제시하며, 이 가모수를 초대 일본 천황가의 계보를 만들 때 일본의 신으로 이용했다고 보았다.[20] 이처럼 가모수 신사는 여러 가지 의미로 우리

18  門脇禎二『日本海域の古代史』.
19  全浩天(1989)『朝鮮からみた古代日本』未來社, p.135.

의 관심을 끌기에 충분했다.

그러나 가모수를 해모수로 해석하는 데는 선뜻 이해가지 않는 부분이 있다. 이 신사는 이즈모노구니노미야쓰코(出雲国造)의 선조를 모신 곳이다. 본전 건물은 다이샤쓰쿠리(大社造) 형식으로 지은 건물 중 가장 오래된 것으로 현재 일본국보로 지정되어있다. 그리고 이 신사는 고대 이즈모의 행정관청인 국부(国府)가 있었던 곳에 있다. 즉, 고대 이즈모지역의 중심지를 차지하고 있는 것이다.

신사 측이 발행한 「유서서」에 의하면 아메노호히(天穂日命)가 하늘에서 이 지역에 내려와 창건된 것으로 되어있다. 이처럼 전승과 건물의 유구성 그리고 신사의 격이 높음에도 불구하고『연희식(延喜式)』및『출운국풍토기』에는 이 신사의 이름이 보이지 않는다. 이 신사가 문헌에 처음으로 등장하는 것은 1208년(承元2)의 가마쿠라 막부(鎌倉幕府) 쇼군(将軍)이 내린 「하문(下文)」이다. 따라서 실제의 창건은 헤이안(平安) 시대 중기 이후일 것으로 추정된다. 이 시기는 이미 고구려라는 국가는 역사의 무대에서 사라지고 없었다. 그럼에도 불구하고 고구려의 시조인 해모수를 선택하여 신으로 모셨다는 것은 논리상으로 맞지 않는다. 이러한 의미에서 가모수를 해모수로 해석하는 데는 무리가 따른다고 하지 않을 수 없다.

한편 백제의 경우 시마네에서 백제계라고 표방하는 신사는 없다. 그러나 백제에서 건너온 불상을 본존으로 모시고 있다는 불교사원이 두 군데나 있다. 비록 신사는 아니지만 이를 소개하면, 오오다시의 구테초(久手町)에 있는 관음사(觀音寺)와 하원사(河元寺)이다.

---

20  이병로(2002)「高句麗와 倭의 文化交流-日本의 남아있는 遺蹟·遺物을 中心으로-」『고구려발해연구(14)』고구려발해학회, p.205.

┃구테초의 백제산 관음사

　이곳에 백제불상이 모셔지게 된 이유에 대해 관음사 측은 다음과
같이 설명하고 있다. 즉, 옛날 어느 어부의 꿈에 관음보살이 나타나
"나는 멀리 백제국에서 이곳으로 와서 지금 바다 밑에서 해초와 함
께 세월을 보내고 있다. 원컨데 나를 육지를 끌어올려 사람들과 인연
을 맺게 하라. 나는 필시 이곳 중생들과 깊은 인연이 있으니 이상하
게 생각 말라."고 했다. 잠에서 깨어난 어부가 바다 속 깊이 헤엄쳐
들어가 보니 저쪽에서 빛나는 물체가 있었다. 그리하여 친구들을 불
러 그곳으로 같이 들어가 그 물체를 건져 올려보니 관음보살상이었
다. 불상의 좌대에 〈백제〉라는 문자가 새겨져 있어 그곳을 백제라 칭
하게 되었고, 또 그 불상을 모신 이 절의 당호도 백제산이라 하였다
는 것이다. 실제로 관음사의 본당 안 쪽에는 백제산이라는 액자가
크게 걸려 있다.

　이에 비해 하원사 측의 백제불상에 관한 이야기는 다음과 같다.
즉, 옛날 하네호(波根湖)가 풍부한 양의 물을 가지고 있었다. 어느 날
이 부근에 사는 유서가 깊은 집안 사람의 꿈에 "나는 야나세(柳瀨)지

265

역과 인연을 맺기 위하여 백제에서 하네호까지 흘러왔다. 바다에서 나를 빨리 건져내고, 33년째 되는 날에는 반드시 개방하여 사람들로 하여금 예배케 하라."라는 예고를 받았다. 그리하여 곧 어부들을 불러 모아서 망을 쳤더니 과연 관음보살상이 건져졌기 때문에 임시의 건물을 밭에다 지어 안치했으니 이곳이 바로 관음전이며, 그 임시건물이 지금의 하원사가 되었다고 한다.[21]

이상에서 보듯이 두 사찰의 백제불상의 유래 이야기는 대동소이하다. 그러나 이들이 말하는 것처럼 백제불상이 바다를 통해 직접 백제에서 이와미 지역으로 전래되었다고 보기 어렵다. 앞에서도 언급한 바와 같이 해류상으로 그것이 이루어지기가 무척 어렵기 때문이다. 오히려 이것은 백제에서 일본에 상륙한 백제인들이 다시 이곳으로 이주하면서 전래되었을 가능성이 높다. 그 이유로는 이들 사원이 있는 인근지역인 도리이초(鳥井町)에는 백제라는 마을이 있기 때문이다. 향토사가들에 의하면 이곳의 백제란 지명은 7세기경 백제인들이 집단을 이루며 살았기 때문에 생겨난 지명이며, 또 이곳의 횡혈식고분(橫穴式古墳)은 이들이 남긴 유적이라고 한다. 이들은 이곳과 관음사와 하원사가 있는 구데초에도 거주하며 철(사철)을 생산한 것으로 알려져 있다. 이러한 역사적 배경을 생각할 때 관음사와 하원사가 모시고 있는 불상이 백제의 것이라면 이들에 의해 전래되었거나 아니면 이들의 힘에 의해 만들어졌을 가능성이 높다. 이러한 의미에서 시마네의 백제불상은 백제와의 관계도 있었음을 증명할 수 있는 매우 중요한 유물임에 틀림없다.

---

21　酒井董美, 萩坂昇(1980), 『出雲. 石見の伝説』 角川書店, p.69.

## 5. 마무리

지금까지 살펴보았듯이 시마네에는 한국계 신사가 많이 분포되어있음을 확인할 수 있었다. 이들 신사들을 종합적으로 검토한 결과 다음과 같은 세 가지 특징을 지적할 수 있다. 첫째는 백제와 고구려의 자취는 매우 약한 반면 가라와 가야계의 흔적이 강하게 많이 남아 있다는 점이다. 백제의 경우 불상과 불교사원 그리고 지명을 통하여 그들의 흔적을 남기고 있었지만 신사는 단 한군데도 보이지 않았다. 그에 비해 고구려는 가모수신사의 이름에서 보듯이 해모수를 연상시키는 부분이 없지는 않으나, 그것으로 고구려계라고 보기는 어렵다. 이를 제외하면 시마네에 있어서 고구려계 신사는 백제와 마찬가지로 한곳도 없는 것이 된다. 그러나 가라계와 가야계는 가라구리, 가라가마, 가라구니, 가라메, 가라구니이타테, 가야사, 아다가야, 히가야, 오오이히코노미코토라는 이름의 신사들이 오늘에 이르기까지 즐비하게 남아있다. 특히 가야계에서는 아라가야계와 대가야계로 주류를 차지한 점도 또 하나의 특징으로 지적할 수 있을 것이다. 이처럼 가라와 가야계의 흔적이 강한 한편 백제와 고구려의 흔적이 약한 것은 시마네가 동해안 남부를 마주하고 있는 지형적인 특징에서 나온 것이지 결코 의도된 국가관에 의해 만들어진 것이 아니다.

둘째는 가야계의 이주경로를 잘 드러내고 있다는 사실이다. 그 대표적인 사례로 가라계의 아타테와 대가야계의 쓰누가아라시토를 들 수가 있을 것이다. 이타테는 본시 규슈 북부 이도국의 세력이었다. 이들은 동진을 하여 시모노세키의 일대에 세력을 구축하였고, 이를 기반으로 다시 동진하여 시마네 일대에 자리를 잡았다. 그 흔적이 가라구니이타테신사의 분포이다. 이와 같은 이동현상을 보이고 있는 것은 대가야국의 왕자 쓰누가아라시토의 이주경로도 마찬가지이다. 그도 처음에는 한반도에서 시모노세키로 갔으나, 그곳의 지배자와 마음이 맞지 않아, 시마네의 고즈시를 거쳐 와카사의 쓰루가에 정착했던 것이다. 그가 시마네를 거쳤음이 고즈시의 아라시토상과 오오이히코노미코토신사를 통하여 증명이 된 셈이다. 이처럼 가야계의 시마네 이주는 해상을 통한 직접적인 이주가 아닌 일단 규슈 북부 또는 시모노세키 지역에 도착한 연후에 이곳으로 이주하였다는 것을 가야계의 신사들이 잘 보여주고 있는 것이다.

셋째는 신사의 성격이 자신의 성격을 드러내지 않으면 한국계 신사는 일본의 신인 스사노오로 통합되는 경향이 강하다는 점이다. 이 같은 현상은 구체성을 가지지 않고 막연히 한반도의 남부만을 나타내는 가라계 신사에는 더욱 강하게 나타난다. 이들의 대부분은 '가라'라는 신사명에 출신의 흔적만 남긴 채 신명은 모두 스사노오로 되어있는 것이다. 이에 비해 같은 가라계 또는 가야계이라 할지라도 제신을 구체화하여 다키키히메, 쓰누가아라시토, 이타테와 같이 고유의 이름을 남긴 경우에는 스사노오에 편입되지 않고 오늘에 이르기까지 자신들의 이름을 그대로 남기고 있는 것이다. 이처럼 신사에 있어서 고유성의 유지는 구체화된 신의 성격이냐 아니냐에 달린 것임을 다시 한 번 이를 통하여 확인할 수 있었다.

## 제9장

# 일본 오키의 지역전승에 나타난 한국상

## 1. 머리말

일본의 오키(隱岐)는 시마네현(島根縣)에 속해 있는 도서지역으로 크게 도고(島後)와 도젠(島前)으로 나누는데, 도고는 하나의 섬으로 되어 있고, 이를 오시마(大島)라고도 부르며, 도젠은 니시노시마(西ノ島), 나카노시마(中ノ島), 지부리지마(知夫里島)의 3개 섬을 합한 일반적인 통칭이다. 우리는 이를 모두 합하여 오키라고 부르고 있는 것이다. 이러한 오키가 위치상으로는 우리나라 독도와 가장 가깝다. 그래서 독도를 둘러싼 한일 간 영토문제가 나오면 오키는 항상 긴장관계에 돌입한다. 그것을 입증이라도 해주듯이 오키의 곳곳에는 "돌아오라. 다케시마여", "누구에게도 양보할 수 없는 다케시마"라는 등의 구호가 심심찮게 발견되기도 한다. 여기서 말하는 다케시마는 우리의 독도를 말한다. 즉, 오키는 한일양국과 첨예하게 대립하고 있는 국경의 섬이었던 것이다.

한편 오키는 영토 문제 연구자들뿐만아니라 한일 고대신화 연구

자들에게 있어서도 관심의 대상이었다. 그것은 다름 아닌 한일 고대
신화학계가 이곳을 한국과 일본을 잇는 가교로 보는 시점이 오래전
부터 있었기 때문이다. 가령, 나카다 가오루(中田薰),[1] 전호천(全浩天)[2]
등은 오키를 한국과 관련지어 포항 영일의 옛 지명인 근오키(斤烏支)
에서 유래되었으며, 오키의 지부리(知夫里)는 울산 언양의 옛 이름인
지부리(知火)에서 기인했다고 보았다. 특히 나카다는 "신라의 지부리
는 연오와 세오의 고향이기 때문에 연오가 바다를 건너서 도착하여
첫걸음을 내딛던 오키의 항구에 그 마을 이름을 옮겼을 것이다."고 해
석했다.[3] 그리고 이 같은 해석을 계승한 김화경은 근년에 오키를 연
오랑과 세오녀의 정착지 또는 경유지이라고 해석하기도 하였다.[4] 이
처럼 오키는 고대한국인의 일본 이주경로를 규명하는데 매우 중요
한 역할을 하는 지역이었다. 그러므로 오키의 지역전승에는 한국과
관련된 이야기들이 많이 나타날 것으로 예상된다. 본 장에서는 이러
한 점에 착안하여 오키의 전승에 한국이 어떤 모습으로 그려져 있는
지 실제의 사례를 통하여 살펴보는 데 그 목적을 두었다.

　　지금까지 신화를 통하여 오키와 한일관계를 밝히려는 작업은 거
의 이루어지지 않았다. 그러한 가운데 나이토 세이츄(內藤正中)[5]와 김
달수[6]는 오키지역에 있어서 한국관련 신사로 아마사시히코신사(天佐
志比古神社), 히나마지히메신사(比奈麻治比賣神社)를, 하야미 야스타카(速水

1　中田薰(1956)『古代日韓交涉史斷片考』創文社, pp.39-40.
2　全浩天(1989)『朝鮮からみた古代日本』未來社, pp.137-138.
3　中田薰(1956), 앞의 책, p.51.
4　김화경(2011)「연오랑 세오녀 설화의 연구」『인문연구(62)』영남대 인문과학연구
　　소, pp.80-81.
5　內藤正中(1993)『山陰の日朝關係史』今井書店, p.18.
6　金達壽(1984)「日本の中の朝鮮文化 -出雲,隱岐, 石見-(4)」『季刊 三千里(38)』三千里
　　社, p.244.

保孝)[7]는 유라히메신사(由良姬神社), 와타쓰신사(渡津神社), 하쿠산신사(白山神社)를 꼽았다.

전자의 나이토와 김달수가 무엇 때문에 이 신사들을 한국과 관련된 것으로 보았는지 구체적인 설명이 없기 때문에 그 이유를 알 수 없다. 아마사시히코신사의 전승에 의하면 신사의 제신은 오호나무치(大己貴命)이며, 용명천황(用明天皇) 때 니부리(新府利)의 앞 바다 나카노시마(中島=神島)에서 출현했다고 하고, 히나마지히메신사는 발해로 파견된 가모마로가 귀국길에 풍랑을 만나 위기에 처했을 때 히나마지히메가 길을 안내하여 무사할 수 있었다는 전승이 있다. 즉, 아마사시히코는 외래신이었고, 히나마지히메는 항해안전을 지켜주는 수호신이었던 것이다. 그렇다 하여 이 신 모두를 한국계 신으로 볼 수 없다.

이에 비해 후자인 하야미가 그곳을 한국계로 본 이유는 그 신사에 신라계인 스사노오의 아내와 딸이 제신으로 되어있기 때문이었다. 그러나 단순히 그곳에서 모셔지고 있는 신이 스사노오의 가족이라 해서 그곳 또한 신라계이라고 하는 것도 성급한 결론으로 생각된다. 왜냐하면 중앙의 기록인『고사기』와『일본서기』의 영향으로 후대에 첨가될 수 있기 때문이다.

이러한 문제들을 해결하기 위해서는 신사의 유래에 관한 설화를 면밀히 검토하지 않으면 안된다. 이 점을 검토하지 않은 나이토와 하야미의 견해 또한 한계를 드러내고 있다고 하지 않을 수 없다. 본 장에서는 이러한 점들을 극복하기 위해서 현장조사를 통하여 한국 관련의 신화전승을 수집하고 이를 분석함으로써 오키가 한국인에게 어떤 의

7 速水保孝(1985)「古代出雲と新羅-隱岐の神神-」『隱岐の文化財(2)』隱岐島前, 島後教育委員會, p.23.

미를 지니는 곳인지를 살펴보고자 하는 것이다.

## 2. 개척지와 경유지

오키에서 가장 오래된 문헌은 『이말자유래기(伊末自由來記)』이다. 유감스럽게도 성립연대는 정확하지 않다. 그러나 겉표지에 「영형신해 3년상월지복사은거일한(永亨辛亥3年霜月持福寺隱居一閑)」이라는 기록이 있어, 1431년(永亨3)에 은퇴한 지복사의 승려 일한(一閑)이 소지하고 있었음은 틀림없다. 이것이 세상에 빛을 보게 된 것은 그보다 훨씬 뒤인 1910년의 일이었다. 당시 고카(五箇) 우체국에 근무하고 있던 가나사카 료(金坂亮)씨가 나구(那久)에 거주하는 아베 렌이치(安部廉一)씨가 소장하고 있던 『이말자유래기』를 필사한 것을 1950년대에 접어들어서 오키 지역민들에게 소개함으로써 알려지게 된 것이다.[8] 여기에 의하면 오키의 창세신화라 할 수 있는 내용들이 비교적 상세히 적혀있다. 특히 오키의 첫 이주자이자 개척자에 대해 1957년 카나사카씨가 직접 소개한 자료에는 다음과 같이 기술하고 있다.

오키에 처음으로 정착한 인간은 목엽인(木葉人)이었다. 후세에 고노하지이(木葉爺), 고노하바바(木葉婆), 미노지이(箕爺), 미노바바(箕婆) 등으로 불리는 사람들도 모두 이 목엽인족이었다. 그들은 밑에는 짐승가죽의 옷을 입고, 위에는 나뭇잎을 소금물에 담구었다가 말려서 입고, 나무나 버드나무 껍질로 엮은 것을 입고 다녔기 때문에 생겨난 이름이었

---

8 安部勝編(1989) 「伊末自由來記」 『五箇村誌』 島根縣隱岐郡五箇村役場, p.265.

다. 머리카락도 자르지 않고, 수염도 기른 채 눈만 부리부리하여 무서
운 모습을 하고 있었지만 성격은 매우 좋았다.

제일 먼저 온 자들은 이고(伊後)의 서쪽 포구에 도착하여 해안을 따라
오모스(主栖)의 마쓰노(松野)를 거쳐 기타카다(北潟)에 정착한 남녀 두 사
람이었다. 그들은 불을 만드는 도구와 낚시를 하는 도구를 가지고 있었
다. 그 다음에 온 자는 남녀 두 쌍이었다. 그들은 나가오다(長尾田)에 도착
하여 오모스에서 피어오르는 연기를 보고 내왕을 하였다. 그런데 어느
날 배 한척이 남자 1명, 여자 2명을 태우고 남쪽 섬에 도착하였다. 맑은
날 남쪽 섬으로 건너가 찾아보았지만 알 수가 없었다. 그리하여 제일 높
은 산에 올라가 불을 피웠더니 불이 없어서 곤란했던 남녀 세 사람이 올
라왔다. 당시 불은 가장 소중한 것이었고, 목표가 되기 때문에 이 산에서
붙인 불은 남녀 두 사람이 끊어지지 않도록 자손들에게 전했다. 이 산이
다쿠히야마(焚火山)이며, 이들 세 명이 도착한 것은 지금 후나고시(船越)
였다. 그 후 해마다 섬의 도처에 동종의 인간이 표착하여 정주했다.

초창기에 정착한 사람들의 마을이 살기가 좋았기 때문에 오모스와
후나고시에 모여 살았다. 훗날에는 섬 전체에 걸쳐 흩어져 살게 되었
다. 이들은 맛있는 경단을 만들었는데, 이 경단은 훗날까지 에치무라
(役道邑)에서 만들어졌으며, 그들의 절구 노래와 떡방아 노래, 자장가가
전해지는데, 절구 노래와 떡방아 노래는 그 의미가 매우 난해하여 이해
하기 어렵고, 읍장(邑長)의 집안에서만 전해지고 있으며, 자장가도 난해
하지만 일반인들에 의해 지금도 불리워지고 있다. 이들 목엽인은 서방
천리(西方千里) 가라시로부리(加羅斯呂觸)로부터 왔다고 하며, 또 가라노
죠라국(韓之除羅國)에서 왔다고도 한다.[9]

9  金坂亮(1957)「伊末自由來記 -資料-」『隱岐鄕土硏究(2)』隱岐鄕土硏究會, pp.39-43.

여기에서 보듯이 목엽인은 나뭇잎과 짐승가죽으로 옷을 해 입는 원시인이었던 것 같다. 이들은 머리카락과 수염도 자르지 않았고, 눈은 부리부리하여 무서운 얼굴을 하였으나, 성질은 온순하였으며, 이들의 도래는 한번에 그치는 것이 아니라 3번에 걸쳐 진행되었다고 되어있다. 이들이야말로 아무도 살지 않는 무인도였던 오키에 처음으로 정착한 사람들이었다. 그리고 떡방아를 찧어 떡을 만들 만큼 농경으로 오키를 개척한 사람들이었다.

그런데 이들은 어디에서 왔을까? 『이말자유래기』는 그들의 고향은 「서방천리 가라노시로부리(加羅斯呂觸)」 혹은 「가라노죠라국(韓之除羅國)」으로 표현했다. 여기에서 표현되어있는 「가라(加羅)」와 「가라(韓)」에 대해 고령의 향토사학자 김도윤은 대가야를 가리키는 말로 해석했다.[10] 즉, 「가라(加羅)」와 「한(韓)」의 일본어 발음인 "가라"를 가락국(가야)으로 해석하였던 것이다. 분명히 고대국가인 가야를 가리켜 일본인들은 '가라'로 한 것은 틀림없는 사실이다. 그러나 그것이 후대가 되면 단순히 외국(한반도)을 가리키는 말로 널리 통용되는 것이다. 그리고 가야국에서 오키로 건너갔다고 보기는 지리적으로 보아도 선뜻 납득이 가지 않는다. 그 사이에 신라가 있으며, 그러한 지리적 특징으로 가야인보다는 신라인이 오키에 건너갔을 확률이 더욱더 높기 때문이다. 그러므로 이를 고대국가 가야를 나타내는 말이 아니라 외국이라는 의미로 해석하는 것이 무난하다고 보여진다.

그렇다면 그들의 고향은 「시로부리(斯呂觸)」 혹은 「죠라국(除羅國)」이 된다. 이것들과 가장 유사한 발음의 고대국가는 가야가 아닌 신라

---

10 김도윤(1991)『伊末自由來記와 加羅斯呂觸 -대가야와 隱岐, 佐田, 日向과의 관계연구-』고령문화원, p.120.

이다. 왜냐하면 '시로'의 한자표기를 한국어로 읽었을 때 '사로'이며, 사로는 곧 신라의 옛 이름이기 때문이다. 그리고 오키인들은 그것에다 '觸(촉)' 자를 붙여서 '시로부리'라 했다. 이것은 곧 신라의 서울인 서라벌을 연상하고도 남음이 있다. 이같이 보았을 때 '시로부리'는 신라를 가리키는 말임은 틀림없다. 따라서 그곳의 나라의 이름을 죠라(除羅)라고 한 것도 신라를 잘못 표기한 것으로 보인다. 그렇다면 그 말은 외국의 서라벌, 신라국이라는 뜻으로 해석이 될 수밖에 없다. 여기에서 보듯이 『이말자유래기』에서 말하는 오키의 최초의 거주자 목엽인은 가야인과 일본인이 아니라 신라인이었음을 알 수 있다.

그리고 오키의 아마초(海士町)에 사키(崎)라는 지명이 있다. 그 지역 사람들은 이곳을 구니비키(國引) 신화의 고장이라 한다. 여기에는 다음과 같은 이유가 있다. 즉, 8세기 문헌인 『풍토기』에 다음과 같은 신화가 있기 때문이었다.

오우(意宇)라고 부르는 까닭은 국토를 가지고 온 야쓰카미즈오미쓰노미코토(八束水臣津野命)가 어느 날 "이즈모국은 두건의 좁은 천처럼 아직 미숙한 곳이다. 처음부터 작게 만들었구나. 내가 다시 만들어 부치겠다."하며 신라의 미사키(三崎)에 토지의 여분이 있는지 없는지 살펴보고 "여분이 있구나."하며 어린 여인의 가슴과 같은 큰 쟁기를 손에 들고 큰 고기를 내려찍어 잡듯이 잡고서는 밧줄로 동여매고 영차 영차 하며 당겨와 붙인 땅이 고즈(去豆)의 절벽에서 야호니키즈키(八穗爾杵築)의 미사키(埼)까지이다. 땅을 당겨오기 위해 밧줄을 동여맨 말뚝은 이와미(石見)와 이즈모(出雲)의 경계지역에 있는 사히메산(佐比賣山=三瓶山)이다. 또 손에 쥐고 당긴 밧줄은 소노의 긴 모래사장이 바로 그것이다.

신라에서 국토를 가져갔다는 신화를 바탕으로 세운 기념비

또 북쪽의 사키국(佐伎國)에 남는 땅이 있는 가를 바라보고 "여분의 땅이 있구나."하며 어린 여인의 가슴과 같은 큰 쟁기를 들고 큰 물고기를 내려찍어 잡듯이 잡고서 국토를 당겨와 붙인 것이 다쿠(多久)의 오리타에(折絶)에서 사다(狹田)의 땅이다. 또 북쪽의 노나미(農波國)의 땅도 여분이 있다는 것을 알고 당겨와 붙인 것이 우하(宇波)의 오리타에(折絶)부터 구라미(闇見國)까지의 땅이다. 그리고 고시(高志)의 쯔쯔(都都)의 미사키(御崎)에 국토가 남는 것을 보고 "여분의 땅이 있구나."하며 앞에서 했던 것처럼 땅을 당겨와 붙인 것이 미호노사키(三穗の崎)이다. 손에 쥔 그물은 요미노시마(夜見島)이다. 꽉 동여맨 배를 묶는 말뚝은 호우키(伯耆國)의 히노가미타케(火神岳=大山)이다. "이제 국토를 붙이는 작업이 끝났다."하며 오우(意宇)의 신사에 지팡이를 꽂고 "오에"라고 외쳤다. 그

▌신라에서 국토를 끌어당기고 있는 이즈모 창세신 조각상(이즈모시)

리하여 이곳을 오우라고 하는 것이다.[11]

이상에서 보듯이 이즈모지역의 토지가 좁아서 창세신인 야쓰카미즈오미쯔노미코토가 신라, 사키(佐伎), 노나미(農波國), 고시(高志) 등에서 땅을 당겨와서 국토를 넓혔다는 것이다. 이것은 사실이 아닐 것이다. 아마도 이러한 지역에서 이즈모 반도 쪽으로 이주하여 간 사실을 신화적으로 표현한 것으로 볼 수 있다.

아마초의 사키 사람들은 땅을 당겨간 『풍토기』의 사키를 자신의 고장을 가리키는 말이라고 믿고서 2000년에 사키향토사연구회가 나카라 공원(中良公園) 입구에 기념비를 건립했다. 비(碑)의 휘호는 당

11  吉野裕譯(1982) 『風土記』 平凡社, pp.132-133.

시 현지사였던 스미다 노부요시(澄田信義)씨가 썼다. 이것으로서 이 지역은 구니비키의 고장으로서 명성을 얻었던 것이다.[12] 만일 이것이 사실이라면 오키의 이곳 사람들은 신라인과 더불어 이즈모 반도로 대거 이주해 간 것으로 추정해 볼 수 있다. 이처럼 오키는 신라인이 이주정착한 곳이기도 하거니와 그곳에서 다시 본토(이즈모)로 이주해 나가는 경유지의 역할을 하기도 했다.

한편 오키에는 드물게도 백제 승려에 관한 이야기가 전해온다. 이것은 1681년 고카무라(五箇村)의 신관(神官)인 후지다 기요쓰기(藤田清次)쓴 『은좌발기(穩座拔記)』이다. 이것에 의하면 백제 승려 도징(道澄)이 오키에 거주하였다고 한다. 그에 관한 이야기를 가나사카 료씨가 지역의 향토연구지를 통해 다음과 같이 소개하고 있다.

이 당시 일본과 한국이 교류가 왕성하였는데, 한인들이 일본으로 건너와 귀화하는 사람들이 속출했다. 해상에서 조난을 당하는 자, 한해에 수백 수천에 이를 정도로 해중 오키섬에 표착하는 사람도 많았다. 이들의 섬 생활은 참담한 것이었다. 그리하여 도징 승도(僧都)는 항상 이를 깊고 가엽게 생각하여 하루 빨리 오키로 건너가 사찰과 숙소를 개설하고 해상안전을 기원함과 동시에 표류민의 구제를 염원하던 것을 어느 날 천황에게 말했다. 그러자 천황은 의지해온 승도가 서울을 떠나는 것을 아쉬워하였지만, 그 염원을 달성하기 위해서는 법흥사에 안치되어 있는 백제의 혜청(慧聰) 승도가 가지고 온 대각상(大覺像)에 큰 금액의 돈을 내려주면서 이를 허락하였다.[13]

12 滝中茂(2000)『ガイドブック くにびき神話と崎の歴史』崎鄉土史研究會, pp.1-2.
13 金坂亮(1957)「八百比丘尼物語」『隱岐鄕土研究(2)』隱岐鄕土研究會, pp.35-39.

여기에서 보듯이 한반도에서 정치사회적으로 크나큰 변동이 일어나면 일본으로 이주해나가는 사람들이 많았다. 그 중 많은 사람들이 오키에 표착하는 경우가 많았으며, 이들의 정착생활이 어려울 수밖에 없었다. 이러한 자들을 위해서 백제 승려 도징은 절과 숙소를 지어서 그들에게 안식처를 제공하려는 염원을 천황에게 요청을 했고, 이를 받아들인 천황은 그에게 불상과 함께 경제적인 지원을 내렸던 것이다. 그 결과 건립된 것이 횡산사(橫山寺)이다. 현재 이 절은 아무도 거주하지 않는 빈 절이 되어있고, 또 전승으로도 도징보다는 그곳에 머무는 사람을 죽이는 거미 요괴의 이야기가 더 유명하다. 그러나 이상의 설화에서 보듯이 횡산사는 많은 고대 한국인들이 이곳을 거쳐 일본 본토로 이주해간 역사적 사실을 말해주고 있다. 이와 같이 한국인에게 있어서 오키는 개척지이자 이주지이었고, 또 열도로 들어가는 경유지이었다.

## ③. 기항지와 표착지

북한의 역사학자 김석형은 신라 – 오키 – 이즈모로 가는 항로가 있었고, 이는 신라가 장악하고 있었다 했다.[14] 이 부분은 신라가 통일하고 난 후에는 상황은 달라져 앞에서 제시된 항로뿐만 아니라 발해 – 오키 – 이즈모로 가는 루트도 개발되어 있었던 것 같다. 이러한 사실들이 통일신라 이후 오키에 관한 기록 및 전승에서도 잘 나타나 있다. 이 때 오키는 신라, 발해와 일본을 오고가는 선박들이 도중에

---

14 김석형(1988) 『북한연구자료선2 고대한일관계사』 한마당, p.391.

들리는 기항지이자 피신처였다. 먼저 발해의 경우부터 살펴보기로
하자.

발해의 사신들이 오키에 들렀다는 기록은 8세기부터 보이기 시작
한다. 가령 763년에 이러한 일이 있었다. 발해객사(渤海客使) 헤구로 무
시마로(平群虫麻呂)의 일행이 발해국에서 귀국하던 도중 풍랑을 만나
위험에 처했다. 그 때 유학생 고노우치노유미(高內弓)와 그의 아내 고
씨(高氏=唐人), 자식 히로나리(廣成)과 영아(女) 1명, 유모 1인, 당의 학문
승 계융(戒融)과 우바새 1명도 그 배에 타고 있었다. 선원들은 풍랑의
원인이 여자들이 탔기 때문에 생겨난 것이라고 믿고서 고씨, 영아,
유모, 우바새 즉 여성들만을 잡아서 바다에 던지고 말았다. 그러한
사건이 있은 10여일 후에 오키에 표착했다. 이 사건이 나중에 발각되
어 선원들은 처형을 당했다.[15]

이처럼 오키는 동해안을 오가는 배들이 풍랑을 만나면 피신하는
곳이기도 했던 것이다. 그리하여 생겨난 신화가 히나마지히메신사
(比奈麻治比賣神社)에 관한 이야기이다. 그에 관한 기사를 『흑목촌지(黑木
村誌)』가 『일본후기(日本後記)』의 기사를 인용하여 다음과 같이 소개하
고 있다.

799년(延曆18) 가모마로(賀茂麻呂)는 칙명에 의해 발해국의 사절이 되
었다. 그가 발해에서 귀국 할 때 해상이 풍랑이 일어 배가 거의 전복상태
가 되었다. 그러나 암흑 속 보인 이상한 불빛을 의지하여 배를 나아가게
하자 도젠(島前) 니시노시마(西の島) 북동의 끝자락에 상륙할 수가 있었
다. 그리하여 가모마로는 이상한 불빛을 낸 곳을 살펴보니 그곳에는 히

---

15  永海一正(1992)『黑木村誌』黑木村誌編輯委員會, pp.37-38.

나마지히메신사가 있었다. 그리하여 이 신이 진로를 잃고 있는 배를 인도하기 위해 불을 밝힌 것을 알 수가 있었다. 지역민들도 "이 신은 극히 영험이 있는 신으로 난선이 해상을 떠돌 때 반드시 빛을 밝혀주어 도움을 준다."고 했다. 가모마로는 이를 듣고 감격하여 서울에 돌아오자마자 이 신에게 폐례(幣禮)를 부여하도록 조정에 아뢰어 허락을 받았다.[16]

이러한 사건을 계기로 히나마지히메신사는 오키에서 최초로 관사(官社)가 되었고, 838년(承和5) 10월에는 신계(神階)도 종오위하(從五位下)로 지정되었다. 이 신화를 계기로 본다면 히나마지히메신사는 고대 한일왕래에 있어서 「등대」와 같은 역할을 했을 것으로 보인다. 일반적으로 이 신을 오키의 고유의 신으로 보는 인식이 있으나 하카다(博多)의 대표적인 신사 중의 하나인 구시다신사(櫛田神社)의 경내에도 이 신이 모셔져 있기 때문에 한일 간 왕래하는 항해의 수호신이었을 가능성이 높다. 사실 앞에서 본 『이말자유래기』에서 목엽인들이 산의 정상에서 남녀 두 사람이 불을 붙여서 꺼지지 않도록 하였다는 다쿠히산(焚火山)은 바로 이러한 사정을 반영한 것이라 볼 수 있을 것이다.

또 『일본후기(日本後記)』는 다음과 같은 기록을 남기고 있다. 825년 12월 3일 오키로 부터 비역(飛駅)이 와서 발해국사 고승조(高承祖) 등 103명이 도착했다는 보고를 했다.[17] 그 이듬해인 826년(天長3) 3월 1일

---

16 永海一正(1992)『黑木村誌』黑木村誌編輯委員會, pp.37-38. 『日本後紀』의 延曆 18年 5월조에 수록되어있는 것으로서 원문을 소개하면 다음과 같다. "前遣渤海使外從五位下内藏宿禰賀茂麻呂等言. 歸郷之日, 海中夜暗, 東西掣曳, 不識所着. 于時遠有火光. 尋遂其光. 勿至嶋濱. 訪之是隱岐國智夫郡. 其處無有人居. 或云. 比奈麻治比賣神有靈驗, 商賈之輩, 漂宕海中, 必揚火光. 賴之得全者, 不可勝數. 神之祐助, 良可嘉報. 伏望奉預幣例, 許之"

17 『日本後記』(卷三十二) 淳和天皇 天長 2年條 참조.

후지와라노 오쓰구(藤原緒嗣: 774-843)가 "발해사절의 입조(入朝)는 12년
에 1번으로 하게 되어있는데, 이번에는 그 약속을 깨고 내조했다. 그
러하니 사절의 입경을 금지시키고, 도착한 오키에서 귀국시켜야 한
다."고 주장하였으나 끝내 허락되지 않았다.[18] 그 결과 발해국사는
같은 해 5월 8일에 일본의 도읍으로 들어가 홍로관(鴻臚館)에 머물렀
으며, 일본의 관위를 받고 돌아갔다.[19] 여기서 보듯이 일본을 왕래하
는 발해의 선박들은 오키에 들렀고, 그곳에서 본국 정부에게 연락을
하여 입경의 허락을 기다리고 있었다.

그리고 861년에도 이거정(李居正)이 이끄는 발해국사가 오키를 들
렀다. 그 때 발해사절단은 총 105명으로 구성되어 있었다. 그들은 그
해 정월 오키를 경유하여 이즈모에 가서 일본의 서울에 들어갈 시기
만을 기다리고 있었다. 그들의 일본 방문은 문덕천황(文德天皇: 827-858)
의 상(喪)에 조문하기 위한 것이라고 하였으나, 실제로는 교역을 위
한 것이었다.

이러한 발해사신을 일본 측은 12년마다 한 번씩 사신을 파견하도
록 한 약속에 어긋나고, 또 국서의 내용도 교만하여 마땅히 돌려보내
는 것이 좋다고 판단했다. 그리하여 발해 측에 이거정이 공경의 지위
에 있고 재주가 아주 뛰어나 특별히 우대하여 입경을 허락하였으면
좋겠지만 접대 때문에 당시 가뭄의 피해를 당하고 있던 농사에 방해

---

18 『日本後記』, 卷三十四 淳和天皇 天長 3年條 참조.
19 『日本後記』, 卷三十四 淳和天皇 天長 5년12일조에 의하면 발해국사인 정당신소경
(政堂信少卿) 고승조에게는 정삼위(正三位)를, 부사 고여악(高如岳)에게는 정사위
상(正四位上)을, 판관 왕문신(王文信)과 고효영(高孝英)에게는 정오위상(正五位上)
을, 녹사(錄事) 고성중(高成仲), 진숭언(陳崇彦)에게는 종오위상(從五位上)을, 역어
(訳語) 이 융랑(李隆郎), 이승종(李承宗)에게는 종오위하(從五位下)를 각각 하사했
다. 그리고 육위(六位) 이하 11명에게도 서위가 주어졌다고 기술되어있다. 이들은
같은 해 5월 14일 가가(加賀国)에서 귀국했다.

가 될 것 같다고 하면서 정중하게 일본으로 들어오는 것을 허용하지 않았다. 그 결과 발해에서 가져간 국서와 선물도 받지 않고 단지 발해의 중대성(中臺省)이 보낸 첩(牒)만 접수하였다. 그리고 이즈모국으로 하여금 사신일행에게 견(絹) 145필, 면(綿) 1,225필을 주도록 하였던 것이다.[20] 이처럼 오키는 발해와 일본을 잇는 항로에 있어서 기항지 역할을 하고 있었다.

이러한 점은 신라의 경우에 있어서도 크게 다르지 않았다. 신라배가 오키에 표착하면 우호적인 자세로 그들을 구제했다. 가령 888년 10월 3일 신라인 35명이 오키에 표착하였을 때 무사히 돌아가게 해주었고,[21] 그 이듬해인 889년 2월 26일에도 오키에 표착한 신라인들에게는 지역민들은 쌀과 소금을 공급했다.[22] 다시 말해 동해안에서 풍랑을 만나 표착하는 신라인들에게 오키인들은 인도적인 차원으로 구원의 손길을 뻗었던 것이다. 이상에서 보듯이 오키는 신라와 발해인들에게 있어서 자국과 일본을 잇는 기항지이자 해상에서 풍랑을 만나면 표착하여 피신하는 곳이었다.

## 4. 대립하는 국경의 섬

오키의 전승에는 한국을 대립적인 관계로 보는 경우도 적지 않다. 이러한 설화전승을 크게 나누면 다음과 같이 두 가지로 나눌 수 있다.

---

20  송기호(2012년 현재) 「이거정」『한국역대인물 종합정보시스템』한국학중앙연구원.
21  岩倉敏雄(1976) 「三度と正月さん」『島前の文化財(6)』島前教育委員會, p.43.
22  內藤正中(1993), 앞의 책, p.27.

첫째는 고대를 배경으로 하는 것으로 신라에 대한 적대감을 표시하는 것이고, 둘째는 임진왜란을 배경으로 조선을 침략하는 이야기가 바로 그것이다. 이 두 가지 모두 한국을 침략하는 것으로 되어있는 것이 하나의 공통점인데, 그에 속하는 실예를 통하여 살펴보기로 하자.

신라에 대한 적대감을 표시하는 설화로는 신공황후전승과 아마타케가나가야신사(天建金草神社)의 이야기를 들 수가 있을 것이다. 일반적으로 신공황후가 신라정벌을 떠날 때 세도내해를 통해 오사카 - 세도내해 - 후쿠오카 - 일기도 - 대마도 - 신라의 루트로 간 것으로 되어있다. 그러나 오키의 전승에는 그것과 다르게 표현되어 있는데, 내용을 간략히 소개하면 다음과 같다.

> 황후가 쓰누가를 출발하였으나 도중에 풍랑을 만나 곤경에 처했으나 신광(神光)의 출현에 의해 유목(流木)에 인도되어 오키의 쓰마무라(都万村)에 도착했다. 그리하여 그곳을 오오즈구(王着汀)이라 한다. 부근에 가다즈쿠이와(形春岩), 가미후네자키(紙船琦)라는 곳이 있는데 이곳 모두 황후를 맞이한 곳이라 한다. 착선과 더불어 성신(星辰)이 강림하였으며, 이를 황후는 지역의 아마타케가나가야 신사의 영험이라 생각하고 매우 기뻐했다. 바로 그 날이 6월 19일이었기 때문에 지금도 이 신사에서는 이 날 봉폐식(奉幣式)의 제의를 행한다고 한다. 그리고 황후는 그곳을 떠나 지부리(知夫里) 인근 하카도(羽笴島)에 가서 대나무로 잘라 화살을 만들었기 때문에 지금도 그곳의 대나무에는 흰 점이 있다고 한다. 그리고 군선이 다테가사키(楯崎)의 앞바다를 통과할 때 태풍이 불었으나 미타베(三度) 지역의 신인 사루다히코(猿田彦命)가 뱃머리에 나타나 배를 지켰다.[23]

---

23 橫山彌四郎(1966) 『隱岐の傳說』 島根出版文化協會, p.82.

▌아마타케가나가야신사의 현판

　이러한 이야기들이 『일본전설대계』에도 수록되어 있는데, 내용은 거의 대동소이하다.[24] 이를 종합하여 보면 신공은 오사카항을 출발한 것이 아니라 쓰루가를 출발한 것으로 되어있으며, 규슈와 대마도를 경유한 것이 아니라 오키를 거쳐 신라로 간 것으로 되어있는 것이다. 그리고 이들의 이야기가 하나의 공통점을 이루는 것은 오키 이후의 행로에 대해서 언급하지 않고 있다는 점이다. 즉, 신공이 오키를 거쳐서 신라로 갔다는 점만을 강조하고 있는 것이다. 이 점은 오키가 일본본토에 대한 귀속의식을 잘 보여주는 좋은 예라 할 수 있을 것이다.

---

24　野村純一外 3人(1984)『日本傳說大系(11)』みずうみ書房, p.261.

사실 신공의 신라정벌담은 앞에서 본 『이말자유래기』에도 나온다. 그것에 의하면 신공을 호위한 다케우치 스쿠네(竹內宿祢)가 오키의 쓰마에 들러 지역신인 아마타케가나가야신에게 무운장구를 기원했다고 하며, 또 신공이 이끄는 병선이 이미지(役道)의 오모스(主栖)에 정박하였을 때 지역의 토호인 구메부오비토(久米部首)의 딸 이마지히메(伊末自姬)가 황후의 부하인 도에히코(十埃彦命)와 결혼하여 남자아이 1명을 낳았다고 했다.[25] 그리고 미즈와케누시의 후예인 도모노오비토는 신공의 명을 받아 병선을 내어 신라로 출병했고, 그 공으로 많은 재물을 가지고 귀국하였으며, 그 중 신라에서 얻은 보검을 미와케오야사(美別祖社)에 헌납하여 보관되어있다는 전승도 있다.[26] 이러한 것 모두가 신공의 신라정벌담을 자신의 지역과 연관시키려는 의도에서 생겨난 산물이라고 말할 수 있을 것이다.

그리고 아마타케가나가야 신사도 신라와의 대립관계에 있다. 이 신사의 제신은 오호야쓰히메(大屋津媛), 쓰메쓰히메(抓津媛)이다. 이들은 모두 신라계인 스사노오(素盞鳴命)의 자식으로 되어있다. 그럼에도 이들의 신은 신라에 대해서는 매우 적대적인 자세를 취한 것으로 전승되고 있다.

그 단적인 예로 신공이 배를 타고 신라정벌을 떠났을 때 풍랑을 만나 위기에 처하자 이곳으로 무사히 입항할 수 있도록 도와준 신이 이 신사의 신이라고 하고,[27] 또 "906년(延喜6) 7월 13일 오키지역의 곤방(坤方)에서 무서운 바람이 불었을 때 아마타케가나가야 신의 탁선이

25  安部勝編(1989)「伊末自由來記」『五箇村誌』島根縣隱岐郡五箇村役場, p.274.
26  安部勝編(1989), 앞의 책, p.274.
27  橫山彌四郞(1966), 앞의 책, p.82.

있었다. '신라의 적선이 북해에 있다. 내가 그 적을 퇴치하고자 큰 바
람을 일으킨 것이다.'라고 하는 것이었다. 그 일이 있고난 후 배의 돛
과 기둥이 떠내려 왔다. 이것은 신위를 크게 나타내는 것이다 "는 사
전(社傳)이 있다.[28] 이같이 고대를 배경으로 하는 전승에는 신라를 공
격하는 형태의 이야기가 주류를 이루고 있는 것이다.

이상에서 보았듯이 신라에 대한 반감을 가지는 설화가 등장할 수
있었던 것은 오키가 일본의 천황가가 이끄는 기내정권(畿內政權)에 복
속되어 있었음을 의미한다. 그렇지 않으면 오키는 일본이라는 의식
이 없었을 것이다. 그러나 6세기 후반 기내왕권이 이즈모 지역에 복
속시키고, 그 여력으로 오키까지 진출하여 나시로(名代)[29]와 둔창(屯
倉)을 설치하고 하나의 구니(國)라는 행정단위로 편성했다. 그리고는
구니노미야쓰코(國造)를 임명하여 파견함으로써 중앙정권에 완전히
편입시켜버렸던 것이다.[30]

이와 같이 중앙정치체제에 편입되면 오키는 신라의 공격을 대비
하는 경계지역으로서 활용된다. 그러한 예가 특히 통일신라 이후의
역사적 기록에서 자주 등장한다. 가령 734년(天平6) 2월 16일부로 이
즈모와 오키간 서로 신호를 할 수 있는 봉화대를 설치할 것을 명령
내려 신라의 공격에 대한 대비책을 강구하고 있는 것이다.[31] 즉, 오키
는 신라와 일본의 군사거점지역이자 국경지역이었던 것이다. 그리
고『일본삼대실록(日本三代實錄)』에 의하면 866년(貞觀8) 일본에 괴이한

28  野津龍(1977)『隱岐島の傳說』日本寫眞出版, pp.187-189.
29  名代는 고분시대의 부민제(部民制)에 있어서 지역민이 야마토왕권에 일정한 봉사
    를 해야 하는 의무감을 지녀야 한다. 이것으로 그 지역민은 야마토왕권에 소속되
    어있는 백성이라는 의미를 지닌다.
30  和田笮(1991)「古代の出雲, 隱岐」『日本海と出雲世界─海と列島文化(2)』小學館, p.253.
31  和田笮(1991), 앞의 논문, p.252.

현상이 나타나 점을 쳐보았더니 "신라의 적병이 일본을 항상 노리고
있기 때문이다."는 점괘를 얻고 노도(能登), 이나바(因幡), 이즈모(出雲),
이와미(石見), 오키(隱岐), 나가토(長門), 다자이후(太宰府)에 명하여 지역
내의 신들에게 제사를 지내게 하고, 군비강화와 병사의 훈련을 강화
하기도 한다.[32] 그리고 그 이듬해인 867년에는 팔번사천왕오포(八幡
四天王五鋪)를 만들어 호오키(伯耆), 이즈모, 이와미, 오키, 나가토에 배
포하여 지역마다 천왕사를 창건하고 "적심조복(敵心調伏), 재변소각(災
變消却)" 즉, 적을 굴복시키고, 재앙을 소멸하라는 명을 내리고 있다.[33]

이처럼 통일신라 이후 8, 9세기경 일본은 신라에 대한 경계심을
늦추지 않았다. 그러나 일본이 이토록 경계하였던 신라는 과연 그들
이 생각하는 국가단위의 신라이었는가 하는 데는 다소 의문이 있다.
왜냐하면 10세기 초에 고려가 건국하고 있기 때문에 당시 신라는 국
력이 쇠퇴하여 신라의 수군이 일본을 침략할 만큼 여유가 있었다고
볼 수 없기 때문이다. 아마도 이들에게 위협을 가하는 공포의 세력은
동해안을 무대로 활약하는 신라의 해적일 가능성이 높다. 869년(貞觀
8)에 오키의 낭인(浪人) 아즈미 후쿠오(阿曇福雄)가 당시 오키노가미(隱岐
守)이었던 오치노 사다아쓰(越智貞厚)가 신라인과 공모하여 반역도모
한다고 밀고한 사건이 있었다.[34] 만약 이것이 사실이라면 신라의 해
적과 결탁한 사건일 것이다.

그러나 훗날 이것이 사실이 아니라는 것이 밝혀지기는 하였지만,
이러한 것이 나올 수 있었던 것도 오키가 신라와의 국경지역에 위치

32 和田萃(1991), 앞의 논문, p.252.
33 內藤正中(1993), 앞의 책 pp.25-26.
34 和田萃(1991), 앞의 논문, p.252.

해 있고, 또 신라의 해적선들이 자주 출몰하였기에 가능한 일이었다. 942년 1월 15일 신라의 선박 7척이 오키에 도착했을 때 오키 지역민들은 초긴장을 하여 경계의 태세를 갖추며 이즈모에 있는 상급기관에 상황을 즉시 보고하고 있는 것이다.[35] 이때 이미 한반도에서는 신라가 아니라 고려시대였음에도 불구하고 이들의 배를 신라로 인식했다는 것은 그만큼 국제정세 파악에 어두웠다고 볼 수도 있지만, 다른 한편으로는 신라를 표방하는 해적들의 활약이 그 후에도 계속 유지되었을 가능성도 높다.

이 같은 신라에 대한 경계심은 그 후에도 계속되었다. 아마도 이러한 역사적 배경으로 말미암아 오키에 신공황후담과 아마타케가나 가야신사의 영이담과 같이 신라를 공격하거나 침략하는 신라군을 퇴치하는 이야기가 만들어졌을 것이다. 즉, 실제로 있었던 역사적 사건이라기 보다는 그것을 바탕으로 만들어진 이야기라는 것이다. 이 점은 오키에서 전해지는 임란관련 전승에서도 마찬가지로 적용된다.

오키는 임란과 크게 관계가 없는 지역이다. 이곳 사람들은 히데요시의 명령을 받아 조선으로 출병한 적이 없으며, 또 당시 일본군도 오키를 경유하지 않고, 규슈를 통하여 조선으로 갔다. 그럼에도 오키에는 임란 관련 전승이 두개나 보인다. 그 중 하나가 가토 기요마사(加藤淸正: 1562-1611)의 이야기이다. 기요마사는 규슈 구마모토의 영주이므로 엄격하게 말한다면 오키와는 무관한 사람이다. 그러한 인물에 관한 이야기가 오키에서는 전해지고 있는 것이다. 이를 간략히 정리하여 소개하면 다음과 같다.

---

35 內藤正中(1993), 앞의 책, p.26.

어느 날 가토 기요마사가 조선의 도깨비(鬼) 정벌하러 길을 떠났다. 날이 저물어 어느 마을 어느 집에 들어가 하룻밤 머물러 가기를 청하였다. 그 집에는 노파가 살았는데, "먹을 것이 없어 곤란하다."고 거절하였다. 이에 기요마사는 "먹을 것이 없어도 상관없다. 당신이 먹는 것이면 충분하다. 신경쓰지 말라."고 말하자, 노파는 겨우 방을 빌려 주었다. 그리고는 노파가 이 불을 때고 있거라. 그러면 나는 밤을 주워서 오겠다. 그리고 이 방은 절대로 열어 보아서는 안된다"고 말하고는 바깥으로 나갔다. 그러나 기요마사는 노파의 말을 어기고 금지된 방을 열어보고 말았다. 그랬더니 그 속에서는 긴토키(金時)가 어느 누구와 씨름을 하고 있었다. 노파가 돌아오자 사실을 말하고 씨름을 하고 있는 두 사람을 빌려달라고 애원을 했다. 노파가 이를 허락하자 3명에서 도깨비를 정벌하러 갔다. 대장 도깨비가 있는 곳에 가기 위해서는 큰 강을 건너야 했다. 긴토키가 큰 나무를 뿌리 채 뽑아서 다리를 놓고 강을 건넜더니 대장 도깨비가 집어 삼키려는 태도를 취하고 있었다. 이에 놀란 3명은 제발 그러지 말고 술을 마시며 하룻밤을 머물게 해달라고 부탁했다. 그러자 도깨비는 이를 받아들였고, 부하 30명에게 큰 돌로 만든 대야로 물을 길러오게 하여 3명의 발을 씻게 하였다. 긴토키는 한손으로 그것을 뒤집어 버린다. 그리고 도깨비들에게 독을 태운 술을 마시게 하고, 자신들은 타지 않은 술을 마셨다. 그러자 도깨비는 술을 듬뿍 마시고는 취해 골아 떨어졌다. 이 때 3명은 힘을 합쳐서 도깨비의 목을 베었다.[36]

이상에서 보듯이 위의 설화는 '보지말라'는 금기설화와 긴토키의 씨름이야기, 모모타로(桃太郎)의 도깨비 정벌담이라는 3가지 요소가

---

36 鄕土部報(1976)『島前の傳承』島根縣立隱岐島前高等學校, pp.5-8.

모두 들어가 있는 복합적인 형태를 취하고 있다. 이야기 전체의 줄거리는 가토 기요마사가 긴토키와 씨름꾼과 함께 조선으로 건너가 도깨비를 물리쳤다는 것이다. 이것은 일본 전래 민담 가운데 도깨비 정벌하러 길 떠난 모모타로가 도중에서 개, 꿩, 원숭이를 만나 부하로 삼고 그들을 데리고 도깨비의 나라로 쳐들어가는 이야기와 너무나도 닮아있는 것이다. 다시 말하여 모모타로를 기요마사로 대체해 놓은 것에 지나지 않는다. 이것이야말로 모모타로의 오키판이었던 것이다. 이처럼 조선은 인간이 아닌 도깨비의 나라로 인식되어져 있는 경우도 있다.

한편 임진왜란과 관련된 또 하나의 이야기가 있는데, 그것은 다름아닌 도지야(唐人屋)에 관한 것들이다. 오키에는 물에 사는 요괴 갓빠(河童)에 관한 이야기들이 많다. 갓빠는 물 속에 사는 요괴로, 모양이 사오정과 같이 생겼으며, 머리의 정수리에는 접시가 올려져 있고, 그 안에는 물이 담겨져 있는데, 그것이 없어지면 맥도 못추는 존재이다. 그런데 때로는 물놀이하는 아이들을 곧장 유혹하여 사망에 이르기까지 하는 위험한 요소를 지니고 있기도 한 존재이다.

이러한 갓빠를 오키에서는 가와코(川子)라 한다. 이러한 갓빠와 도지야는 아주 밀접한 관계를 가지고 있다. 현재에도 도지야의 후손인 마쓰오카(松岡)씨가 살고 있으며, 그들 집 앞에는 갓빠를 신으로 모신 조그만한 '후쿠갓빠대명신신사(福河童大明神神社)'가 있다. 그리고 몇해 전만 하더라도 마쓰오카씨를 중심으로 '갓빠 마츠리'라 하여 아이들을 위한 축제행사를 치르기도 했다. 이처럼 이 집안이 갓빠와 관계를 맺게 된 데에는 다음과 같은 이야기 때문이었다.

▌후쿠갓빠대명신신사(福河童大明神神社)와 신으로 모셔진 요괴 갓빠(河童)

아주 오래전 도지야 선조가 오이밭을 가꾸었는데, 수확기만 되면 오이가 자꾸 없어지는 것이었다. 그래서 범인을 잡기 위해 몰래 숨어서 지켜보았더니 갓빠가 찾아와 오이를 훔쳐가는 것이었다. 그리하여 하루는 밭에 나가 숨어 있다가 갓빠가 나타나 훔치는 것을 보고 히데요시로부터 받은 칼을 가지고 순간적으로 베어버렸다. 그러나 잘려나간 것은 갓빠의 목이 아니라 팔이었다. 그 팔을 가지고 집으로 돌아왔다. 그러자 매일 밤 갓빠가 찾아와서 팔을 돌려달라고 조르는 것이었다. 돌려주면 당신의 오이 밭을 자손대대로 해치지 않겠다고 하며 애원하는 것이었다. 그리하여 하는 수 없이 팔을 돌려주자 무척 기뻐하면서 돌아갔다. 그 후 어느 날 하루 도지야의 부부가 절에 가려고 집을 나서자 갓빠는 물고기를 잔뜩 잡아서 바치는 것이었다. 은혜를 갚고자 한 것이었다. 이를 본 부부는 갓빠의 마음을 충분히 이해할 터이니 다음부터 그렇게 하지 말라고 타일렀다. 그 후 그런 일이 없어졌고, 부부는 집 마당에 갓빠를 위한 작은 사당을 짓고 매년 텐진마쓰리 때 8개의 오이를 강으로 떠내려 보내며, 아이들의 물사고가 없기를 기원했다. 그리고 아이

들이 물놀이하면서 "나는 도지야의 자식이다."라고 외치면 갓빠가 절대로 해치지 않는다고 한다.[37]

이상에서 보듯이 이 설화는 팔이 잘린 갓빠가 그것을 돌려받기 위해 여러 번 애원을 하고, 그 결과 받으면 정상인 생활을 하면서 상대에게 은혜를 갚는다는 이야기이다. 이러한 테마는 갓빠전설에서 특이한 것이 아니다. 지역에 따라 조금씩 내용은 달라질 수는 있지만 갓빠의 보은담은 널리 퍼져 있는 보편적인 이야기이다.

그러나 이 설화에서 나타나는 도지야는 그렇게 흔한 예가 아니다. 이는 문자에서 보는 바와 같이 당인(唐人) 즉, 외국과의 관계가 있는 사람들의 집이라는 뜻이다. 여기에 대해 유즈리하 노리유키(楪範之)는 다음과 같이 설명하고 있다. 즉, 초대 마쓰오카 야니에몬(松岡彌二衛門)이 임진왜란 때 자신의 배(水師丸)를 제공하며 출전한 공이 있어서 히데요시로부터 칼을 하사 받았으며, 조선에서 일본으로 귀국하다가 폭풍을 만나 절해고도인 오키에 표착하여 정착하였고, 그 후 규슈에 있는 아내와 가족들을 불러 살았으며, 대대로 가이센톤야(廻船問屋)으로서 활약했다. 도지야라고 하는 것은 초대가 히데요시의 부하로 있었을 때를 연관시켜 붙여진 이름이며, 갓빠의 팔을 자른 사람은 3대 구베이(九兵衛)이며, 그 칼은 집안의 가보로서 오늘날까지 전해지고 있다는 것이다.[38]

2012년 2월 필자가 오키에서 현지조사를 벌였을 때 13대 당주 마쓰오카 야타로(松岡彌太郎)씨 부인 마쓰오카 토요코(松岡豊子)씨를 직접

---

37  野津龍(1977), 앞의 책, pp.103-109.
38  楪範之(1994)『日野川の傳說』立花書院, pp.59-60.

만나서 인터뷰를 한 적이 있다. 당시 그녀는 이미 80대 노구가 되어
지역 요양원에 신세를 지고 있었다. 그 때 그녀로부터 자신들의 선조
인 도지야의 유래에 대해 좀 더 상세한 이야기를 들을 수가 있었다.
그녀의 말에 의하면 도지야로 불리는 것은 원래 출신이 후쿠오카의
도진마치(唐人町)이었기 때문이라 했다. 그곳에서 히데요시의 부하가
되어서 임란 때 스스로 배를 내어 조선으로 출병하게 되었고, 귀국할
때 그만 표류하여 오키에 도착하여 정착하였다는 것이다. 이같이 도
지야의 유래에 관한 설명이 앞의 유즈리하와 다르다. 즉, 히데요시의
부하이었기 때문에 생겨난 것이 아니라 후쿠오카 도진마치 출신이
기 때문에 붙여진 것이라는 것이다.

　이러한 설명이 전자의 것보다 훨씬 더 설득력을 가진다. 왜냐하면
그와 같이 조선을 다녀온 사람들은 수없이 많다. 그것 때문에 그와
같은 이름이 생겨났다고 한다면 일본에는 도지야가 수없이 많았을
것이다. 그리고 그가 탔던 배가 오키에 표착하였다면 그 때 당시 동
료들도 있었을 것이다. 그럼에도 불구하고 오키에는 그 집밖에 없으
며, 도지야라는 이름을 가진 택호도 오로지 그 집 한곳만 있다. 그러
므로 도지야는 조선을 다녀왔기 때문에 생겨난 것이 아니라 후쿠오
카의 도진마치 출신이었기 때문에 지어진 이름으로 보는 것이 자연
스럽다.

　이러한 증언은 그들의 출자를 밝혀내는 데 매우 중요하다. 왜냐하
면 후쿠오카의 도진마치는 조선과 밀접한 관련을 가지고 있기 때문
이다. 후쿠오카의 국학자 가이바라 에키켄(貝原益軒: 1630-1714)이 1688
년에 지은『축전국속풍토기(筑前國續風土記)』와 가토 이치쥰(加藤一純: 1721-
1793), 다카토리 치카시게(鷹取周成: 1735-1807)가 공동으로 편찬한 후쿠

오카의 지리지『축전국속풍토기부록(筑前國續風土記附錄)』에 의하면 후쿠오카의 도진마치에 대해 "이 마을은 최초로 고려인들이 살았기 때문에 그러한 이름이 붙여졌다."라고 간략하게 설명하고 있다.[39] 여기서 말하는 고려인이란 고려시대의 한국인을 말하는 것이 아니다.『축양기(筑陽記)』에 "문록(임란), 경장(정유)의 역(왜란) 때 포로가 된 조선인들을 살게 했던 곳"[40]이라고 설명하고 있듯이 그들은 임란과 정유의 왜란 때 잡혀간 조선인을 말하는 것이다.

이것이 사실이라면 후쿠오카의 도진마치는 임란 때 조선 출병했던 고바야가와(小早川) 혹은 구로다(黑田)에 의해 연행된 조선인들이 살게 됨으로써 시작된 마을임을 알 수 있다. 즉, 후쿠오카의 도진마치는 임란 이후에 생겨난 마을이었던 것이다. 그렇다면 앞에서 보았던 마쓰오카 토요코씨의 증언은 시대적으로 부합되지 않는다. 그의 선조는 도진마치의 주민으로서 배를 내어 임란 때 조선으로 출병하여 돌아온 사람이 아니라 오히려 그와 반대로 일본군에 포로가 되어 후쿠오카의 도진마치에 살았던 조선인 이었을 가능성이 높다. 더군다나 후쿠오카의 도진마치는 상업지역으로 발달했다. 이곳 사람들은 배를 타고 일본 전역을 돌아다니면서 교역을 했고, 그 중 일부는 오키에 들러서 장사를 하고 그곳 여인과 결혼하여 정착하는 사람도 얼마든지 있을 수 있다. 오키의 도지야는 바로 이러한 사람 중의 한 명이었을 것으로 추정된다. 이러한 추론이 가능하다면 오키의 도지야는 원래 후쿠오카의 도진마치 조선인의 후예로 오키에 정착하면

---

39 加藤一純, 鷹取周成(1977)『筑前國續風土記附錄(上)』文獻出版, p.63.
40 服部英雄(2008)「前近代のチャイナタウン, コリアタウン」『동북아세아문화학회 국제 학술대회 발표자료집』동북아세아문화학회, p.8.

서 오키의 지역정서를 고려하여 자신의 출신을 일본으로 하고, 포로의 신분이었던 것을 히데요시에 협력하여 조선으로 출병하는 사무라이로 전환시켜놓은 것으로 볼 수 있다. 그들이 그렇게 하지 않을 수 없었던 것은 국경지역으로서 반한 감정이 강한 오키의 정서를 무시할 수 없었거니와 정착하는 데도 유리했기 때문일 것이며, 그 결과 그들의 조상은 조선을 침략하는 일본의 사무라이가 되었을 것이다. 이같이 오키의 전승에는 한국과 대립하는 이미지가 고대와 조선시대를 통하여 실재했던 역사적 사건을 통하여 형성되어 반영되어 있었던 것이다.

## 5. 마무리

지금까지 오키의 전승을 통하여 그 속에 반영된 한국의 이미지를 살펴보았다. 이야기의 시대적 배경은 고대와 중세, 그리고 근세로 되어있지만, 수적으로는 고대에 집중적으로 편중되어 있었다. 그리고 고대의 경우 신라와 발해, 중세 이후는 임란과 관련된 것들이었다. 이상의 설화들을 종합하면 대략 다음과 같은 네 가지 특징을 가지고 있다고 할 수 있다.

첫째 오키는 신라인의 개척지이었다. 오키의 최초의 주민이자 개척자인 목엽인은 신라인이었다. 둘째 오키는 반도에서 열도로 이주하는 사람들의 경유지이기도 했다. 구니비키(國引)신화와 횡산사의 연기설화에서 보듯이 반도인들이 동해안 루트를 이용하여 열도로 이주할 때 오키를 경유하는 일이 많았던 것이다. 셋째 오키는 반도

(동해)와 열도를 잇는 선박의 기항지이자 피신처였다. 통일신라 이후에는 신라뿐만 아니라 발해를 잇는 항로도 있었다. 신라와 발해와 일본을 잇는 선박들이 오키에 기항하는 경우가 많았으며, 특히 풍랑이 일어나면 오키로 피신했다. 넷째 오키에는 한국을 공격하는 전설도 상당히 많다는 사실이다. 그 대표적인 예가 신공황후, 아마타케가나가야신사, 기요마사, 도지야의 이야기이다. 이는 악화된 한일관계를 그대로 반영하고 있다고 할 수 있다. 신공과 아마타케가나가야신사는 신라와의 나빴던 기억을 반영하고, 기요마사의 설화는 임란과 모모타로의 도깨비 정벌담이 혼합되어 조선을 퇴치대상의 도깨비나라로 윤색되어져 있는가 하면, 또 임란 때 잡혀간 조선인 포로의 후예가 오키에서 정착하기 위해 자신의 신분을 조선으로 출병한 일본 사무라이로 바꾸는 경우도 있었다. 이처럼 오키는 고대로부터 한국에 대해 나쁜 감정을 가지고 있는 지역이기도 했다.

일본에서의 오키는 동해안의 외로운 섬 유배지로서 이미지가 강하다. 그러나 한국인에게 오키는 신라인의 개척지이자 경유지, 그리고 동해안의 기항지이자, 표착지로서 이미지가 강한 국경의 섬이었다고 할 수 있다. 이 같은 사실은 한국인이 오키인을 이해하는데 크게 도움이 됨에 틀림없다. 이러한 점에서 이상의 전승은 오키뿐만 아니라 한국인에게도 귀중한 가치를 지닌 문화적 자산이라고 하지 않을 수 없다.

일본에서 신이 된 고대한국인

## 제10장

# 이시가와현 노토반도의 한국계 신사

## 1. 머리말

일본 이시가와현(石川県) 노토반도(能登半島: 이하 노토로 줄임)는 호쿠리쿠(北陸) 지방의 중앙부근에서 우리의 동해를 향해 돌출해 있다. 이러한 지형적인 특징으로 지금도 해안에는 쓰시마 해류(対馬海流)를 타고 한반도에서 떠내려 간 표착물이 많이 발견된다. 그러므로 이곳은 일본의 어느 곳 못지않게 지역의 문화 속에 한국적인 요소가 많이 들어가 있을 것으로 예상되는 곳이기도 하다. 실제로 8세기부터 9세기경까지 이곳 시카마치(志賀町)의 후쿠라항(福浦港)은 발해와 일본을 잇는 관문역할을 했었다.

이러한 점들에 주목하여 노토에 관심을 두는 한국의 연구자들도 많다. 가령 국어학자 김사엽은 호쿠리쿠 지역을 답사하면서 특히 노토에 관심을 표명하면서 "우리의 관심을 끄는 것은 이 반도 안에 가야계 씨족을 신으로 모시는 신사가 여덟 곳이나 있다"고 술회한 바가 있다.[1] 그리고 2006년 7월에는 한국의 비교민속학회가 와지마시

---

1 김사엽(1991)「北陸의 韓文化」『일본학(10)』동국대 일본학연구소, p.231.

(輪島市)에서 「한일축제문화의 비교」라는 테마로 한일학술발표회를 가진 후 노토반도의 일대를 답사 하였다.

그 후 역사고고학계의 윤용진과 최홍조가 각기 이 지역을 답사한 보고서를 발표한 적이 있다. 이들에 의하면 노토의 후쿠라는 발해를 오고가는 항구이었으며,[2] 그곳에는 사신들이 머물렀던 객사가 있었으며, 또 나나오시(七尾市)의 인나이초쿠시쯔카(院內勅使塚) 고분은 고구려와 백제의 양식을 따르고 있지만, 7세기경의 것으로 추정되는 것으로 보아 고구려 이민과 관련이 있고, 이에 비해 노토지마(能登島)의 에조아나(蝦夷穴) 고분은 고구려와 가야의 묘형과 깊은 관계를 가지고 있는 것으로 보았다.[3]

이같이 노토는 한국의 역사학, 고고학, 민속학, 신화학에서도 높은 관심을 가지고 있는 지역임에 틀림없다. 그러나 이상하게도 지금까지 이상에서 열거한 분야에서 본격적인 연구가 이루어지지 않고 있다. 그러한 가운데 예상외로 사회학에서 이 지역에 대한 본격적인 조사가 처음으로 이루어졌다. 그것은 다름 아닌 사회학자 권상철, 정광중에 의해 노토의 해녀에 관한 실태를 면밀히 조사한 결과가 발표되었던 것이다.[4] 이것이 아마도 노토에 관한 처음 시도된 한국인의 본격적인 연구가 아닐까 생각한다.

이러한 움직임에 촉발된 필자는 신화학적인 관점에서 노토에 접근하고자 한다. 앞서 김사엽은 노토에는 가야계 신사가 8곳이나 있

2 최홍조(2008)「일본 노토반도. 와카사만 학술답사기」『역사교육논집(40)』역사교육학회, pp.510-512.
3 윤용진(1991)「近畿 및 北陸地方의 遺蹟」『일본학(10)』동국대 일본학연구소, p.273.
4 권상철, 정광중(2004)「일본 아마(海女)의 잠수실태와 특성 -이시카와현(石川縣) 와지마시(輪島市) 아마마치(海士町) 및 헤구라지마(舳倉島)의 사례를 통하여-」『濟州島研究(25)』제주학회, pp.121-171.

다고 하였고, 또 재일작가인 김달수는 노토의 신사 중 8할이 한국의 신을 모시고 있다고 했으며,[5] 재일 역사가 전호천은 에치젠(越前) 지역의 신사에서 히코(比古), 히메(比咩)가 붙는 신사는 예외 없이 도래계(한국계)라고 했다.[6] 그리고 긴켄구(金劍宮)의 궁사(宮司)이자 이시가와현 신사청장(石川縣神社廳長)이기도 한 모리베 고(守部伍)씨도 "가가(加賀)와 노토에는 조선에서 건너온 신이 많다"고 고백한 적이 있다.[7]

이처럼 이들은 노토에 한국계 신사가 많다는 점을 강조하면서도 정작 어느 신사가 한국계인지 명확하게 명시하지 않고 있다. 이에 본장에서는 노토의 신사와 제신의 이름 및 창건을 설명하는 신화전승을 통하여 한국계 신사와 신들을 찾아내고자 하는 것이다.

이를 위해 필자는 2013년 2월과 3월 모두 2회에 걸쳐 노토를 찾아 그와 관련된 조사를 벌였다. 그 결과 노토는 특히 신들의 기원을 바다를 통해 들어왔다는 표착신(漂着神)의 형식으로 신사의 신의 유래를 설명하는 전승이 너무나도 많았다. 그러나 대부분이 막연히 바다로만 표현할 뿐 그 신이 어디에서 들어왔는지 구체적인 지명은 언급되지 않고 있다. 따라서 심증은 있지만 물증이 없어 한국계의 신사를 추출해내는 작업은 예상보다 쉽지 않다. 그렇지만 그에 대한 방증할 자료가 전혀 없는 것은 아니었다. 그 중에는 특히 신사와 제신의 이름 중에서 고향의 흔적을 남기고 있는 경우가 있기 때문이다. 이러한 신사들을 중심으로 한반도 고대국가 중 어느 계통에 속하는지를 알아보고, 또 이들이 노토에서 서로 만나 결합되는

---

5  金達壽(1975)『日本のなかの朝鮮文化(5)』講談社, p.160.
6  全浩天(1989)『朝鮮からみた古代日本』未來社, pp.36-38.
7  金達壽, 앞의 책, p.147.

경우도 예상해보고 그러한 경우에 대해서도 구체적으로 살펴보고
자 한다.


## 2. 신라계 신사와 신화


　노토가 신라와 관련이 깊다는 것은 고대의 가요집인『만엽집(萬葉
集)』에도 나타난다. 『만엽집』의 가인(歌人)인 오토모 야카모치(大伴家持:
718-785)가 746년(天平18)에 엣추노카미(越中守)로 임명되어 노토를 순행
한 적이 있다. 그가 나나오만(七尾湾)을 지날 때 다음과 같은 노래를 남
겼다.


　　　구마키(熊来)에다 신라도끼를 떨어 뜨렸구나 어이쿠, 소리내어 흐느
　　　껴 우지마라. 떠오르는 것을 내가 지켜보마 어이쿠(梯立の熊来のやらに
　　　新羅斧落とし入れわし, 懸けて懸けて勿泣かしそね浮き出づるやと見むわ
　　　し)　　　　　　　　　　　　　　　　　　　　　　　　〈巻16-3878〉[8]


　위의 내용에서 보듯이 이 노래는 한 어리석은 사나이가 노토의 바
다로 흐르는 구마키(熊木) 강 하구에 신라에서 만든 도끼를 바닷물에
빠뜨리고는 어쩔 줄 몰라 물속을 향해「도끼야 물위로 떠올라라」고
소리를 치며 울고 있는 우스꽝스러운 광경을 바라보며 지은 시이다.
도끼는 쇠로 된 것이기 때문에 물 위로 떠 오를리 없다. 그러나 그것
에 미련을 버리지 못하고 집착하는 이유는 그 도끼가 보통 도끼가

---

8　土屋文明(1977)『萬葉集私注(8)』筑摩書房, pp.265-266.

아닌 신라제이기 때문이다. 그만큼 당시 신라의 도끼는 고급스럽고 귀중했던 모양이다. 이 노래에서 보듯이 신라의 문물이 노토에 자연스럽게 들어가 정착해 있었음을 알 수 있다.

노토에는 신라의 문물만 들어간 것이 아니었다. 사람과 신앙도 함께 들어갔다. 그것을 단적으로 나타내는 것이 신사이다. 노토에 있어서 신라계로 추정되는 신사가 몇 군데 있다. 나카노토(中能登)의 스쿠나히코노가미노가다이시신사(宿那彦神像石神社)가 그 중의 하나이다. 신사명에서 보듯이 현재 제신은 이즈모계(出雲系)인 스쿠나히코나로 되어있지만, 이 신사가 신체(神體)로 모시고 있는 신상석(神像石)과 석신(石神)은 신라의 석상과 유사하다고 한다.⁹ 이러한 것에서 보듯이 이 신사는 원래 신라계이었던 것이 훗날 이즈모 신앙이 노토에 진출함으로써 변화되었을 가능성이 아주 높다.

한편 노토에는 하쿠산신사(白山神社)라는 이름의 신사가 눈에 많이 띈다. 스즈시(珠洲市)의 경우 호류마치(宝立町)에 두 곳에나 하쿠산신사가 있으며, 노토초(能登町)의 경우는 우시쓰(宇出津)와 야나기다(柳田)에 각각 하나씩 하쿠산신사가 자리잡고 있다. 그리고 아나미즈초(穴水町)에도 하쿠산(白山)이라는 지명이 남아있다. 아마도 이곳에도 과거에는 하쿠산신사가 있었을 것으로 추정된다.

이 신사들을 지역민들은 '하쿠산(白山)'이라 통일하여 부르고 있다. 이곳에 하쿠산계 신사들이 자리를 잡고 있는 것은 현재 이시가와현(石川縣) 하쿠산시(白山市)에 총본산으로 하는 하쿠산 신앙이 노토에 진출한 결과일 것으로 보인다. 이 신앙은 간단히 말해 시라야마히메(白山比咩)라는 여신을 숭배하는 산악신앙이다. 현재는 신사 측이 창세신

---

9 七尾市史編纂專門委員會(1974) 『七尾市史』 石川縣七尾市役所, p.117.

인 이자나기와 이자나미가 이승과 저승의 갈림길에서 대치하고 있었을 때 나타나 두 신을 중재한 구쿠리히메(菊理媛尊)라고 설명하고 있다. 즉, 이 여신의 기원을 8세기 문헌인 『고사기(古事記)』와 『일본서기(日本書紀)』(이하 『기기』로 생략함)에 기록된 일본신화에서 찾고 있는 것이다.

그러나 재일작가 김달수(金達壽)는 그러한 해석에 동의하지 않았다. 그에 의하면 일본의 하쿠산 신앙은 백두산, 태백산, 소백산, 장백산, 백수산, 백산 등과 같은 한국의 산 이름들에서 보듯이 그것은 한반도에서 기인하는 것으로 보았다. 그리고 하쿠산의 백산(白山)은 '하쿠산'이 아닌 '시라야마'이며, 시라야마의 '시라'는 신라를 의미하는 말이라고 해석하고 있다.[10] 만일 이러한 해석이 사실이라면 노토의 하쿠산 신앙은 신라에서 직접적인 영향에서 생겨난 것이 아니라 하쿠산시의 시라야마히메신사를 통해 신라의 산악신앙을 받았다고 할 수 있다.

나나오시 다쯔루하마초(田鶴浜町)와 나카노토마치(中能登町)의 도리야마치(鳥屋町)에는 시라야마와 같이 '시라'라는 말이 들어간 시라히코신사(白比古神社)가 있다. 이 신사들이 언제 창건되었는지 알 수 없지만 927년(延長 5)에 편찬된 『연희식(延喜式)』의 「신명장(神名帳)」에 "노토 17좌(座) 가운데 하나인 시라히코신(白比古神)"이라는 것은 이 두 신사 가운데 하나일 것이다. 그렇다면 적어도 이 신사들은 10세기 이전부터 있었던 유서 깊은 신사임에 틀림없다. 이시가와현 신사청에 의하면 이 두 곳의 제신은 오오아나무치(大己貴命)의 아들로 지역 개척의 선조신(先祖神)이라고 설명하고 있다.[11] 즉, 이즈모(出雲)에서 이곳으로

---

10  金達壽, 앞의 책, pp.149-153.
11  石川縣神社廳(1976) 『石川縣神社誌』 北國出版社, pp.345-356.

▌시라히코신사

들어와 정착한 신이라는 의미이다.

그러나 지역에서는 그렇게 설명하지 않았다. 이곳의 교육자이자 향토사가인 간다 겐지(觀田健治)씨는 다쯔루하마초의 시라히코가 저편 바다에서 석선(石船)을 타고 시라하마(白濱) 해안 구루와(黑岩)에 도착하여, 당시 갈대와 억새로 뒤덮여 황무지에 불과했던 이곳을 개척하여 마을사람들이 편안하게 살도록 만들었고, 그가 생을 마감하자 지역민들은 그 은혜를 보답하기 위해 신사를 세우고 그를 신으로 모셨으며, 지명도 시라야마(志良山)이라 했다는 전승이 있다고 했다.

구루와에서 신사에 이르기 까지 지반이 반석(盤石: 화산암)으로 이루어져 있는데, 이것을 보고 사람들은 그가 타고 온 석선이라고 한다는 것이다. 이 신이 석선을 타고 왔다 하여 이와부네명신(石船明神)이라고

305

도 부르기도 한다. 또 옛날부터 봄, 가을에 치르는 제례는 구루와에 서 시작하여 마을로 들어오는 것으로 되어있고, 제례의 당일에는 이 지역에 도착하는 것을 재연이라도 하듯이 반드시 동북풍이 분다고 한다.[12]

이같이 이곳에서 신이 된 시라히코신은 이즈모계라기 보다는 바 다를 통해서 들어간 외래신이었다. 그리고 그는 이 지역을 개간하여 논과 밭을 만들어 생활의 터전을 마련한 개척자를 대표하는 상징적 인 인물이었다. 그렇다면 그는 바다 저편 어디에서 건너왔을까?

여기에 대해 간다씨는 '시라히코'가 원래 「신라의 남자」라는 뜻인 시라히코(新羅彦)이었는데, 훗날 그 의미가 퇴색되어 시라히코(白比古) 로 바뀐 것으로 추정했다. 이 부분은 매우 중요한 지적이라고 본다. 지역의 문헌인 『신지시료(神祇志料)』에도 "시라히코는 신라신이라고 한다"고 명시하고 있기 때문이다.[13] 그리고 지역의 역사책인 『녹도 역사독본(鹿島歷史讀本)』에 의하면 현재 이 신사의 제신이 사루다히코 (猿田彦)로 되어있지만, 원래는 시라히게명신(白髮明神)이었다고 설명 하고 있다. 시라히게는 신라계의 신들이 '시라가', '시라히게'로 불리 우며 정착하는 사례들이 많다는 사실을 볼 때 그의 추론은 매우 설득 력을 지닌다 하겠다.[14]

그리고 이곳의 시라히코처럼 신적인 존재가 석선을 타고 건너왔 다는 이야기는 한국에서도 보인다. 연오랑과 세오녀가 바로 그것이

---

12 觀田健治씨와의 인터뷰는 2013년 2월 12일과 3월 27일 양일간에 걸쳐 그의 자택에 서 이루어졌다. 이 자리를 빌어 칸다씨에게 감사를 드리는 바이다.

13 金達寿, 앞의 책, p.178.

14 실제로 도키쵸(富来町)의 지호(地保)에는 신라계의 시라히게 신사(白鬚神社)가 있 다. 여기에도 제신은 사루타히코로 되어있다.

다. 그들은 동해안에서 바위(石船)을 타고 일본으로 건너가 왕(해)과
왕비(달)가 되었다는 이야기가 『삼국유사(三国遺事)』에 기록되어있는
것이다. 이처럼 석선을 타고 바다를 건너는 신들의 이야기는 신라의
문화와도 서로 공통되는 부분이다.

김달수는 이곳의 "시라히코는 신라신을 말함이다"라고 설명하고
있는 이마무라 토모(今村鞆)의 설을 인용하여 시라히코를 신라의 신
이라 해석했고,[15] 또 권우근(權又根)도 시라히코신사는 원래 「신라신
사」이었다고 했다.[16] 이처럼 이곳에 모셔진 시라히코신은 신라의 신
일 가능성이 높다.

시라히코가 신라적인 신이라는 증거는 또 있다.『고사기』에 이즈
모계의 신으로 오토시신(大年神)의 계보가 기록되어있다. 그것에 의
하면 오토신의 계보 속에 고대 한국계의 신인 한신(韓神), 소호리신(曽
富理神), 시라히신(白日神)이 등장하는데, 그 중 '시라히신'은 시라히코
와 아주 유사한 이름을 가지고 있다.

이 신에 대해 역사학자 미즈노 유(水野祐)도 시라(白)는 신라의 옛 이
름인 사로(斯羅), 사로(斯盧), 시라(新良)이며, 원래의 이름은 '시(斯)'였고,
'라(羅)'는 국토를 의미하는 말이다. 따라서 시라히신(白日神)은 신라의
신이라고 해석했다.[17] 또 아다치 이와오(安達巌)도 이 신의 이름은 밝
은 태양을 의미함과 동시에 신라의 일신(日神)의 아들로 해석했다.[18]
이처럼 시라히코가『고사기』에 등장하는 시라히코신과 같은 계열이
라면 이 신사의 제신인 시라히코는 신라의 신이다. 따라서 이 신사에

15 金達寿, 앞의 책, p.178.
16 権又根(1988)『古代日本文化と朝鮮渡来人』雄山閣, p.43.
17 水野祐(1996)『日本神話を見直す』學生社, p.99.
18 安達巌(1991)「出雲王朝の軌跡を辿る」野草社, p.99.

모셔져 있는 시라히코는 신라의 신으로 보아도 될 것 같다. 즉, 신사
가 위치한 지명인 시라하마(白浜)의 '시라', 그리고 신의 이름인 시라
히코의 '시라'는 신라를 의미했던 것이다.

## 3. 가야계 신사와 신화

노토의 중부지역을 차지하고 있는 나나오시에는 가라(韓, 唐)와 관
련된 신사가 몇 군데 있다. 여기서 '가라'는 한반도의 고대국가인 가
야를 가리키는 말이다. 그 중 하나가 나카지마의 가라시마신사(唐島神
社)이다. 이 신사는 가라시마샤(唐島社)라고도 불리며, 이름 그대로 가
라시마(唐島)라는 섬에 위치해 있지만, 현재는 육지와 섬이 자연스럽
게 이어져 걸어서 갈수 있게 지형이 변형되어 있다. 섬의 중앙에 신
을 모신 건물인 본전과 배전이 있지만, 도리이(鳥居)는 바다를 향해 있
으며, 현재의 제신은 이치키시마히메(市杵島比咩命)로 되어있다. 1928년
가시마군(鹿島郡)이 편찬한『석천현녹도군지(石川縣鹿島郡誌)』에는 이 신
사의 유래를 설명하는 신화가 다음과 같이 서술되어있다.

환무천황(桓武天皇)의 시대에 야마토(大和)의 미와신사(三輪神社)의 궁
사인 겐구로(彦九郎)가 호쿠리쿠(北陸) 지방을 순행하던 도중 이곳을 들
렀다. 어느 날 밤 선도(仙島)에 관한 꿈을 꾸었다. 그리하여 다음날 배를
타고 근해로 나가보았더니 과연 꿈에서 보았던 영롱한 해면 위에 작은
섬이 하나 있었고, 그곳에는 잔잔한 파도가 치며 상서로운 구름이 끼어
있었다. 그는 마치 선계(仙界)에 들어가는 느낌을 받으며 섬으로 들어갔

▎가야계 신사 가라시마신사와 가라시마샤

다. 바로 그 때 백발의 한 노파가 나타나 그를 맞이하며 "나는 옛날부터
이 섬을 만들었고, 유사를 다스리며, 나라를 진호(鎭護)하고 있는 이치
키시마히메(市杵島比咩命)이다. 나는 이제부터 너에게 이 섬을 주고, 7개
의 서묘(瑞妙)를 전수하고자 한다. 그러니 너는 이 섬에 살며 나를 섬겨
야 한다"고 말하고는 큰 바위 위에서 홀연히 모습을 감추고 말았다. 겐
구로는 마을로 돌아와 그 사실을 알리고 사람들을 동원하여 주변의 나
무를 제거하고 그 영석(靈石)의 주변에 신사를 세우고는 그 이름을 가라
시마신사(唐島神社)라 했다. 그리고 그는 여신을 모시는 데 게을리 하지
않았고, 그의 자손들도 이를 이어 오늘에 이르고 있다고 한다.[19]

여기에 모셔지는 이치키시마히메는 원래 후쿠오카현 무나가타대

---

19  鹿島郡誌編纂委員會(1928)『石川縣鹿島郡誌』鹿島郡自治會, pp.952-953.

사(宗像大社)의 헤쓰미야(辺津宮)에 모셔지는 여신이다. 『고사기』에 의하면 이치키시마히메(市寸島比売命)로 되어있으며, 아마테라스(天照大神)와 스사노오(素盞嗚尊)의 서약에서 아마테라스가 스사노오의 칼을 입에 넣고 씹어서 뱉어낸 안개에서 출현한 3명의 여신 중 막내로 되어 있다. 이 3명의 신을 모신 곳이 오키노시마(沖ノ島)의 오키쓰미야(沖津宮), 오시마(大島)의 나카쓰미야(中津宮), 이치다시마(市田島)의 헤쓰미야(辺津宮)라는 곳이다.

이 세 곳의 신사는 직선상으로 일렬로 배치되어 있는데, 그 끝은 한반도로 향하고 있다. 즉, 이곳은 고대로부터 한반도와 열도를 잇는 교통의 요충지이었던 것이다. 이곳에 모셔지는 신인 이치키시마히메가 모셔진다는 것은 무나가타의 신앙이 이곳까지 진출하였을 것으로 보인다. 그러나 신사의 이름이 무나가타가 아니라 가라시마라는 섬의 이름을 그대로 사용하고 있다. 이 점은 원래 이곳에 모셔지는 여신이 무나가타가 아닌 가라(가야)에서 온 여신일 가능성이 높다는 것을 의미하여, 이것이 훗날 중앙의 기록인 『기기』의 영향으로 무나가타의 이치키시마히메로 윤색되었을 가능성을 충분히 보여주고 있는 것으로 볼 수 있다.

이처럼 신사의 이름은 가야적인 요소를 지니고 있지만, 신화전승은 일본화된 경우가 적지 않다. 그 대표적인 사례가 가와지리(川尻)에 있는 아라이시히코신사(荒石比古神社)이다. 이곳은 신사의 이름에서는 가야의 흔적을 남기고 있으나 신화전승에서는 일본화 되어가고 있다. 그 단적인 한 예로 이시가와현 신사청이 이곳의 제신은 이시코리도메(石凝姥命), 우카노미타마(倉稲魂命), 스쿠나비코나(少比古那神)이지만, 원래는 아라이시히코(별명: 쓰누가아라시토)이었다고 하면서, 이 신을

┃아라이시히코신사와 현판

모시는 계기가 된 것은 신공황후가 신라를 정벌하고 귀국하는 도중한 일행이 풍랑을 만나 이곳에 표착하여 정착하였는데, 이들의 수호신이 아라이시히코였다는 것이다.

　그러나 이상의 내용이 그대로 수용되기는 어렵다. 왜냐하면 역사적 사실과 부합되지 않기 때문이다. 그 예로 신공황후를 등장시키고 있다는 점이다. 신공은 역사적인 인물이 아니라 어디까지 신화 속에 존재하는 인물이다. 그러므로 그녀의 신라정벌은 역사적 사건으로 인정할 수 없다. 그리고 신라를 정벌하는 집단이 쓰누가아라시토를 신으로 모셨다는 점도 이해할 수 없는 일이다. 왜냐하면 쓰누가아라시토는 한반도의 출신인 가야국의 왕자이기 때문이다. 이러한 인물이 한반도를 공략하는 자들의 수호신으로 되어있다는 것은 더욱 이해하기 어렵다.

　향토사가 간다 켄지씨에 의하면 이 전승은 1959년 문화의 날에 이 신사의 궁사인 오모리 노리오(大森宣雄)씨가 일방적으로 이 신사의 유서(由緒)라 하여 자신이 적은 것을 돌에 새겨 신사의 입구에 설치함으

로써 생겨난 것에 불과하며, 이 신사의 제신은 이름에서 '아라'라는
단어가 들어가 있는 것에서 보듯이 아마도 한반도의 고대국가에서
온 신임에 틀림없다고 했다.

　이러한 그의 추측은 크게 벗어나 있지 않다고 본다. 왜냐하면 이
신사의 이름에서 보듯이 아라이시의 '아라'는 한반도 남부에 있었던
아라가야를 충분히 연상시키기 때문이다. 만일 이것이 사실이라면
아라이시히코는 '아라가야에서 온 사나이'라는 뜻으로 해석이 가능
하다. 즉, 이 신사는 아라가야계의 세력이 바다를 통하여 이곳으로
이주해온 이야기를 현대에 접어들어 신사의 궁사에 의해 신공황후
의 전승으로 변화시키고 있는 것이다.

　나나오의 야마자키(山崎)에는 아라이시히코와 이름이 아주 유사한
아라카시히코신사(阿良加志比古神社)가 있다. 전호천에 의하면 아라카
시의 '아라'는 한국의 아라(安羅) 또는 가라를 가리키며, '히코'는 남
자의 신을 뜻한다고 했다.[20] 이것이 사실이라면 아라카시히코는「아
라가야의 남자」라는 의미의 신명이다. 이처럼 이 신사도 아라이시히
코신사와 마찬가지로 아라가야의 신사이었던 것이다.

　가야계의 신사는 가와지리와 야마자키에만 있는 것이 아니다. 나
나오시에서 북쪽으로 인접한 아나미즈초(穴水町)에서도 발견할 수 있
다. 미마나히코신사(美麻奈比古神社), 미마나히메신사(美麻奈比咩神社), 나
고시신사(奈古司神社) 등이 바로 그것이다.

　미마나히코신사와 미마나히메신사는 현재 아나미즈초의 총진수
(総鎮守)로서 귀문(鬼門)에 해당하는 가와지마(川島)의 하쿠산(白山)에 위
치해 있다. 이 신사도『연희식(延喜式)』에 후계군(鳳至郡) 소재의 소사(小

社)로 기록되어있다. 그러므로 이 신사 또한 고대로부터 시작되었음을 알 수 있다. 신사의 전승에 의하면 고대에는 미마나히코신사와 미마나히메신사가 별도로 존재하였으나, 천정연간(天正年間: 1573-1592)에 병화로 인해 미마나히메신사가 소실되어 훗날 미마나히코신사에 합병되었다고 한다. 여기서 미마나는 흔히 임나(任那)라고도 하는데, 3-6세기경에 한반도의 남부에 존재했던 가야를 가리키는 말이다. 미마나히코라는 이름은 「가야의 남자」, 미마나히메는 「가야의 여인」이라는 의미이다. 따라서 이 신사는 신사의 이름과 신명에서 보듯이 분명히 가야계 신사임에는 틀림없다.

나고시신사는 창건연대는 알 수 없으나, 원래는 미마나히메신사라고 불리웠다. 그러던 것이 나고시샤(奈古司社)로 이름을 바꾸었고, 1930년 5월 30일에 다시 오늘날과 같은 나고시신사로 개칭하였다 한다.[21] 이처럼 나고시신사도 가야의 여신을 모셨던 것으로부터 시작되었음을 알 수 있다. 그리고 하쿠이(羽咋市)의 시카마치(志賀町) 소고(草江)에는 가야의 여신으로 추정되는 신을 모시는 신사가 있다. 그것은 다름 아닌 가야노히메샤(草野姫社)이다. 이 신사의 이름대로 제신은 가야노히메이며, 그 이름은 「가야의 공주」라는 의미로도 해석이 된다. 이 신을 모신 신사가 가나자와시(金澤市)에도 있는데, 그것이 바로 고사카초(小坂町) 노마신사(野間神社)이다.

그러나 『기기』에서 이자나기와 이자나미와의 사이에서 태어난 들판, 초원의 신 이름이 가야노히메(鹿屋野比売: 『고사기』), 구사노오야가야노히메(草祖草野姫: 『일본서기』)이다. 우연이지만 이 신의 이름과 발음이 같다. 만일 노토와 가나자와의 가야노히메를 모신 신사가 『기기』

---

21  穴水町教育委員會, 앞의 책, p.433.

의 영향을 받지 않았다면 「가야」라는 이름에서 보듯이 이 신은 가야의 여신일 가능성이 아주 높다. 이처럼 노토에는 가야의 남신뿐만 아니라 여신을 모시는 신사도 있었던 것이다.

## 4. 고구려계 신사와 신화

노토반도는 고구려의 문화도 수용된 것으로 알려져 있다. 그 대표적인 예로 나나오만(七尾湾)과 다리로 연결되어 있는 노토지마(能登島)의 에조아나 고분이다. 이 고분은 고분시대의 말기에 축조된 것이다. 분구(墳丘)의 내부는 인근 해안에서 가지고 온 안산암판석(安山岩板石)으로 횡혈식석실(横穴式石室)의 형태로 조성된 한 쌍의 묘실로 되어있다. 그리고 가로 폭이 넓은 현실(玄室)과 아치형으로 지어진 천정 등은 고구려 형태의 분묘와 아주 흡사하다. 이 같은 석실을 가지는 고분은 타 지역에서는 거의 보이지 않아 노토지역이 얼마나 고구려와 밀접한 관련성을 지니고 있는지를 여실히 보여주는 좋은 예로 손꼽히고 있다.

그렇다면 노토에는 고구려계의 신사는 없는 것일까? 고구려계로 추정되는 신사가 몇 군데 있었다. 그 첫 번째로 스즈시의 교넨(經念)에 고마시히코신사(古麻志比古神社)를 들 수가 있다. 이 신사의 이름인 고마시히코의 '고마'가 고구려를 지칭하는 말이다. 전승에 의하면 숭신천황(崇神天皇)의 시대에 창건되었고, 흠명(欽明), 원정(元正), 후냉천원(後冷泉院), 후이조원(後二条院)의 시대에 각각 재흥되었으나, 천정연간(天正年間: 1573-1592)에 우에스기 겐신(上杉謙信: 1530-1578)의 침공에 의해 고기록들이 소실되었다고 한다.[22] 이 신사의 신인 고마시히코

┃구마가부토아라카시히코신사와 현판

는 이곳의 지명이 「고마시(胡麻志)」라고 불리웠기 때문에 이를 인격화
하여 만들어진 이름이라는 견해가 있다. 고마시가 지명이라면 이 지
역은 본시 고구려인들의 정착지이었음에 틀림없다. 따라서 이 신은
지명에서 기인한 것인 동시에 이곳 고구려인들의 선조신(또는 수호신)
이었을 가능성도 크다.

　고구려계의 신사로서 들 수 있는 또 하나의 예는 나나오시의 나카
지마초(中島町)에 있는 구마가부토아라카시히코신사(久麻加夫都阿良加志
比古神社)이다. 지역민들의 말에 의하면 이 이름은 일본에서도 두 번째
로 길다고 한다. 그러나 본래부터 그렇게 긴 이름을 가진 신사가 아
니었다. 원래는 「구마가부토」이었는데, 훗날 그것에서 아라카시히
코가 첨부됨으로써 오늘날처럼 길어진 것이다. 구마가부토도 원래
는 웅갑(熊甲)으로 표기하던 것을 1891년(明治24) 이후 「구마가부토(久
麻加夫都)」로 바꾸었다 한다.[23]

22　珠洲市史編纂專門委員會(1979)『珠洲市史(4)-資料編-神社, 製鹽, 民俗』珠洲市, p.122.
23　鹿島郡誌編纂委員會, 앞의 책, p.617.

이 신사는 전승상으로는 숭신천황 때 창건되었다고 한다. 그러나 일본의 역사에서 숭신천황은 3세기경의 인물로 되어있으나, 일반적으로 그를 역사적 인물이 아닌 신화 상의 인물로 보는 경향이 많다. 그러므로 3세기 때 창건되었다는 것을 그대로 믿을 수는 없으나, 『연희식』에 이 신사가 기록되어 있다는 것은 앞의 신사들과 마찬가지로 적어도 10세기 이전부터 있었던 것만은 틀림없다.

이 신사가 있는 곳은 옛날 구마키(熊来)라 불렸다.[24] 구마키에 대해 향토사가 아사이 시게토(浅井茂人)는 고구려에서 이주해 온 사람들의 정주지라는 뜻이며, 원래는 고마키(高麗来) 혹은 고마키(高麗柵)이었던 것이 와전되어 구마키로 불리우게 되었다고 한다.[25] 이 같은 견해가 상당히 설득력이 있었는지, 나카지마초(中島町)의 교육위원회 및 이시가와현의 역사산보(歷史散步) 연구회 측에서도 이 같은 견해가 그대로 수용되고 있었다.[26]

만일 그렇다면 구마가부토의 '구마'는 '고구려'를, 가부토는 머리에 쓰는 투구 및 모자, 갓을 의미하는 말이다. 그러므로 이 신명은 고구려에서 투구를 쓰고 건너온 사람이라는 뜻이다. 즉, 고구려의 신인 것이다. 고구려의 신을 모시는 신사가 있다는 것은 그곳에 고구려인의 정착촌이 있었다는 것을 의미한다. 이러한 배경에서 이 지역을 새롭게 고구려인들이 들어와 생겨난 마을이라는 의미에서 구마키무라(高麗来村)라 했고, 또 저수지도 고구려 못이라는 의미인 구마부치(高麗淵, 熊淵)로 불리웠던 것으로 볼 수 있다. 세월이 흐르는 동안 지명

---

24 中西進(1994)『大伴家持(3)-越中国守-』角川書店, p.303.
25 浅井茂人(1986)『能登. 加賀の渡來民』北国出版社, p.77.
26 石川縣の歷史散步硏究會(1993)『石川縣の歷史散步』山川出版社, p.197.

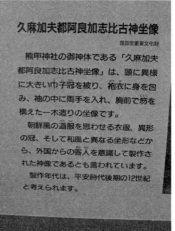

久麻加夫都阿良加志比古神坐像
限定重要文化財

熊甲神社の御神体である「久麻加夫
都阿良加志比古神坐像」は、頭に異様
に大きい巾子冠を被り、袍衣に身を包
み、袖の中に両手を入れ、胸前で笏を
構えた一木造りの坐像です。
朝鮮風の道服を思わせる衣服、異形
の冠、そして和風と異なる坐形などか
ら、外国からの客人を意識して製作さ
れた神像であるとも言われています。
製作年代は、平安時代後期の12世紀
と考えられます。

▌구마가부토아라카시히코신사에 모셔져 있는 신상(神像)과 설명문

이 고대에는 구마키(熊来郷), 중세에는 구마쇼(熊来莊)로 바뀌었고 오늘
날에는 구마키(熊木)로 변화되었고, 그에 따라 저수지도 구마부치(高麗
淵)에서 구마부치(熊淵)로 변화된 것이었다. 이같이 본다면 노토에는
고구려인 마을이 있었고, 그곳에는 고구려의 신을 모신 구마가부토
신사가 있었던 것이다.

이 신사에는 사람들의 눈길을 끄는 독특한 모습을 한 신상이 모셔
져 있다. 이를 역사산보의 연구회 측은 "조선양식의 관모와 도복으
로 치장된 이국풍은 고구려의 신에 어울리는 진귀한 신상(神像)이다"
하였고,[27] 재일작가 김달수도 "조선의 도복과 관모를 쓴 목상이었
다"[28]고 증언하고 있다. 지역의 연구자인 고바야시 다다오(小林忠雄)와
다카하시 유(高橋裕)도 고전 한국풍의 도복과 이형(異形)의 관모를 쓴

---

27  石川縣の歴史散步研究會, 앞의 책, p.198.
28  김달수, 앞의 책, p.187.

나무로 만든 신상이라고 소개하면서, 이는 가마쿠라(鎌倉) 초기(또는 헤이안 중기)의 작품이며 현재 중요문화재로서 지정되어있다 했다.[29]

이 신상은 본전의 중앙에 모셔져 있으며, 일반인들에게 공개되지 않고 있다. 그것을 직접 본 사람들의 의견에 따르면 그 높이가 약 68센티 정도 된다고 한다. 또 이 신사가 매년 9월 20일에 개최하는 오구마가부토마쓰리(お熊甲祭)에도 한국적인 요소가 있다고 한다. 김달수는 이를 지켜보고 북을 치는 리듬이 한국의 것과 너무나 흡사하다며 감개무량해 했다.[30] 또 향토사가 시마다 스스무(嶋田進)씨는 주요 등장인물인 사루다히코(猿田彦)가 드는 청죽 끝에 매단 5색지는 한반도에 전래된 오방색이며, 장대한 깃발들을 들고 행렬을 이루는 것은 한국의 장례행렬과 아주 흡사하다고 설명했다.

이 같은 시마다씨의 설명에는 다소 의문시되는 부분이 있기는 하지만 그 속에는 분명히 경청할 부분이 있다. 그 중 하나가 제의 때 매우 중요하게 사용하는 깃발이다. 그것은 청룡(青龍), 백호(白虎), 주작(朱雀), 현무(玄武)가 각각 그려져 있는 사신기(四神旗)이었다. 이것은 아마도 한반도 및 고구려의 유풍을 그대로 전달하고 있는 것으로 보아도 무방할 것 같다. 이처럼 구마가부토는 고구려계의 신사이었다.[31]

한편 아나미즈초에도 이와 유사한 이름을 가진 신사가 있다. 가부토히코신사(加夫刀比古神社)가 바로 그것이다. 이 신사의 창건연대는 정

29 小林忠雄, 高橋裕(2000)「久麻加夫都阿良加志比古神社」『日本の神神-神社と聖地(8) 北陸編-』〈谷川健一編〉, 白水社, p.250.
30 김달수, 앞의 책, p.205.
31 지역민들도 이 신사의 신은 한국계라고 믿고 있었다. 이러한 믿음을 바탕으로 1996년 11월 한일우호를 다지는 평성당(平成堂)이라는 건물을 세웠다. 이 때 한국 정부의 협력으로 문화재 전문위원인 신영훈씨의 주도하에 목수 박태수씨, 그리고 홍창원씨를 비롯한 7명의 단청기술자들이 파견되어 이 건물의 단청기술을 지도하고 협력했다.

확히 알 수 없으나, 『연희식』에 등장하는 것으로 보아 10세기 이전부터 있었던 오래된 신사임에는 틀림없다. 지역민들에게는 오오미야라고 불리고 있으며, 현재의 제신은 오오나무치(大己貴命), 스쿠나비코나(少彦名命), 우카노미타마(倉稻魂命)이다. 그런데 신사의 이름과 신명에서 첫머리의 '구마'만 없을 뿐 나머지 부분은 모두 나카지마의 구마가부토와 똑같다. 따라서 이 신사도 구마가부토와 같이 고구려계이다. 이처럼 고구려계 신사가 나나오와 아나미즈초를 중심으로 자리잡고 있었다.

## 5. 고대한국 신들의 결합지

이상에서 보듯이 신라, 가야, 고구려 등의 고대 한반도의 세력들은 노토의 곳곳에 자리 잡고 있었다. 처음에는 독립된 세력으로 각각 존재하였을지 모르겠으나 시간이 흐르고 사회적인 변화에 의해 이들이 서로 통합하는 경우들도 생겨났다. 이러한 현상이 신사에서도 여실히 드러난다. 이들의 통합에는 다음과 같은 두 가지 유형이 있었다.

첫째는 가야와 신라의 통합이다. 그 예로 아나미즈초의 미마나히코신사이다. 미마나라는 가야계신사가 원래 있었던 자리에서 하쿠산(白山)으로 옮겨서 자리 잡고 하쿠산신사(白山神社)와 합병한 것이다. 앞에서 보듯이 하쿠산은 신라를 의미하는 말이었다. 다시 말하여 오늘날 미마나히코신사는 가야와 신라의 결합체이라고 할 수 있는 것이다.

둘째는 고구려와 가야(아라가야와 대가야)의 통합이다. 여기에는 아

나미즈초의 가부토히코신사를 들 수가 있을 것이다. 가부토히코는
고구려계의 신이다. 『대일본지명사서(大日本地名辭書)』에 "가부토(甲)에
는 가부토히코신사(加布都彦神社), 아라카시히코신사(阿羅加志彦神社)가 있
다"고 되어있고, 또 『이시가와현사(石川縣史)』에는 이 신사의 통칭이 가
부토명신(甲明神), 아소라명신(阿曾良明神)이라 하며, 쓰누가아라시토를
제신으로 하고 있다고 되어있다.[32]

　여기에서 보듯이 이곳에서도 여러 계통의 신들과 결합되어 있음
을 알 수 있다. 즉, 고구려의 가부토히코가 아라가야를 의미하는 아라
카시히코와 결합하고, 또 거기에다 대가야의 왕자인 쓰누가아라시토
를 첨가시킴으로써 고구려와 아라가야 그리고 대가야의 요소가 합쳐
진 결과를 낳게 된 것이다.

　이를 좀 더 구체적으로 보여주고 있는 곳이 나나오의 구마가부토
아라카시히코신사이다. 현재 이 신사측이 설명하고 있는 신사의 유
래를 적은 「유서(由緖)」에 다음과 같은 내용이 들어있다.

　　당사는 구마가부토아라카시히코신사라 하며, 일반적으로는 '오구
마가부토'라고 불리우며 옛날부터 우지코(氏子), 숭경자(崇敬者)들로부
터 친근감이 있는 신앙의 대상이 되고 있다. 제신은 구마가부토아라카
시히코(久麻加夫都阿良加志比古), 쓰누가아라시토(都奴加阿良斯止神)의 2명
의 신을 모시고 있다. …〈생략〉… 그 후 현재 진좌(鎭坐)한 지방을 평정
하고 지역의 수호신으로서 모셔지고 있다.[33]

---

32　穴水町敎育委員會(1992)『穴水町の集落誌』穴水町敎育委員會, p.21.
33　이 유서는 신사측이 일반인들에게 배포하는 유인물에도 적혀있으며, 또 인터넷으
　　로도 공개되고 있다.

320

여기서 보듯이 이 신사는 아라카시히코만 모셔지는 것이 아니다. 그 이외에도 쓰누가아라시토라는 신이 모셔지고 있는 것이다. 그러나 엄밀히 보면 3명의 신이 합쳐져 있다. 즉, 구마가부토와 아라카시히코 그리고 쓰누가아라시토이다. 신사의 이름에서 보듯이 원래는 구마가부토이었고, 그것에다 아라카시히코와 결합되면서 구마가부토아라카시히코가 되었다. 그리고 그 후 구마가부토와 아라카시히코가 동일시되었고, 또 쓰누가아라시토가 그것에 다시 첨부됨에 따라 마치 아라카시히코와 쓰누가아라시토의 두 명의 신이 제신이 된 것처럼 해석이 되었던 것이다.

『연희식』에 "노토국(能登国), 하쿠이군(羽咋郡)의 14좌(座)의 하나인 구마가부토아라카시히코신사(久麻加夫都阿良加志比古神社)"로 기록되어 있는 것으로 보아 이미 10세기경에 구마가부토와 아라카시히코의 결합이 이루어져 있었다.

구마가부토와 아라카시히코가 합쳐지는 과정은 오늘날 전승상으로도 어느 정도 파악이 가능하다. 앞서 본『석천현녹도군지』에 의하면 이 신은 후지쓰히코(藤津比古)라는 신과 함께 먼저 다네가시마(種子島)에 도착하여 잠시 그곳에서 머물렀다. 그 후 지역민의 도움을 받아 노토지역으로 들어갔으며, 두 신은 화살을 쏘아 떨어진 곳에 각자의 거주지를 정하였다는 이야기를 소개하고 있다. 그리고『녹도군지(鹿島郡誌)』에서 「구마부치(熊淵)」이라는 지명의 기원을 설명하는 자리에서는 "옛날 이 주변에 성질이 거친 곰이 살았는데 사람을 해쳤다. 이를 아라카시히코가 스쿠나비코나 신의 도움을 받아 퇴치함으로써 생겨난 이름"이라 했다.[34]

---

34 小林忠雄, 高橋裕, 앞의 글, p.250.

특히 아라카시히코가 사람들에게 해를 가하는 곰을 퇴치한 대목은 주목할 필요가 있다. 왜냐하면 구마가부토의 '구마'는 고구려를 의미하는 말이기도 하지만, 다른 한편으로 곰을 의미하는 '구마(熊)'이기도하기 때문이다. 바꾸어 말하면 곰은 고구려인을 나타내는 상징물이라 할 수 있다. 이러한 사실은 다음과 같은 추론을 가능케한다.

즉, 이곳에는 고구려인들이 들어가 토착민을 수용하여 지배하고 있었는데, 그 후 아라카시히코를 상징으로 하는 아라가야의 세력이 들어왔다. 이들은 치열하게 대립과 갈등을 벌인 끝에 가야 세력의 승리로 끝이 났다. 그에 따라 전승도 패자인 고구려인들이 지역민을 괴롭히는 성질이 포악한 곰이 되었고, 승리자인 가야세력은 폭정에 시달리는 토착민을 구한 영웅적인 신으로 윤색되어진 것이다. 그러나 승리자인 아라가야측도 기존세력을 완전히 부정하지 않았다. 신사 이름에서 보듯이 구마가부토는 그대로 두고 그 뒤에 자신들의 신의 이름을 붙여 구마가부토아라카시히코라 했던 것이다. 그렇다면 여기에 새롭게 첨가된 쓰누가아라시토는 누구란 말인가?

그는 일본으로 건너간 대가야국의 왕자였다. 그가 배를 타고 처음으로 일본에 도착한 곳이 현재 시모노세키 지역인 나가토로 추정되는 아나토이었다. 그곳에서 만난 지역의 맹주인 이쓰쓰히코에게 실망하고 그곳을 떠나 고즈와 이즈모를 거쳐 후쿠이현의 쓰루가(敦賀)에 정착했다. 그 이유는 쓰루가라는 지명 자체가 그의 이름을 따서 지은 지명이며, 또 그곳의 게히신궁(氣比神宮)은 원래 그를 신으로 모셨던 신사이기 때문이다. 현재에는 천황계 선조에게 주신(主神)의 자리를 물려주고 자신은 경내의 쓰누가신사(角鹿神社)에 모셔져 있다.

이와 같이 쓰누가아라시토는 정체가 분명하다. 즉, 대가야의 왕자이며, 일본에 농경기술을 전래하고, 쓰루가 지역을 개척한 세력의 수장이었다. 이러한 그가 구마가부토아라카시히코신사에 모셔진다는 것은 그의 세력이 노토반도의 나나오까지 확장되었음을 보여주는 것이라 할 수 있다.

구마가부토아라카시히코신사가 있는 나나오에는 일찍이 고구려인들에 의해서 형성된 마을이 있었고, 그 후 아라가야의 세력이 들어가 고구려 세력을 제압하고 새로운 지배세력을 형성하였으며, 또 자연스럽게 신라의 문물이 들어갔던 곳이었다. 그리고 쓰루가에 기반을 둔 대가야세력이 게히신궁의 종교권이 확장됨에 따라 쓰누가아라시토라는 신의 이름으로 그곳에 들어가 제신이 되었다. 이와 같이 노토반도의 나나오는 고구려, 아라가야, 대가야 그리고 신라의 문화가 함께 중첩되어있는 지역이기도 했다.

## 6. 마무리

이상에서 살펴보았듯이 노토는 한반도와 매우 밀접한 관련을 가지고 있었음을 신사를 통해서도 알 수 있었다. 신화의 자료는 매우 빈약했다. 그렇다고 해서 전혀 없는 것은 아니다. 다만 구체적인 지명을 언급은 피하고 단순히 바다에서 표착한 것으로 설명하는 경우가 많아 신화를 통해 한국계의 신인지를 판단하기란 불가능했다. 그러나 이들은 신사명이나 제신의 이름을 통해서 자신의 흔적을 남기고 있어 그나마 그것을 통하여 어느 정도 파악할 수 있었다. 이들 신사들을 중심으로 구분한다면 다음과 같다.

첫째 신라계로서 스즈시와 노토초의 하쿠산신사, 다쯔루하마초의 시라히코신사를 들 수가 있고, 둘째 가야계로는 나카지마의 가라시마신사, 가와지리의 아라이시히코신사, 아나미즈초의 가부토히코신사, 미마나히코신사, 미마나히메신사, 나고시신사, 가야노히메샤 등이 있었다. 그리고 셋째 고구려계로는 스즈시의 고마시히코신사, 나카지마의 구마가부토아라카시히코신사 등을 들 수가 있다. 그리고 넷째로 통합하는 경우는 가부토신사와 같이 가야와 신라가 합해진 곳이 있고, 또 구마가부토아라카시히코신사와 같이 고구려, 아라가야, 대가야세력이 합해진 곳도 있었다.

이처럼 노토에는 신라, 가야, 고구려의 문화가 골고루 자리 잡고 있었다. 그러나 고대 한반도 국가 중의 하나인 백제계는 전혀 보이지 않는 특징을 가지고 있다. 아마도 이것은 동해를 바라다보고 있는 지형인 만큼 한반도에서 서부지역을 차지하고 있었던 백제로서는 접촉하기 어려웠을 것이며, 또 백제멸망 이후 일본에 정착한 백제계 이주인들이 이곳으로 진출하는 것이 적었을 것으로 추정이 된다.

한국의 민속학, 사회학, 역사고고학에서도 노토에 대한 관심이 높다. 해녀가 노토의 와지마에 존재하고, 기리코(切子) 등롱축제가 노토의 북부지역에만 보이며, 또 고구려양식의 고분 등이 노토지마에서 보이기 때문이다. 이러한 것들에 대한 연구가 심도 있게 이루어진다면 노토의 한국과의 관계는 더욱더 분명해질 것으로 확신하다.

최근 해녀의 문화를 한일공동으로 세계문화유산에 등록시키려는 움직임이 조심스럽게 일어나고 있다. 왜냐하면 해녀는 세계에서도 한국과 일본에만 있는 희귀한 어로문화이기 때문이다. 이처럼 노토 반도는 고대로부터 오늘에 이르기까지 한국과 긴밀한 관계를 유지 하고 있는 것이다.

일본에서 신이 된 고대한국인

## 제11장

# 후쿠이의 지역전승을 통해서 본 고대 한국인상

## 1. 머리말

지난 1987년에 한국사회를 떠들썩하게 했던 사건 하나가 있었다. 그것은 다름 아닌 탈북자의 원조라 할 수 있는 김만철씨 일가가 한국으로 귀순한 것이었다. 그가 한국에 들어와 내뱉은 첫마디가 "따뜻한 남쪽나라를 찾아서"라는 것이 커다란 화제가 되었다. 그의 귀순은 정치적으로 많은 의미가 있겠지만, 지역전승을 통한 한일관계를 규명하는 데도 큰 의미가 있었다. 왜냐하면 북한지역의 동해에서 표류하면 일본의 어느 지역에 표착하는지를 어느 정도 추정이 가능하기 때문이다. 그는 그해 1월 15일 새벽 청진항을 출발하여 남쪽으로 향하다가 엔진 고장으로 바다에 표류했고, 그리고 5일 후인 20일에는 일본 후쿠이(福井)의 외항에 도착했으며, 일본 해상보안청의 예인선에 의해 쓰루가(敦賀) 항구에 닿았던 것이다. 여기에 등장하는 후쿠이와 쓰루가는 후쿠이현에 있는 도시이다. 즉, 북한의 청진에서 남쪽으로 향해 표류하면 이 지역으로 쉽게 표착할 수 있음을 보여준 것이었다.

이를 증명이라도 하듯이 후쿠이에서 전해지는 전승에서도 한국인의 표류이야기가 많이 전해진다. 가령 오바마시(小浜市)의 소토모(外面)에 조선도(朝鮮島 또는 唐船島)라는 험준한 바위섬이 있는데, 그곳은 옛날 이국선이 표류하여 배를 정박한 적이 있기 때문에 생겨난 이름으로 이국선이 올 때 마다 이곳에 배를 정박시켰다는 전승이 있다.[1] 이처럼 한반도의 배들이 이곳에서 표류하고 침몰했다는 전승들이 있다는 것은 이 지역이 한반도를 비롯한 대륙과의 연결에 중요한 역할을 하였음을 시사해주는 것으로 받아들여질 수 있다.

실제로 고대의 후쿠이지역은 대륙을 연결하는 외항으로서 발달했었다. 일본은 규슈 북부에 있는 다자이후(太宰府)를 당과 신라를 연결하는 항구로서 이용했다면, 후쿠이는 고구려와 발해를 잇는 항구로서 활용했다. 그리고 이를 위해 쓰루가에는 외교 사신들이 머무는 객관마저 마련되어 있었다. 이처럼 이 지역은 일찍부터 동해를 향해 개방된 국제교류와 교역을 위한 창구와 같은 곳이었다.

이러한 지역이기 때문에 고대로부터 한반도에서 많은 사람들이 이주하여 살았다. 그 흔적이 고고학적 발굴과 함께 신사와 지명 등을 통해서도 입증이 되고 있다. 필자는 일전에 이 지역에 신라계 신사가 유달리 많다는 사실에 주목하고 그 신사와 전승을 소개한 적이 있다.[2] 그러나 이곳은 신라인의 흔적만 있는 것이 아니었다. 가야와 백제 같이 고대 한국인에 관한 전승은 물론 중세와 근세에 해당되는 고

---

1 杉原丈夫編(1970)『越前若狭の伝説』安田書店, p.684.
2 노성환(2013)「일본 후쿠이현의 신라계신사의 변용과 정착」『일어일문학(59)』, 대한일어일문학, pp.305-323.

려와 조선에 관한 것도 있다는 사실을 새삼 알게 되었다.

그럼에도 불구하고 지금까지 이에 대한 연구가 국내외적으로 거의 없다고 해도 과언이 아니다. 「일본 속의 고대 한국문화」를 찾아서 일본 전역을 답사한 재일작가 김달수도 이 지역에 대해서 소개하는 글의 대부분이 신라이며, 유일하게 백제와 관련된 것으로 다케오시 (武生市)의 하치만신사(八幡神社)를 소개하고 있을 뿐이었다.[3]

전승의 세계는 역사적 사실이 그대로 묘사되어있다고 보기는 어렵다. 그러나 고대로부터 근세에 이르기까지 오랜 기간 동안 한국과의 관계를 유지하면서 형성된 기억들이 고스란히 담겨져 있다고 할 수 있다. 그러므로 등장하는 인물과 국가가 비록 역사적인 사실과 합치되지 않는다 하더라도 그 속에 등장하는 한반도인들은 후쿠이현의 지역민들이 가지고 있는 한국인상을 대변한다고 볼 수 있을 것이다. 그러므로 이러한 자료들을 통하여 한국인상을 살펴보는 작업은 일본인의 한국관을 이해하는 데 중요한 단초를 제공할 수 있다. 이에 본 장에서는 후쿠이현의 민간전승에 나타난 한국과 한국인상을 검토하여 봄으로써 일본인들이 가지고 있는 한국인에 대한 이미지의 한 단면을 살펴보고자 하는 것이다.

## 2. 가야와 가라의 신사와 전승

김만철 일가가 탄 배가 일본의 해상보안청의 예인선에 의해 도착한 곳이 쓰루가였다. 그 쓰루가라는 지명이 사실은 4장에서 언급한

---

3 金達壽(1975)『日本の中の朝鮮文化〈5〉』講談社, pp.94-98.

바와 같이 이마에 뿔 달린 사람이 도착한 곳이라고 해서 생겨난 지명이었다. 그런데 그 사람은 오호가라국의 왕자이며, 본명은 쓰누가아라시토, 별명은 우시키아리시치칸키로 되어있다. '오호'는 크다는 의미이기 때문에 오호가라국은 대가야를 의미하여, 쓰누가아라시토의 '아라시토'와 '우시키아리시치'의 '아리시치'와는 같은 말로 신라와 가야에서는 신분이 높은 사람에 대한 경의를 표시하는 말이라는 해석이 있다.[4]

그러나 이를 다르게도 해석할 수 있다. 즉, '쓰누'는 뿔을 의미하는 '쓰노', '가'는 주격조사로, 그리고 '아라'는 있다는 의미의 '아루'로, '시토'는 사람을 뜻하는 '히토'로도 볼 수 있는 것이다. 이같이 본다면 '쓰누가아라시토'는 이마에 '쓰노가아루히토(뿔이 있는 사람)'라는 뜻이 된다. 이러한 해석은 전승에서 보듯이 이마에 뿔 달린 사람을 강조하는 것과도 부합되는 것이어서 단순히 높은 신분의 귀인을 의미하는 말로서 해석하는 것보다 자연스럽다 하겠다.

그러나 실제로 이마에 뿔이 달린 사람은 없을 것이다. 쓰루가역 앞 광장에 쓰누가아라시토의 동상이 세워져 있다. 이를 보면 갑옷과 투구를 쓴 모습을 하고 있는데, 그 투구의 양쪽에 뿔이 달려있다. 즉, 뿔이 달린 투구를 쓴 장수를 나타낸 것이 바로 쓰누가아라시토였던 것이다. 실제로 신라와 가야에서 최고 관위를 순수한 고대 한국어로 '수불칸'이라고 했다. 이를 한자로 표기하면 각간(角干)이 되고, 이를 더욱 높이면 대각간(大角干), 태대각간(太大角干)이 된다. 즉, 뿔이 달린 투구로서 권위를 상징했던 것이다.

이 같은 전승이 쓰루가의 지명기원설화와 결부되어있다는 것은

---

4  敦賀市史編纂委員會(1985)『敦賀市史 通史編(上卷)』敦賀市, p.173.

| 대가야 왕자 쓰누가아라시토를 신으로 모시는 쓰누가신사와 현판

쓰루가 지역에 가야국 세력이 집단 이주한 것을 반영하고 있는 것으로 보인다. 이상의 전승은 이들의 이동경로까지 알 수 있는 단서를 제공하고 있다. 즉, 아나토(현재 시모노세키)에서 일본해 쪽으로 돌아서 이즈모를 거쳐 쓰루가에 도착한 것이었다.

쓰루가에서 최고의 권위를 자랑하는 신사는 게히신궁(気比神宮)이다. 이 신사의 경내에 쓰누가아라시토를 신으로 모시는 쓰누가신사(角鹿神社)가 있다. 그리고 그의 후예라고 일컫는 호족들도 있었다. 쇼노가와(笙ノ川)강 상류의 고이가와 (五位川) 강 유역을 중심으로 거주한 오치이(大市)씨, 시미즈(清水)씨, 헤키다(辟田)씨들이다.[5] 이처럼 후쿠이 지역전승은 쓰루가 지역에 새롭게 이주하여 개척한 자들이 바로 쓰누가아라시토를 상징으로 하고 있는 대가야세력이었음을 반영하고 있는 것이다.

쓰누가아라시토처럼 가야인들이 성공적으로 정착한 경우도 있지만, 그렇지 않은 경우도 있었다. 이것을 가장 잘 대변해주는 것이 야

---

5  福井県(1993)『福井県史 通史編(1)』福井県, p.277.

시로(矢代)의 데기네마츠리(手杵祭) 기원설화이다. 이 이야기도 이미 4장에서 언급한 바가 있다.

　이에 대해 심도 있게 연구한 다치바나 히로부미(橘弘文)씨에 의하면 지금까지 전해오는 자료에는 문자전승과 구비전승 모두 엿보인다고 한다.[6] 여기서는 구비전승을 좀더 자세하게 소개하는 것으로부터 출발하기로 하자.

　　옛날 야시로(矢代)와 아노(阿納)의 경계지역에 9명의 여인이 탄 한척의 배가 떠내려 왔다. 이를 본 두 마을 사람들은 서로서로 그 배를 자기 마을로 불러들이려고 하였으나, 이상하게도 아노 쪽으로는 가지 않고 야시로 쪽으로 갔다. 여인들 가운데 한명은 가라국의 어느 나라 왕녀이고, 다른 사람들은 하녀들이었다. 어떤 사정에 의해 왕은 딸에게 1구의 관음상과 8명의 하녀 그리고 많은 보물을 실은 한척의 배에 타게 하고서는 바다로 보냈던 것이었다. 그 배가 떠내려가 야시로 해안에 표착했다. 마을사람들은 가라히메(唐女)가 왔다고 하여 바닷가로 나갔다. 배에 탄 9명의 여인들은 신기한 듯이 사람들을 쳐다보고 있었다. 여인들이 많은 금은보화를 가지고 있었기 때문에 그것을 가지고 싶은 나쁜 마음을 일으켰다. 때마침 3월 3일 마을에서는 집집마다 떡을 찧었기 때문에 절구공이로 여인들을 죽이고, 배의 물건을 남김없이 모두 탈취하고 말았다. 그런데 이상하게도 얼마 있지 않아 역병이 돌았다. 이에 대해 기도를 올려보았지만 역병은 사라지지 않고 점점 기승을 부려 마을사람들을 괴롭혔다. 그들은 일전에 가라국에서 온 여인들을 죽이고, 배에

---

6　橘弘文(2008)「民俗社会によって管理されてきた仏像の予備的考察－仏像伝説の形態を中心にして一」『大阪観光大学紀要(8)』大阪観光大学, p.37.

있던 관음상을 소홀히 다루어 생겨난 재앙이라고 판단하고, 그 배를 뜯
어 사당을 짓고 그 안에 관음상을 안치하고, 공주를 변재천이라 하여
마을의 신으로 모셨다. 그러자 마을 사람들을 괴롭히던 역병이 그쳤다.
지금 관음당의 관음상은 옛날 것 그대로이다. 매년 4월 3일 제삿날이
되면 머리에 풀잎을 덮어쓰고, 얼굴을 검게 칠하고, 절구를 들고 관음
당 앞에서 9명의 여인들을 죽이는 흉내를 내며, "덴쇼 배가 도착했다.
가라부네(唐舟)가 도착했다. 복덕이다"하며 노래를 부른다. 이것이 야
시로의 데기네마쓰리의 기원이다.[7]

　이상의 내용에서 보듯이 데기네마쓰리는 자신들이 저지른 살인
행위를 재연하는 기괴한 제의이다. 그런데 지역민들의 탐욕으로 살
해한 사람들의 고향인 가라국은 어디를 가리키는 것일까? 전승에는
당(唐)으로 표기해놓았지만, 실제로 그것을 사실로 받아들이는 사람
은 거의 없다. 왜냐하면 일본에서는 흔히 가야를 초기에는 '가라'로
하다가 후대에 이르면 같은 발음이 나는 '가라(唐)'로 표기하면서 외
국을 지칭하는 보편적인 명사로 사용하고 있기 때문이다. 이러한 특
성 때문에 한반도의 가야는 중국의 가라(唐)로 혼동되어 사용될 가능
성은 매우 높다. 아니나 다를까 1879년에 이 전승을 서술한 문헌에
는 가라히메를 당 현종의 아내 양귀비일 것이라고까지 서술해놓고
있다.[8] 그러나 역사지리학적으로 보더라도 위의 설화에서 나타나는
가라히메의 고향은 중국의 당보다 한반도의 가야지역이라 보는 것
이 자연스럽다.

7　杉原丈夫編(1970), 앞의 책, pp.694-695.
8　橘弘文(2008), 앞의 논문, p.38.

이들은 보물을 잔뜩 싣고 항해를 나섰으나 풍랑을 만나 와카사(若狹)의 야시로 지역에 표착했다. 배를 발견한 주민들은 풍랑에 시달린 그들을 보고 처음에는 구원의 손길을 내밀었으나 이내 배의 보물에 눈이 멀어 그들을 모두 죽이고 물건을 약탈하여 나누어 가졌던 것이다. 이로 인해 억울하게 살해당한 가야의 여인들은 원령이 되어 마을에 역병을 돌게 함으로써 그들을 저주하였던 것이다. 이러한 저주에서 벗어나기 위해 자신들의 죄를 뉘우치면서 자신들이 가야의 여인들을 죽이는 모습을 재연하는 제의가 바로 데기네마쓰리이었다.

이상과 같이 후쿠이전승에 나타난 가야인들은 쓰누가아라시토와 같이 무장을 하고 집단을 이루어 이주하여 지역을 개척하며 정착에 성공하는 경우가 있는가 하면, 그와 반대로 가라히메와 같이 무장도 하지 않고 표류하여 현지인들로부터 절대적인 도움이 필요한 경우에 살해당하며 철저하게 배척되는 경우도 없지 않았다.

사카이시(坂井市) 안도(安島)는 대륙의 영향이 짙게 남아있었던 곳으로 유명하다. 그 예로 소화(昭和) 초기까지만 하더라도 이곳에는 초가집을 흔히 볼 수 있었다 한다. 그 모습은 일본의 옛 민가보다는 오히려 한국의 민가 쪽에 가까웠다고 하며, 초상이 나면 친족을 대신하여 소리를 내어 울어주는 여인들도 있었다 한다. 이러한 민속은 일본에서도 매우 찾아보기 힘든 희귀한 사례로 손꼽히고 있다. 그리고 그곳에서 바다 쪽으로 오시마(雄島)라는 섬이 있는데, 이곳의 오호미나토신사(大湊神社)에 모셔지는 신은 바다 저편에서 고래를 타고 온 외래신(外來神)으로 되어있다. 이곳에 우리의 눈길을 끄는 전승이 있는데, 그것은 가라국 사람들이 이곳으로 쳐들어가는 이야기이다. 그 내용을 소개하면 다음과 같다.

옛날 안도의 해안에 외국인 가라국에서 배가 다가왔다. 이를 안 지역민들 중에는 횃불을 만드는 사람, 짚신을 만드는 사람, 그리고 동굴에 숨는 사람, 진가오카(陣ヶ岡)로 도망가려는 사람들로 난장판이 되었다. 그러나 그러한 짓을 해도 소용없는 일이었기에 안도의 사람들은 모여서 회의를 한 끝에 커다란 나무 신발을 만들어 바다에 띄워 보내기로 했다. 배를 타고 온 가라국 사람들은 그 큰 신발을 보고 「일본인들은 이렇게 큰 나무신발을 신는 것인가」하며 깜짝 놀랐다. 그리고 가라국 사람들은 「이제 어떻게 하면 좋을까? 먼 곳에서 이곳까지 왔으니 쳐들어갈 것인가, 아니면 단념하고 돌아갈 것인가?」하고 고민하며 결론을 내리지 못하고 있었다. 그리하여 배는 앞으로도 뒤로도 갈 수 없는 상황이었다. 이같이 가라인들이 고민하고 있는 중에 한척의 작은 배가 자신들의 배를 향해 다가오는 것을 알았다. 자세히 보니 작은 배에는 낚시꾼 모양을 하고 있는 사람이 혼자 타고 있었을 뿐이었다. 더구나 크나큰 나무신발을 신을 만한 사람은 전혀 보이지 않았다. 그제서야 안심한 가라인들은 작은 배에 있는 사람에게 말을 걸었다. 그러나 그 사람은 아무런 대답을 하지 않았다. 다만 모든 것을 알고 있었던 것같이 그는 들고 있는 낚시대로 가라인들의 배를 밀었다. 그러자 순식간에 그 배는 먼 곳까지 떠내려 가버리고 말았다. 그러자 가라인들은 일본에 상륙하는 것을 단념하고, 무서워하면서 도망을 가버렸다. 그 작은 배에 탔던 낚시꾼은 실은 도미를 낚으러 갔던 오시마(雄島)의 신이었다고 한다.[9]

---

9 이 이야기는 오호미타토신사측이 홈페이지를 통하여 「からの船」이라는 이름으로 오시마와 오호미타토신사와 관련된 신화전설을 소개한 것에서 취한 것이다. 그에 대한 자세한 정보는 大湊神社의 홈페이지 참조.

이상의 설화는 가라국에 대한 경계심이 그대로 드러나 있다. 가라국 사람들이 배를 타고 이곳을 공략하기 위하여 나타났을 때 무력으로는 절대적인 약세에 있었던 이들이 지혜를 짜내어 거인의 신발을 만들어 바다에 떠내려 보내어 마치 자신들이 사는 곳이 거인국이라는 것을 위장했다. 이에 속은 가라국 사람들이 당황하고 있을 때 오호미타노신사에 모셔진 오시마의 신이 배를 타고 바다로 나가 가라국의 배를 낚시대로 밀어서 물리쳤다는 내용이다. 즉, 신의 가호로 자신들의 지역을 지켜낼 수 있었다는 일종의 영험담이라 할 수 있는 것이다. 이 신의 영험에 대한 신앙이 커지면 커질수록 가라인들에 대한 경계심은 커지며, 또 적대시될 수밖에 없다. 이처럼 후쿠이현에 있어서 가야인의 이주와 정착은 수용과 배척이라는 양극단적인 이미지로 그려져 있음을 알 수 있다.

## ③ 후쿠이 전승에 나타난 신라

후쿠이에는 지역 특성상 고대한국 가운데 신라계 이주인과 신사가 가장 많이 있다. 이것에 관해서는 졸저『일본신화에 나타난 신라인의 전승』(민속원, 2014년)을 통하여 서술한 적이 있기 때문에 그에 대한 논의는 생략하기로 하고, 다만 여기서는 신라와 관련된 지역전승에 주목하고 그것에 대해 살펴보기로 한다.

앞에서 본 게히신궁(気比神宮)은 이자사와케(伊奢沙別命)를 포함한 중애천황(仲哀天皇), 신공황후(神功后), 야마토타케루(日本武尊), 응신천황(応神天皇), 다마히메(玉姫尊), 다케우치수쿠네(武内宿禰) 등 7명의 신이 주

신으로 모셔져 있다. 이 중 중애와 신공은 부부이며, 응신은 그들의
아들이다. 그리고 다케우치는 신공의 정치적 참모이자 심복부하이
다. 그에 비해 야마토타케루는 이들의 후예이자 야마토 조정의 영토
를 넓히는데 공적을 세운 왕자이다. 이같이 본다면 이곳의 제신은
천황계 중심의 신사라는 것을 알 수 있다.

그런데 이 중에서 정체를 알 수 없는 신이 이자사와케와 다마히메
이다. 전자는 남자를 의미하는 '와케'가 붙어있고, 후자는 여자를 의
미하는 '히메'가 신명에 붙어있기 때문에 어쩌면 이 두신은 부부의
신일 가능성도 없지 않다. 그러나 분명한 것은 이자사와케가 이 신사
의 원래 주인이라는 점이다. 다시 말하여 천황계 선조신들은 모두 훗
날 윤색되어진 것이다.

그렇다면 이자사와케는 어떤 신인가? 여기에 대해 무토 마사노리
는 '이사사와케'라는 말은 신라의 관위 중 제2위인 〈이찬(伊湌)〉과 같
은 어원의 말이라고 보았고,[10] 재일의 역사고고학자인 전호천은 게
히를 「게히(笥飯)」라고도 표기하는데, 이것은 쌀밥을 대나무나 조릿
대로 만든 용기 즉, 밥통을 의미하는 한국어라고 해석하고 있는 것[11]
등으로 보아 이 신은 신라에서 건너간 세력들이 모셨던 신일 가능성
이 충분히 있다고 보여진다.

그런데 이 신사에 모셔진 주신 중 중애와 신공 그리고 응신은 신
라와 관련이 깊다. 『고사기(古事記)』와 『일본서기(日本書紀)』(이하 이를 줄
여서 『기기』라고 표기함)에 의하면 이들은 한 가족으로서 중애가 죽고 나

---

10 武藤正典(1974)「若狹灣とその周邊の新羅系遺跡」『東アジアの古代文化〈秋〉』大和書房, p.94.
11 全浩天(1989)『朝鮮からみた古代日本』未來社, p.23.

서 신공이 응신을 임신한 채로 신라를 정벌했다고 기술되어있는 것
이다. 이러한 성격을 가지고 있는 신들이기 때문에 그와 관련된 전승
이 생성되는 것은 어쩌면 당연하다 하겠다. 그 중 하나를 간략하게
정리하여 소개하면 다음과 같다.

중애천황 때 삼한을 정벌하게 되어 같은 해 3월 황후에게 "쓰누가의
게히대신에게 가서 삼한정벌의 성공을 기원하는 제의를 올려라"는 명
을 받았다. 황후는 다마히메와 다케우치를 데리고 쓰루가에 가서 병기
를 만들어 신폐(神幣)로 삼고, 게히대신에게 기원을 올렸다. 이에 대신
은 정성껏 황후에게 전략을 알려주었다. 특히 게히대신은 황후로 하여
금 해신에게 제사를 지내게 함으로써 만쥬(滿珠)와 간쥬(干珠)의 구슬 두
개를 얻어 그것을 사용하면 칼에 피를 묻히지 않고 승리할 수 있다는
것을 가르쳐 주었다. 이에 황후는 신의 가르침에 따라 배를 만들고, 또
해신으로부터 구슬 두 개를 얻어서 쓰루가항을 출발하자 크고 작은 용
어(龍魚)들이 나타나 배를 보호했다. 삼한왕은 두 구슬로 인해 고통을
당해 항복했다. 그 후 응신은 황후의 명에 의해 만쥬와 간쥬의 두 개의
구슬을 게히신궁에 바쳤다.[12]

이상에서 보듯이 신공이 삼한을 정벌하기에 앞서 게히대신에게
승전기도를 올렸고, 신의 계시를 받아 배를 건조하였으며, 해신으로
부터 해수를 마음대로 조절할 수 있는 구슬 두 개를 받아서 출전하
여 삼한을 정벌하고 돌아와서는 그 구슬은 게히신궁에 바쳐졌다고
했다.

---

12  杉原丈夫編(1970), 앞의 책, p.626.

그런데 이 설화는 시모노세키지역의 신공황후전승과 아주 흡사하다. 다만 차이가 있다면 시모노세키에서는 해신에게 빌린 두 구슬이 신라정벌 이후에는 만쥬와 간쥬라는 섬이 되었다 하고, 또 정벌대상이 삼한이 아닌 신라로 되어있다는 점이다. 따라서 이 신화전승은 시모노세키의 신라정벌전승과 궤를 같이하는 것으로 볼 수 있다. 즉, 게이신궁 측의 전승에서 비록 신라가 아닌 삼한으로 되어있다고 하더라도 그 정벌은 신라를 지칭하는 것임을 알 수 있다. 그러한 예증이 다음과 같은 전승에서도 나타난다.

> 옛날 신공황후가 신라를 정벌하고 신라에서 종을 가지고 왔으나, 죠구(常宮)의 인근바다에 빠뜨리고 말았다. 그 이후 어부들이 아침 일찍 그 부근을 가면 바다 밑에서 종소리가 울리는 것을 들을 수가 있었다. 그리고 바다 밑으로 들어가면, 맑은 바닷물이 갑자기 검게 흐려지면서 밑이 보이지 않는다고 한다.[13]

이상의 이야기는 신공황후를 주신으로 모시고 있는 죠구신사(常宮神社) 부근 가네가사키(鐘ヶ崎)라는 지명기원설화이다. 여기에서 보듯이 신공은 신라를 정벌하였고, 귀국할 때 신라의 종을 가지고 가다가 그것을 바다 밑으로 빠뜨렸다는 것이다. 이처럼 신라는 신공황후에 의해 정벌당한 땅이며, 그곳으로부터 가져간 종은 승전의 전리품으로 묘사되어있는 것이다.

신라를 좋지 않게 보는 또 하나의 전승은 후쿠이시(福井市) 아카부치신사(赤淵神社)의 유래담에서도 찾을 수 있다. 이 신사는 원래 기도

---

13 杉原丈夫編(1970), 앞의 책, p.641.

우치초(城戶内町) 아카부치의 산중턱에 있었으나 그것을 세운 아사쿠라(朝倉) 가문이 멸망함과 함께 역사의 무대에서 사라진 신사이다. 그러므로 오늘에는 신사도 없고, 다만 전승으로만 다음과 같이 전해지고 있다.

　신라의 귀신(鬼神)이 일본을 빼앗기 위해 대군을 이끌고 쳐들어왔다. 조정에서는 이적퇴치의 대장을 선임하기 위해 아마테라스신(天照大神)에게 빌며 의견을 물었더니 다지마(但馬)에 유배되어 있는 효덕(孝德)천황의 아들 우와요네(表米)로 하라는 신탁이 내려졌다. 그리하여 대장으로 임명된 우와요네는 천자로부터 보검을 받고, 군사를 이끌고 단고(丹後)의 요사군 해안에 도착하니 귀신들은 해상으로 퇴각했다. 우와요네는 제신들을 권청하고, 고승들을 초빙하여 독경을 하였더니 신라의 세력이 모두 물러났다. 이에 그는 그들을 추격하자 귀신들이 돌아서서 분노의 기운을 뱉어내니 강풍이 일고 파도가 거칠게 일어 모두 혼비백산하게 되었다. 이 때 흰옷을 입은 자가 허공에 나타나 "일본을 엿보는 신라를 퇴치하기 위해 제신들이 포구에 모두 모였다. 우리들은 다지마의 아사키군(朝來郡)의 수호신이다"라고 했다. 용신들도 힘을 합하여 도와주었기 때문에 적들을 평정할 수가 있었다. 육지로 돌아와 살펴보았더니 배에 많은 전복들이 붙어있었다. 이를 자세히 보니 우와요네가 탄 배가 태풍이 불어 침몰하게 되었을 때 바다 밑에서 떠오른 수많은 전복들이 배에 붙어서 침몰을 막았다는 사실을 알게 되어있다. 그리하여 우와요네는 전복을 가지고 돌아와 아카부치신사(赤淵神社)에 모셨다는 것이다.

　이상의 설화는 신라인들이 일본을 약탈하기 위해 침입하였을 때 효덕천황의 아들인 우와요네가 일본의 신과 고승들의 힘 그리고 해신(전복)들의 힘을 빌려 이를 물리쳤다는 것이 기본 골격이다. 물론 이 이야기는 역사적인 사실이 아니다. 신라가 일본의 다지마까지 쳐들어간 적도 없을 뿐만 아니라, 더군다나 효덕천황에게는 우와요네라는 왕자도 존재하지도 않기 때문이다. 그러므로 이 이야기는 어디까지나 아카부치신사 측의 가공적인 역사적 공간에서 만들어진 것으로 볼 수 있다.

　그런데 여기서 특이할 만한 사항은 이야기의 무대가 후쿠이가 아닌 다지마로 되어있다는 점이다. 그리고 아카부치신사의 원향도 다지마의 아사키이다. 좀 더 정확하게 말한다면 이 이야기는 후쿠이 지역의 것이 아니라 다지마의 아사키(朝来郡) 아카부치신사의 것이었다. 이것이 후쿠이에서 전해지게 된 것은 후쿠이 지역을 손에 넣은 아사쿠라 다카카게(朝倉孝景: 1428-1481)가 후쿠이에 자리 잡으면서 자신들의 원향인 다지마의 아카부치신사에서 신을 권청(勸請)하여 자신들의 가문을 지켜주는 수호신으로 삼은 것에서 비롯된 것으로 보인다. 즉, 이 이야기는 아카부치신사의 분령(分靈)이 후쿠이로 옮겨갈 때 함께 따라간 것이었다.

　그러나 우리가 주목할 만한 사항은 이 설화에서 묘사되고 있는 신라인의 모습이다. 그들은 일본을 빼앗기 위해 침공하는 나쁜 세력이며, 또 모양도 보통의 인간이 아닌 괴물의 도깨비형상을 하고 있다는 점이다. 이처럼 후쿠인들은 신라인을 극도로 부정적인 존재로 묘사하고 있는 것이다.

# 4. 백제인의 이주 전승

한편 후쿠이지역에는 백제와 관련된 전승도 많이 남아있다. 그런데 이들의 특징은 지역에 첨단 대륙의 기술과 문화를 전달하였다는 이미지가 강하다는 점이다. 여기에 대해 세부사항으로 나누어 소개하면 다음과 같다.

첫째는 에치젠의 백제 와공(瓦工)의 이야기이다. 『일본서기』에 의하면 588년 법륭사 건립을 위해 성덕태자(聖徳太子)와 소가우마코(蘇我馬子)는 백제에서 「와박사(瓦博士)」라고 불리는 기술자 4명을 초청했다. 이들이 생산한 기와로 법륭사의 지붕을 이었다. 그 후 기와는 일본 건축에 빼놓을 수 없는 중요한 자재가 되었다. 이들 기술의 일부가 에치젠에 전수되어 일본 6대 고요(古窯) 중의 하나가 되었고, 이들이 생산한 기와로 건립된 사원도 많이 생겨났다고 하는 것이다.

둘째는 와카사의 마노 세공기술에 관한 기원담이다. 마노(瑪瑙) 세공품은 오바마시에서 자랑하는 전통공예품이다. 마노의 원석을 가공하여 장신구, 장식물, 동물의 형상을 만들어 지역토산품으로 개발되었는데, 그 기술이 1976년에는 전통공예품으로 지정되었다. 그런데 이 기술의 원천을 백제와 관련을 시켜 설명하고 있다. 즉, 그 기술은 나라시대에 구슬(珠)을 신앙하는 백제의 와니족(王仁族)이 와카사로 이주하여, 신사의 앞에서 구슬을 만들었던 것에서 시작되었다는 것이다. 이것이 훗날 형보연간(享保年間: 1716-1735) 다마야 기베이(玉屋喜兵衛)가 오사카의 안경점에서 일하면서 마노의 원석에 열을 가해 철분이 산화하여 붉은 색깔을 내는 새로운 기술을 익혀서 귀향하여 기술을 보급하여 더욱 이름을 날리게 되었고, 또 19세기가 되면 나카가와 기요스케(中川淸助)에 의해 미술공예품으로서 조각기술이 창시되어 해외를 비롯한 전국의 박람회에 출품하여 유명세를 더했다고 한다. 이처럼 와카사의 마노 세공기술은 백제인 와니족으로부터 출발하였다는 것이 그들의 설명인 것이다.

셋째는 직조기술의 전래담이다. 이마다테초(今立町) 후쿠마무라(服間村) 구치이(朽飯)에 하치만신사(八幡神社)가 있다. 이곳은 백제인들이 머물렀기 때문에 마을 이름을 구다라씨(百濟氏)라 한다는 전승이 있다. 이를 근거로 김달수는 구치이는 원래 백제씨를 의미하는 말인 '구다라씨'에서 변화되어 '구다시'가 되고, 이것이 또 변화되어 오늘날 '구치이'가 되었다고 보았다.[14] 이처럼 이곳은 백제와 관련이 깊다.

이 지역에는 백제에 관련된 전승으로서 다음과 같은 두 가지가 오늘날까지 전해오는데, 하나는 백제가 멸망하기 이전인 백제계인 누리노오미의 후손에 관한 이야기이고, 또 다른 하나는 백제멸망 후 이곳으로 이주한 백제의 직녀에 관한 이야기이다.

전자의 전승은 현종천황(顯宗天皇: 485-487) 때에 백제의 누리노오미(怒理使王=奴理能美)의 후손, 아쿠태자(阿久太子)인 미와(弥和)가 직녀들과 함께 이곳에 와서 양잠과 직조기술을 지역민들에게 가르쳐 이 지역의 산업을 번창시켰다. 이에 지역민들은 감사한 마음에서 백제의 직녀들을 「아메요로즈타쿠하타히메(天萬栲幡千幡比売命)」라 하며 마을의 수호신으로 모셔졌다는 것이다.[15]

그리고 또 하나의 전승은 '베를 짜는 큰 바위'라는 제목으로 다음

---

14  金達壽(1975), 앞의 책, p.98.
15  金達壽(1975), 앞의 책, p.98.

과 같이 전승되어지고 있다.

　지금으로부터 1300여년 전 신라와 백제의 전란을 피해 바다를 건너 이곳에 도착한 백제녀(百濟女)가 친절한 노부부를 만나 도움을 받았다. 그녀는 할머니의 권유로 베를 짜기 시작하였는데, 그 베가 너무나 훌륭하여 지역에서 베를 잘 짜기로 소문난 여인도 그녀가 짠 베를 보고 깜짝 놀랄 정도이었다. 또 이를 할아버지가 시장에 팔러 가면 포목상들은 탄복하며 높은 가격으로 구입했다. 이에 백제녀는 매일 열심히 베를 짜서 노부부에게 큰 도움을 주었다. 그러던 어느 날 그녀는 고향이 너무 그리워서 매일 뒷산 연못 위 커다란 바위에 앉아서 고국이 있는 서쪽 하늘을 쳐다보곤 했다. 그러는 동안 어느덧 식욕을 잃어 밥도 먹지 못하고 야위어만 가더니 하루는 바위에서 그만 힘을 잃고 집으로 돌아가지 못하고 그 자리에서 죽고 말았다. 그녀가 어디로 갔는지 알지 못한 노부부와 마을사람들은 사방으로 찾아보았지만 끝내 그녀를 찾지 못했다. 그 후 어느 해 봄날 산에 일하러 간 한 마을의 청년이 그 돌 위에서 앉아서 잠시 쉬고 있었다. 그 때 어디에선가 희미하게 베짜는 소리를 들려왔다. 이를 이상히 여긴 그는 조용히 귀를 기울여 들어보니 자신이 앉아있는 큰 바위 안에서 들려오는 것이었다. 이에 깜짝 놀란 그는 마을로 뛰어 내려가 사람들에게 이 사실을 알렸다. 이를 들은 노부부는 산에 올라가 큰 바위 옆으로 다가가자 맑은 베틀소리가 들려왔고, 그 소리는 분명히 귀에 익은 백제녀의 베틀소리이었다. 이를 듣고 노부부는 한참동안 그곳을 떠나지 못했다. 그 후 사람들은 이 바위를 베짜는 큰 바위라고 한다는 것이다.[16]

16　http://www.mitene.or.jp/~hayamine/hatiman.html.

이처럼 구치이의 하치만신사에는 직조기술을 일본인들에게 전수하는 백제인들의 이야기가 남아있는 것이다. 그리고 지금도 마을 사람들은 백제녀가 고향을 그리워하며 죽었다는 큰 바위에 금줄을 치고 신성한 곳으로 여기고 있다고 한다. 이처럼 백제인은 후쿠이 지역민들에게 직조기술을 전수한 사람들이었다.

넷째는 신들의 이주담이다. 여기에도 두 가지 종류가 있다. 하나는 미구니초(三國町) 오시마(雄島)의 어웅대명신(御雄大明神)에 관한 이야기이고, 또 다른 하나는 다케오시(武生市)의 백산신사(白山神社)에 모셔져 있는 백제왕녀 자재녀(自在女)에 관한 이야기이다. 우선 전자의 이야기부터 소개하면 다음과 같다.

옛날 백제에서 권현(權現)이 에치젠(越前國)의 안도우라(安鳥浦)에 건너왔는데, 본지(本地)는 아미타여래, 허공장보살, 관세음보살이었다. 이를 어웅대명신(御雄大明神)이라 하며 모셨다. 그 후 이국의 적이 이 지역으로 쳐들어 와 위기에 닥쳤을 때 이 신사의 대명신을 비롯하여 전국 126사, 일본 60여주의 크고 작은 신들이 소나무 숲 언덕에 진을 치고 맞서 싸워 적을 물리쳤다. 이러한 사실을 천자에게 알렸고, 이에 감동한 천자는 이요호간뉴도(伊豫法眼入道), 사쓰마모리노리시게(薩摩守則重), 후지와라 시게미즈(藤原重水) 3명을 칙사로 파견하여 포상으로 영지를 기부했다.[17]

여기에서 보듯이 오시마의 어웅대명신(御雄大明神)은 백제에서 건너간 아미타여래, 허공보살, 관세음보살이라 했다. 이 신은 도래신이

17 杉原丈夫編(1970), 앞의 책, p.189.

었을 뿐만 아니라, 외국으로부터 침입이 있었을 때 솔선하여 일본의
여러 신들과 세를 규합하여 지역을 지켜낸 신이었다. 이처럼 어느덧
백제의 신은 후쿠이 지역을 수호하는 신으로 자리 잡고 있는 것이다.

한편 후자의 자재녀 이야기는 오늘날 에치젠시 센고타니초(千合谷
町)에서 전해지는 전설인데, 그 내용을 소개하면 다음과 같다.

아주 오래전 신무천황 때의 일이다. 당시 백제의 환희왕(歡喜王)에게
는 1남3녀의 자식이 있었다. 장녀가 자재천이며, 48상을 두루 갖춘 절
세의 미녀이었다. 그녀의 나이 17,18세가 되었을 때 사방에서 왕비로
맞이하려는 왕들이 많았다. 그리하여 경쟁도 치열했다. 그 중에서도 향
랑국(香郎國)의 사수왕(奢首王)은 나이가 92세였으나, 음욕이 왕성하고,
폭악무도한 국왕이었다. 자재녀의 용색을 듣자, 자신의 나이에도 부끄
러워하지 않고 사신을 보내어 맞이하려고 했다. 때마침 이웃나라에 구
랑국(狗郎國)이 있었는데, 그 나라는 국왕 청정(淸淨)이 항상 인자한 정
치를 베풀어 백성들이 행복하게 살고 있었다. 이 청정으로부터도 자재
녀를 아내로 맞이하고 싶다는 전갈이 있었기 때문에 환희왕은 폭군 사
수왕의 구혼을 물리치고, 청정왕에게 시집보내기로 했다. 이를 들은 사
수왕은 크게 노하여 백제왕을 공격했다. 백제왕은 청정왕과 힘을 합하
여 싸우기를 수십 년을 하는 동안 사수왕은 죽어버렸다. 자재녀는 이러
한 전쟁이 일어나 많은 사람들이 희생된 것이 모두 자신으로부터 일어
난 것이라고 생각하고, 발심하여 출가했다. 그리고 동방에 인연의 땅이
있다고 하여 배를 타고 일본으로 와서 에치젠의 요네우라(米浦)에 상륙
한 것이다. 해안에서 말린 밥을 지어서 먹었다. 그리하여 그곳을 가레
이우라(干飯浦)라고 한다. 자재녀는 용마를 타고 산을 넘어, 동방의 야

마가레이(山干飯)로 나아갔다. 가는 도중에 구라가케(鞍掛)와 류가미네
(龍峰)라는 산이 있는데, 이곳은 그녀가 안장을 풀고 말을 놓아준 곳이
라 한다.

　또 게라가죠수이라는 맑은 물이 솟아나는 곳이 있다. 이것도 그녀가
이곳에 정좌하여 신에게 기원을 올린 후 물을 구하기 위해 지팡이로 바
위를 뚫어서 나오게 한 것이라 한다. 가뭄이 들면 항상 이 물로 기우제
를 지냈다고 한다. 당시 이곳에 역병이 주민들을 괴롭힐 때 자재녀는 이
들을 고난에서 구해내고, 또 미곡(米穀)을 찧는 방법도 가르쳤다. 또 자
신의 수호신인 3구의 불상을 백산대권현(白山大權現)이라 하며 마을 사
람들과 함께 모셨는데, 이것이 오늘날 백산신사(白山神社)의 기원이라
전해지고 있다. 현재 본사의 본존은 이자나기, 이자나미의 두 명 신이다.[18]

　이상에서 보듯이 설화의 주인공이 비록 백제의 왕녀로 되어있지
만 역사적인 사실과는 거리가 멀다. 백제의 왕들 중에 환희라는 왕
도 없으며, 그리고 이웃나라에 향랑국도 구랑국도 없으며, 그곳들의
왕인 사수왕과 청정도 존재하지 않음은 두말할 나위가 없다. 더군다
나 역사적 배경이 되는 신무천황 때는 역사의 시대가 아닌 신화의 시
대이기 때문에 이를 배경으로 하는 시대에는 백제란 국가도 없었다.
그러므로 이 이야기를 역사적인 사실로 볼 수 없다. 다만 여기서 우
리는 백제의 여인 자재녀에 주목할 필요가 있다. 그녀는 백제의 백
산신앙을 비롯해 우물을 파는 기술, 병을 치유하는 의술, 미곡을 찧
는 방아기술까지 생활에 필요한 대륙의 첨단의 문화를 전한 사람이
었다. 이것은 앞의 신라와는 너무나 대조를 이룬다고 하지 않을 수

---

18　杉原丈夫編(1970), 앞의 책, pp.425-426.

없다. 다시 말하여 백제는 일본문화의 원류로서 좋은 이미지로 묘사되어있는 것이다.

## 5. 고구려와 고려와 조선의 전승

특이하게도 후쿠이현에는 고구려계의 전승이 거의 발견되지 않는다. 그렇다고 해서 전혀 없는 것은 아니다. 에치젠시(越前市)의 고메노우라(米ノ浦)에 기암으로 둘러싸인 안쪽에 늪이 있는데, 이곳은 옛날 민달천황(敏達天皇: 538-585) 때 고려의 사신이 철선을 타고 이 주변을 지나가다가 태풍이 불어 피할 틈도 없이 이 늪에서 침몰했다는 전승이 있는 것이다.[19] 여기서 말하는 고려는 고구려를 나타내는 말임은 두말할 나위가 없다. 이러한 전승에서 보듯이 이곳은 고구려를 연결하는 창구역할을 하였음을 짐작케 해준다. 이를 뒷받침하듯이 실제로『일본서기』의 흠명기(欽明 31年)에 고구려 사신이 이곳 해안에 도착했다는 기록이 있다. 이 항로가 고구려가 멸망한 이후에도 발해인들에 의해 이용된 것 등으로 미루어 보아도 이 지역이 고구려와 관련이 있는 곳임에는 틀림없다.

이 지역이 고구려계 사람들과 관련이 있는 곳임은 목간에서도 나타난다. 미카타군(三方郡: 현재 와카사쵸)에서 발견된 목간 중에 「若狹國三方郡竹田里浪人黃文五百相調三斗」이라는 기록이 바로 그것이다. 이곳에 등장하는 낭인 기부미씨(黃文氏)는『신찬성씨록(新撰姓氏錄)』에 의하면 고구려계 씨족이다. 이로써 후쿠이현 와카사 지역에도 고구려

---

19 杉原丈夫編(1970), 앞의 책, p.543.

계가 거주하고 있었음을 알 수 있다. 그런데 이들을 「낭인」이라고 표시하고 있다. 흔히 당시 낭인은 가혹한 세금 혹은 부역을 피해 도망간 자를 의미하지만, 이 경우는 타 지역에서 유입된 사람이라는 의미로 사용된 것으로 보인다. 왜냐하면 기부미씨는 비조사(飛鳥寺)와 약사사(藥師寺)의 벽화는 물론 고구려계 고분이라 알려져 있는 다카마쓰즈카(高松塚)의 벽화를 그린 고구려계 화공집단으로 알려져 있으며, 또 이들이 거주했다는 미카타에는 흥도사(興道寺)라는 와카사 지역에서 가장 오래된 사찰이 있었기 때문이다. 즉, 이러한 사찰을 건립할 때 화공으로 초대되어 작업이 끝난 이후 그대로 이곳에 정착한 것으로 추정되기 때문이다.[20] 즉, 이들은 고구려에서 이곳으로 직접 이주한 것이 아니라, 일단 중앙을 거쳐 이곳으로 유입된 사람들이었다. 그럼에도 불구하고 그들과 관련된 전승이 지금껏 보이지 않는다. 그에 비해 고려와 조선에 관한 것은 그다지 많지는 않지만 다소 남아있어 그 단면을 살펴보기로 하자.

쓰루가시에는 서복사(西福寺)라는 유명한 불교사찰이 있다. 이곳에는 「관경변상만다라도(観経変相曼荼羅図)」라는 고려불화가 있다. 이는 「아사세왕설화(阿闍世王説話)」를 기반으로 대략 3단으로 그림이 그려져 있는데, 하단은 태자 아도세가 부왕인 빈파사라(頻婆裟羅)를 아사시키기 위해 유폐를 시키고, 또 모후인 위제희(韋提希) 부인도 위해를 가하려고 하는 것을 두 명의 대신이 간언하는 장면, 중단은 위제희 부인이 비탄한 나머지 내세의 극락정토를 청원하고 석존에 의해 왕생의 방법에 대해 가르침을 받는 장면, 상단은 석존이 제자들을 거느리고 내림(來臨)하는 장면이 그려져 있다. 화공은 장사공(張思恭), 공덕주

---

20  大森宏(1974)「若狭における渡來人」『日本のなかの朝鮮文化(22)』, pp.18-19.

는 함안군부인(咸安郡夫人)과 송인(宋人) 주인총(朱仁聰)으로 되어있다.[21]
불교미술계에서 이 그림은 고려 말에 제작된 것으로 알려져 있다. 그
러나 그것을 소유하고 있는 서복사측에서는 중국의 원에서 제작된
것으로 설명하고 있다. 다시 말하여 고려를 원으로 잘못 받아들이고
있는 것이다.

이처럼 고려가 중국과 혼동이 되는 현상은 비단 서복사에서만 보
이는 것이 아니다. 지역전승에서는 더욱 그것이 심하게 나타난다. 그
예가 쓰루가를 침공한 고려(고구려)의 이야기이다. 즉, 고구려의 적선
이 쳐들어왔을 때 지역민들은 엄청나게 큰 밥그릇과 두터운 젓가락
을 만들어 바다로 흘려보냈고, 이를 본 고구려 군사들이 "이렇게 큰
그릇과 젓가락을 사용한다는 것은 엄청나게 덩치가 큰 사람들이 살
고 있을 것"이라며 무서워했다는 것이다.[22]

여기서 말하는 고구려는 고려를 말한다. 왜냐하면 쓰루가에는 몽
고군 침입의 전설이 많은데, 이상의 이야기가 그 일부에 들어가 있으
며, 또 그 내용이 쓰루가의 '일야송원(一夜松原)'전승과 아주 유사하기
때문이다. 즉, 게히신궁 앞에 일본의 3대 소나무 숲으로 유명한 게히
소나무 숲(氣比松原)이 있는데, 이 숲이 몽고가 침입하였을 때 하룻밤
에 모두 자라났고, 나뭇가지에 백로들이 떼를 지어 앉아있는 것을 보
고 몽고군들이 그것은 대규모의 군사들이 깃발을 날리며 있는 줄 알
고 두려워하여 좀처럼 접근을 하지 못했다는 것이다.[23] 두 전승이 게
히신궁을 배경으로 하고 있는 것도 같고, 또 일본군의 유린정책에 속

21  金達壽(1975), 앞의 책, pp.59-60.
22  杉原丈夫編(1970), 앞의 책, p.627.
23  駒敏郎, 花岡大学(1980)『若狭. 越前の伝説〈日本の伝説(46)〉』角川書店, p.101.

아 넘어가는 것도 같다. 즉, 따라서 이상의 두 설화는 몽고침략전승
계열에 속하는 것으로 보아도 무방할 것이다.

이처럼 고려를 고구려를 착각하는 경우도 있었다. 그리고 몽고를
한반도에 있는 국가로 생각하는 전승도 있었다. '삼한(三韓)의 몽고군
이 일본을 쳐들어 왔을 때 중애천황이 군사를 이끌고 맞서 싸웠다'[24]
는 전승이 바로 그것이다. 이같이 전승에서는 고려가 고구려, 삼한,
몽고와 혼용되어 있음을 알 수 있다.

그 뿐만 아니다. 몽고군을 맞이하여 맞서 싸운 일본 측의 인사도
각기 다르게 나타나 있다. 즉, 여기에는 대략 4가지 유형이 있는데,
하나는 중애천황 때 쳐들어온 몽고군 이야기이며, 둘은 성무(聖武)천
황 때 쳐들어온 몽고군을 게히대신이 물리쳤다고 하는 것이며, 셋은
경행(景行)천황 때 쳐들어 온 몽고군을 야마토다케루가 물리쳤다는
것이며, 넷은 가마쿠라시대로 몽고군의 침략시기와 일치시키는 경
우이다.

이처럼 시대배경을 각기 달리하고 있지만 게히대신의 도움으로
몽고군을 물리쳤다는 하나의 공통점을 가지고 있다. 즉, 이러한 것
들은 게히신궁 측이 자신들의 위세를 과시하기 위해 전승의 세계를
통하여 확대 재생산해낸 결과에 지나지 않는 것이다. 그 가운데 고
려가 고구려로 혼동되고, 또 삼한과 몽고군과도 혼동되어 등장하고
있는 것이다. 이같이 고려가 백제와 달리 부정적인 이미지로 묘사될
수 있었던 것은 몽고의 일본침략과 결부되어있었기 때문이었다.

이에 비해 조선은 어떻게 묘사되어있을까? 조선 초기 선비 신숙주
(申叔舟: 1417-1475)가 쓴 『해동제국기(海東諸国記)』에 의하면 1468년 오하

---

24 杉原丈夫編(1970), 앞의 책, p.613.

마쓰(大浜津=小浜津)의 수호대관(守護代官) 좌위문대부원의국(左衛門大夫源義國)이 사자를 보내어 대마도의 소 사다구니(宗貞国: 1422-1494)를 통해 접대를 요구한 적이 있다고 했다.[25] 이처럼 이 지역의 영주들도 조선과의 통교를 원하였던 것 같다.

그러나 도요토미 히데요시(豊臣秀吉: 1537-1598)의 임란과 정유의 왜란을 거쳐 에도시대에 접어들면 외국과의 교류는 엄격히 통제되어 대마도를 제외한 타 지역에서는 조선과의 통교가 금지되었다. 만일 조선인의 표류민이 발생할 경우에는 나가사키(長崎)를 경유하여 대마도를 통해 본국으로 송환했다. 이러한 상황 하에서는 조선과 후쿠이 간의 직접적인 교류는 불가능했다. 그러한 가운데 조선에 관한 전승은 두 가지 유형으로 나타난다. 하나는 전쟁에 대한 기억이고, 또 다른 하나는 문화의 전달자로서의 기억이다. 먼저 전자에 속하는 예는 오바마시의 가시마(鹿島)에서 전해지는 귀무덤에 관한 이야기인데 그 내용을 소개하면 다음과 같다.

1592년 히데요시는 중신 아사이 나가마사(淺井長政: 1545-1573)를 와카사 영주로 임명하였고, 조선정벌 때 오바마항에서 많은 물자를 실어서 출발하였으며, 귀국하였을 때도 이곳으로 입항했다. 일본군들은 조선에서 조선인의 귀를 잘라 일본으로 가지고 돌아왔다. 조선인 귀는 단바야소베이(丹波屋宗兵衛) 집에 잠시 보관하였다가 다시 오바마에서 교토로 운반했다.[26] 귀의 수취증서(受取証文)는 소베이의 집에 전해지다가 지금은 없어졌다. 그 귀를 넣었다고 전해지는 창고가 있었는데, 훗날

25 신숙주(1989)「海東諸国記」『국역 해행총재(1)』민족문화추진회, p.118.
26 杉原丈夫編(1970), 앞의 책, p.684.

그 창고를 다시 지었다. 조선인의 귀를 보관한 창고라고 일컬어졌다. 그러므로 그 옛날 목재를 2, 3개를 남기고 새로운 창고로 이용했다. 지금 이를 보면 검고 오래된 것이다.[27] 지금 교토의 대불전 앞에 남아있는 귀무덤은 소금에 절여서 오바마항에서 육지로 운반한 것이다.[28]

　이러한 전승도 역사적 사실이 아니다. 아사히 나가마사는 임란이 일어나기 전인 1573년에 사망하였으며, 또 오바마항이 임란 때 일본 군의 출항과 기항의 기지로 이용된 적이 없기 때문이다. 그럼에도 불구하고 이러한 전승이 전해진다는 것은 히데요시가 일으킨 전쟁 과 조선인들의 귀를 잘라 귀국한다는 것이 너무나 강렬한 인상을 주 었기 때문일 것이다. 그 뿐만 아니다. 그 속에는 자신들의 고장이 고 대에는 대륙을 연결하는 창구였다는 희미한 기억도 남았다. 그것이 바로 오바마가 왜군들이 조선으로 출병한 출항지이자 귀항지였다는 부분의 전승인 것이다.

　한편 문화전달지로서의 기억은 다카하마초(高浜町)의 사키치신사 (佐伎治神社)에 보관된 범종의 이야기이다. 원래 이 종은 헤이안(平安)시 대에 제조된 전형적인 일본 종으로 높이는 93센티 정도가 되며, 후 쿠이현에서는 가장 오래된 것으로 알려져 있다. 그럼에도 이 종은 전 승에서는 일본이 아닌 조선종으로 되어있다. 그 내용을 소개하면 다 음과 같다.

　　옛날 조선에 자매의 종이 있었다. 그 중 동생 종이 어찌된 일인지 다

---

27　杉原丈夫編(1970), 앞의 책, p.693.
28　杉原丈夫編(1970), 앞의 책, p.684.

카하마 해변에 떠내려 왔다. 사람들은 이를 건져 올리고는 사키치신사에 봉납했다. 그 후 언니 종도 동생 종이 보고 싶어 바다를 건너왔으나 상륙하지 못하고 그만 바다 밑에 빠져 있었다. 그러므로 신사의 보물인 동생 종을 치면 '어-언니-(아네곤)'라고 울린다. 사람들이 바다 밑에 있는 언니 종을 인양하려고 하면 해수가 금방 시커멓게 흐려져 도저히 건져낼 수가 없다. 이것은 오징어들이 무리를 지어 배를 보기만 하면 먹물을 뿜어내어 방해하기 때문이라 한다. 가뭄이 들면 사람들은 동생 종을 해변으로 옮겨서 7일 동안 바닷물에 담그고, 큰 칼춤을 추며 기우제를 지내면 반드시 호응하여 소나기를 내리게 한다고 한다.[29]

이상에서 보듯이 전승 상으로 사키치신사의 범종은 조선종이다. 이 종은 언니 종와 함께 바다를 건너 조선에서 일본으로 왔지만 육지로 상륙한 것은 이 종뿐이었고, 언니 종은 지금까지 그대로 바다에 잠겨있다고 한다. 특히 이 종은 가뭄 때 바다에 담그고 언니를 만나게 하면 반드시 비를 내려준다는 민간신앙마저 생겨났다.

그런데 사키치신사의 일본 종을 굳이 조선종으로 윤색한 이유는 무엇일까? 여기에는 앞에서도 보았듯이 직조, 금속가공, 기와제조 및 불상과 신앙 등 그야말로 모든 생활문화가 백제에서 전래된다는 전승에서 있듯이 이들 문화의 원향이 한반도라는 인식이 있기 때문일 것으로 추정된다.

사키치의 범종과 같이 해저에 가라앉은 조선종 이야기는 비단 여기에만 있는 것이 아니다. 그와 관련된 전승이 쓰루가시의 가네가사키(金ヶ崎)와 후쿠오카현의 가네가사키(金ヶ崎)에도 전해지고 있다. 공

---

29 杉原丈夫編(1970), 앞의 책, p.797.

교롭게도 이 두 곳의 지명은 동일하고, 내용도 거의 같다. 가령 전자의 경우 가네가사키 앞 바다에 빠져 있는 조선종은 신공황후가 신라를 정벌하고 나서 신라에서 가져온 것으로 죠구신사(常宮神社)의 신라종과 동일한 것이라 했다. 그것을 배로 운반하던 도중 그만 이곳에 빠뜨리고 말았다는 것이다. 사람들이 이를 인양하려고 하면 항상 무서운 일들이 벌어지며, 또 용신이 종을 너무 좋아하기 때문에 언제나 지키고 있다고 한다.[30] 그리고 후자의 후쿠오카현 가네가사키도 그것과 아주 흡사한 이야기이다. 즉, 옛날 삼한으로 부터 종을 배에 싣고 왔을 때 용신이 종을 가지고 싶어 하여 폭풍을 일으켜 배를 전복시켜 종을 해저에 가라 앉혔다고 되어있다.[31]

여기에서는 누가 종을 가지고 왔는지에 대해 구체적으로 설명하고 있지 않으나, 이 지역에 자리 잡고 있는 미야지다케신사(宮地嶽神社)와 다카구라신사(高倉神社), 그리고 오리하타신사(織幡神社)가 모두 제신이 신공황후 또는 그의 부하 다케우치 스쿠네로 되어있는 것으로 보아 전자의 경우처럼 신공의 삼한정벌 때 가져간 것이라는 것을 간접적으로 표현하고 있는 것으로 보여진다. 이 종도 전자와 같이 항상 용신에 의해 지켜지고 있으며, 인양을 시도하여 보았지만 모두 실패로 끝났다고 되어있다.[32] 이처럼 바다 밑에 가라앉은 조선종 이야기는 사실의 여부를 떠나 그 범종을 신비롭게 윤색하는데 효율적으로

30 杉原丈夫編(1970), 앞의 책, p.619.
31 最上孝敬(1974)「沈鐘伝説についての一考察」『日本民俗学(96)』日本民俗学会, p.12.
32 이 종을 인양하는 작업이 가마쿠라시대에 75대 宗像大宮司, 근세에 구로다 나가마사(黒田長政)에 의해 시도되었으나 실패로 끝났다. 그에 이어 1920년(大正9)에 다가와(田川)의 야마모토 키쿠지로(山本菊次郎)가 거액의 돈을 투자하여 건져 올린 것이 종과 같이 생긴 커다란 바위였다. 현재 이 바위는 織幡神社의 입구에 카네가사키의 유래전설이 적힌 설명문과 함께 놓여져 있다.

사용되어지고 있다. 이러한 특징을 살려서 일본종을 조선종으로 만
든 것이 바로 사키치신사의 범종이었던 것이다.


## 6. 마무리


이상 후쿠이의 지역전승을 통해 한국인상을 살펴보았다. 이를
정리하면 다음과 같다. 첫째 가야인은 쓰누가아라시토와 가라히메
의 전승에서 보듯이 수용과 배척의 대상으로 묘사되어있다. 전자
와 같이 강력한 무력으로 무장한 경우에는 이주정착에 성공하지
만, 그와 반대로 후자와 같이 표류하여 지역민들로부터 절대적인
도움이 필요한 연약한 소수의 집단이었을 때는 살해당하는 경우가
있는 것이다.

둘째 신라의 경우는 아카부치신사와 게히신궁의 전승에서 보듯
이 일본을 공격하는 세력인 동시에 일본에 의해 정벌대상이 되는 부
정적인 이미지로서 묘사되어 있었다. 그러한 것은 신라인을 인간이
아닌 도깨비 형상을 한 괴물로 보고 있다는 점에서도 확인이 된다.

셋째는 백제인에 대해서는 비교적 호의적이었다. 이들은 직조,
금속가공, 기와제조, 의료, 우물을 파는 기술 등 생활에 필요한 첨단
기술을 전래하였을 뿐만 아니라 불상과 백산신앙 등 정신문화까지
전래한 사람으로서 묘사되어있었다.

넷째는 고려와 조선에 대해서는 전쟁의 기억과 문화전달자라는
이미지가 강하게 남아있었다. 먼저 전자는 몽고의 침입이라는 역사
적 사실의 영향으로 고려도 몽고와 함께 일본을 침공하는 세력으로

묘사되어있으며, 그와 반대로 조선은 침공의 대상으로 보고, 그에 따라 조선으로 오가는 배들이 자신들의 지역을 통하여 이루어졌다는 점을 지나치게 강조하고 있다. 한편 사키치신사의 자매 범종 이야기처럼 조선은 신비로움을 더해주는 첨단기술의 원천지라는 이미지도 함께 보여주었다.

이상의 시대에 살았던 사람들은 전승의 세계에서 존재하지만 근현대에 살았던 재일한국인들은 좀처럼 전승의 세계에서 나타나지 않는다. 그러나 게히신궁의 경내에는 북송선을 태워 떠나보낸 교포들의 기념비가 세워져 있고, 또 1949년에는 지역 경찰관이 와카사의 한국인 거주 지역을 대상으로 지도를 작성하는 것에 대해 항의하는 70여명의 재일교포들을 연행하여 폭행하자, 이에 맞서 재일교포들이 집단을 이루어 일본인 경찰관에게 오물을 투척하며 거세게 반발하는 사건이 있었다. 이러한 사건들이 우리가 모르는 현대사회 속에서 재해석되고 재생산되어 갈지도 모른다. 앞으로 이러한 문제들에 대해서도 심도 있게 다루어질 필요가 있다. 그것이야말로 현대전승에 나타난 재일한국인상을 잘 표현하고 있을 가능성이 높기 때문이다.

일본에서 신이 된 고대한국인

제12장

# 동북지방의 신라신사와 전승

## 1. 머리말

한국인에게 있어서 일본 속의 한국문화 찾는 작업은 여러 가지 의미에서 매우 유익한 작업임에 틀림없다. 그러므로 역사, 문학, 예술 등 여러 분야에서 그러한 작업이 활발하게 이루어지고 있는 셈이다. 그런데 일련의 작업들에서 보이는 커다란 특징 중의 하나는 작업의 범위가 너무나 중앙무대에 편향되어 있다는 느낌을 지울 수가 없다. 그러므로 중앙 중심의 국가 단위에 대한 연구는 어느 정도 궤도에 올랐다고 평가할 수 있다. 그러나 지방의 시점에서 본다면 아직 갈 길이 멀다. 그 중에서도 한국과 빈번한 교류가 있었던 관서와 관동 그리고 규슈 지역은 그나마 나은 편이다. 그 밖의 지역으로 조금만 눈길을 돌리면 확연한 차이를 실감할 수 있다. 즉, 일본의 지역에 분포된 한국문화에 관한 연구는 아직도 미개척분야인 것이다. 이에 본 장에서는 일본의 동북지역에 산재해 있는 신라신사와 그와 관련된 전승을 살펴보고자 한다.

지금까지 여기에 대한 연구는 거의 전무하다고 해도 과언이 아니

359

다. 그렇다고 전혀 없었던 것이 아니다. 재일작가 김달수(金達壽)와 국
내 언론인 김승한이 동북지역을 여행하면서 쓴 글이 전부라고 해도
과언이 아니다. 그의 글 중 특이한 현상은 이 지역에 신라와 관련된
기사가 많이 보인다는 점이다. 가령 후쿠시마(福島)와 아키타(秋田)에
는 신라인의 마을이 있으며, 또 아오모리(靑森)에는 신라신사가 있다
고 소개하고 있으며, 어떤 지역에서는 신라의 풍습으로 유추되는 닭
(계란)을 먹지 않는 금기가 남아있다고 흥미롭게 소개하고 있는 것이
다.[1] 이것만으로 본다면 동북지역에는 신라계 사람들이 이주하여 살
았고, 또 그에 따라 신라의 이름을 딴 신사와 신라의 유습이 남아있
는 곳으로 추정할 수 있다. 김승한도 하치노헤(八戶)의 신라신사에 주
목하고, 그곳에서 말을 타고 즐기는 타구(打毬) 놀이는 한반도를 통해
일본으로 전해졌다고 자세히 설명했다.[2]

　이같이 일찍부터 이 지역이 고대한국과 깊은 관련이 있었다는 사
실이 작가와 언론인으로 부터 지적이 있었음에도 불구하고 놀랍게
도 정작 학계에서는 오늘에 이르기까지 그와 관련된 연구가 좀처럼
진척이 이루어지지 않고 있는 점에 놀라지 않을 수 없다. 더구나 이
지역은 거리로 보면 신라와 직접 교류하기 힘든 곳에 위치해 있다.
그럼에도 불구하고 신라와 관계가 있는 신사와 문화가 있다는 것은
학문적으로 해결해야 할 과제가 아닐 수 없다. 여기에 촉발되어 본
장에서는 이 지역에 대한 연구를 심화시키기 위해 한반도의 고대국
가 중 신라에 국한하여 신라인의 전승과 신라신사를 살펴봄으로써
그것이 가지는 역사적인 의미를 되새겨보자.

---

1　金達壽(1995)『日本のなかの朝鮮文化(12)』講談社, p.99.
2　김승한(1979)『일본에 심은 한국(2)』중앙일보, 동양방송, pp.98-119.

일본에서 흔히 동북지방이라 하면 말 그대로 혼슈(本州)의 동북부에 위치한 지역을 일컫는다. 법률상으로는 명확한 정의가 내려져 있지 않지만 일반적으로는 아오모리, 이와테, 미야기, 아키다, 야마가타, 후쿠시마의 여섯 현을 가리키지만, 일본을 14개 권역으로 나눌 때는 그것에다 니이가타를 첨부시키기도 한다. 여기서는 후자의 의견에 따라 니이가타를 포함시켜 논의하고자 한다.

## ② 신라인 마을과 김씨 일족 이야기

신라인의 이주 정착 이야기와 관련 지명은 아오모리를 제외한 전지역에서 발견된다. 먼저 니이가타의 경우는 사도시(佐渡市)와 쓰바메시(燕市)에서 그 흔적이 약간 보인다.

사도시는 니이가타에서 우리의 동해안을 향해 떠 있는 도서지역이다. 이곳의 최남단에 위치한 오기마치(小木町)에 시라기무라(白木村)라는 마을이 있고, 또 시내에는 하타노(畑野)라는 지명이 보인다. 여기서 시라기(白木)란 신라의 다른 표기이고, 또 하타노란 신라계 하타씨(秦氏)에서 유래되었음을 쉽게 짐작이 간다. 이 같은 지명이 있다는 것은 아마도 이곳이 신라인들의 거주지이었기 때문일 가능성이 높다. 만일 이것이 사실이라면 니이가타에 있어서 신라인의 흔적은 사도에 지명으로만 희미하게 남아있다고 할 수 있다.

그에 비해 니이가타의 중앙부에 위치한 쓰바메시 다케노바나(竹ヶ花)라는 마을에는 신라왕비(新羅王碑)라는 비석이 세워져 있다. 마을 주민들에 따르면 1898년(明治31)에 그곳에서 뼈 항아리가 출토된 적이

있으며, 옛날 신라왕 일족들이 탄 배가 데라도마리(寺泊)에 표착하여 잠시 그곳에 거주하다가 다케노바나로 옮겨 살면서 농업기술, 의학, 대륙문화를 마을 사람들에게 전해주었고, 그곳에서 생애를 마감했다고 한다. 이러한 사실을 의식한 지역민들은 1902년(明治35)에 유지를 모아 신라왕을 위한 비를 세웠다. 그 비의 비문은 아오우즈(粟生津)에 거주하는 스즈키 히코다케(鈴木彦岳)가 찬서(撰書)하였는데, 그 내용을 간략히 소개하면 다음과 같다.

「묻노라 이것은 누구의 묘(室)인가. 이른바 신라왕의 비이다. 아득하여 알 수 없는 그 공적과 이름도 알 수 없다. 옛날 듣기를 왕이 표박(漂泊)하기를 호쿠에쓰(北越) 데라도마리의 부근이었다. 이역에서 오랫동안 한을 머금고 생을 여기서 마감하니, 마을사람들의 심성이 성실하여 봄 제사에 제물을 바친다. 풍우가 오랫동안 거듭되어 비문의 글자가 결락이 심해 명치(明治) 임인(壬寅)의 해에 다시 수리하여 앞의 일을 계승하니 지금부터 초혼의 제사가 천추에 다시 이어가리라.」[3]

이러한 문장을 통해 유추해보면 이곳에는 일본에 표류한 신라왕이 살다가 죽은 곳으로 그를 기리는 비가 아주 오래 전부터 있었는데, 비문을 읽을 수 없을 만큼 마모가 심하여 1902년에 새롭게 비를 건립하였을 뿐만 아니라 매년 봄 길일을 정해 제사를 올리고 있다는 것이다.

---

3 비문의 원문은 「問う是れ誰氏の室ぞ 曰く新羅王の碑なり 邈たり厥の功績 姓字知るべき靡し 昔聞く王漂泊す 北越寺泊の湄ほとり 異域に長恨を飲み 終を茲に卜す 里民性撲実にして 春礽に明粢を供う 風雨幾多載なり 碑字聿に触齬す 明治壬寅の歳 再修して前思を紹つぐ 今より招魂の典 千秋復また萬斯」으로 되어있다.

여기서 말하는 신라왕이란 누구를 말함인가? 여기에 대해 어떤 이는 전승 내용 중 신라왕이 표착한 시기가 가마쿠라(鎌倉) 초기라고 설정한 전승도 있다고 지적하면서, 아마도 그들은 구 신라계 사람으로 신라왕이라 일컬어질 만큼 12세기경 고려의 고귀한 신분의 사람이라고 해석했다.[4] 또 그는 인근의 야히코 신사(彌彦神社)의 제신 중 한명이라는 견해가 지역에 있다.[5] 그러나 신라왕을 고려의 귀족으로 보는 것은 시대적으로 부합되지도 않고, 또 야히코의 제신 중 어느 신인지 현재로서는 분명치 않아, 신라왕의 정체에 대해서는 앞의 비문 내용처럼 알 수 없다는 것이 정확한 표현일 것이다.

그러한 가운데 한 가지 분명한 것은 그가 바다를 통해 이 지역에 표착했다는 점이다. 앞에서도 언급하였지만 신라에서 직접 표류하기란 지리적으로 여간 어려운 것이 아니다. 그러므로 신라인의 표착 전설이 실제로 있었던 역사적 사건을 반영하는 것이라면 그 신라인들은 신라를 떠나 일단 서남쪽 해안에 표착했다가 그곳에서 다시 북상하여 니이가타 지역까지 간 것으로 보인다.

이들은 니이가타 지역에 도착하여 정착하려고 노력하였으나 성공하지 못했던 것 같다. 이를 안타깝게 생각한 마을 주민들이 그를 위해 비를 세우고 매년 6월 14일에 제사를 지내고 있는 것이다. 원래 제사는 5월 15일이었으나 그 때는 농사일이 바빠 한 달을 늦추었고, 행사는 현재 가이즈씨(海津氏) 일족이 중심이 되어 치루고 있다고 한다.

미야기현은 니이가타와는 정반대로 태평양 쪽에 위치한 지역으

---

4 小林健彦(2014)「新羅国の文武王と倭国-文武王の海中王陵に見る対日観-」『新潟産業大学経済学部紀要(43)』新潟産業大学, p.32.
5 金達壽(1975)『日本のなかの朝鮮文化(5)』講談社, p.257.

로 북으로는 이와테현, 남으로는 후쿠시마, 서로는 야마가타와 접해 있다. 현청소재지인 센다이시(仙台市)의 아오바구(靑葉区)에는 신라를 연상시키는 시라기(白木)라는 지명이 있다. 특히 시바다군(柴田郡)에는 신라인의 정착에 관한 지명유래전승이 전해지고 있다. 그곳에 가와사키초(川崎町) 교육위원회가 세운 안내판이 서있는데, 그 내용을 소개하면 다음과 같다.

현재 하세구라(支倉)라는 글자의 이름이 붙어 있으나, 과거에는 하세구라(長谷倉) 또는 하세구라(馳倉)라 불렀다. 그 이전에는 신라였다고 한다. 1051년(永承6) 아베노 요리토키(安倍賴時: ?-1057)가 히라이즈미(平泉)에서 반란을 일으켜 세력을 확장하였기 때문에 조정은 미나모토 요리요시(源賴義), 요시이에(義家)의 부자에게 정벌을 명했다. 이것이 「전(前)9년의 전투」이다. 그 때 겐씨(源氏)의 무장 신라 사부로 요시미쓰(新羅三郎義光)가 신라에서 이주한 37명의 사람을 데리고 왔다. 그 중 20명은 쓰키노키(槻木)의 이루마다(入間田)에, 17명은 이 지역(하세구라)에 각각 나누어 살게 했다. 하세구라에 신라인들은 우수한 기술로 철을 생산하여 무기와 농기구를 만들어 전쟁 물자로 공급했다. 그 이후 이곳을 신라향(新羅鄕)이라 부르게 되었다. 이를 증명하듯이 누마노소리(沼の橇)와 삼림지역의 일대에는 금속 찌꺼기가 발견되며, 언제부터인지 이 숲 속에 (신라인을 위한) 공양비(供養碑)도 세워져 있다. 멀리 고향을 바라보며 여생을 보낸 신라인들의 명복을 빌어마지 않는다.[6]

---

6  이 비는 가와사키초(川崎町) 교육위원회가 1999년에 세운 것이다. 설명도 교육위원회 측에서 한 것이다.

　이상의 내용을 보면 이 지역에는 신라인들이 사는 마을이 두 군데나 있었다. 한곳은 하세구라라는 곳이고, 또 다른 한곳은 쓰키노키의 이루마다라는 마을이다. 이 두 마을을 일찍부터 신라향이라고 했다. 이곳의 신라인들은 신라에서 직접 바다를 건너 이곳에 정착한 것이 아니라 신라 사부로라고 불리는 미나모토 요시미쓰가 이곳으로 강제 이주시킨 사람들이었다. 그 인원은 37명이었는데, 그 중 17명은 하세구라에, 나머지 20명은 이루마다에 살게 했다. 특히 하세구라의 신라인들은 사철을 제련하는 기술을 가지고 있었기 때문에 철을 생산하여 무기와 농기구들을 만들었다고 지역의 교육위원회 측은 설명하고 있는 것이다.

　이곳 신라인 전승의 내용은 여기서 그치고 있기 때문에 이곳으로 오기 전 일본 어디에서 살던 신라인인지가 분명치 않다. 그러나 한 가지 추정해볼 수 있는 단서는 요시미쓰와 관련지어 생각하는 것이다. 그가 태어나고 자라나 활약한 곳이 오우미(近江)를 중심으로 한 관서지역이기 때문이다. 그러한 그가 동북지역과 관련을 맺게 되는 것은 앞의 사례에서 보았듯이 아베노요리토키의 반란을 진압하는 것에서 출발했다. 요시미쓰는 미나모토 요리요시(源賴義: 988-1075)의 일족으로 이 전투에 참가하는 것이다. 이 점을 감안한다면 그가 데리고 간 신라인들은 그의 고향인 관서지역이거나 아니면 동북지역으로 가던 도중 관동지역에 정착한 사람들일 것이며(당시 관동지역에는 신라군이 설치되어 있었다), 이들은 위의 전승에서 보듯이 장기전을 대비하여 무기 등을 만드는 제철기술을 가진 사람들을 데리고 갔을 것으로 추정되는 것이다.

　신라인들은 후쿠시마현과 아키타현에서도 살았다. 후쿠시마의

경우 내륙에 위치한 아이즈와카마쓰시(會津若松市)와 이나와시로마치
(猪苗代町) 지역에는 시라기(白木), 시라기죠(白木城), 시라즈(白津), 시라야
마(白山), 시라사카(白坂), 구와하라(桑原) 등의 이름을 가진 마을에서 찾
을 수 있을 뿐만 아니라, 또 아키타현의 요코테시(橫手市)에도 시라기
사와(白木沢), 시로기토오게(白木峠)라는 지명이 남아있다. 그 뿐만 아
니라 아키타현의 기시카타초(象潟町)에는 실제로 신라 또는 가야계로
추정되는 김씨 성을 가진 사람들이 많이 거주하고 있다고 한다.[7]

신라인의 마을은 이곳에만 있는 것이 아니었다. 야마가타현 아쿠
미군(飽海郡) 유자마치(遊佐町)에도 시로기(白木)라는 지명이 있고, 이와
테현의 오호후나토시(大船渡市)에도 시로기자와(白木沢川), 와가군(和賀
郡)의 니시와가초(西和賀町)에 시로기노(白木野)라는 지명이 있다. 이들
지명에서 나타난 시라기, 시라, 시로, 시로기 등은 모두 신라를 가리
키는 말임은 두말 할 나위가 없기 때문이다.

특히 오후나토(大船渡市、陸前高田市 및 釜石市) 지역은 김씨들이 거점을
이루며 살았던 곳이었다. 김달수가 말한 아키타에서 사는 김씨들도
이곳에서 퍼져나간 사람들의 후예들이었다. 이들 김씨들은 동북지
역 전 지역에 걸쳐 살고 있으며, 그들 중에는 김이라는 성 대신에 곤
(昆, 紺, 今, 近), 곤노(金野, 昆野, 紺野, 今野, 近野) 등과 같은 성씨들을 사용하
고 있는 자들도 적지 않다고 한다.

이들 가운데 역사적인 인물로는 김위준(金為俊), 김위시(金為時), 김
위행(金為行), 김사도(金師道), 김의방(金依方), 김칙행(金則行), 김경영(金経
永) 등을 꼽을 수 있다. 특히 그 중에서 김위시는 '곤 타메토키'라고도
하는데, 『육오화기(陸奥話記)』에 의하면 「전9년의 전투」 때 게센군사(気

---

7  김달수(1993)『일본 열도에 흐르는 한국혼』동아일보사, pp.409~420.

仙郡司)로서 국사(国司)인 미나모토 요리요시 측에 협력하여 반란군을 진압한 공로가 있는 인물로 알려져 있다.

그런데 이들 김씨들은 어떻게 이곳에 정착한 것일까? 이들에게는 크게 나누어 두 갈래가 있었다. 하나는 아베노구라하시마로(阿倍倉梯麻呂)의 후손 김씨이다. 이들의 시조는 구라하시마로의 후손인 아베노타메카쓰(安倍為雄)가 동북지역으로 이주하여 871년(貞觀13) 영내에서 산출된 금을 조정에 헌상함으로써 김씨 성을 하사받았다는 전승을 가지고 있다. 그들 가운데 김위준(金為俊), 김위시(金為時), 김위행(金為行) 등의 이름에서 보듯이 아베노타메카쓰의 '타메(爲)'를 계승하여 이름 짓는 것은 바로 이 때문인 것으로 추정된다.

이들은 얼핏 보아 신라와 전혀 관계가 없는 것처럼 보이지만, 김달수에 따르면 그렇지 않다. 그들의 선조 아베노 구리하시마로는 645년 당시 좌대신(左大臣)을 역임한 바가 있는 인물로 오사카(大坂)의 사천왕사(四天王寺) 일대에 근거를 두고 지금 아베노구(阿倍野區) 일대를 개발한 신라계 이주인 나니와깃시(難波吉師) 집단 출신이라는 것이다.[8] 이러한 점을 감안한다면 이들 성씨의 유래가 천황에게 금을 바친 것에서 발생한 것이 아니라 원래 신라계이기 때문에 붙여진 것일 가능성이 매우 높다.

또 하나는 무사시(武蔵国) 사이타마군(埼玉郡)에 거주하던 신라인 김덕사(金德師)의 후손이다. 호가 토시오(宝賀寿男)가 펴낸 『고대씨족계보집성(古代氏族系譜集成)』(下)에는 이들 김씨의 계보가 자세히 실려져 있는데, 그것에 의하면 이들의 초대 시조는 김덕사이고, 그는 김알지의 후예 신라인이며, 당시 거주지는 무사시 사이타마군인데, 733년(天平5)

---

8  김달수(1993), 앞의 책, p.418.

남녀 53명이 일본조정에 요청하여 김씨 성을 인정받은 것으로 되어
있다.[9] 만일 이것이 사실이라면 그들은 신라왕족 김씨의 후예가 되
는 것이다. 이처럼 동북지역에 있어서 김씨는 관서의 아베계와 관동
의 김덕사계가 있었다.

한편 이와테에는 신라인이 아닌 신라에서 만들어진 종에 관한 이
야기가 있다. 그것은 다름 아닌 모리오카(盛岡)의 문화재로 등록되어
있는 신라종이다. 이것이 여기까지 오게 된 이유에 대해서는 잘 알려
져 있지 않다. 다만 이 범종이 일본에 있는 것에 대해서는 임란 때 왜
군이 경주에서 약탈하여 갔다는 설과 시대는 정확하지 않지만 왜구
들이 약탈해 갔다는 설이 있다.[10] 그러나 시간이 흐르는 동안 약탈의
해석은 사라지고 1702년(元禄15) 정월 가마이시우라(釜石浦)에 사는 한
어부의 그물에 걸려 인양되어 지역의 영주에게 바쳐졌다는 이야기
로 변질되고 있다.

김달수에 의하면 이 종의 명문은 「大中大夫興威衛大将軍/ 知上部
事大□□賛善大/ 夫賜紫金魚袋□□□曜/ 及妻上党郡夫人韓氏/ 同心発
意特鋳金鐘入/ 重漆拾伍斤懸於□□□/ 郡善慶院以□功労者/ 大和元年
丙寅正月日謹記」로 되어있다 한다.[11]

결자가 많아 정확히 이해할 수는 없으나 남아있는 명문을 바탕으
로 추정해본다면 이 종은 647년에 신라의 대중대부 흥위아장군(興威
衛將軍)이 아내인 한씨(韓氏)가 발의하여 만든 것이다. 모리오카의 7대
번주인 난부 토시미(南部利視: 1708-1752) 시대에 이 종을 성 아래 시다코

---

9  宝賀寿男(1986)『古代氏族系譜集成(下)』古代氏族研究会, p.99.
10  권태명(2012)『한민족이 주도한 고대 일본문화』시대정신, p.412.
11  金達壽(1995), 앞의 책, p.99.

지(下小路) 고야쿠엔(御藥園)에다 임시로 만든 종루에 옮겨 사용했는데, 그 소리가 높고 섬세했다고 전해지며, 또 종을 울리면 반드시 비가 온다 하여 치는 것을 금지시켰다는 전승도 있다고 한다.[12] 이처럼 약탈된 신라의 문화재가 지역에서 정착함으로써 그와 관련된 전설도 생성되는 동시에 기우제와 관련한 민간신앙화 되는 사례도 있는 것이다.

여기서 보듯이 동북지역에는 신라인의 정착이야기와 지명이 아오모리를 제외한 니이가타, 미야기, 후쿠시마, 이와테를 중심으로 분포되어있으며, 실제로 그곳에서는 신라인 마을의 흔적이 지명과 전승을 통해서 남아있음을 알 수 있다. 특히 이곳에서 빼놓을 수 없는 것이 김씨 성을 가진 사람들이 많이 살고 있다는 점이다. 이 점만으로도 이곳에는 일찍부터 신라인들이 정착하였다는 역사적 사실을 부인할 수 없을 것이다. 그리고 이 지역에 약탈된 신라의 문화재가 지역의 토착화가 이루어지는 사례도 있다는 사실을 상기할 필요가 있다.


### 3. 신라신사와 신라대명신

동북지역에 있어서 신라신사는 야마가타, 후쿠시마, 미야기, 아오모리 등지에서만 보이는 특징을 가지고 있다. 그 중에서 신라와 가장 거리가 먼 아오모리에 무릇 네 곳이나 신라신사가 있다. 명칭으로만 본다면 이들 신사는 모두 신라인에 의해 건립된 것으로 보기 쉽

---

12  金達壽(1995), 앞의 책, pp.97-99.

다. 그러나 그렇지 않다. 그 중에는 신라인들의 이주에 의해 생겨난 것이 있다면, 다른 한편으로는 이곳으로 이주한 일본인들이 건립한 것들도 있다. 그러므로 이 지역의 신라신사를 생각할 때는 이 점을 염두에 둘 필요가 있다. 그럼 먼저 신라인의 이주에 의해 생겨난 신라신사부터 살펴보기로 하자.

니이가타현의 묘코시(妙高市)에는 세키야마신사(關山神社)가 있다. 이 신사는 일명 신라신사라고도 일컬어지는데, 매우 특이하게도 불상을 신사의 신으로 모시고 있다. 제신으로 구니도코다치(国常立=関山大権現), 이자나미(伊弉冉尊=白山大権現), 스사노오(素盞嗚尊=新羅大明神)라는 3명의 신을 모시고 있는데, 구니도코다치는 성관세음보살(聖観世音菩薩), 이자나미는 십일면관음보살(十一面観世音菩薩), 스사노오는 사자를 탄 문수보살(騎獅文殊菩薩)의 모습을 하고 있다. 다시 말하여 신불습합(神佛習合)이 철저히 이루어져 있는 것이다.

그 중 본존에 해당하는 구니도코다치(=관세음보살상)는 실물을 보면 눈이 멀거나 재해가 일어난다는 속신이 있다. 그만큼 신성시했다. 그러므로 이 불상은 오랫동안 비불로서 공개되지 않았다. 그러던 것이 1961년에 드디어 공개됨으로써 그 실체가 드러났는데, 크기가 20,3센티 정도 되는 작은 청동불상이었다. 이것에 대해『아라이시사(新井市史)』에서는 7세기 신라에서 만들어진 불상이며, 이를 넣어서 보관하는 상자가 2중으로 되어있는데, 겉 상자는 겐로쿠시대(元禄時代: 1688-1704) 때, 또 안의 상자는 1911년(明治44)에 만들어진 것인데, 그것에 신라대명신(新羅大明神)이라는 묵서가 적혀있다고 지적하고 있다. 그렇다면 현재 스사노오를 신라대명신이라고 지칭하고 있지만 원래는 본존이 신라의 관음보살상을 신라대명신이라 불렀음을 알 수 있다.

즉, 시대에 따라 명칭마저도 바뀌었던 것이다. 이것이 여기에 있는 이유에 대해 데바 히로아키(出羽弘明)[13]와 고바야시 다케히코(小林健彦)[14] 등은 신라계 이주인들이 이곳에 정착하였기 때문으로 해석했다. 다시 말하여 신라인의 이주에 의하여 신라불상을 모시는 신사가 건립되었다는 것이다. 그것이 사실이라면 세키야마신사의 원래 이름은 신라명신을 모시는 신라신사 혹은 신라사(新羅寺)였을 것이다.

신라인들이 이주하는 전승은 후쿠시마현의 나미에초(浪江町)에도 있었다. 이곳에 신라의 여신을 모시는 구사노 신사(苕野神社)가 바로 그것이다. 신사 측의 설명에 의하면 이 신사는 715년 원정천황(元正天皇: 680-748) 때 창건되었고, 환무천황(桓武天皇: 737-806) 때 백제계 후예인 사카노우에노타무라마로(坂上田村麻呂: 758-811)가 에조의 정벌에 나서 군대를 이끌고 이곳을 통과하다가 이 신사에 들러 승리를 기원한 역사를 간직한 유서 깊은 곳이라 한다.

이 신사에 모셔진 신라 여신의 이야기는 원록연간(元禄年間: 1688-1703) 후지바시 쓰키부네(藤橋月船)라는 자가 기록한 『표엽기(標葉記)』에 실려져 있는데, 그것에 의하면 구사노 신사의 신은 신라에서 건너와서 우케도(請戸)의 고지마(小島)에 나타난 여신이며, 이 신을 처음으로 모신 자는 아베씨(阿部氏)와 아라씨(荒氏)인데, 이들 중 아베씨는 특별히 그 신을 위해 한 것이 없고, 그에 비해 아라씨는 고지마에 사당을 짓고 여신을 모셨으며, 보원연간(保元年間: 1156-1159)에는 시네하씨(標葉氏)의 시조인 다이라노다카요시(平隆義)가 시네하군(標葉郡)을 영유하

---

13  出羽弘明「新潟県の新羅神社(1)」『新羅神社考-新羅神社への旅』三井寺 홈페이지, 2014년 7월 8일 검색.
14  小林健彦(2014), 앞의 논문, pp.31-32.

게 되자, 이 신을 자신들의 수호신으로 삼고 신사에 약간의 토지를
제공하고 또 건물을 보수하였으며, 이 여신에 대한 신앙을 대대로 계
승하며 유지한 것으로 알려져 있다.

물론 여신이 이곳에 정착할 리가 없다. 그것은 신라계 이주들이
이곳에 정착하는 과정을 신화적으로 표현한 것으로 보인다. 신라여
신을 처음으로 모신 것은 아베씨와 아라씨였고, 그 중에서 실제로 그
신을 위해 사당을 짓고 모신 것은 아라씨라는 전승이 매우 흥미롭다.
왜냐하면 아라씨란 가야 중 아라가야를 연상시키는 성씨이기 때문
이다. 만일 그들이 아라가야계 이주민이었다면 이 신은 신라에 통합
된 아라가야의 여신일 가능성이 높다. 이같이 일본신사에 모셔지는
신라의 여신이 동북지역에 있었다.

한편 야마가타현의 남부지역인 히가시오키타마군(東置賜郡)에 신라
신사가 있었다. 원래 이곳은 「원복사(源福寺)」라고 불리던 곳이며, 고
고학계에서는 「원복사고분(源福寺古墳)」이라 불릴 만큼 고대 고분 몇
기가 발견되었던 곳이기도 하다. 고분의 발굴 작업으로 인해 여러 가
지 사실들을 알게 되었는데, 그 중에 6세기 전반 한반도의 가야지역
(특히 固城)에서 흔히 보이는 도질토기(陶質土器)가 출토되며, 또 인근의
아구쓰고분(安久津古墳)에서는 신라계의 환두태도(環頭太刀)와 스에키(須
惠器)가 대량으로 출토된 점을 빼놓을 수 없다. 이를 두고 고고학의 사
다모리 히데오(定森秀夫)는 이 지역을 가야 및 신라계인들이 정착한 곳
으로 추정했다.[15] 신라신사는 바로 이러한 곳에 위치해 있는 것이다.

지역의 역사를 기록한『다카하타마치사(高畠町史)』에 의하면 이 신

---

15  定森秀夫(1993)「東北地方出土の陶質土器-日本列島における朝鮮半島系遺物の研
究-」『京都文化博物館研究紀要朱雀(第6集)』京都府京都文化博物館, pp.43-62.

사에 대해 "가모명신구사(加茂明神旧祠), 신라명신사(新羅明神祠), 하치만사(八幡社)를 합하여 아구쓰 산노미야(安久津三宮)라 한다. 미나모토 요시이에(源義家), 미나모토 요시쓰나(源義綱), 미나모토 요시미쓰(源義光)를 각기 모시는 신사를 총칭한 호칭이다"라고 서술되어있다. 즉, 이 신사의 제신은 신라 신이 아니라 동북지역에서 활약한 요리요시의 3명의 아들로 되어있는 것이다.

요리요시는 앞에서도 언급한 바 있는 1051년 동북의 막강한 무사 가문인 아베노 요리토키(安倍賴時: ?-1057)와 사다토(貞任: 1019-1062)의 부자가 일으킨 반란을 무릇 9년여 세월이 걸려 1062년에 겨우 진압했다. 이 전쟁에 그의 아들 3명이 아버지를 도와 출전하여 승리를 이끈 것이었다. 특히 이 중에서 요시미쓰는 신라 사부로(新羅三郞)라는 별명을 가지고 있고, 또 그의 자손 난부씨(南部氏)가 오랫동안 동북지역의 지배세력으로 군림했다. 그러므로 이 신사가 비록 신라인 마을에 세워졌기 때문에 신라신사가 되었지만, 난부씨 정치세력의 영향으로 제신들은 신라 사부로의 형제들을 모셨던 것으로 추정된다. 이처럼 신라인의 이주에 의해 생겨난 신라인이 신으로 신사에 모셔지고, 또 신라신사라는 신사도 건립되는 경우가 있는 것이다.

그에 비해 이곳으로 이주한 일본인에 의해 세워지는 경우도 있다. 여기에는 두 가지 유형이 있다. 즉, 하나는 삼정사(三井寺=園城寺)의 신도에 의해 세워지는 것이고, 또 하나는 현재 야마나시 지역의 무사가 이곳으로 이주함으로써 생겨나는 경우이다. 즉, 신라와 아무런 관련이 없는 일본인에 의해 신라신사가 창건된 것이다.

전자에 속하는 예는 그다지 많지 않으나, 대표적인 예로 미야기현 도메시(登米市)의 신라신사를 들 수가 있을 것이다. 이 신사는 1592년

(文祿 1) 삼정사의 문도 원쾌(圓快)라는 승려가 지역에 유행했던 역병을 퇴치하기 위해 본사인 원성사의 수호신인 신라명신(新羅明神)을 권청하여 모신 것이다. 비록 신사이긴 하지만 불교 승려에 의해서 창건된 것이어서 처음부터 불교적인 색채를 많이 가지고 있었다. 그 영향으로 이 신사는 한 때 지역의 원성사에 합사되었다가 다시 시간이 흐르면서 수험도(羽黑派修驗道)의 성격이 강한 불교사찰 흑소사(黑沼寺)로 개명되기도 했다. 그러다가 1869년(明治2)에 신불분리령(神仏分離令)에 의해 불교사원이 폐지되자 다시 신라신사로 고치고는 불교적인 색채를 지우고 신도를 강조하는 신사가 되었다. 현재는 이소타케(五十猛命)와 다케미나가다(建御名方命)를 제신으로 모시고 있다.

후자에 속하는 예는 주로 최북단 지역에 위치한 아오모리 그리고 후쿠시마에서 약간 보인다. 아오모리의 경우 하치노헤시(八戸市)에 2개소, 산노헤 난부초(三戸郡南部町) 1개소, 가미기타군(上北郡) 도와다코시(十和田市) 1개소 모두 합하여 4곳에 각각 신라신사가 있다. 그럼 이들 신사에 대해 살펴보기로 하자.

**첫째는 하치노헤시의 신라신사이다.** 하치노헤는 아오모리의 남부 지역에 위치한 도시이다. 언론인 권태명에 의하면 하시노헤의 박물관에는 신라인이 소재한 것으로 추정되는 사교삼루환대도병두(獅噛三累環大刀柄頭)라는 긴 이름을 가진 칼이 보관 전시 중이라 한다.[16] 이를 두고 일본 학계에서는 그 칼은 6세기 후반 신라에서 만들어졌을 것으로 추정하면서, 어쩌면 고대에 이 지역을 지배했던 사람들은 신라인일 가능성이 높다고 예상하고 있다. 이러한 하치노헤에 신라신사가 두 군데나 있다. 하나는 초쟈산(長者山)의 신라신사이고, 또 다른

16  권태명(2012)『한민족이 주도한 고대 일본문화』시대정신, p.410.

하나는 구시히키하치만궁(櫛引八幡宮)에 합사되어있는 신라신사이다.

초쟈산의 신라신사는 신사 측에서 낸 자료에 의하면 1678년(延寶6) 하치노헤의 2대 번주(藩主) 난부 나오마사(南部直房)가 지역의 수호와 오곡풍요, 만민안온(萬民安穩), 무병식재(無病息災)를 위해 초쟈산에다 신사를 창건하고 신사의 이름을 삼사당(三社堂) 또는 허공장당(虛空藏堂)이라 칭하고 제신으로는 난부씨의 시조인 신라 사부로와 불교의 신인 허공장보살(虛空藏菩薩)을 모셨다. 즉, 신불이 습합된 신사로서 출발하였던 것이다.

이 신사가 신라신사로 이름을 바꾼 것은 명치유신 이후이다. 명치 초기 신불분리 정책에 따라 1869년(明治2)에 불교와 결별하고 신사 중심으로 하면서 명칭을 신라신사로 바꾸고, 향사(鄕社)로 인정받았던 것이다. 그리고 1881년(明治14) 명치천황이 이곳을 방문하여 신사의 제의인 기마타구(騎馬打毬)를 관람한 바가 있으며, 그 이후에 현사(縣社)로 승격하였고, 1976년에는 현재 사호인 「초쟈산 신라신사(長者山新羅神社)」로 이름을 다시 바꾸었다.[17] 현재 이곳의 제신은 스사노오와 신라사부로 요시미쓰(新羅三郞源義光命)로 되어있고, 신체(神體)로는 스사노오는 거울(鏡), 신라사부로는 목조의 좌상(座像)을 만들어 모시고 있다.

한편 구시히키하치만궁에 합사된 신라신사는 독립된 건물을 가지고 있지 않다. 신사의 본전(本殿)을 향해 우측 앞에 위치한 합사전(合祀殿)에서 확인할 수 있다. 그 건물의 편액에 「시와신사(斯和神社), 오호구니누시신사(大国主神社), 오호아나무치신사(大己貴神社), 사루다히코신사(猿田彦神社) 등 14사(社)의 이름들이 기입되어있는데, 그 중의 하

---

17 青森県高等学校地方史研究会(2007)『青森県の歴史散歩』山川出版社, p.99.

▌ 쵸쟈산 신라신사와 현판

나가 신라신사이다. 이곳 신라신사의 유래에 관해 신사 측은 "신라
신사의 본가(本家)에 관해서는 불분명하나 경내의 동쪽에 위치해 있
었으며, 『신찬육오국지(新撰陸奥国誌)』에 따르면 이상 14좌(座)의 말사
와 더불어 1739년(元文4)에 권청되었다"라고 설명한다. 즉, 그 유래가
분명치 않다는 것이다. 그러나 이러한 설명을 통해 분명히 알 수 있
는 것은 과거에는 독립된 건물을 가진 신사였다는 점이다.

신라신사가 그곳에 있는 이유는 이 신사의 창건자와 직접적인 관
계가 있다. 다시 말하여 이 신사는 창건자는 난부 미쓰유키(南部光行:
1165-1236)인데, 그는 하치노헤의 초대 번주이며, 1166년(仁安1) 그의
부친 가가미 도오미쓰(加賀美遠光: 1143-1230)가 가이(甲斐国)의 난부코(南
部郷)에서 모시고 있던 하치만 대명신(八幡大明神)을 권청한 것으로 신
사 측은 설명하고 있다.

여기서 말하는 가이의 난부코란 오늘날 야마나시현(山梨県) 미나미
코마군(南巨摩郡) 난부초(南部町)를 가리킨다. 이곳은 난부씨의 발상지
로 난부 미쓰유키가 미나모토노 요리토모(源頼朝) 측에 협력하여 「이
시바시산(石橋山) 전투」[18]에서 전공을 세우고 영지로 받은 곳이다. 그

三戸南部町의 신라신사

의 성을 난부라 한 것도 바로 이곳의 지명에서 유래된 것이었다. 지금도 이곳에는 그가 자신들의 시조인 신라 사부로를 신으로 모신 신라신사가 남아있다. 이러한 사정에서 보듯이 이곳의 신라신사는 야마나시에서 난부씨의 이주와 함께 옮겨온 것이었다.

**둘째는 산노헤의 난부초에 있는 신라신사(古峯神社)이다.** 아오모리 신사청의 설명에 의하면 1192년(建久3)에 난부 미쓰유키가 가이에서 이곳으로 영지를 옮길 때 지역개발과 영지의 수호신으로 신라 사부로를 모시고 신사명을 신라신사라 했다고 한다.

**셋째는 도와타시의 신라신사이다.** 이곳도 제신이 신라 사부로이다. 신사 측의 전승에 의하면 이 신사는 1191년(建久2)에 오쿠세다테(奧瀬館)라는 성곽의 수호신으로 모셔진 것이라고 한다. 궁사(宮司)를 맡고 있는 무라이 코에츠(村井光悅: 2014년 당시 53세)씨의 말에 따르면 이

---

18 헤이안시대(平安時代) 말기 1180년(治承4)에 미나모토 요리토모(源賴朝)와 오바 가게치카(大庭景親)를 중심으로 하는 헤이씨(平氏) 측과 일전을 겨룬 전투이다. 이때 요리아사는 모치히토오(以仁王: 1151-1180)의 명에 따라 거병을 하여, 이즈(伊豆)의 야마기 가네다카(山木兼隆)를 습격하여 죽이는 데는 성공하나, 그 뒤에 일어난 이시바시산의 전투에서 대패하여 산중으로 숨어 있다가 그 후 배로 아와(安房)로 도망쳐 훗날을 기약했다.

▌十和田市　新羅神社

신사는 아오모리현에 있는 신라신사 중 가장 오래되었으며, 하치노헤와 난부초의 신라신사의 신은 이곳에서 권청하여 간 것이라 설명했다.[19] 특히 이곳은 신라 사부로가 실제로 거처했던 곳이라고도 한다. 이곳도 난부 미쓰유키의 영지이기 때문에 건립목적은 앞의 신사들과 동일하다고 볼 수 있다. 이처럼 아오모리의 신라신사는 난부씨가 이 지역의 영주로 부임함으로써 자신들의 고향인 야마나시에서 모셨던 시조묘인 신라신사를 그대로 옮긴 것이었다.

이처럼 난부씨의 이주를 통해 동북지역에 신라신사가 건립되는 경우가 있는가 하면 그들의 일파를 통해서도 신라신이 모셔지는 경우도 있다. 그 예가 후쿠시마현의 소우마(相馬)에서 찾을 수 있다. 이 지역은 야생마를 쫓는 제의행사가 유명한데 그것을 행하는 무사단 가운데 신라명신을 신봉한 자들이 있었다. 지역의 문헌인『중신계보(衆臣系譜)』에 이치조씨(一條氏)를 「진수(鎭守)가 스사노오의 수적(垂迹)

---

19 2014년 8월 1일 현지 답사한 필자와 인터뷰를 응하였으며, 또한 신사자료 또한 공개했다.

신라대명신으로 삼정사의 수호신」이며, 집의 문양(家紋)은 다케다씨 (武田氏)와 같은 4등분된 마름모꼴이며, 깃발의 문양(旗紋)은 「흰 천에 검은 글씨로 신라대명신」이라 쓴 것을 사용한다고 서술되어 있다.[20] 즉, 이치조씨는 심정사의 수호신인 신라대명신을 자신들의 수호신 으로 삼았기 때문에 그들이 사용하는 깃발은 흰 천에다 신라대명신 이라는 문자가 적혀있다는 것이다.

그런데 여기서 우리의 눈길을 끄는 것은 이치조씨의 문양이 다케 다씨와 같다는 점이다. 다케다씨는 난부씨와 마찬가지로 야마나시 현을 거점으로 세력을 형성한 집단으로 이들도 히라가씨(平賀氏), 사 다케씨(佐竹氏), 오가사와라씨(小笠原氏), 난부씨(南部氏)와 더불어 신라 사부로의 후예들이다. 그러므로 이치조씨가 다케다씨와 같은 문양 을 사용한다는 것은 이들은 원래는 다케다씨와 관련이 있는 일족으 로 소우마로 이주하여 자리 잡았지만, 원향에서 모셨던 신라신을 그 대로 수용한 것으로 보인다.

## 4. 동북지역의 신라인과 신라대명신

이상에서 보듯이 일본 동북 지역은 사실상 신라와 거리가 멀리 떨 어져 있음에도 불구하고 전 전역에 걸쳐 신라와 관련된 문화와 신앙 이 분포해 있음을 알 수 있다. 어찌하여 이곳까지 신라의 문화가 정 착할 수 있었을까? 여기에도 다음과 같은 두 가지 이유가 있다고 생

---

20 出羽弘明「新潟県の新羅神社(2)」『新羅神社考- 新羅神社への旅』三井寺 홈페이지, 2014년 7월 8일 검색.

각된다.

첫째는 신라인들의 이주함으로써 생겨난 결과라는 것이다. 이들
은 직접 신라에서 이곳으로 이동하기는 니이가타의 일부지역을 제
외하고는 현실상 불가능에 가깝다. 그러므로 대부분은 일차적으로
일본의 어느 지역에 들어가 정착하였다가 다시 그곳에서 출발하여
동북지역으로 이주하였을 것이다. 그런데 이들 이주에는 누구의 간
섭을 받지 않고 독자적인 판단에 의해 이주하는 자주형이 있는가 하
면, 그와 반대로 일본 국내의 정치적 사정으로 인하여 이주하는 타율
형이 있다. 가령 니이가타의 신라왕 표착전설과 후쿠시마현의 나미
에초(浪江町)의 신라여신 표착전설 그리고 여러 지명에서 보이는 신
라인 마을들은 자주적으로 동북지역으로 이주한 세력들이다. 그러
나 미야기의 시바다군과 같이 이 지역의 반란군을 진압하기 위해 출
전할 때 함께 이주한 37명의 신라인들은 타율적일 가능성이 높은 것
이다.

한편 이들 가운데는 이곳으로 옮기기 전에 살았던 거주 지역을 알
수 있는 세력들도 있다. 가령 이와테의 김씨 중 아베계 김씨들의 시
조가 오사카의 사천왕사를 중심으로 세력을 구축한 아베노구리하
시마로의 후예라는 사실에서 보듯이 그들은 관서지역에서 이주한
사람들이었다. 그리고 후쿠시마의 신라인들은 나라지역에서 옮겨간
사람들로 추정된다. 왜냐하면 후쿠시마의 구와하라(桑原)는 야마토
(현재 나라현) 요시노(吉野)의 「구와하라」와 같은 이름이기 때문이다. 더
군다나 8세기 문헌『일본서기(日本書紀)』에 의하면 신공(神功) 5년에 소
쓰히코(襲津彦)가 신라의 다대포에서 진을 치고 초라성(草羅城)을 공격
하고 귀국할 때 포로로 잡아 간 신라인들을 구와하라, 사비(佐麋), 다

카미야(高宮), 오시누미(忍海) 등지에 살게 했다고 한다.[21] 즉, 요시노의 구와하라는 신라인 거주지 중의 하나였던 것이다. 이를 바탕으로 본다면 후쿠시마의 구와하라의 신라인들은 아마도 요시노의 구와하라의 신라인들이 정치적인 이유로 인해 이주하였을 가능성이 높다.

이와테의 김씨도 그 이전에 살았던 곳을 알 수 있다. 이들은 관동의 사이타마 지역에 살고 있었다. 『일본서기』의 지통천황(持統天皇) 조에 867년(朱鳥1) 신라인 14명을 시모쓰케(下野)에 보내어 토지와 식량을 주어 정착케 하였다는 기록[22]에 뒤이어, 신라의 승려 및 백성 남녀 22명을 무사시(武藏)에 살게 했다는 기록이 보인다.[23] 그리고 지통 4년에도 신라인 간나마고마(韓奈末許滿) 등 12명을 무사시에 정착시켰다고 서술되어 있다.[24]

그리고 『속일본기(續日本記)』〈4권〉에도 사이타마 지역의 신라인들의 활약상이 엿보인다. 그것에 의하면 708년 무사시 지역의 구리광산이 개발되어 생산된 구리가 조정에 바쳐짐에 따라 일본은 화동개칭(和銅開称)이라는 최초의 동전을 발행하고 연호도 화동(和銅)으로 바꾸는 획기적인 사건이 있었다.[25] 그에 대한 공로자들에게 천황이 작위를 수여하는데 그 중에 신라인 김상원(金上元)의 이름이 보인다. 그는 다른 사람들과 달리 작위가 없었으나, 그 때 그에게 종5위(從五位)라는 작위가 수여되었다. 그 뿐만 아니라 그 후 그는 호오키모리(伯耆守)로 임명되기도 했다. 이같이 파격적인 대우를 한 것으로 보아 김상

21 井上光貞監譯(1987)『日本書紀(上)』中央公論社, p.309.
22 井上光貞監譯(1987)『日本書紀(下)』中央公論社, p.368.
23 井上光貞監譯(1987), 앞의 책, p.368.
24 井上光貞監譯(1987), 앞의 책, p.377.
25 林陸朗譯註(1986)『續日本紀(4)』現代思想社, pp.69-70.

원은 구리광산을 발견한 자일 가능성이 높다. 즉, 구리 광산의 발견
과 생산의 실무는 그를 중심으로 한 김씨 일족이 담당하였을 것으로
추정되는 것이다. 동북의 김씨들이 천황에게 금광을 개발하여 채굴
한 금을 천황에게 바치고 김씨 성을 하사받았다는 이야기도 어쩌면
광산의 기술을 가진 사이타마의 김씨 일족들이 동북지역으로 옮겨
금광을 개발하여 금을 생산한 것을 바탕으로 훗날 새롭게 윤색된 것
으로 해석될 가능성이 전혀 없지 않은 것이다.

둘째는 삼정사의 신라신과 관련이 깊은 일본인들의 이주에 의한
결과이다. 이것은 주로 신라신사로 나타난다. 여기에는 다시 두 가
지 유형으로 나누어 생각할 수 있다. 즉, 하나는 미야기현 도메시의
경우처럼 삼정사와 관련된 승려에 의해서 세워진 것이고, 또 다른
하나는 아오모리의 경우처럼 난부씨의 이주에 의해 건립된다는 것
이다.

삼정사의 승려가 신라신을 모신다는 것은 당연하지만, 난부씨가
신라신을 모시는 이유를 알기 위해서는 그들의 계보를 살펴볼 필요
가 있다. 난부씨는 아오모리의 일대를 지배한 일족이지만 그들은 원
래 동북지역 출신의 무사가 아니었다. 그들이 동북지역과 인연을 맺
게 되는 것은 시조인 난부 미쓰유키 때문이었다. 미쓰유키는 앞에서
언급한 바와 같이 1180년(治承4)에 이시바시산의 전투에서 요리토모
측에 서서 전공을 세워 가이 지역을 영지로 부여받아 세력을 구축하
였다. 그러나 1189년(文治5) 「오슈(奧州) 전투」[26]에서 전공을 세워 무쓰

---

26  1189년(文治5) 7월에서 9월에 걸쳐 동북지방에서 鎌倉政権과 奧州藤原氏와 벌인
    일련의 전투를 말한다. 오슈정벌(奧州征伐)이라고도 함. 이 전투에 의해 미나모토
    요리토모(源頼朝)에 의한 무사정권이 확립하는 계기를 마련했다.

(陸奧)의 누카노부군(糠部郡)을 영지로 하사 받아, 동북지역으로 거처를 옮기는 것이었다. 그리고 그에게는 6명의 아들이 있었는데, 장남 유키아사(行朝)는 이치노헤(一戸)를, 차남 사네미츠(実光)가 산노헤(三戸)를, 삼남 사네나가(実長)가 하치노헤(八戸)를, 사남 아사기요(朝清)가 시치노헤(七戸)를, 오남 무네기요(宗清)는 시노헤(四戸)를, 육남 유키스레(行連)는 구노헤(九戸)를 각각 나누어 다스렸다. 이처럼 난부씨는 하치노헤를 중심으로 한 지역 아오모리현 동부지역 일대를 통치하는 지배세력이 되었던 것이다. 신라신사가 아오모리현의 서부 즉, 아오모리, 히로사키 및 일본해 지역에서는 전혀 보이지 않고, 하치노헤를 중심으로 한 지역에서만 보이는 것도 바로 이 때문이다.

이들이 신라신사를 세우는 이유는 다름 아닌 일족의 시조가 신라사부로이었기 때문이다. 신라 사부로는 앞에서 언급한 바와 같이 헤이안 시대 후기의 무장인 요리요시의 3남으로 태어난 인물로 본명은 요시미쓰이다. 그러므로 일단 신라인이 아닌 순수 일본인이라 할 수 있다. 그러한 그에게 신라라는 명칭이 붙은 것은 1049년(永承4) 그의 성인식(元服)을 오우미(近江) 원성사(園城寺)의 신라명신(新羅明神)을 모신 신라선신당(新羅善神堂)에서 올렸기 때문이었다.[27]

그가 신라선신당에서 성인식을 한 것은 그의 부친 요리요시가 삼정사(신라선신)의 신앙과 각별한 인연이 있었기 때문이다. 즉, 1051년 요리요시가 조정으로부터 동북지역의 반란을 진압하라는 명을 받아 출전하기에 앞서 신라선신에게 승리를 기원했다. 그리고 그 때 만일 승리하면 자기 아들 한명을 삼정사에 출가시키겠다고 맹세했다. 그리하여 전쟁에서 승리하고 돌아와서 장자를 출가시킨 것이 바로 서

---

27  今井啓一(1983)『帰化人と社寺』綜芸社, p.146.

연방아도리(西蓮坊阿闍梨) 쾌예(快譽)이다.[28] 요시미쓰 자신도 삼정사의
신라선신당과 맺은 인연을 중시했다. 신라선신당 인근에 금광원(金光
院)을 짓고 자신의 장자인 각의(覺義)를 출가시켜 주지로 삼아 신라선
신당을 지키게 하였으며, 노후 자신도 신라선신당 근처에 기거하다
가,[29] 스스로 그 근처에 묘지를 잡고 82세 때 영면에 들었다고 한다.[30]

그러한 요시미쓰가 「후(後) 3년의 전투」 때 그의 형 요시이에와 함
께 다시 동북지역으로 출전하여 기요하라 다케하라(清原武衡), 이에하
라(家衡)를 물리치는 전공을 세워 현재 야마나시현 일대인 가이 지역
을 다스리는 지배자 되었다.[31] 그것을 계기로 요시미쓰의 후예들이
야마나시에 자리 잡게 되었으며, 난부 미쓰유키는 바로 요시미쓰의
4대 손이며, 그의 부친 가가미 도오미쓰는 신라 사부로의 손자 미나
모토 기요미쓰(源清光)의 아들이다.

난부씨가 동북지역으로 진출하기 이전까지 거점을 두었던 곳은
오늘날 야마나시현(山梨縣) 의 난부초(南部町)이다. 그곳에는 지금도 미
쓰유키가 그곳의 영주로 있을 때 시조인 요시미쓰를 위한 영묘를 짓
고, 그를 신라대명신이라고 하고, 신사를 신라신사라 칭한 신사가 그
대로 남아있다. 이러한 사실을 보더라도 아오모리의 신라신사는 난
부씨가 이곳으로 진출함으로써, 그들의 시조를 위해 그들에 의해 세
워진 신사였음을 알 수 있다. 즉, 이곳의 신라대명신은 난부씨의 시
조인 요시미쓰를 말하는 것이었다. 그러므로 비록 명칭은 같지만 신

28 宮家準(2002)「新羅明神信仰と役行者像」『神道宗教(188)』神道宗教學會, p.9.
29 權又根(1988)『古代日本文化と朝鮮渡來人』雄山閣出版, p.39.
30 홍윤기(2008)「온죠지 '新羅善神堂'과 智證大師 圓珍」『한글한자문화(112)』전국한
　　자교육추진총연합회, p.139.
31 青森県(2001)『青森県史 資料編 古代(1) 』青森県史編纂委員会, p.492.

사에서 모시는 신이 미야기현 도메시의 것과 다른 것은 어쩌면 당연하다고 할 수 있다.

그러나 이러한 차이에도 불구하고 일본인에 의해 세워지는 신라신사에서 보이는 하나의 공통점은 오우미(近江)의 삼정사 신라선신당(新羅善神堂)에서 기인한다는 점이다. 이곳에 모셔지는 신라신을 흔히 신라대명신이라 한다. 이 신은 어떤 신이기에 삼정사의 수호신이 된 것일까?

여기에 대해 지금까지 아주 다양한 견해가 나와 있는데, 몇 가지 소개하면 다음과 같다. 첫째는 원진(圓珍)의 제자들에 의해서 창작된 신이라는 것이다. 여기에는 천태종의 사문파(寺門派) 본산인 삼정사가 경쟁관계에 있는 산문파(山門派)의 본사인 연력사(延曆寺)가 모시는 신이 당나라 신라방에서 모셔졌던 적산명신(赤山明神)에 대응하기 위해 만들어진 것으로 보는 견해이다.[32] 둘째는 이 신은 원래 삼정사가 들어서기 이전부터 이 지역의 호족인 오토모스구리(大友村主)와 하타씨(秦氏) 일족들이 모셨던 신이었다는 견해이다.[33] 여기에는 오토모스구리의 스구리(村主)는 신라의 지방통치기구 중 하나이며, 이를 지칭하는 오토모씨가 신라계 이주민이며,[34] 또한 하타씨도 신라계이라는 인식이 깔려져 있다. 셋째는 원진이 당나라 유학 때 적극적으로 도움을 준 당나라 내 신라방의 마을신이라는 해석이다.[35] 그 밖에

---

32 辻善之助(1919)「新羅明神考」『日本佛敎史の硏究』金港堂書籍, p.99.

33 今井啓一(1983), 앞의 책, p.146.

34 김문경(1987)「당, 일문화교류와 신라신 신앙-일본 天台僧 最澄, 圓仁, 圓珍을 중심으로-」『동방학지(54, 55, 56 합집)』연세대 국학연구원, 김문경 앞의 논문 pp.161-162.

35 이병로(2006)「일본에서의 신라신과 장보고-적산명신과 신라명신을 중심으로-」『동북아문화연구(10)』동북아시아문화학회, pp.332-337.

신라 또는 상인에 의해 일본에 전래되었다는 견해도 있다.

그러나 설화상으로 본다면 조금 다르게 해석되어질 수 있다. 삼정사와 신라신이 서로 인연을 맺게 되는 것에 대해 자세히 서술하고 있는 것은 11세기 초의 문헌인 『원성사용화회연기(園城寺龍華会縁記)』이다. 이것에 의하면 신라신은 원진과의 인연으로 인해서 삼정사에 모셔진 것으로 되어있다.

원진은 814년 사누키(讃岐) 가나쿠라(金倉) 출신으로 부친은 와키노야카나리(和気宅成), 모친은 사에키씨(佐伯氏)의 딸이자 홍법대사(弘法大師) 공해(空海)의 질녀로 알려져 있다. 그는 스승이자 선배인 원인(圓仁)의 뒤를 이어 853년 당나라로 들어가 유학하고 858년 귀국하여 연력사의 별원으로서 원성사(園城寺=삼정사)를 중흥시켜 사문파의 시조가 된 인물이다.

『원성사용화회연기』에 의하면 원진이 당나라의 유학을 마친 다음 배를 타고 본국으로 귀국하는 도중 갑자기 어떤 노인이 나타나 "나는 신라국명신(新羅国明神)이다. 너의 불법을 지켜 너를 자존출세(慈尊出世)를 하게 할 것이다"고 말하고 사라졌다고 한다. 그리고 원진이 교토에 중국에서 가지고 온 경전을 태정관(太政官)에 두었을 때에도 그 노인이 나타나 "일본 제일의 승지가 있는데, 그곳에 가람을 짓고 경전을 옮겨야 한다"고 조언을 하며 시가군(滋賀郡) 삼정사로 안내했다는 것이다.[36] 그리하여 원진은 삼정사의 북쪽에 사당을 짓고 노인을 모시니 그것이 바로 신라대명신이며, 그 건물이 신라선신당이라는 것이다. 이렇게 신라대명신은 삼정사를 지키는 불교사원의 수호신이 된 것이다. 이러한 설화를 바탕으로 해석한다면 삼정사의 신라대명신은

36  김문경(1987), 앞의 논문, p.157에서 재인용.

당나라의 신라인 마을에 모셔졌던 신라신일 가능성이 높다.

실제로 그럴 가능성도 높다. 역사학자 이병로에 따르면 그가 일본에서 당나라로 건너갈 때 통역으로 고용한 사람은 재일 신라인 정웅만(鄭雄滿)이었고, 그들이 타고 간 배도 재당 신라인 흠양휘(欽良暉)의 배였으며, 장안의 용흥사(龍興寺)에서 체류할 때는 신라승 운거(雲居)의 승방을 이용한 적이 있고, 귀국길에 낙양에 들러 신라왕자 저택에서 1개월간 머물렀고, 귀국 배도 신라인일 가능성이 높은 이연효(李延孝)의 배를 이용했다고 지적하고 있다.[37]

여기서 보듯이 그의 당나라 유학은 재중 신라인들의 도움 없이는 이루어질 수 없는 것이었다. 그러한 그가 당 유학에서 돌아오자마자 5세의 천태좌주(天台座主)가 되고, 또 사후에는 지증대사(智証大師)로 시호가 부여될 만큼 고승이 되었다. 즉, 그를 있게 한 것은 신라인들의 도움으로 이루어진 당 유학의 결실이 바탕을 이루고 있다고 할 수 있을 것이다. 그러한 그가 삼정사의 장리(長吏=주지)가 되어 신라선신당을 짓고 사찰의 수호신으로 신라 신을 모셨던 것은 무엇보다 자신에게 도움을 준 신라인에 대한 감사의 마음이 작용되었을 것으로 추정되고도 남음이 있다. 이렇게 시작한 신라선신당의 신라대명신이 삼정사의 종교 세력과 그곳에서 성인식을 치른 요시미쓰의 힘을 입어 동북지역으로 진출하여 신라신사가 생겨나는데 결정적인 역할을 하게 된 것이다.

---

37  이병로(2006), 앞의 논문, pp.330-332.

## 5. 마무리

이상에서 보았듯이 동북지역에 있어서 신라의 문화가 이식되는데는 크게 나누어 신라인의 이주에 의한 것과 일본인의 이주에 의한 것이라는 두 가지 유형이 있었다. 신라인들의 이주는 직접적인 정착이 아닌 일단 일본 어느 지역에 정착했다가 다시 이 지역으로 이동하였다고 보는 것이 자연스럽다. 그리고 이들의 이주는 자주적인 판단에 의해 자율적으로 이주하는 형태가 있는가 하면 그와 반대로 일본 국내의 정치적 상황에 의해 자신들의 의사와는 관계없이 타율적으로 이주되는 경우가 있다.

그에 비해 신라신을 모시는 신라신사의 건립에는 3가지 유형이 있었다. 첫째는 세키야마신사, 구사노신사의 경우와 같이 신라인에 의한 것, 둘째는 야마나시에서 이주한 지배자 난부씨에 의한 것, 셋째는 삼정사계 승려인 원쾌가 지역의 돌림병을 막아보자는 목적에 의해 세운 경우이다. 건립자가 다른 만큼 모시는 신라신도 달랐다. 신라인의 경우는 신라와 직접적인 관련이 있는 스사노오 혹은 신라 여신이었지만, 난부씨의 경우는 그들의 시조 신라 사부로 요시미쓰였고, 원쾌가 세운 것은 삼정사의 신라선신이었다. 이처럼 건립자에 따라 제신도 달라지는 것이다.

특히 일본인들이 세운 신라신사에는 하나의 공통점이 있다. 그것은 다름 아닌 그 명칭이 오우미의 삼정사의 신라선신당에서 출발한다는 점이다. 신라선신당은 다름 아닌 당나라 내 거주하는 신라인의 신앙대상이었다. 이는 삼정사의 중조 원진 스님의 당나라 유학에 결정적인 도움을 준 신라인의 우호상징이기도 하다. 그리고 난부씨의 시조 요시미쓰가 신라 사부로라는 이름을 가지게 된 것도 이곳에서 성인식을 하였기 때문이다. 따라서 일본인이 세운 동북지역의 신라 신사는 중국의 신라방에서 출발하여 일본으로 들어가 관서의 삼정 사에 정착하였고, 그것을 신앙한 요시미쓰에 의해 야마나시 지역으로 진출하였고, 요시미쓰의 후예인 난부씨의 이주와 함께 동북지역으로 진출하여 오늘에 이르고 있는 것이다.

한편 동북지역에서 잠시 눈길을 돌려 북해도를 바라다보면 그곳에도 신라의 이야기가 있다. 아오모리를 마주하고 있는 하코다테시(函館市)의 중앙도서관이 디지털화 하여 주민은 물론 연구자들에게 공개하고 있는『신라의 기록(新羅之記錄)』이라는 문헌이 바로 그것이다. 이것은 마쓰마에번(松前藩)의 영주인 마쓰마에 가게히로(松前景広: 1600-1658)가 1646年(正保3) 삼정사를 방문하여 승려들로부터 신라명신의 이야기를 들은 것을 기록한 것이다. 신라선신당의 신라신이 동북지역에서 다시 북해도까지 진출해 있는 중요한 자료이다. 이에 연구의 범위를 북해도까지 넓혀 그곳에 지니는 신라신의 의미를 되새겨보는 것도 앞으로 해야 할 중요한 작업이라고 여겨진다.

일본에서 신이 된 고대한국인

## 제13장

# 일본신화가 한국사회에 끼친 영향

## 1. 머리말

최근 경북 고령에는 매우 특이한 현상이 벌어지고 있다. 그곳에는 일본에 있어야 할 고천원(高天原)이라는 공원이 조성되어있고, 매년 봄이 되면 그곳에서 일본 신 아마테라스(天照大神)와 스사노오(素盞鳴尊)를 모시는 제사를 지내고 있다. 고천원이란 일본 천신들이 사는 세계를 가리키는 말이며, 아마테라스는 일본 최고의 신으로 태양의 신이자 천황계 직계 선조신이다. 그리고 스사노오는 아마테라스의 남동생으로 이즈모(出雲) 지역의 최고신으로 알려져 있다.

무엇 때문에 이 같은 일본의 신들이 고령에서 모셔지는 것일까? 여기에 대해 미즈노 슌페이(水野俊平)가 일본의 기원이 한국에 있다고 주장함으로써 일본에 대한 우월의식을 가지려는 국수주의적인 사고에서 나온 거짓된 역사 중의 하나로 간주했다.[1] 물론 고령에는 그의 말대로 분명히 그러한 요소가 내재되어 있다고 생각된다. 그러나 그들이 공원을 조성하고 제의까지 만들어 받들어 모시는 것에는 타 지

---

1　水野俊平(2002)「高天原は韓国にあった」『韓国人の日本偽史』小学館, pp.109-120.

역과 다른 그들 나름대로의 특별한 이유가 있을지도 모르는 것이다. 이를 단순히 잘못된 역사인식을 가지고 있는 국수주의자들의 소행으로만 치부하여 버린다면 그 속에 감추어진 그들의 속내를 살펴볼 수 없는 한계성을 지니게 되는 것이다.

본 장에서는 이 점을 중시하고자 한다. 즉, 본 장의 목적은 그것이 거짓된 역사인지 올바른 역사인지를 가리는데 있지 않고 그 이면에 숨겨진 고령인들의 마음을 찾으려는 것이다. 그러기 위해서는 첫째 고령이 과거에 일본과 어떤 만남이 있었고, 둘째 만남의 결과 어떠한 영향을 받았으며, 셋째 그것이 오늘날 그들의 행동과 어떤 관련성을 가지며, 넷째 그것이 가지는 궁극적인 의미는 무엇인지를 밝혀낼 필요가 있는 것이다. 이러한 점들에 역점을 두고 고령의 지역사회를 내재적인 관점에서 봄으로써『고사기』와『일본서기(日本書紀)』(이하는 이를 줄여서『기기』라 함)에 수록된 신화전승이 고령사회에 어떠한 영향을 끼쳤는지에 대해 구체적으로 살펴보고자 하는 것이다.

## 2. 고령과 임나일본부의 만남

고령은 가야국 중에서도 맹주역할을 했던 대가야국 도읍지이었다. 이러한 곳에 일본인들이 주목하기 시작한 것은 일제시대 때의 일이다. 그 이유는 일본인들이 말하는 임나일본부(任那日本府)가 고령에 있었을 것이라는 역사적 가설 때문이었다. 당시 이 설은 일본의 야마토 왜(大和倭)가 4세기 후반에 한반도 남부 지역에 진출하여 백제, 신라, 가야를 지배하고, 특히 가야에는 일본부(日本府)라는 기관을 두어

6세기 중엽까지 직접 지배하였다는 것이었다. 다시 말해 그것은 한반도의 남부가 일본에서 진출한 세력이 지배하였기에 이곳의 통치는 무력진출에 의한 이민족의 지배가 아니라 고토의 회복이며, 같은 민족의 통합이라는 주장을 할 수 있는 중요한 근거가 되는 이론이었다. 앞에서도 수차례 언급하였지만, 『일본서기(이하 생략하여 『서기』라 함)』에 의하면 대가야의 왕자 쓰누가아라시토가 일본으로 건너가 일본천황을 섬기고 귀국하였는데, 그 때 천황이 자신의 이름 미마키를 대가야의 국명으로 하라는 명이 있고, 그에 따라 대가야는 미마나 즉, 임나가 된 것으로 되어있다.[2] 이 대목은 임나일본부가 대가야에 있었을 가능성을 보여준다.

일본 당국은 임나일본부설을 증명하기 위해 가야지역의 고분에 대해 대대적인 발굴 작업을 벌였다. 특히 고령은 지산동을 중심으로 왕릉을 비롯한 고대의 고분이 즐비하게 들어서 있는 곳이다. 대가야박물관장 신종환에 의하면 일본 측의 발굴 작업은 1910년 세키노 다다시(關野貞)에 의한 조사를 효시로 수차례 이루어졌다고 한다. 지금까지 파악된 것만 하더라도 1910년에 세키노 다다시와 타니이 사이이치(谷井濟一), 1915년에 구로이타 가쓰미(黑板勝美), 1917년 구로이타 가쓰미와 이마니시 류(今西龍), 1918년에는 하마다 고사쿠(濱田耕作)와 우메하라 스에지(梅原末治), 1920년에는 타니이 사이이치(谷井濟一), 1922년 우메하라 스에지, 1938년에는 아리미쓰 교이치(有光敎一), 1939년에는 아리미쓰 교이치와 사이토 다다시(齊藤忠) 등 당시 쟁쟁한 역사고고학자들이 각각 참여했다고 한다.[3]

---

2  井上光貞 監譯(1993) 『日本書紀(上)』 中央公論社, pp.229-230.
3  신종환(2012) 「일제강점기 고령지역의 고고학적 조사와 그 영향」 『제21회 영남고

393

이같이 끈질긴 노력을 기울였음에도 불구하고, 임나일본부가 대가야국에 있었다는 어떠한 증거도 확보하지 못했다. 발굴 작업에 핵심적인 역할을 했던 하마다 고사쿠가 "지금 갑작스럽게 단언할 수 없지만 임나가 일본이 건국 후 보낸 식민지였다고 보는 선입관을 과감히 버려야 한다"[4]고 술회하는 것에서도 보더라도 그들의 목적과 고민이 어느 정도였는가를 알 수 있다.

그럼에도 불구하고 일제는 지역주민들이 전통적으로 산신에게 제사 지내던 주산사당을 철폐하고, 일본식 신사를 세워 신사참배를 강요하였고, 또 고령고적보존회를 조직하여 지산동고분에서 발굴된 유물 일부를 고령경찰서 무덕관에 전시하고 일반인들에게 공개하여 일본과 조선은 같은 선조 같은 뿌리에서 나왔다고 선전하였던 것이다.

그 뿐만 아니었다. 1939년 당시 조선총독이었던 미나미 지로(南次郞)는 고령을 임나로 인정하는 기념비를 두 개나 건립했다. 하나는 현재 향교가 있는 자리이지만, 당시는 고령공립보통학교 교정에 세운 「임나대가야국성지비(任那大加耶國城址碑)」이고, 또 다른 하나는 그 옆에다 세운 「쓰키노이키나 순절지비(調伊企難殉節址碑)」이다. 지역민들의 말에 따르면 관음사(觀音寺) 북편 언덕에는 「임나일본부지(任那日本府址)」라는 팻말이 있었고, 또 장기동 회천변에도 「대벌전승지(大伐戰勝址)」라는 팻말이 서 있었다고 증언했다. 그리고 지역민들의 말을 빌리면 「임나대가야국성지비」로 사용된 돌은 5톤 정도 크기의 돌로 해인사 계곡 홍류동에서 가져온 것이라고도 했다.

---

고학회 학술발표회」, pp.117-122.
4 신종환(2012), 앞의 논문, p.128.

┃미나미 지로(南次郞)와 임나대가야국성지비와 쓰키노이키나의 순절비

그런데 쓰키노이키나(이하 이키나로 줄임)의 순절비는 무엇 때문에 세워진 것일까? 그에 대한 기록이 『서기』에 서술되어있는데, 그것에 의하면 그는 562년 임나가 신라에 멸망하자 일본에서 임나구원군으로 파병한 장수 중의 한명이었다. 그때 그는 아내와 함께 신라군에 의해 포로가 되어 갖은 수모를 당했다. 그에 관한 일화가 『서기』에는 다음과 같이 서술되어있는 것이다.

신라의 장수가 칼을 빼어들고 그를 죽이려고 했다. 무리하게 옷을 벗기고 엉덩이를 드러내게 하고는 일본 쪽으로 향하게 하여 큰소리로 "일본의 대장이여, 나의 엉덩이(똥)를 먹어라"고 외치게 했다. 그러자 이키나는 큰소리로 "신라의 왕이여, 나의 엉덩이를 먹어라"고 외쳤다. 이에 몇 차례 고문을 당하여도 외치는 소리를 바꾸지 않았다. 그리하여 그는 신라군에 의해 죽임을 당했다. 그리고 그의 아들 오지코도 부친의 시신을 안고서 죽어 이키나의 말을 어느 누구도 빼앗을 수 없었다. 그리고 이를 본 제장들은 모두 슬퍼했다. 그의 아내 오바코(大葉子)도 또 포로가 되어있었는데, 슬프게 "가라국 성위에 선 오바코는 손수건을 일본을 향해 흔든다"는 내용의 노래를 지어 불렀다.[5]

이상의 설화에서 보듯이 포로가 된 그가 신라군에 수모를 당해도 그에 굴하지 않고 항거하는 모습은 마치 일본에서 계림의 개돼지가 될지언정 왜의 졸개가 되지 않겠다고 강변하며 순절한 신라 충신 박제상의 죽음을 연상시킨다. 이렇게 이키나는 신라군의 모욕에 항거하다가 처형당한 인물이다. 그가 죽자 그의 아들은 부친의 시신을 안고서 죽었고, 또 그의 아내 오바코도 신라군에 의해 목숨을 잃었다.

이 같은 내용을 근거로 이키나는 임나(대가야)에서 사망한 것으로 판단한 조선총독 미나미는 그의 죽음을 기려 「임나대가야국성지비」와 함께 그의 순절비를 고령에 세운 것이다. 그의 비의 뒷면에는 오바코가 죽기 전에 불렀다는 "가라국(加羅国) 성 주변에 선 오바코/ 영건을 흐드는 구나. 야마토(大和)를 향해 흔드는구나(加羅国の城の辺に立ちて大葉子は/ 領巾振らすも大和へ向きて領巾振らすも大和へ向きて)"라는 노래가사를 새겨 두었다.

조선총독부가 이 비를 세운 목적은 분명하다. 그것은 다름 아닌 임나는 대가야(고령)이며, 임나구원군으로 파견된 이키나가 신라군에게 포로가 되어 갖은 고문 속에서도 끝까지 굴하지 않고 항거하다가 목숨을 잃었듯이 사람들에게 국가(일본, 천황)에게 충성을 요구하는 데 있다. 이처럼 일본 측의 일방적인 해석에 따라 세워진 비석에 의해 고령은 졸지에 임나일본부가 되고 말았던 것이다. 그것은 어디까지 정치력에 의해 강제된 것이었다.

5　井上光貞 監譯(1986)『日本書紀(下)』中央公論社, pp.88-89.

## 3. 일본신화와 새로운 만남을 시도한 고령인

이러한 일본 측의 일방적인 일련의 조치는 고대 일본에 문화적으로 지대한 영향을 끼쳤을 것으로 생각하는 대가야의 후예들에게는 충격적인 것일 뿐만 아니라 치욕적인 일이었다. 다시 말하여 임나일본부에 대한 인정은 곧 자신들의 고장이 고대로부터 일본의 식민지였다는 것을 시인하는 일이기도 했다. 따라서 이를 부인하고 극복하는 것이 그들 앞에 놓여진 역사적 우선 과제이었다.

그러한 마음이 잘 반영된 조형물이 1990년 12월 고령군수에 의해 새롭게 세워진 「대가야국성지비(大加耶國城址碑)」이다. 그 옆에는 그것을 세울 수밖에 없었던 이유를 적은 또 하나의 작은 비석을 세웠는데, 그 내용은 「이석기(移石記)」라는 제목 하에 다음과 같이 적혀있다.

이곳은 서기 42년 뇌일주일(惱窒朱日)이 대가야국을 세워 그 왕조의 문화가 16대/520년간 번영했던 유서 깊은 성터이다. 일제는 1939년 4월 당시의 조선총독 남차랑(南次郎)으로 하여금 우리의 민족정신을 말살시키고 고대 일본이 대가야를 지배했다는 소위 임나일본부설을 뒷받침함과 아울러 한국침략을 합리화하기 위하여 임나대가야국성지비를 세웠으나 광복 후에 비문 속의 임나와 남차랑 등 문자만 삭제하고 존속해오다가 독립기념관 건립추진위원회의 요청으로 성지비를 역사전시자료로 삼기 위하여 1986년 12월 5일 독립기념관으로 옮겼다. 이제 우리조상의 슬기를 찾고 올바른 민족정신과 국가관을 정립하여 찬란했던 대가야문화를 오늘에 되살리기 위해 군민의 뜻을 모아 다시 이자리에 대가야국성지비를 세웠다

**│ 대가야국성지비와 고령중학교 교훈비**

　이상의 내용에서 보듯이 임나일본부의 대가야설은 그들에게 얼
마나 치욕적이었으며, 민족정신의 말살과 식민지배의 정당화하려는
이론으로 인식하고 있음을 알 수 있다. 일본이 패망하고 물러나자
고령인들은 타 지역과 마찬가지로 일본지우기의 운동을 적극적으로
벌였다. 먼저 고령에 건립된 고령신사가 철거되었고, 일인교장 야나
미 노리요시(八波則吉) 불망비도 철거되었다. 그리고 그들이 그토록
부정하고 싶었던 임나일본부설에 의거한 미나미 지로가 세운 「임나
대가야국성지비(任那大加耶國城址碑)」의 「임나(任那)」를 삭제하여 단순히
「대가야국성지비」로 만들었고, 또 앞면의 「미나미 지로가 쓰다(南次
郎 書)」와 뒷면에 일본연호인 「소화14년(昭和十四年)」도 지워 그것이 언
제 누가 글씨를 쓰고 만든 것인지 모르게 하였다.

　그러나 그 비를 없애지 않았던 것은 고령이 대가야국의 도읍지라
는 점만은 강조하고 싶었기 때문이다. 그만큼 그들에게 있어서 대가
야란 중요한 존재이었다. 이를 인식한 그들은 임나일본부의 고령설
을 부정하고, 짓밟혔던 민족적 자존심의 회복과 지역의 정체성을 확

립하기 위해 또 다시 찬란했던 문화를 이룩한 고대국가 대가야에 주목했다. 그 결과 일제가 세운 「임나대가야국성지비」를 철거한 그 자리에 임나를 뺀 「대가야국성지비」를 새롭게 등장시킨 것이었다.

한편 고령인의 자존심을 구기는 또 하나의 구조물인 이키나의 순절지비도 온전할 리 없었다. 그 비는 철거되어 어정(御井) 앞 돌다리로 사용되어지다가, 고령중학교에 다시 옮겨져 교훈비로 사용되었다. 순절비에서 교훈비로 용도가 변경되었을 때 이 비는 원래 앞면에 새겨져 있던 「쓰키노이키나 순절지」라는 문장은 깨끗이 지어졌고 그 자리에는 "굳세고, 참되고 부지런하자"라는 교훈이 새겨졌다. 그리고 뒷면에 새겨져 있던 오바코의 노래도 두말 할 나위 없이 사라졌다.

그러나 일인들이 새긴 비문을 지우고 폐기하는 등의 일련의 조치와 행동은 이미 짓밟힌 자존심을 회복하는 데는 처음부터 한계가 있었다. 왜냐하면 그것은 일인들이 자기 고장에 남긴 흔적을 지우기이나 버리는 것에 지나지 않을 뿐 임나일본부를 극복할 수 있는 근본적인 해결책이 아니기 때문이다. 이를 위해서는 이론적인 무장이 필요했다.

그러한 움직임은 「대가야성지비」가 세워지던 90년대부터 일어나기 시작했다. 그러다가 98년경 가야대학교의 설립자이자 총장이기도 한 이경희가 평소 자신의 생각과 같은 논지로 작성된 일본고대 언어학자인 마부치 가즈오(馬淵和夫)의 논문을 읽고 자신의 평소 생각과 일치되는 부분이 많아, 여기에 크게 공감하고 자신감을 얻은 그는 1999년 가야대학교의 교정에 고천원이라는 공원을 조성하고, 그곳에 고령은 고천원의 옛터와 연고지라는 의미로 「고천원고지(高天原故地)」라는 비를 세웠다. 그리고는 그 해 6월 국내외 600여명이 참석한 가운데 「제1회 고천원제」와 「고천원고지비 제막식」을 거행했고, 초청연사로 마부치를 초청하여 「고천원의 위치에 대해서」라는 제목으로 강연회를 가졌다.[6] 이처럼 고천원 공원 조성에 있어서 이론적 뒷받침은 일본인 마부치의 힘이 실로 컸다고 볼 수 있다.[7]

　마부치의 해석은 고천원이 신화적인 공간이 아니라 실재의 공간이라면 그것은 한반도에 위치한 고령일 것이라고 추론한 것이었다. 그러한 논리에는 다음과 같은 세 가지의 조건이 제시되어있다. 먼저 아마테라스의 명을 받아 고천원에서 휴가(日向)로 내려간 니니기가 별안간 그곳을 가라구니(韓國)가 보이고 양지바른 곳이어서 살 곳으로 정한다는 대목이다. 이것은 그의 고향(고천원)이 가라구니임을 말하며, 그 가라구니는 곧 가야라고 본 것이었다. 그러한 논지로 보았을 때 스사노오와 니니기의 강림신화는 고천원을 찾는 실마리를 제공하는 자료로 작용한다.

　전자의 경우 고천원에서 쫓겨난 스사노오가 신라의 「소시모리」에 내려왔다는 점에 주목했다. 즉, 고천원의 인근에 소시모리(소머리)이라는 이름을 가진 산이 있다는 것을 말해준다고 보았다. 그 반면 후자의 경우 지상으로 강림한 니니기가 「아침 해가 비치고 저녁 해가 비치는 곳」을 길지라고 생각하고 그곳을 자신이 살 곳으로 정하였다는 것은 그는 틀림없이 아침 해는 동쪽의 산에서 좀처럼 얼굴을 내

6　이경희(2008)「고천원은 어디였는가」『제10회 고천원제 자료집』가야대 가야문화연구소, p.23.
7　이러한 사실은 여러 곳에서 엿보인다. 가령 2008년 제10회 고천원제 때 이경희씨는 자신의 회고담에서 그러한 사실을 밝히고 있으며, 또 고천원고지비의 옆면에는 일본 성덕여자대학(聖德女子大學)의 교수 히구치 노부오(樋口信夫)가 한문으로 쓴 "고령은 대가야국 땅이며, 가야제국의 종가이다. 그리고 근년에 일본 문학박사 마부치 카즈오가 이 땅이 일본신화의 고천원으로 비정된다는 설을 계기로 美崇山 동쪽 줄기에 비석을 세워 후인들에게 오랫동안 알리고자 한다"는 건립취지문의 내용을 보아도 알 수 있다.

밀지 않고, 저녁 해는 서쪽 산으로 금방 사라져 버리는 이를테면 산으로 둘러싸인 산중분지(山中盆地) 출신이라는 점을 나타내는 것이라고 보았다.

이러한 점을 종합하여 볼 때 고천원은 신라와 우두산 사이에 있어야 하고, 또 햇빛이 짧은 지형적 조건을 갖춘 산중분지이어야 하는데, 바로 이 같은 조건들을 모두 충족시키는 곳이 고령밖에 없다고 생각한 것이었다.[8]

이러한 견해에 크게 동의한 이경희는 이 설을 근거로 자기 나름대로 고천원의 고령설을 뒷받침하기 위한 이론적인 작업을 진행했다. 그 내용들을 간략히 정리하면 다음과 같다.

첫째, 1-2세기 때 고령은 변진(弁辰) 미오야마터(彌烏邪馬國)라고 불리는 곳이었다는 점이다. 이 나라 이름이 일본의 고대국가 야마타이국(邪馬台國)과 발음이 매우 흡사하여 야마타이국의 원향이 고령의 미오야마터국에서 시작되었다고 보았던 것이다.[9] 이러한 의도는 2008년 12월 고천원공원에서 세운 임나가야의 뜻을 새긴 비문에서도 확인된다. 그 비문의 중에는 "대가야 사람 일부도 일본으로 건너가서 고대 일본 정부인 야마터 정부를 세우고 스스로 야마터 민족이라 하였다"는 내용이 있다. 여기서 보듯이 이 설은 야마타이국이 야마토(大和)로 발전하였다는 것을 전제로 하고 있다. 그렇지 않고서는 이것만으로 일본 천황계 선조들이 고령에서 건너간 것으로 설명되지 않기 때문이다.

둘째는 대가야국의 초대왕 이진아시(伊珍阿豉)는 일본의 창세신인

---

8  馬淵和夫(1999)「高天原の故地」『古代日本語の姿』武蔵野書院, pp.436-438.
9  寺本克之(2001)「고천원의 유래」『2001년 고천원제 및 학술강연회 초록』가야대학교 가야문화연구소, pp.9-10.

이자나기(伊邪那岐)와 동일한 존재라고 보았다. 이것 또한 발음상 유사성에서 찾은 것이다. 이 같은 주장은 일본의 가미가이토 겐이치(上垣外憲一)에 의해서도 주장된 바가 있다.[10] 이진아시가 처음으로 등장하는 곳은 『삼국사기』의 「지리편」으로, 그것에는 '대가야국의 시조 이진아시왕'으로 되어있지만, 그 후 『동국여지승람(東國輿地勝覽)』 「고령현편」에서는 최치원이 지은 「석이정전(釋利貞傳)」을 인용해 가야산신(伽耶山神) 정견모주(正見母主)가 천신(天神) 이비가(夷毗訶)에 감응하여 대가야왕 뇌일주일(惱窒朱日=이진아시)과 금관국왕 뇌질청예(惱窒靑裔=수로왕)의 두 사람이 태어났다고 기록하고 있다. 즉, 이진아시는 산신과 천신의 사이에서 태어난 신화적인 인물이었던 것이다. 그러나 이자나기는 일본을 세운 초대왕이 아니라 일본의 국토와 신들을 만든 창세신이며, 탄생에 있어서도 이진아시처럼 천신과 산신의 결합이라는 신화도 가지고 있지 않다. 그럼에도 불구하고 발음상 비슷하다는 이유만으로 이진아시와 동일시되었던 것이다.

셋째는 고천원(高天原)의 '고천(高天)'은 '다카마(高靈)'에서 유래되었으며, 또한 고천원을 태양의 신 아마테라스와 함께 지배하는 다카미무수히(高皇産靈尊)라는 신의 이름을 고령(高靈)과 황산(皇産)의 합성어라고 보았다.[11] 그러나 고령이라는 지명이 역사상으로 처음으로 등장한 것은 통일신라시대 때의 일이다. 보다 정확히 말하자면 757년(경덕왕 16)에 대가야군(大加耶郡)을 고령군(高靈郡)으로 개칭한 것이었다.

---

10  上垣外憲一(1986) 『天孫降臨의 道』 筑摩書房, pp.19-20, 그 이후 이 같은 주장이 한국의 구정호에 의해서 되풀이 된다. 구정호 「고대일본인의 상상력을 통해 본 일본신화-고대 한일교류를 중심으로-」 『일본학연구(32)』, pp.117-118.

11  이경희(2006) 「고천원과 대가야 고령」 『제8회 고천원제』 가야대학교 가야문화연구소. p.9.

그러므로 고령이 일본 고대 천신들의 고장인 고천원의 명칭과 직접적인 연결고리를 가진다고 보기가 어렵다. 그럼에도 발음과 문자의 유사성에서 고천원의 뿌리를 고령에 있다고 본 것이었다.

넷째는 천황계에 선조 니니기의 강림신화에서 등장하는 '가라구니(韓國)'를 고령의 대가야로 해석했다.[12] 이 부분은 앞에서 한국이 보이는 곳에 살 곳을 정하였다는 것으로 니니기의 출신지가 한국이라고 정의를 내린 마부치의 설과 일치하는 것이다.

다섯째는 고령의 인근에 우두산(牛頭山)이 있다는 사실이다. 좀 더 구체적으로 말하면 그것은 고령과 인접해 있는 경남 거창 가조에 있는 산이다. 이 산을 일본신화에 등장하는 소시모리로 해석한 것이었다. 이것도 마부치의 설에서 보듯이 스사노오가 하늘에서 신라의 소시모리로 강림한 신화를 근거로 삼은 것이다. 즉, '소시모리'를 소머리 형상의 산을 가리키는 말로 보고, 그 산이 거창 가조의 우두산으로 보았던 것이다.

소시모리에 대해서는 학계에서는 지금까지도 정설화 되어 있지 않다. 그것에 대해 대략 두 가지 해석이 있는데, 첫째는 소머리이고, 둘째는 서울(서라벌)을 의미하는 말이다. 소머리로 해석할 경우 다시 조직의 두목을 의미하는 우두머리와 산의 이름으로 보는 견해로 나누어진다. 그것을 서라벌로 해석할 경우 자연스럽게 신라의 서울 경주가 되어버린다. 한편 산으로 해석할 경우 춘천의 우두산 혹은 거창의 우두산으로 또 다시 의견이 갈라진다. 그럼에도 고령인들은 그것을 거창 가조의 우두산으로 해석하였던 것이다. 이것 또한 자신들에게 유리한 자의적인 해석이라 하지 않을 수 없다.

---

12 이경희(2006) 「고천원의 유래」 『제8회 고천원제』 가야대학교 가야문화연구소. p.4.

여섯째는 아마테라스가 고천원에서 자기 자손인 니니기를 지상으로 내려 보낼 때 구슬, 거울, 칼이라는 3종의 신기를 주었는데, 이러한 3종의 신기(神器=칼·곡옥·동경)가 가야고분에서 어디에서나 출토되기 때문에 고령을 고천원으로 본다는 것이다.[13] 그러나 이 같은 것들이 가야의 고분에서만 출토되는 것이 아니다. 한반도 전체의 고분에서 일반적으로 볼 수 있는 것들이기 때문에 그것만으로 고천원은 고령이었다고 보기는 어렵다. 그럼에도 고령인들은 이를 고천원의 고령설을 뒷받침하는 것으로 간주했던 것이다.

일곱째는 「임나」라는 말은 수인천황의 일본식 이름이 아니라 원래 주인 또는 어머니라는 고대 한국어라는 해석이다. 특히 고령에서는 이것에 대해 특별한 의미를 두고 고천원공원에 그 뜻을 해석한 문장을 새긴 비석이 있다.[14] 그것에 의하면 고대일본인들은 "한반도의 가야국은 그들의 어머니(任)의 나라(那羅)라는 뜻으로 임나가야 또는 임나가라라고 불렀다"로 설명되어있다. 이는 천황이 대가야를 임나로 부른 것은 식민지가 아닌 종주국 또는 모국이라는 인식을 반영한 것이 되는 것이다. 즉, 이것으로 고대 일본을 이룩한 세력의 원류는 고령에 있다는 이론적 근거로 삼은 것이다.

여덟째는 일본의 천문학자 와다나베 가즈오(渡邊敏夫)의 「일본, 한국, 중국의 일식 월식 보전(日本, 韓国, 中国の日蝕月食宝典)」에 의거하여 서기 146년 8월 25일 고령지방은 완전히 일식현상이 일어났다고 하면서, 이것은 일본 태양의 신 아마테라스가 동굴에 숨은 것을 의미하

---

13 이경희(2001) 「환영의 말씀」, 「2001년 고천원제 및 학술강연회 초록」 가야대학교 가야문화연구소, p.6.
14 이 비석은 당시 가야대학교의 설립자이자 총장인 이경희씨가 「임나가야의 뜻」이라는 제목으로 2008년 12월에 세운 것이다.

는 것이라고 판단했다. 즉, 아마테라스가 숨은 동굴이 있고 활약한 곳이 고령이라는 설이다.[15]

　이러한 이론들을 정립한 이경희는 2000년에 「고천원거주신계보비(高天原居住神系譜碑)」를 고천원공원에 건립하였다. 이것에 의하면 일본 천신들은 모두 고령에 거주한 사람들이었다. 고천원이 고령땅에 있다는 사실이 일본인들에게도 알려지자, 여기에 동참하는 일본인들도 적지 않았다. 그 결과 고천원공원에는 2000년에 도가시 게이진(富樫敬人)이 지은 고천원의 노래비(歌碑)[16]를, 2003년에는 일본음도학원(日本吟道學院) 수심회(水心會) 회장 가토 류소(加藤龍宗)가 지은 노래비[17]가 세워졌다. 그리고 고천원으로 올라가는 길에는 오사카(大坂)의 아오야마단기대학(靑山短期大學)의 학장(鹽川利員)과 이사장(鹽川和子)이 기증한 석등이 세워지기도 했다. 그리고 2000년에는 이의근 경북도지사, 이태근 고령군수, 주진우 국회의원이, 그리고 2001년에는 폴 머

---

15　이경희(2003) 「고천원은 오늘날의 고령이었다는 과학적 증거」『제5회 고천원제 국제학술회의 발표논문집』 가야대학교 가야문화연구소, p.2. 이러한 가설은 가야대 이동진 교수에 의해 증명하려는 노력이 계속 되었다. 그는 고령읍 장기리 웃알터 마을 뒷산의 천연동굴과 운수면 운산리 구름마을 뒷산의 천연동굴을 아마테라스가 숨은 동굴일 가능성이 있다고 추론하고 있다. 자세한 것은 이동진(2004) 「일본건국신화에 나타나 있는 천석굴 관련 신화의 발생 시기에 관한 천문학적 고증-고천원 고령비정설의 입장에서-」『제6회 고천원제 기념 학술회의 연구발표논문』 가야대 가야문화연구소, p.12 참조.

16　시비에 새겨진 시의 원문은 「韓国の高霊なる地に分け入れば高天ヶ原は今に息づく」와 같이 일본어로 되어있는데, 그것의 대략적인 의미는 「가라국의 고령 땅에 헤치고 들어와 보니 고천원은 지금도 숨을 쉬고 있네」라는 것이다.

17　가토씨는 이세신궁(伊勢神宮)의 음무봉납단(吟舞奉納團) 사무국장으로 2002년 고령의 고천원공원을 방문하고, 여기에 대한 느낌을 자신의 노래로 지어 고천원공원에 노래비를 세워줄 것을 가야대학측에 건의하였고, 이것이 받아들여져 가비가 건립되었다. 이때 가토씨는 건립비용으로 한화로 당시 1500만원을 기부한 것으로 알려져 있다. 시의 원문은 「神代なる高天原をしのぶれば高霊の里に天つ風ふく」으로 되어있는데, 그것의 대략적인 의미는 「가득히 먼 신의 시대인 고천원을 그리워하니 고령땅에 하늘의 바람이 부네」라는 것이다.

가야대에 조성된 고천원고지

레이라는 외국 외교관(대사)이 기념식수를 하였고, 2008년에는 이경희 자신이 '변진(弁辰) 미오야마터비(彌烏邪馬臺碑)'를 건립했다.

가야대학은 고천원 공원에 기념물만 세우는 것이 아니었다. 그것과 더불어 매년 봄 그곳에서 고천원제(高天原祭)라는 이름으로 학술대회와 아울러 신들에 대한 제례를 올리는 행사를 1999년부터 시작한 것이 2014년을 기해 무릇 16회에 이르고 있다. 특이할 만한 사항은 2003년도부터는 가야대학과 고령군이 공동으로 주최하는 것으로 합의를 했고, 지금은 그 행사가 고령군 축제의 하나로서 자리매김을 하였다는 점이다. 드디어 개인이 실시하던 의례가 국가(관)가 인정하는 행사가 된 것이다.

고천원제 때 제사의 대상에는 대가야국 초대왕 이진아시의 부모인 천신 이비가와 가야산신 정견모주 그리고 아진아시, 일본의 아마테라스와 스사노오를 등장시키고 있다. 그 때 매우 흥미로운 사실은 그들이 읽는 「축문(祝文)」인데, 그 내용을 잠시 소개하면 다음과 같다.

> 이 땅에 살아가고 있는 후손들과 멀리 바다 건너 일본으로 가서 새로운 나라를 만들어 살아가고 있는 이 땅의 후예들이 함께 모여 감히 천지신명과 조상님들께 고하나이다. 천신 이비가, 가야산신 정견모주, 대가야 초대왕 아진아시왕, 그리고 대가야인으로서 일본왕가의 조상신이 되신 아마테라스오호미가미, 그 동생 스사노오노미꼬도 다섯 분의 조상님들이시어! 엎드려 생각하건데 오늘 우리가 이곳에 모일 수 있었던 것은 바다를 사이에 두고 갈라진 후손들이 서로 다투지 말고 서로 도와 모두 번성케 하고자 하는 조상님들의 큰 뜻이 함께 하였기 때문일 것입니다. 산천에 새 싹이 나고 꽃이 화사하게 피어나는 화창한 봄날을 택하여 삼가 가야산 맑은 물로 빚은 술과 갖은 음식으로 정성을 드리오니 두루 흠향하시고 이 땅의 맑고 고운 정기를 이어받은 후손들이 천세만세 화목케 하시옵소서.[18]

이상의 내용에서 보듯이 이들은 한일이 서로 뿌리가 같다는 철저한 일선동조론에 입각해 있다. 그 핵심에는 고령에 위치한 대가야국이 있고, 일본천황가는 어디까지 대가야의 분가(分家)라는 점을 대내외적으로 천명하고 있는 것이다. 이러한 것은 이경희 작 「고천원」이

---

18 가야문화연구소(2010)『제12회 고천원제 자료집』가야대 가야문화연구소, pp.20-21.

라는 시를 적은 시비(詩碑)에 "옛날 이 땅의 사람들은 아득히 먼 알타이의 흐름을 받아 그들의 자손은 혹은 이 땅을 열고 혹은 반도의 남녘에 가야국을 세우고 또 바다를 건너 오늘의 일본을 만들었다"는 내용에서도 확인할 수 있다. 한국과 일본은 한 뿌리에서 나온 형제국이며, 천황가의 선조신 아마테라스와 그의 남동생 스사노오는 임나가라 출신 즉, 고대 고령인으로서 간주되었다. 이러한 이유로 일본의 신들은 대가야국의 신인 천신 이비가, 산신 정견모주, 그리고 대가야국의 초대왕 이진아시와 함께 고령인들의 조상신으로 모셔졌던 것이다.

이러한 제의를 진지하게 지켜보고 있노라면 고령은 정말 일본 천신들의 고장인 고천원이 되어가고 있는 것 같다. 이것은 분명히 과거 임나일본부로서 고령이 아닌 일본 천황가의 원향으로서 새롭게 태어나고 있음을 알 수 있다. 다시 말하여 고령은 90년대에 접어들어 일본신화와 새로운 만남으로 인해 짓밟힌 지역의 자존심을 회복하고 민족적 자긍심을 높일 수 있는 역사와 전통을 가진 곳으로 자리매김을 하고 있는 것이다. 이것이 그들이 말하는 지역의 전통인 가야사의 복원과 가야문화의 전승과 발전을 통한 지역발전에 기여[19]하는 한 가지 방법이라고 생각했다. 해방 직후 고령인들에 의해 일본신화가 부정되고 적극적으로 해체되던 것이 현재는 재해석되어 새로운 전통을 창조하는 중요한 자산으로 활용되고 있는 것이다.

---

19  이러한 의지는 2008년 가야대학교 가야문화연구소측이 발행한 「제10회 고천원제」라는 자료집의 「고천원제 경과보고」 p.7에 자세히 나와 있다.

## 4. 고령에 이식되는 일본신화

이같이 대가야의 고령이 임나일본부를 부정하려는 노력은 고대 일본은 고령인들이 세운 나라라는 새로운 이론을 낳게 했던 것이다. 그만큼 고령에 있어서 고천원설은 그들에게 특별한 의미가 있었던 것이다. 고령인들은 여기에서 머무르지 않았다. 그들에게 유리한 일본신화를 선택하여 고령의 지역신화로 변환시키려고 노력했다. 그 대표적인 예가 스사노오와 니니기 그리고 쓰누가아라시토의 도일 신화이다. 물론 이러한 이야기들은 고령의 신화전승이 아니다. 모두 『기기』에 등장하는 것들이다.

『기기』에 의하면 스사노오는 천상계(고천원)에서 쫓겨나 신라로 내려와 소시모리에 있었다는 것은 앞에서도 언급한 바 있다. 이러한 스사노오의 신화가 공공연하게 고령에서는 다음과 같은 이야기로 만들어지고 있었다. 내용을 간략하게 정리하여 소개하면 다음과 같다.

고천원으로부터 스사노오의 추방에 대한 이유에 대한 설명이다. 그 것에 대해 그의 성격이 원래 태어날 때부터 포악하여, 누나의 재산을 빼앗으려 했고, 잘 울고 다녀 사람들이 요절하게 하고, 또 여러 차례 산 불을 내고, 밭에 이중으로 씨앗을 뿌리고, 또 수확시기에 곡식밭에 망아지를 풀어 뜯어먹게 하여 농사를 망치게 할 뿐만 아니라, 망아지 껍질을 벗겨 베 짜는 아마테라스에게 던져 다치게 하는 등 사고만 일으키기 때문에 고천원의 주민들이 회의한 결과 그를 고천원에서 추방했다. 추방된 그가 일본 시마네로 건너가는 이야기이다. 그는 아들 이타케루와 함께 고천원을 떠나 소머리 산 아래에 살았으나, 그곳이 마음에 들지 않아, 부친의 명에 따라 일본 시마네로 건너가기 전에 누나에게 작별인사하기 위해 고천원을 다시 찾았으나 주민들에게 냉정하게 거절당했다. 이에 그는 자신의 구슬을 다량으로 누나에게 바친 다음 밤새도록 걸어서 소머리 산으로 돌아가 잠시 머문 다음 아들과 함께 시마네로 건너갔다는 것이다.[20]

여기서 보는 것처럼 내용은 크게 보아『기기』에서 보이는 것과 별반 다르지 않다. 그러나 자세히 보면 차이점도 적지 않다. 그 중 가장 큰 차이점은『기기』는 하늘과 땅이라는 입체적인 구도에서 이야기를 전개하고 있다면 고령의 것은 모든 사건들이 지상에서 일어난 것으로 보고 있다는 점이다. 즉, 스사노오의 강림신화를 수직적 이동이 아닌 수평적 이동으로 봄으로써 이즈모를 개척하여 고대일본의 기틀을 다진 스사노오가 고령출신의 인물이라는 것이다. 그러므로 고천원에 거주하는 아마테라스도 당연히 고령에서 태어나 고령에서 살다가 고령에서 죽어서 고령땅에 묻힌 순수한 고령인이 되는 것이다.[21] 이 두 신이 고령인에 의해 존경과 흠모의 대상이 제신이 될 수 있었던 이유가 바로 여기에 있었다.

그러나 실제로『기기』에서는 스사노오가 고천원에서 추방되었을 때 다른 곳을 거치지 않고 직접 이즈모로 내려온 것으로 되어있는 경우가 많다. 그가 신라의 소시모리로 이주했다는 기록은『서기』의 본서도 아닌 하나의 일서(逸書)에 기록된 것에 불과하다. 그 부분만을 강

---

20 이경희(2001)「아마테라스오오미까미(天照大神)는 任那加羅사람이었다」『2001년 고천원제 및 학술강연회 초록』가야대학교 가야문화연구소, pp. 22-23.
21 이경희(2001), 앞의 글, p.22.

┃고천원 고지에 세워진 아마테라스와 스사노오(한복차림의 모습이 이채롭다)

조하는 것도 문제가 있다.

그리고 그 부분을 『서기』에는 "하늘에서 신라로 내려와 소시모리에 있었다"라고 되어있다. 그러므로 원문대로라면 스사노오는 고천원 - 신라 - 소시모리(우두산) - 일본으로 이동한 것이 된다. 그러나 고령인들은 그 경로에서 신라를 배제하고 있다. 그 뿐만 아니다. 소시모리도 신라 혹은 가야에 있는 것인지도 분명치 않다. 그럼에도 이경희는 고천원은 고령이며, 소시모리는 하룻밤 길이면 도달할 수 있는 거창 우두산이라고 보았다. 그리고 스사노오가 고천원에서 쫓겨나 우두산 밑에서 3-4년간 살았다는 『서기』에도 없는 내용을 새롭게 덧붙여서 서술하고 있는 것이다.[22]

사실 이들의 스사노오의 일본이주경로에 대한 해석에도 문제가

22  이경희(2003), 앞의 글, p.1.

있다. 어떤 때는 우두산에서 건너간 것처럼 서술하다가,[23] 어떤 때는 고령의 고아리(高衙里=치사리)의 조선장에서 배를 만들어 낙동강을 이용하여 김해 앞바다로 나가 시마네로 건너갔을 것으로 추정하기도 했다.[24] 또 어떤 이는 확대해석하여 이러한 기사가 『서기』에 적혀있다고 까지 했다.[25] 물론 이런 기사는 『서기』에 있을 리 없다. 그만큼 그들에게 있어서도 이 이론은 완벽하게 이루어져 있지 않음 보여주는 것이라 할 수 있다. 이러한 불안한 이론에도 불구하고 그들은 스사노오가 고령 - 우두산 - 김해 - 시마네의 경로를 상정하고 있는 것이다.

그러나 이러한 경로는 동해상의 해류를 감안하다면 거의 불가능에 가깝다. 왜냐하면 동해의 한 지역에서 표류하여 일본에 도달하면, 그 지역은 대개 출발지점보다 위도 상 낮은 남쪽에 위치해야하기 때문이다. 그러므로 김해의 앞 바다에서 북상하여 시마네로 갈 확률은 거의 없다고 보아야 할 것이다. 오히려 그것보다 『서기』의 원문에 입각하여 소시모리를 신라 땅으로 보고, 동해를 이용하여 시마네로 건너갔다고 보는 것이 합리적이다. 그렇게 되면 소시모리는 그들의 주장과는 반대로 한반도 가운데서도 신라의 땅에 속해야 하고, 또 동해와 가까운 거리에 있어야 한다. 사실 이러한 이유 때문에 일제시대 때 많은 연구자들이 소시모리를 춘천지역의 우두산으로 비정한 일이 많았다. 이처럼 스사노오의 신화가 이들에게는 위험성이 있음에도 불구하고 집착하는 이유는 소시모리와 거창의 우두산을 일치시

---

23  이경희(2001), 앞의 글, p.23.
24  이경희(2001), 앞의 글, p.23.
25  강평원(2001)『쌍어 속의 가야사』생각하는 백성, p.422.

켜야 고령이 고천원의 자격요건을 갖출 수 있기 때문이다.

한편 일본의 니니기(邇邇藝命)의 강림신화도 고령에서 만들어지고 있었다. 고령 인근 낙동강변에는 그것을 증명이라도 하듯이 아마노 이와쿠라(天磐座)라는 기념비가 세워져 있다. 그것도 2010년 12월 이경희에 의해 건립된 것으로 그 이면에 다음과 같은 내용이 적혀있다.

일본의 역사책인『고사기』와『일본서기』에 옛날 대가야(大伽倻) 시대였던 서기 174년경 고천원(高天原=오늘날의 고령지방)에 살던 아마테라스(天照大神)의 손자 니니기노미꼬토가 일본 규슈(九州) 휴가(日向)를 향해서 고천원을 떠날 때 이 바위에서 배를 타고 출발했다고 기록되어 있다.

이 이야기가 과거에 고령에 있었던 것은 물론 아니다.『기기』로부터 지식을 습득한 한 개인이 고령에 맞추어 지역사회에 이식시키고 있는 것이다. 그러나 정작『기기』에서는 서기 175년경이라는 시간을 기록해놓은 것도 없으며, 그리고 고천원에서 지상으로 내려갈 때 배를 타고 갔다는 기록 또한 보이지 않는다. 다만 고천원의 아마노이와쿠라를 떠나 구름을 헤치고 내려갔다고만 기록되어있을 뿐이다. 이처럼 배를 타고 갔다고 강조한 것은 대가야에서 낙동강을 이용하여 배를 타고 일본으로 건너가는 이주세력을 연상하였음에 틀림없다. 다시 말하여 신화 상으로 존재하는 니니기의 천손강림신화를 배를 타고 바다를 건너 일본으로 이주하는 가야세력의 역사적 이야기로 바꾸어 놓은 것이다.

이상 두 개의 이야기는 스사노오와 니니기를 고령출신으로 만들기 위해 일본신화에 대한 지식을 활용하여 의도적으로 만들어가고 있는 것들이다. 그러므로 이 이야기들이 일반 대중들에게까지 확대되는 데는 어느 정도 시간이 걸릴 것으로 예상된다. 그리고 이미 4장에서 밝혔듯이 『일본서기』에 수록된 쓰누가아라시토의 이야기가 고령에서 「머리에 뿔난 사람(額有角人) 이야기」로 채집된다. 이러한 것들은 모두 임나일본부의 고령설을 부정하고 고령을 고천원으로 비정하려는 지식인들의 피나는 노력의 결과하고 말할 수 있는 것이다.

## 5. 마무리

고천원을 한반도에서 찾는 시각은 고령인이 최초가 아니다. 사실은 일본에서는 에도시대(江戸時代) 때부터 논의가 있었다. 가령 국학자 아라이 하쿠세키(新井白石)가 고대일본의 전신이 마한설을 주장한 이래, 마한설(櫻井光堂), 임나가라설(江上波夫, 井伊章), 경주설(中島利一郎, 井上重治), 가야산설(和田雄治) 등 다양하게 제시되었고, 또 일제 때에는 춘천의 우두산을 소시모리로 간주하고, 그 산정에 「고천원유서지지비(高天原由緒之地碑)」를 건립한 자도 있었다.

이에 자극된 한반도에서도 지금까지 가야설(김석형, 이경희) 이외에도 청도설(이병선), 거창설(김종택, 이기동) 등이 제시되어있다. 즉, 고천원의 한국설은 지금까지도 어느 지역인지 정설화 되어있지 않은 상태이다. 그럼에도 그 중에서 우리가 유독 고령을 주목할 수밖에 없는 이유는 자기의 고장이 고천원이라고 확정한 후 실제로 신화의 현장을 만들어 제의를 행할 뿐만 아니라, 일본신화를 적극 수용하여 고령의 것으로 변용시켜 일반인들에게 보급하고 있는 것은 그곳이 유일하기 때문이다.

이러한 고령인들의 행동에 대해서 당연히 대내외적으로 비판적인 시각이 있을 수 있다. 가령 그 행동의 중심에 지역대학이 있다는 것으로 인해 대학을 대내외적으로 알리는 홍보수단일 것으로 보는 의혹의 눈길이 있고, 또 식민이론의 이론적 근간이 되었던 일선동조론을 그대로 인정하고 있는 것을 못마땅하게 여기는 사람들도 있을 것이며, 그리고 이론적 근거가 한 개인의 주장과 일본의 『기기』에 지나치게 의존하고 있으며, 또 신화를 근거로 과도한 역사적 해석은 무리가 따라 학문적인 객관성도 충분히 담보되지 못한 점도 지적할 수 있을 것이다.

그럼에도 불구하고 이들이 고천원설을 주장하고 제의를 치르는 데는 그들 나름대로의 뼈아픈 이유가 있다. 그것에는 임나일본부의 고령설에 의해 짓밟힌 자존심 회복과 고령의 역사를 통해 민족적 자긍심을 높이려는 의도가 저변에 깔려져 있다는 점이다. 그러기 위해서는 다른 지역에서 했던 것처럼 단순히 일본지우기만으로는 부족했던 것이다. 왜냐하면 그것은 자신들의 고향인 대가야의 도읍지 고령이 일본의 식민지였다는 논지를 전면 부정하여야 하는 무거운 역사적 과제를 해결해주지 못하기 때문이다.

이를 극복하기 위해 일본신화를 이용하여 고령(대가야)은 일본의 식민지가 아니라 일본의 주인이자 모국이었다는 이론을 구축하기에 이른 것이다. 즉, 고대 일본은 대가야의 분국(分家)라는 논리로 임나일본부설에 맞선 것이었다. 그러므로 그들의 고천원설은 단순히 일본에 대한 반감으로 나온 국수주의자의 행동과는 그 의미가 다르다. 이러한 의미에서 고령의 고천원설은 고령인들에 의해 만들어진 새로운 역사라고 할 수 있을 것이다.

그러나 고천원의 소재지가 정작 고령으로 굳어질지는 아직도 갈 길은 멀다. 왜냐하면 고천원제 행사가 대학의 설립자이자 초대 총장인 이경희라는 한 개인의 힘이 너무나 크기 때문이다. 그는 고천원의 고령설을 주장하는 이론가이자 공원의 조성자이며, 또 고천원제의 실질적인 주관자이기도 하다. 그를 중심으로 한 고령의 지식인들이 만들어내는 고천원의 고령설에 대한 학계의 차가운 반응은 차치하고서라도 후세 고령인들로 부터 어느 정도 각광을 받을 수 있을 지도 의문이다. 그는 2014년 90세의 일기로 세상을 떠났다. 앞으로 그가 그토록 심혈을 기울였던 고천원제에 어떠한 변화가 일어날 지 현재로는 아무도 예측하기 어렵다. 여기에 대해서 앞으로 지속적인 관심을 가지고 변화의 추이를 지켜보는 일도 연구자의 앞에 놓여진 과제라 하지 않을 수 없다.

# [참고문헌]

**제1장**

金義煥(1992)「일본 鹿兒島縣 苗代川, 笠野原의 玉山宮(檀君祠堂)과 그곳에 傳해오는 우리말의 舞歌, 祝詞에 대하여」『한국사학논총(상)』水邨 박영석교수 화갑기념논총간행위원회.

김정호(2011)「사료를 통해서 본 조선피로인의 일본 나에시로가와 정착과정연구」『한국정치외교사논총(33-1)』한국정치외교사학회.

김충식(2006)『슬픈 열도』, 효형출판.

노성환(2007)「옥산신사의 제의와 조선가요에 대한 일고찰」『일본언어문화(11)』한국일본언어문화학회.

박성수(2000)『단군문화기행』서원.

박용식(2002)「단군신사와 심수관」『한글한자문화(38)』전국한자교육추진총연합회.

신봉승(1996)『신봉승의 조선사 나들이』도서출판 답게.

서영대(1999)「전통시대의 단군인식」『고조선 단군학(1)』단군학회.

李源圭(1928)「조선가요의 사적고찰」『조선문 조선(134)』조선총독부.

임동권(1974)「옥산궁에 대하여」『한국민속학(1)』한국민속학회.

장사훈(1991)『한국음악사』세광음악출판사.

정수웅(1999)『일본 역사를 바꾼 조선인』동아시아.

차덕호(2001)「薩摩苗代川傳承 朝鮮歌謠의 음운고찰」『국어문학(36)』국어문학회.

原田一良(2002)「薩摩苗代川玉山宮における檀君祭祀の再檢討」『한국신을 모시는 일본의 신사』, 한국학중앙연구원.

李杜鉉(1973)「玉山宮廟祭」『南日本文化(6)』鹿児島短期大学.

加藤灌覺(1921)「薩摩の苗代川村(上)(中)(下)」『朝鮮』, 朝鮮總督府.

加藤玄智(1928)「日本で朝鮮の国祖と云はるる檀君を祀った神社」『宗教研究(514)』

金達壽(1990)「苗代川 –薩摩焼の創始者たち–」『古代朝鮮と日本文化』講談社.

北島万次(1995)『豊臣秀吉の朝鮮侵略』吉川弘文館.

五代秀堯, 橋口兼柄(1982)『三国名勝図会(1)』青潮社.

鮫島佐太郎(1987)『苗代川のくらし』南日本新聞開發センター.

司馬遼太郎(1976)『故郷忘じがたく候』文藝春秋

鄭光(1988)「薩摩苗代川伝来の朝鮮歌謠について」『国語国文(57-6)』京都大学文学部国文科研究室.

椋鳩十(1979)「12代沈壽官」『日向薩摩路』保育社.

內藤雋輔(1976)『文祿,慶長役に於ける被虜人の研究』東京大出版会.

藤井茂利(1988)「薩摩玉山宮に残る『鶴亀ノ舞歌』の表記」『国語国文薩摩路(30)』.

藤井茂利(1989)「薩摩玉山宮に残る〈鶴亀ノ舞歌〉再考」『国語国文薩摩路(32)』.

松田道康(1970)「玉山神社 高麗神舞の原流を探して」『民俗研究(5)』鹿兒島民俗学会.
吉田猶藏(1927)「苗代川を訪ふ」『朝鮮(149)』, 朝鮮總督府.


**제2장**

김후련(2001)「야사카신사의 기온마츠리」『일본연구(17)』韓國外國語大學校 外國
　　學綜合硏究센터 日本硏究所.
村山智順, 노성환 역(2019)『조선의 귀신』민속원.
윤광봉(2009)『일본신도와 가구라』태학사.
이두현(2008)「마마배송굿」『한국문화인류학(41-2)』한국문화인류학회.
홍윤기(2002)『일본 속의 한국문화유적을 찾아서』서문당.
최원오(2005)『한국신화(2)』여름언덕.
최진갑(2006)「처용문화제와 소민사이의 역신에 대한 비교교찰」『일본문화연구
　　(18)』동아시아 일본학회.
井上光貞 監譯(1987)『日本書紀(下)』中央公論社.
今村鞆(1995)『歴史民俗 朝鮮漫談(復刻板)』國書刊行會.
今堀太逸(1995)「牛頭天王縁起の形成」『國文學 -解釋과 感賞-』至文堂.
宇治谷孟 譯(1988)『日本書紀(下)』講談社.
岡本大典(2008)『吉備眞備と陰陽道』奈良教育大學 大學院 修士論文.
川村湊(2007)『牛頭天王と蘇民将來傳説 -消された異神たち-』作品社.
岸正尚(2002)「〈処容郎譚〉と〈蘇民将来譚〉〈筑波岳譚〉小考 -日韓比較文化の試み序説-」
　　『生活文化研究(9)』関東学院女子短期大学生活文化研究所.
金贊會(1994)「本解〈ソンニムクツ〉と〈牛頭天王縁起〉」『伝承文学研究(42)』伝承文学會.
佐伯有淸(1962)『新撰姓氏録〈本文編〉』吉川弘文館.
志賀剛(1981)「日本に於ける疫神信仰の生成」『神道史研究』神道史學會.
仲尾宏(1990)「祇園祭 -インターナショナルな祝祭-」『京都の朝鮮文化』淡交社.
前田淑(1957)「日本振袖始の一素材-蘇民将來說話をめぐって-」『香椎潟(3)』福岡女
　　子大學.
松前健(1985)「祇園天王信仰の源流」『京の社 -神神と祭り-』人文書院.
松前健(1992)『日本の神話と古代信仰』大和書房.
南里みち子(1980)「簠簋内傳 ノート -牛頭天王縁起説話との関連から-」『福岡女子短
　　大紀要(19)』福岡女子短大.
水野祐(1987)『入門. 古風土記(下)』雄山閣出版.
山口敦史(2008)「蘇民將來論 -經典と注釋-」『古代文學(48)』古代文學會.
吉野裕譯(1969)『風土記』平凡社.


**제3장**

강우방(1990)「金銅三山冠思惟像 -北齊佛像, 일본 광륭사 사유상과의 비교-」『원

　　　　융과 조화 -한국고대조각사의 원리-』열화당.

김달수(1993)『일본열도에 흐르는 혼』동아일보사.

김현욱(2005)「秦氏와 八幡信仰」『일어일문학연구(54)』한국일어일문학회.

김태준외 3인(1991)『한일문화교류사』민문고.

노성환 역주(2009)『고사기』민속원.

노성환(1990)「광륭사」『얼과 문화(6)』우리문화연구원.

이창수(2003)「기기에 나타난 도래인 연구」『일어일문학연구(47)』한국일어일문
　　　　학회.

오연환(1998)「도래인과 평안시대」『일어일문학연구(33)』한국일어일문학회.

정은우(1995)「일본 국보 1호인 광륭사의 목조반가상은 한반도에서 건너 간 것
　　　　인가」『미술사 논단(2)』한국미술연구소.

정효운(1993)「일본 국보 1호는 누가 만들었나」『한국과 일본, 왜곡과 콤플렉스
　　　　의 역사(1)』자작나무.

홍윤기(2007)「신라인 秦河勝과 교토땅 광륭사」『한글한자문화(95)』전국한자교
　　　　육추진총연합회.

홍윤기(2008)「신라 농업신 신주 모신 이나리 대사」『한글한자문화(103)』전국한
　　　　자교육추진총연합회.

홍윤기(2008)「교토의 명찰 광륭사 세운 秦河勝」『한글한자문화(104)』전국한자
　　　　교육추진총연합회.

홍윤기(2008)「헤비즈카(蛇塚)라는 秦河勝公의 바위 무덤」『한글한자문화(105)』
　　　　전국한자교육추진총연합회.

井上滿郎(1987)『渡來人 ―日本古代と朝鮮-』リブロポート.

井上滿郎(1999)『古代の日本と渡來人』明石書店.

井上秀雄(1994)「渡來人の系譜」『歷史讀本』.

上田正昭(1998)『論考. 古代史と東アジア』岩波書店.

宇治谷孟譯(1988)『日本書紀(上)』講談社.

大林太良(1973)『稻作の神話』弘文堂.

大和岩雄(1981)「秦氏に關する諸問題」『日本の中の朝鮮文化(50)』朝鮮文化社.

大和岩雄(1993)『秦氏の硏究』大和書房.

加藤謙吉(1998)『秦氏とその民』白水社.

京都文化博物館編(1991)『古代豪族と朝鮮』新人物往來社.

久野健(1979)『古代朝鮮佛と飛鳥佛』東出版.

小松和彦(1991)『鬼の玉手箱』福武書店.

佐伯有淸(1962)『新撰姓氏錄 -本文編-』吉川弘文館.

坪田讓治(1975)『日本のむかしばなし集(1)』新潮社.

直江廣治編(1983)『稻荷信仰』雄山閣.

直木孝次郎(1987)『古代日本と朝鮮·中國』講談社.

中村修也(1994)『秦氏とかも氏』臨川書店.

吉野裕譯(1969)『風土記』平凡社.

朴鐘鳴(1999)『京都のなかの朝鮮』明石書店.

柳田國男(1983)『桃太郎の誕生』角川書店.


## 제4장

김광순(2006)『한국구비문학〈경북 고령군〉』박이정.
김사엽(1991)「北陸의 韓문화」,『일본학(10)』동국대 일본학연구소.
김도윤(1999)『고천원과 일본천황가 재고찰』가야문화연구실.
김도윤(1997)『고령임나와 일본교류연구』가야문화연구실.
노성환 역주(2009)『고사기』민속원.
매일신문특별취재팀(2004)『잃어버린 왕국 대가야』창해.
정중환(2000)『가라사연구』혜안.
정효운(2002)「일본속의 가야문화」,『일본학보(51)』한국일본학회.
任東權(1996)「天日槍ーその身分と神宝についてー」,『比較民俗研究(14)』筑波大學
　　　比較民俗研究會.
今井啓一(1972)『天日槍』綜藝社.
宇治谷孟譯(1990)『日本書紀(上)』講談社.
三品彰英(1980)『增補 日鮮神話傳說の研究』平凡社.
橘弘文(2007)「祭りの参詣者による伝承と記録ー福井県小浜市矢代の手杵祭からー」
　　　『大阪觀光大學紀要(7)』大阪觀光大學.
段熙麟(1986)『渡來人の遺跡を歩く〈山陰・北陸編〉』六興出版.
敦賀市教育委員會編(1956)『敦賀市通史』敦賀市.


## 제5장

이종철외 2인(1993)「日本 宮崎 南鄕村의 師走祭 調査研究」,『한국문화인류학(24)』
　　　교문사.
김달수(1993)『일본열도에 흐르는 한국혼』〈오문영・김일형 역〉동아일보사.
임동권(1995)『일본 안의 백제문화』한국국제교류재단.
황달기(1999)「일본 지방자치단체의 관광개발에 관한 사례연구」,『대한관광경영
　　　학(13)』대한관광경영학회.
이경재(2001)「宮崎」,『ASIANA(4)』아시아나항공.
岡崎讓治(1960)「神門神社鏡とその同文樣鏡について」,『大和文化研究(5-9)』大和文
　　　化研究所.
宮本常一(1964)『山に生きる人』未來社.
今井啓一(1971)『百濟王敬福』綜藝舍.
熱田公(1979)『大內義隆』平凡社.
五來重外3人編(1979)『日本の民俗宗教(7)』弘文堂.
斧二三夫(1981)『北海道の義經傳說』みやま書房.
宇治谷孟譯(1988)『日本書紀(下)』講談社.

佐治芳彦(1989)「惟喬親王」『歷史讀本(4)』新人物往來社.

土田芳美(1992)『百濟傳說 神門物語』南鄕村.

山口保明((1993.1.)「宮崎縣の民俗逍遙」『宮崎縣の民俗(48)』

長友武(1994)「古代日向における國際交流 −宮崎縣南鄕村の百濟傳說の考察−」『宮崎公立大學人文學部紀要(2)』宮崎公立大學

奧山忠政(1996)『白村江から日向まで』百濟・大和交流協會.

南鄕村(1996)『小さな村の大きな挑戰』鑛脈社.

落合淸春(1997)『落人,長者傳說の研究』岩田書院.

肝付眞美・半田憲康(1997)「村おこしと地域文化の見直し−宮崎縣南鄕村の事例を中心に−」『宮崎公立大學 卒業論文』宮崎公立大學.

福宿孝夫(1998)「百濟王族傳承と地名」『みやざき民俗(52)』宮崎縣民俗學會.

荒木博之編(1983)『日本傳說大系(14)』みずうみ書店.

荒木博之編(1998)『百濟王族傳說の迷』三一書房.


**제6장**

강홍중(1989)「동사록」『해행총재(3)』민족문화추진위원회.

김달수(1993)『일본열도에 흐르는 한국혼』동아일보사.

김영태(1983)「백제 임성태자와 묘견신앙의 일본전수」『불교학보(20)』불교문화연구원.

신숙주(1967)「해동제국기」『해행총재(1)』민족문화추진회.

신유한(1967)「해유록」『해행총재』민족문화추진회.

서거정(2008)『필원잡기』〈박홍갑 역〉지만지.

송형섭(1988)『일본 속의 백제문화』한겨레.

李淙煥(1996)「北村透谷と朝鮮寺」『일본연구논총(8)』경성대학교 일본문제연구소

이유원(2000)『임하필기(11)』〈文獻指掌編, 영일현〉한국고전번역원.

한문종(1989)「조선초기 이예의 대일외교 활동에 대해서」『전북사학(11, 12합집)』전북사학회.

熱田公(1979)『大內義隆−日本をつくった人々−(13)』平凡社.

伊藤幸司(2011)「大內氏の祖先神話」『季刊 東北学(27)』東北芸術工科大学 東北文化研究センター.

井上孝夫(2006)「寝太郎の深層構造」『社会文化科学研究(12)』千葉大学大学院社会文化科学研究科.

金聲翰(1986)『日本のなかの朝鮮紀行』三省堂.

金達壽(1984)『日本の中の朝鮮文化(8)』講談社.

藏本隆博(1996)「海潮と祭禮」『山口県地方史研究(75)』山口県地方史学会.

藏本隆博(2000)「別府八幡宮〈潮搔き祭〉と〈有帆市〉」『小野田の銀座 柳町と有帆川』小野田市歴史民俗資料館.

佐伯有淸(1983)『新撰姓氏錄の研究 考證編(5)』吉川弘文館.

須田牧子(2011)『中世日朝関係と大内氏』東京大出版会.
須田牧子(2002)「室町期における大内氏の対朝関係と先祖観の形成」『歴史学研究 (761)』 歴史学研究会.
西田耕三(1999)「八代妙見の霊符」『熊本大学付属図書館報(22)』.
中村真圓(2009)「華表に残る〈琳聖太子〉」『歴史研究 (571)』.
二宮啓任(1971)「防長の琳聖太子伝説」『南都仏教 (27)』南都仏教研究会.
野口義廣(2002)「続〈防長学〉事始め」『山口県立大学国際文化学部紀要(8)』山口県立 大学.
森茂曉(1996)「周防大内氏の渡來伝承について-「鹿苑院西国下向記」を素材として-」 『政治経済史学(363)』日本政治経済史学研究所.
福尾猛市郎(1959)『大内義隆』吉川弘文館.

## 제7장

김도윤(1991)『伊末自由來記와 加羅斯呂觸 -대가야와 隱岐, 佐田, 日向과의 관계연 구-』고령문화원.
노성환(2009)『고사기』민속원.
노성환(2012)「일본 현지설화를 통해서 본 연오랑과 세오녀의 정착지」『일어일 문학(56)』대한일어일문학회.
이승영(2007)「산음지방의 지명과 신사명으로 본 한국어적 어원의 문화사적 고 찰」『일본어문학(39)』일본어문학회.
이지숙(2009)「일본 산음지방 조사기」『역사교육논총(42)』역사교육학회.
임중빈(1998)「한국과 산음지방의 민담유화비교」『일어교육(15)』한국일어교육 학회.
安部勝編(1989)「伊末自由來記」『五箇村誌』島根縣隱岐郡五箇村役場.
宇治谷孟譯(1990)『日本書紀(上)』講談社.
大田市誌編纂委員會(1968)『大田市誌』大田市役所.
金坂亮(1957)「伊末自由來記 -資料-」『隱岐鄕土硏究(2)』隱岐鄕土硏究會.
金達壽(1984)『日本の中の朝鮮文化(8)』講談社.
全浩天(1989)『朝鮮からみた古代日本』, 未來社.
成炳禧(1997)「大田市五十猛町の地名考」『古代文化研究』島根縣古代文化センター.
高橋統一(2000)『神なる王/巫女/神話 -人類學から日本文化を考える-』岩田書院.
內藤正中(1990)「山陰における日朝関係史(I)」『經濟科學論集(16)』島根大學.
野津龍(1977)『隱岐島の傳說』日本寫眞出版.
野村純一外 3人(1984)『日本傳說大系(11)』みずうみ書房.
濱田仁(2006)「韓神新羅神社と海藻文化」『東アジア日本語教育. 日本文化研究(9)』.
村山正雄(1968)「朝鮮關係神社攷」『朝鮮學報(49)』朝鮮學會.
橫山彌四郎(1966)『隱岐の傳說』島根出版文化協會.
吉野裕譯(1982)『風土記』平凡社.
和田萃(1991)「古代の出雲, 隱岐」『日本海と出雲世界 -海と列島文化(2)』小學館.

## 제8장

김사엽(1991) 「北陸의 韓문화」『일본학(10)』 동국대 일본학연구소.

金秀明(2011) 「島根のなかの朝鮮文化について」『韓日語文論集(15)』 부산외대.

김도윤(1997) 『고령임나와 일본교류연구』 가야문화연구실.

이병로(2002) 「高句麗와 倭의 文化交流-日本의 남아있는 遺蹟·遺物을 中心으로-」『고구려발해연구(14)』 고구려발해학회.

石塚尊俊(2000) 「韓國伊太氏神社について」『日本の神々-神社と聖地(7)-』〈谷川健一編〉白水社.

Anders CARLLQVIST(2009) 「古代出雲と朝鮮半島-神話で描いている長距離貿易-」『岩手縣立大學盛岡短期大學部研究論集(11)』岩手縣立大學盛岡短期大學.

宇治谷孟譯(1990) 『日本書紀(上)』講談社.

門脇禎二 『日本海域の古代史』

金達壽 『日本の中の朝鮮文化(8)』講談社.

酒井董美, 萩坂昇(1980), 『出雲. 石見の伝説』角川書店.

全浩天(1989) 『朝鮮からみた古代日本』未來社.

谷川健一編(2000) 『日本の神々-神社と聖地(7)-』〈谷川健一編〉白水社.

三上鎭博(1974) 「山陰沿岸の漂着文化」『東アジアの古代文化(秋)』大和書房.

山藤朝之(2012) 『二宮の歴史と昔話』個人出版.

吉野裕譯(1969) 『風土記』平凡社.


## 제9장

김도윤(1991) 『伊末自由來記와 加羅斯呂觸-대가야와 隱岐, 佐田, 日向과의 관계연구-』고령문화원.

김석형(1988) 『북한연구자료선(2) 고대한일관계사』한마당.

김화경(2011) 「연오랑 세오녀 설화의 연구」『인문연구(62)』영남대 인문과학연구소.

노성환(2004) 「은기의 고문헌〈이말자유래기〉에 나타난 한국인과 한국어」『일어일문학(21)』대한일어일문학회.

服部英雄(2008) 「前近代のチャイナタウン.コリアタウン」『동북아세아문화학회 국제학술대회 발표자료집』동북아세아문화학회.

岩倉敏雄(1976) 「三度と正月さん」『島前の文化財(6)』島前教育委員會.

加藤一純, 鷹取周成(1977) 『筑前國續風土記附錄(上)』文獻出版.

金坂亮(1957) 「伊末自由來記-資料-」『隱岐鄕土研究(2)』隱岐鄕土研究會.

金坂亮(1957) 「八百比丘尼物語」『隱岐鄕土研究(2)』隱岐鄕土研究會.

金達壽(1984) 「日本の中の朝鮮文化-出雲, 隱岐, 石見-(4)」『季刊 三千里(38)』三千里社.

鄕土部報(1976) 『島前の傳承』島根縣立隱岐島前高等學校.

內藤正中(1993) 『山陰の日朝關係史』今井書店.

永海一正(1992)『黒木村誌』黒木村誌編輯委員會.
中田薫(1956)『古代日韓交渉史斷片考』創文社.
野村純一外 3人(1984)『日本傳說大系(11)』みずうみ書房.
野津龍(1977)『隱岐島の傳說』日本寫眞出版.
全浩天(1989)『朝鮮からみた古代日本』未來社.
速水保孝(1985)「古代出雲と新羅 -隱岐の神神-」『隱岐の文化財(2)』隱岐島前, 島後
　　　教育委員會.
滝中茂(2000)『ガイドブック くにびき神話と崎の歴史』崎鄉土史研究會.
楪範之(1994)『日野川の傳說』立花書院.
安部勝編(1989)「伊末自由來記」『五箇村誌』島根縣隱岐郡五箇村役場.
橫山彌四郎(1966)『隱岐の傳說』島根出版文化協會.
吉野裕譯(1982)『風土記』平凡社.
和田笒(1991)「古代の出雲, 隱岐」『日本海と出雲世界 -海と列島文化(2)』小學館.

## 제10장

김사엽(1991)「北陸의 韓文化」『일본학(10)』 동국대 일본학연구소.
권상철·정광중(2004)「일본 아마(海女)의 잠수실태와 특성-이시카와현(石川縣)
　　　와지마시(輪島市) 아마마치(海士町) 및 헤구라지마(舳倉島)의 사례를 통
　　　하여-」『濟州島硏究(25)』제주학회.
윤용진(1991)「近畿 및 北陸地方의 遺蹟」『일본학(10)』 동국대 일본학연구소.
최홍조(2008)「일본 노토반도. 와카사만 학술답사기」『역사교육논집(40)』 역사
　　　교육학회.
浅井茂人(1986)『能登. 加賀の渡來民』北国出版社.
石川縣の歷史散步研究會(1993)『石川縣の歷史散步』山川出版社.
石川縣神社廳(1976)『石川縣神社誌』北國出版社.
穴水町教育委員會(1992)『穴水町の集落誌』穴水町教育委員會.
宇治谷孟譯(1990)『日本書紀(上)』講談社.
鹿島郡誌編纂委員會(1928)『石川縣鹿島郡誌』鹿島郡自治會.
金達壽(1975)『日本のなかの朝鮮文化(5)』講談社.
権又根(1988)『古代日本文化と朝鮮渡来人』雄山閣.
珠洲市史編纂專門委員會(1979)『珠洲市史(4)-資料編- 神社. 製鹽, 民俗』珠洲市.
全浩天(1989)『朝鮮からみた古代日本』未來社.
谷川健一編(2000)『日本の神神-神社と聖地(8) 北陸編-』白水社.
土屋文明(1977)『萬葉集私注(8)』筑摩書房.
中西進(1994)『大伴家持(3) -越中国守-』角川書店.
七尾市史編纂專門委員會(1974)『七尾市史』石川縣七尾市役所.
山藤朝之(2012)『二宮の歷史と昔話』個人出版.

## 제11장

신숙주(1989)「海東諸国記」『국역 해행총재(1)』민족문화추진회.
大森宏(1974)「若狭における渡来人」『日本のなかの朝鮮文化(22)』.
金達壽(1975)『日本の中の朝鮮文化(5)』講談社.
杉原丈夫編(1970)『越前若狭の伝説』安田書店.
全浩天(1989)『朝鮮からみた古代日本』未來社.
橘弘文(2008)「民俗社会によって管理されてきた仏像の予備的考察－仏像伝説の形態
　　　を中心にして－」『大阪観光大学紀要(8)』大阪観光大学.
敦賀市史編纂委員會(1985)『敦賀市史通史編(上巻)』敦賀市.
駒敏郎・花岡大学(1980)『若狭,越前の伝説〈日本の伝説(46)〉』角川書店.
武藤正典(1974)「若狭湾とその周辺の新羅系遺跡」『東アジアの古代文化〈秋〉』大和
　　　書房.
最上孝敬(1974)「沈鐘伝説についての一考察」『日本民俗学(96)』日本民俗学会.
福井県(1993)『福井県史 通史編(1)』福井県.
福井県警察史編纂委員会編(1990)『福井県警察史(2)』福井県警察史編纂委員会.

## 제12장

김달수(1993)『일본 열도에 흐르는 한국 혼』동아일보사.
김문경(1987)「당, 일문화교류와 신라신 신앙-일본 天台僧 最澄, 圓仁, 圓珍을 중
　　　심으로-」『동방학지(54, 55, 56 합집)』연세대 국학연구원.
김승한(1979)『일본에 심은 한국(2)』중앙일보, 동양방송.
권태명(2012)『한민족이 주도한 고대 일본문화』시대정신.
이병로(2006)「일본에서의 신라신과 장보고-적산명신과 신라명신을 중심으로-」
　　　『동북아문화연구(10)』동북아시아문화학회.
홍윤기(2008)「온죠지 '新羅善神堂'과 智證大師 圓珍」『한글한자문화(112)』전국
　　　한자교육추진총연합회.
青森県(2001)『青森県史 資料編 古代(1)』青森県史編纂委員会.
井上光貞監譯(1987)『日本書紀(上)』中央公論社.
井上光貞監譯(1987)『日本書紀(下)』中央公論社.
金達壽(1975)『日本のなかの朝鮮文化(5)』講談社.
小林健彦(2014)「新羅国の文武王と倭国 -文武王の海中王陵に見る対日観-」『新潟産
　　　業大学経済学部紀要(43)』新潟産業大学.
權又根(1988)『古代日本文化と朝鮮渡來人』雄山閣出版.
定森秀夫(1993)「東北地方出土の陶質土器-日本列島における朝鮮半島系遺物の研
　　　究-」『京都文化博物館研究紀要朱雀(第6集)』京都府京都文化博物館.
林陸朗譯註(1986)『續日本紀(4)』現代思想社.
宮家準(2002)「新羅明神信仰と役行者像」『神道宗教(188)』神道宗教學會.

**제13장**

가야문화연구소(2010)『제12회 고천원제 자료집』가야대 가야문화연구소.

강평원(2001)『쌍어 속의 가야사』생각하는 백성.

김광순(2006)『한국구비문학(경북 고령군)』박이정.

신종환(2012)「일제강점기 고령지역의 고고학적 조사와 그 영향」『제21회 영남 고고학회 학술발표회』.

이경희(2001)「아마테라스오오미까미(天照大神)는 任那加羅 사람이었다」『2001년 고천원제 및 학술강연회 초록』가야대학교 가야문화연구소.

이경희(2003)「고천원은 오늘날의 고령이었다는 과학적 증거」『제5회 고천원제 국제학술회의 발표논문집』가야대학교 가야문화연구소.

이경희(2006)「고천원의 유래」『제8회 고천원제』가야대학교 가야문화연구소.

이경희(2006)「고천원과 대가야 고령」『제8회 고천원제』가야대학교 가야문화연구소.

이경희(2008)「고천원은 어디였는가」『제10회 고천원제 자료집』가야대 가야문화연구소.

이동진(2004)「일본건국신화에 나타나 있는 천석굴 관련 신화의 발생 시기에 관한 천문학적 고증-고천원고령비정설의 입장에서-」『제6회 고천원제 기념 학술회의 연구발표논문』가야대 가야문화연구소.

井上光貞 監譯(1993)『日本書紀(上)』中央公論社.

井上光貞 監譯(1986)『日本書紀(下)』中央公論社.

上垣外憲一(1986)『天孫降臨의 道』筑摩書房.

寺本克之(2001)「고천원의 유래」『2001년 고천원제 및 학술강연회 초록』가야대학교 가야문화연구소.

馬淵和夫(1999)「高天原の故地」『古代日本語の姿』武蔵野書院.

水野俊平(2002)「高天原は韓国にあった」『韓国人の日本偽史』小学館.

# [찾아보기]

427

일본에서 신이 된 고대한국인

**저 자 약 력**

**┃노성환(魯成煥, No, Sung hwan)┃**

울산대 일본어 일본학과 교수. 일본 오사카대학 문학박사.
1955년 대구출생. 계명대, 한국외대 대학원, 일본오사카대학 대학원에서
수학. 미국 메릴랜드대학 방문교수, 중국 절강공상대학 객원 교수, 일본
국제일본문화연구센터 외국인연구원 역임. 주된 연구분야는 신화, 역사,
민속을 통한 한일비교문화론이다.

**저서**

『일본속의 한국』(울산대 출판부, 1994), 『한일왕권신화』(울산대 출판부,
1995), 『술과 밥』(울산대 출판부, 1996), 『젓가락사이로 본 일본문화』(교
보문고, 1997), 『일본신화의 연구』(보고사, 2002), 『동아시아의 사후결혼』
(울산대 출판부, 2007), 『고사기』(민속원, 2009), 『일본의 민속생활』(민속
원, 2009), 『오동도 토끼설화의 세계성』(민속원, 2010), 『한일신화의 비교
연구』(민속원, 2010), 『일본신화와 고대한국』(민속원, 2010), 『일본에 남
은 임진왜란』(제이앤씨, 2011), 『일본신화에 나타난 신라인의 전승』(민속
원, 2014), 『임란포로, 일본의 신이 되다』(민속원, 2014), 『임란포로, 끌려
간 사람들의 이야기』(박문사, 2015), 『조선 피로인이 일본 시코쿠에 전승
한 한국문화』(민속원, 2018), 『조선통신사가 본 일본의 세시민속』(민속
원, 2019), 『일본 하기萩의 조선도공』(민속원, 2020), 『일본 규슈의 조선도
공』(박문사, 2020) 『시간의 민속학』(민속원, 2020), 『한·중·일의 고양이
민속학』(민속원, 2020) 등

**역서**

『한일고대불교관계사』(학문사, 1985), 『일본의 고사기(상)』(예전사, 1987),
『선조의 이야기』(광일문화사, 1981), 『일본의 고사기(중)』(예전사, 1990),
『조선의 귀신』(민음사, 1990), 『고대한국과 일본불교』(울산대 출판부,
1996), 『佛敎の祈り』〈일본출판〉(法藏館, 1997), 『일본의 고사기(하)』(예전
사, 1999), 『조선의 귀신』(민속원, 2019) 등